SOLITUDE ET SERVITUDES JUDICIAIRES

DU MÊME AUTEUR

On ne réveille pas un juge qui dort, avec Daniel Carton, Fayard, 2002.

Magistrales Insomnies, Fayard, 2005.

Gilbert THIEL

Solitude et servitudes judiciaires

suivi de

Le juge antiterroriste : juge ou partie ?

(entretiens avec Rémy Toulouse)

Fayard

ISBN : 978-2-213-63848-5

« Ne nous prenons pas au sérieux,
il n'y aura aucun survivant. »

ALPHONSE ALLAIS

Pour mes amis Christophe de Ponfilly, Gérald Sanderson,
Claude Guillaume, Jean-Claude Dagueneau
et Alain Bourjault, qui ont tiré leur révérence
en ces années 2006 et 2007...

BRAVITUDE, SOLITUDE ET TURPITUDES

(grandeur et servitudes judiciaires)

Les rêveries du promeneur insulaire

Trente années déjà ! « Putain, trente ans ! » auraient dit les « Guignols ». Trois décennies bien remplies, passées à m'introduire sans effraction, mais avec la force de la Loi, dans la vie des autres. Sonder les reins et les cœurs, fouiller les passés obscurs, évaluer les avenirs incertains, déceler les turpitudes individuelles ou collectives, brosser la vaste fresque des errements des hommes, « analyser » les sécrétions de la race humaine, côtoyer la cupidité, la violence omniprésente, la folie et la mort... Ça use et ça fatigue. Et, quelque part, ça détruit un peu. Les bateaux, eux au moins, ont droit au carénage. Pas nous.

Septembre 2008, un des tout premiers jours du mois : dans moins de six semaines, j'aurai soixante ans. Dont quarante passés dans la fonction publique. Je suis donc potentiellement retraitable à taux plein. Mais le pli est pris. Ma robuste constitution fait que j'ai encore un peu de forces. Et, malgré tout, de l'espoir... Je vais continuer un peu parce que c'est équitable ; c'est vrai, la République a été bonne mère pour moi, me payant mes études. C'était en 1968, année désormais abhorrée. Généreux mais pas philanthrope, l'État de ces années-là – les « Trente Glorieuses » – avait exigé, en contrepartie des subsides qu'il m'accordait pendant mes études à la faculté de droit, la signature d'un contrat de dix ans avec l'administration fiscale. Déjà un doigt dans l'engrenage répressif. Côté manivelle, bien sûr, c'est moins douloureux ! « Signez là. » J'ai signé. Dix ans plus tard, le 1er février 1978, j'étais devenu magistrat. Trente ans déjà...

D'un naturel optimiste, j'essaie, en cette fin d'été 2008, de « positiver » : dans quelques dizaines de jours, je deviendrai attributaire de la carte SNCF Vermeil. Paraît-il qu'elle ne s'appelle plus comme cela, ce sont mes enfants qui me l'ont dit en se moquant de moi. Pour être à la page, il faut dire carte Senior. Ça me va aussi. Pour la première fois depuis assez longtemps, mon pouvoir d'achat va se trouver amélioré, alors même qu'en dépit des promesses gouvernementales de tous bords, il a régressé en francs constants depuis une bonne décennie. Il faut dire qu'indiciairement je stagne au premier groupe du premier grade, à moins que ce ne soit l'inverse, je n'y comprendrai jamais rien. Mais je stagne... En langage clair, je suis aux taquets.

Ce soir, le poids des ans se fait un peu sentir. Décidé à me ménager un peu, je ne ferai pas, en cette fin de journée, d'heures supplémentaires en parcourant mes volumineux dossiers. Je ne tenterai même pas de me frotter une fois encore à l'épineuse question qui me taraude depuis si longtemps, à cette « problématique de la poule et de l'œuf » dans son versant judiciaire : qui a donné naissance à l'autre, du juge ou de l'assassin ? Je ne sais pas, et ce soir, pour tout dire, je m'en moque. J'ai décidé d'opter pour la facilité.

En conséquence, j'ai allumé mon téléviseur et me suis allongé sur mon lit. Ne possédant pas le programme, il m'a fallu zapper. Le hasard fait parfois bien les choses. Premières images : j'ai déjà vu ce film, *Le bonheur est dans le pré.* Comme je suis bon public, j'ai dû le visionner à trois reprises parmi ses quinze rediffusions. Ça me détend. Impulsion électrique : une x-ième émission commémorative sur le 11 Septembre. Bientôt, pour être les premières à dégainer, les chaînes de télévision diffuseront ce genre d'émission dès le 15 août. Je ne vais pas regarder cela, ça me rappelle le bureau. Nouvelle impulsion, nouveau film : *Qu'elle était verte ma vallée.* On se moque de moi et des autres redevables de la taxe audiovisuelle : c'est du noir et blanc ! Dernière chance, car je n'ai que quatre chaînes, la cinquième étant hors d'usage, avec antenne intérieure défaillante, dans mon petit pied-à-terre parisien qu'un ancien ministre des Finances de la République aurait tout juste considéré comme un placard à balais, puisque sa superficie ne se chiffre pas en ares – je zappe vers le quatrième programme. Le film vient à peine de commencer, mais je comprends qu'il s'agit, là encore, de la rediffusion d'un film qui, il y a quelques années, a défrayé la chronique, *Gazon maudit.* Je n'ai jamais eu (pris) le temps de le voir. Va donc pour *Gazon maudit* ! Effectivement, ça manque un peu d'action au début. Ensuite, je ne peux pas dire et encore moins juger car, plus fatigué que je ne me l'imaginais, je me suis assoupi.

J'ai alors sombré dans un de ces mauvais rêves dont, aujourd'hui encore, je me rappelle quelques bribes, tant il m'a marqué et, pour tout dire, éprouvé : des visiteurs du troisième type connus pour leur agressivité venaient d'investir, pour une fois sans violence, la splendide propriété d'un résident qu'ils appelaient entre eux le « continental », dans une lointaine contrée que je ne parvenais pas à identifier mais dont j'apprenais, au fil des propos échangés, qu'elle avait été cédée, moyennant finances, et il y avait fort longtemps, par des Génois qui disaient s'en être séparés sans déplaisir. C'était compliqué : ces visiteurs-là, à la mauvaise réputation, me paraissaient cette fois pacifiques. Ils n'étaient pas armés et, de surcroît, n'avaient même pas pris le soin de se prémunir contre une éventuelle riposte du maître des lieux en se procurant les désormais incontournables moyens de défense passive indispensables aux intrépides de ce nouveau millénaire, tels le bouclier (fiscal) ou encore le parachute (doré). En réalité, ils se contentaient d'évoquer entre eux, dans un étrange conciliabule, un mystérieux code des investissements dont manifestement ils étaient des adeptes, leur intrusion en témoignait. Ils s'ébattaient paisiblement sur la pelouse de la propriété, aussi verte que le bocage normand. Mieux : ils dégustaient un jus d'orange offert par le personnel de maison sur les instructions expresses du maître des lieux, absent-excusé, contacté téléphoniquement par son personnel domestique. Cette scène quasi bucolique se déroulait sous l'œil acéré mais pourtant bienveillant de la maréchaussée locale qui avait pris la décision stratégique de se tenir à distance. Ensuite les envahisseurs s'étaient égaillés dans la nature dont j'appris qu'elle était appelée parfois, là bas – ça, je m'en souviens bien –, « maquis ».

Après, je ne me rappelle plus. C'est vrai, et c'est agaçant : on se souvient rarement de ses rêves, et, en plus, quand on parvient à en retrouver trace, les souvenirs que l'on en conserve sont non seulement éphémères, mais très incomplets. J'ai donc dû manquer un épisode, puisque, par la suite, j'ai regardé un flash spécial à la télévision : le porte-parole du gouvernement, visiblement furieux, revenait sur l'intrusion du début de mon sommeil paradoxal et annonçait tout de go la révocation du préfet de la contrée en martelant : « Un préfet, ça assume ! » Puis défilèrent quelques images, celles de l'homme congédié qui quittait son petit bureau en portant deux grosses valises que je présumais être bourrées de vieux rapports tous plus explosifs les uns que les autres. Je le reconnus : c'était le coordonnateur des services de police et de gendarmerie de la contrée entourée d'eau de toute part. Ce fut un électrochoc ! Je savais bien qu'il n'était pas préfet. D'ailleurs, il ne l'avait jamais été : la taille de son bureau en attestait. Mon devoir et les obligations de ma charge me dictaient à l'évidence de tout faire pour mettre un terme immédiat à cette erreur qui, comme toutes les autres, était potentiellement génératrice d'injustice. Je pris donc mon téléphone pour contacter la préfecture. Là, on tenta de me rassurer en m'affirmant que le préfet ne pouvait en aucun cas être limogé pour cette histoire-là, pour la bonne raison que le titulaire du poste avait déjà été discrètement remercié durant l'été et que son successeur, déjà nommé, n'avait pas encore eu le temps d'arriver sur place.

L'absurdité des rêves n'est plus à démontrer. Cette vacance du pouvoir confirmait que le mien n'échappait pas à la règle commune. Qui plus est, reprenant le cours du journal télévisé, je reconnus mon vieux complice, le commissaire Démétrius Dragacci, mis à la retraite sans trop de ménagement il y a quelques années, qui expliquait que le haut fonctionnaire de police qui venait d'être limogé était « un bouc commissaire ». Fais gaffe, Dimi, un jour ou l'autre tu pourrais te voir « sucrer » une partie de tes droits à la retraite, car on pardonne rarement aux impertinents d'être pertinents dans leurs analyses ! Et, pour corser le tout, le présentateur du journal télévisé lut ensuite un communiqué commun de la Ligue des droits de l'homme et de la vitrine légale du Mouvement des visiteurs (MDV). Les deux organisations, après avoir dénoncé le fichage précipité de tous leurs membres dans Edvige, assuraient de toute leur sympathie et même de leur franche cordialité l'éminent représentant de l'appareil répressif colonial. Du jamais vu ! Très fort ! Ensuite, ma télé a changé de chaîne d'autorité et j'ai pu voir la fin d'un feuilleton de très médiocre qualité qui, je crois, s'appelait *Le malheur est dans le pré.*

Le lendemain, je fus saisi, seul, même pas en cosaisine, sans doute à la suite d'une négligence de l'administration du tribunal, de cette procédure particulièrement sensible. Mon collègue Thierry Fragnoli allait me regarder d'un sale œil, lorsqu'il apprendrait cela. Tant pis, il y avait urgence ! Conséquence inéluctable de ma mauvaise nuit, j'ai parcouru d'un œil torve les quelques procès-verbaux établis par la maréchaussée, qui quasiment tous étaient intitulés, c'est devenu incontournable, « PV de renseignement » ou encore « PV de renseignements ».

J'étais dubitatif lorsqu'on frappa à ma porte. Dès son entrée, je l'ai reconnue : oui, c'était bien elle, la « femme créée par Dieu », Brigitte Bardot en personne. Impressionné, je l'invitai à s'asseoir et je m'enquis derechef de l'objet de sa visite impromptue. Elle m'indiqua sans détour qu'elle venait d'apprendre qu'un coq manifestement non sportif et qui donc n'avait pu bénéficier des entraînements *ad hoc* et poussés du génie tutélaire de Laure Manaudou, Philippe Lucas, avait été retrouvé, grâce à la sagacité des enquêteurs, noyé au fond de la piscine de la propriété investie la veille par le commando de visiteurs. Le sex-symbol des années 1960 me fit donc savoir qu'elle se présentait devant moi pour que soit enregistrée sa constitution de partie civile pour « actes de cruauté et sévices envers animaux ayant entraîné la mort par noyade ou hydrocution ». Avec une grande célérité, je réfléchis intérieurement (extérieurement, je n'y arrive pas) et arrêtai mon plan de bataille. J'allais délivrer rapidement une commission rogatoire, pour continuation de l'enquête, au contrôleur général Frédéric Veaux, chef de la Sous-Direction antiterroriste (SDAT), qui s'était déjà illustré dans le passé par sa parfaite connaissance des bergeries corses. En outre, il présentait l'avantage d'être vacciné, il me l'avait dit, contre la grippe aviaire, précaution indispensable lorsqu'on embrasse la carrière de « poulet », et j'avais acquis la conviction, au fil des années, qu'il n'était pas un mauvais cheval.

Perdu dans mes pensées, j'acquiesçai néanmoins silencieusement d'un mouvement de tête à la requête de la plaignante avant de me retourner vers mon greffier pour commencer à enregistrer la plainte. C'est à ce moment-là et à ce moment-là seulement que je m'aperçus que Rodolphe faisait des moulinets désespérés à l'aide d'un de ses bras, mouvements qu'il devait avoir amorcés depuis un bon bout de temps et qui, jusqu'alors, m'avaient échappé, fasciné que j'étais par l'actrice. Manifestement courroucé, Rodolphe me lança avec autorité : « Ce n'est pas possible, monsieur le juge : dans les PV, il est mentionné que le gallinacé retrouvé au fond de la piscine était en fer. Et même pas rouillé ! » crut-il bon d'ajouter. Je dois convenir que ces détails m'avaient échappé. Je blêmis et me confondis en plates excuses auprès de l'actrice pour l'avoir un temps, certes bref, confortée dans son espoir que « justice serait faite », et je lui annonçai que, malheureusement, sa plainte était, à mon grand regret, irrecevable. Elle ne l'entendit pas de cette oreille et, dans un élan de colère froide difficilement contenue, juste avant de claquer la porte de mon bureau, elle me lança en se retournant, vindicative : « Vous savez, monsieur le juge, cela ne se passera pas comme ça : j'ai des relations très, très haut placées ! »

Et, effectivement, dès le lendemain, je fus convoqué à la chancellerie où un chef de service impeccablement mis me tendit, glacial, un formulaire prérempli que je n'avais plus, me précisa-t-il, qu'à parapher. Je parcourus rapidement le document. C'était ma demande de mutation, selon la procédure de l'urgence absolue, pour le tribunal de grande instance d'Hazebrouck. J'essayai d'argumenter, puisque je n'avais pas le courage de protester, en faisant valoir que cette juridiction, célèbre pour avoir été, à la fin des années 1970, le réceptacle de magistrats jugés indésirables, venait d'être rayée, à l'occasion d'une réforme concertée, de la carte judiciaire. Rien n'y fit : mon interlocuteur restait muré dans son intransigeance. J'abattis alors ma dernière carte : « Peut-être accepteriez-vous que mon sort soit tranché par une commission d'arbitrage ? » Un silence dédaigneux, assorti d'un regard haineux et pour tout dire assassin (je m'y connais), fut sa seule réponse. Manifestement, je l'agaçais. J'ai alors repensé à l'une des formules du procureur Éric de Mongolfier : « Déplaire n'est pas fauter », mais ça ne m'a pas beaucoup aidé. Le chef de service laissa alors tomber : « Vous avez cinq minutes pour signer, sinon, c'est la révocation. » Et il quitta la pièce. J'étais perdu.

Lorsqu'il revint, au terme du délai qu'il m'avait imparti, je n'ai même pas osé relever la tête. J'étais vaincu. D'une voix blanche, je lui ai demandé s'il pouvait me prêter un stylo pour signer ma capitulation sans condition, car, bien sûr, comme tous les mauvais ouvriers, je n'avais que très rarement sur moi mon outil de travail. Nouveau silence, suivi de quelques mots bredouillés : « C'est plus la peine... » Là, j'ai relevé la tête. Mon interlocuteur avait perdu de sa superbe. Il était livide. Je me suis levé, puis approché de lui pour m'enquérir de sa santé, et secondairement de mon sort. Reprenant un peu du poil de la bête, il m'informa que je ne perdais rien pour attendre, mais qu'il me faudrait néanmoins revenir le lendemain place Vendôme pour signer ma demande « spontanée » de mutation, car il n'était plus habilité à la contresigner. Que ce serait son successeur qui procéderait à cette formalité. Se décomposant à nouveau, il ajouta d'une voix lasse qu'il venait d'être viré par la ministre en dépit des bons et loyaux services qui avaient été, selon lui, les siens depuis quatre mois et demi. « Quatre mois et demi seulement ! » m'exclamai-je. Et lui de rétorquer avec dans la voix un sanglot difficilement contenu : « J'étais pas loin de battre le record de longévité à ce poste. » Avant d'ajouter dans un ultime râle pathétique : « J'ai même souvent, pour rendre service, été à la teinturerie. » Je n'ai pas compris ce qu'il me disait là. De grosses gouttes de sueur perlaient sur son front. L'une d'elles se détacha et s'écrasa sur ma main tendue que je voulais secourable.

Le contact de cette sécrétion glacée me réveilla en sursaut. Je me redressai sur mon lit. La télé était toujours allumée, mais l'écran était noir, parcouru par d'étranges comètes. Elle avait cessé d'émettre. Je repris mes esprits et un rythme cardiaque acceptable. Quel cauchemar ! Je suis juge, donc inamovible... Et indépendant ! Pour bien m'en convaincre, je me suis répété intérieurement à trois reprises les mots magiques selon la méthode syllabique dont je suis un adepte : « i-na-mo-vi-ble », « in-dé-pen-dant ». Et dire qu'il y a quelques années, je vous avais prévenus et que personne ne m'avait cru : « On ne réveille pas un juge qui dort. »

En sortant de chez moi avant d'aller prendre mon petit noir matinal, j'ai acheté le journal et j'ai alors appris que Michel-Édouard Leclerc allait ouvrir des grandes surfaces en Corse. Et que c'était Gilles Leclair qui avait été appelé à succéder à Dominique Rossi au poste de coordonnateur des services de police et de gendarmerie à Ajaccio. Je me suis alors dit que si le premier s'installait dans l'île de Beauté pour y casser les prix (présomption simple qui se combat par tout moyen), le second risquait, comme son prédécesseur, de s'y casser les dents.

Les premiers pas

1978. Cette année-là s'achève, pour la première fois depuis bien longtemps, par un véritable hiver. Neige et verglas le 31 décembre. La France compte 1,3 million de chômeurs. La violence qui, exceptionnellement, n'a pas augmenté quantitativement, cette année-là, est le thème de tous les débats politiques. L'association Légitime Défense occupe le terrain, parfois pour défendre des causes peu légitimes : c'est l'autodéfense et ses dérives vers la « justice privée ». Quelques cambrioleurs sont abattus... dans le dos. Une forme de psychose s'empare de certains. Un malheureux père de famille tue nuitamment son fils dans la cuisine de la maison familiale : il avait entendu un bruit suspect, était descendu à pas silencieux par l'escalier, muni de son fusil de chasse, et il avait tiré au jugé. Lorsqu'il avait allumé la lumière, son fils gisait près du réfrigérateur où il était venu chercher un verre de lait. Je me souviens bien de ce drame qui devait faire la une de *Charlie Hebdo* avec une manchette sous un dessin représentant la scène : « En croyant tirer sur son fils, il tue un cambrioleur. »

Déjà le thème de la sécurité est récurrent. L'utilité des peines d'emprisonnement fait aussi débat. D'ailleurs, au mois de mai 1978, convaincu de la parfaite inutilité de la mesure de détention dont il fait l'objet, Jacques Mesrine s'évade de la maison d'arrêt de la Santé à Paris.

Mais ce qui fait surtout débat, c'est la peine de mort.

Gilles Perraut y contribue amplement en publiant son livre *Le Pull-over rouge*, sur l'affaire Ranucci, un jeune homme condamné à mort le 10 mars 1976 (alors que Patrick Henri vient d'être arrêté quelques semaines auparavant pour l'assassinat du petit Philippe Bertrand) et exécuté le 28 juillet 1976 après le rejet, la veille, de la grâce présidentielle, pour le meurtre d'une petite fille, le 3 juin 1974 : Marie-Dolorès Rambla, âgée de huit ans. La France demeure alors le seul pays d'Europe occidentale, avec la Grèce, à pratiquer la peine de mort. Face à l'initiative de quelques parlementaires qui entendent relancer le débat sur la peine capitale, le garde des Sceaux, ministre de la Justice, Alain Peyrefitte, fait savoir qu'il le juge prématuré et qu'il convient de ne pas traumatiser la nation en mettant dès à présent au rancart la machine du docteur Guillotin. Il ne se sentait peut-être plus très concerné par la problématique de l'échafaud, puisque, cette année-là, il était devenu membre de l'Académie française. Il était donc désormais « immortel ».

Cette première année de fonction est pour moi celle de l'apprentissage. Je suis dans ma trentième année et je découvre, à la lecture de mes dossiers, des horreurs dont j'avais entendu parler par la presse, mais dont je ne m'imaginais pas l'intensité. J'apprends aussi des expressions qui m'étaient inconnues. Une affaire criminelle en cours que j'avais retrouvée dans le portefeuille du juge d'instruction qui m'avait été confiée à mon arrivée, un assassinat parmi d'autres perpétré par deux « sans domicile fixe » – c'est ainsi qu'on disait à l'époque –, me permet de comprendre la signification de l'expression « on est allé négocier le vieux ». Le « vieux » qui, à l'époque, ne devait même pas avoir atteint l'âge de cinquante ans, était un troisième SDF, la victime qui avait été « négociée ». C'est-à-dire que l'un des auteurs du crime l'avait surpris pendant son sommeil sur la paillasse de son abri précaire, fait de tôles et de cartons, sur un terrain vague, et lui avait administré un coup de hache qui l'avait décapité. « Mort sur le coup », avait affirmé le légiste. On s'en doutait un peu... « Négocier le vieux », je trouve que ça sonne bien, un peu comme le titre d'une chanson du style « On vous met le feu ». Mais, pour ce dernier terme, il me faudra encore attendre quelques années, une bonne vingtaine. En 1978, le préfet Bonnet et le colonel Mazères devaient être, comme moi, des apprentis. Ensuite, progression hiérarchique oblige, ils parvinrent à accéder à la dignité de sorciers.

Cette année-là encore, je ne tarde pas à découvrir que l'institution judiciaire a une remarquable capacité à « congeler » certains dossiers qui n'intéressent que médiocrement la justice, pas toujours armée pour les traiter. C'est le cas essentiellement des affaires économiques et financières qui dorment depuis des années dans les placards surchargés qui m'ont été attribués. Apparemment, ça ne dérange personne, ou pas grand monde. En tout cas, cette politique judiciaire a l'immense « mérite » de ne pas agacer la classe politique. Le 22 novembre 1978, le Parlement a adopté la première loi prévoyant une peine de sûreté dite « incompressible » pour les criminels ayant commis les faits les plus graves. Côté détente, j'enregistre avec plaisir la première victoire de Bernard Hinault dans le Tour de France. Il va devenir, au fil des ans, mon champion préféré dans une discipline qui n'était pas encore complètement dévastée par l'irruption massive de la pharmacopée. Mais le bonheur n'est jamais absolu. À la fin du printemps, l'AS Nancy-Lorraine a remporté, grâce à un but de Michel Platini, la Coupe de France. Supporter congénital et viscéral du FC Metz, cela me contrarie légèrement. Et même plus, quand je me suis souvenu que le champion en herbe venu quelques années auparavant présenter ses offres de service au FC Metz n'avait pas été retenu car le médecin du club l'avait jugé insuffisant respiratoire... C'est depuis cette date que je me méfie des jugements médicaux ou autres. Mais le chagrin est ailleurs : le 9 octobre 1978, dans un hôpital de Seine-Saint-Denis, à l'âge de 49 ans, Jacques Brel s'est éteint – « *De chrysanthème en chrysanthème* ».

1979. Pour moi, c'est l'an II. Pour l'ayatollah Khomeyni et les Iraniens, c'est l'an I, l'année de la Révolution islamique proclamée le 1er avril. C'est aussi l'année de la fin de la cavale de Jacques Mesrine, abattu par les policiers de la BRI porte de Clignancourt, à Paris, au volant de sa voiture. Au regard de l'extrême dangerosité de l'individu, en permanence armé, qui avait jugé utile de conserver à portée de main des grenades et qui n'avait pas fait mystère, lors de sa précédente arrestation, de son intention de ne plus, à l'avenir, se laisser prendre vivant, la police n'a guère laissé de chances à l'icône du grand banditisme. Les conditions de l'intervention policière seront d'emblée et pendant longtemps contestées, y compris à l'occasion d'une interminable procédure judiciaire diligentée à la demande des proches de Mesrine et de la compagne de ce dernier, Sylvie Jeanjacquot. Le droit est une matière en constante évolution. Le code pénal, c'est-à-dire la loi, considère – et c'est heureux – que chaque citoyen a le droit de se défendre, au besoin en tuant, pour sauver sa propre peau : d'où la notion de riposte proportionnée à l'attaque, qui est l'une des conditions de la légitime défense. En d'autres termes, on ne tire pas avec un bazooka sur un préadolescent qui vous menace avec un cure-dents. Tout le monde conviendra que Jacques Mesrine avait largement dépassé ce stade-là... Pour autant, le procureur de la République de Paris de l'époque jugea utile d'affirmer au sujet de l'action des fonctionnaires de police de la Brigade de recherche et d'intervention qu'ils étaient « en état de légitime défense permanente ». Et, quelques années plus tard, aux Journées internationales de Corte, en 1993, après qu'un commando d'hommes armés et cagoulés fut intervenu pour revendiquer, au nom du FLNC-Canal historique, l'assassinat d'un de leurs anciens « frères d'armes » – Robert Sozzi –, un avocat nationaliste bastiais a lui aussi fait progresser la « jurisprudence » en affirmant que le FLNC-Canal historique avait agi au titre de « la légitime défense préventive ». On n'arrête donc pas le progrès ! Et, surtout, ne me demandez pas si la légitime défense préventive peut être permanente et si la légitime défense permanente peut être préventive : je n'y entends rien, je suis nul en droit ! Le discret acquiescement de Rodolphe ne fait d'ailleurs que conforter la validité de cet aveu.

L'année 1979 est aussi celle du suicide, en octobre, dans un des étangs de la forêt de Rambouillet, du ministre du Travail, Robert Boulin, qui a mal supporté qu'une enquête judiciaire soit diligentée sur une acquisition immobilière qu'il avait réalisée dans le sud de la France, à Ramatuelle. Là encore, aujourd'hui, les proches de Robert Boulin contestent la version judiciaire, celle du suicide. Mais la justice aurait été mieux avisée, pour couper court à toute rumeur, de procéder, pour cette personnalité, aux mêmes diligences que celles qu'elle accomplit lorsque la victime est le citoyen lambda. En effet, seule une autopsie sommaire du corps de Robert Boulin fut effectuée à la demande de ses proches. Cette affaire s'est prolongée par la mise en cause posthume du garde des Sceaux de l'époque, Alain Peyrefitte, à qui Robert Boulin a vivement reproché, dans des courriers adressés par voie postale et parvenus à leurs destinataires après sa mort, de ne pas avoir fait le nécessaire pour lui épargner les soucis judiciaires auxquels il était confronté. Tout cela sur fond de rivalités politiques, Robert Boulin étant à l'époque un « Premier ministrable » potentiel. Comme quoi, même dans l'esprit d'un honnête homme, la justice doit savoir s'arrêter lorsqu'elle s'approche de vous, ce qui est humain ; mais aussi le ministre de la Justice doit savoir « tenir » les juges, ce qui est encore une idée assez répandue dans les sphères du pouvoir...

Dès cette époque-là, le juge Van Ruymbeke, mis également en cause de manière posthume par Robert Boulin, qui l'avait dépeint sous les traits d'un « juge haineux envers la société », avait eu à connaître la très désagréable expérience de comparaître devant le Conseil supérieur de la magistrature.

Il y fut lavé de tout soupçon. Normal : il n'avait fait que son travail de juge d'instruction chargé d'une affaire d'escroquerie mettant en cause un aigrefin de son ressort – je crois me souvenir qu'il s'appelait Tournet –, celui-là même qui avait cédé à Robert Boulin le terrain litigieux sur lequel le ministre avait fait édifier une villa, et qui exerçait diverses pressions sur le ministre pour tenter d'obtenir des passe-droits. Peu de magistrats en France peuvent se targuer de posséder un bilan professionnel à la hauteur de celui de Van Ruymbeke. Peu de magistrats comparaissent durant leur carrière devant le Conseil supérieur de la magistrature. Renaud Van Ruymbeke est donc très, très, fort puisque, en 2007, il y a comparu une nouvelle fois à l'initiative du garde des Sceaux, ministre de la Justice, Pascal Clément, dans le cadre de la « fumeuse » affaire Clearstream, sur laquelle je reviendrai. Oui, t'es vraiment très fort, Renaud ! Pour te permettre de t'adapter à l'air du temps, je demande, en toute amitié et tout indépendance, à la manière d'un *parquetier*, que le récidiviste que tu es se voie appliquer une « peine plancher » !

Cette année 1979, je continue mon laborieux apprentissage et suis frappé par l'imagination des hommes lorsqu'ils nourrissent un projet criminel. L'amant d'une dame, trouvant sans doute que les procédures de divorce sont trop longues et par trop onéreuses, décide de se débarrasser du mari gênant. Mais pour ce faire, manifestement il récuse la supplique poétique popularisée par Alain Souchon : « *Ils sont faits pour deux ces bambous, Trois là-dedans ça n'va plus du tout...* » Le meurtrier en puissance est plutôt un adepte du coup de bambou au sens initial du terme : il s'introduit nuitamment, avec la complicité de la dame, au domicile du couple qui fait chambre à part. Et il tente de trouer la boîte crânienne du mari en lui assénant un violent coup à l'aide d'un instrument barbare qu'il a confectionné : une fourche de mobylette à l'extrémité de laquelle il avait soudé un grand clou de charpentier. Raté : le clou s'est tordu. Mauvais matériel, mauvais ouvrier. Quand je lui demanderai les raisons de ce mode opératoire, l'assassin maladroit me dira qu'il avait eu cette idée-là pour que la police ne retrouve pas de balle. Imparable ! *« Est-ce ainsi que les hommes vivent ? »*

1980. Huis clos définitif pour Jean-Paul Sartre qui décède le 15 avril à l'âge de 74 ans à l'hôpital Broussais. À cette époque-là, le débat récurrent chez les magistrats pénalistes se poursuit : que doit savoir le juge d'instruction sur les pratiques policières ? doit-on faire perdurer l'ancien système, bien plus confortable pour les magistrats : la police « aux mains sales », et la justice en gants blancs ? Être flic n'est pas un boulot de tout repos. Au Sénat, le 14 octobre 1980, le ministre de l'Intérieur, Christian Bonnet, révèle que des fonctionnaires de police infiltrent les milieux d'extrême droite. Cet « aveu » n'est pas spontané. Quelques jours auparavant, des syndicats de police avaient réclamé une commission d'enquête parlementaire sur les relations de certains policiers avec des groupes néonazis. Deux dirigeants syndicaux sont assignés en diffamation par le « premier » flic de France, le 20 octobre, alors que, ce même jour, un colis piégé est neutralisé à temps à la Bourse de Paris.

Cette polémique mettant en cause la police nationale fait suite à l'attentat par explosif perpétré le 3 octobre contre la synagogue de la rue Copernic à Paris. L'engin infernal avait déflagré à l'heure de l'office religieux. Il avait été placé à l'entrée du lieu de culte. Quatre personnes avaient trouvé la mort, et vingt autres avaient été blessées. Dès le lendemain, les autorités israélites avaient dénoncé la passivité des pouvoirs publics à l'égard des milieux néonazis. Quant au Premier ministre israélien, il avait mis en cause la politique – anti-israélienne, selon lui – de l'État français, et affirmé que cette politique-là alimentait indirectement l'antisémitisme. Piste d'extrême droite ou groupe terroriste palestinien ? La question n'est à ce jour toujours pas définitivement tranchée.

L'information judiciaire est toujours en cours. Lenteur de la justice ou pugnacité des enquêteurs ? Pugnacité, au cas d'espèce. La piste palestinienne reste à ce jour privilégiée après que celle de l'extrême droite a été conscieusement labourée, surtout à partir de 1981...

Le projet de loi « Sécurité et Liberté » est adopté par l'Assemblée nationale par la procédure du vote bloqué, le 21 juin 1980. Il est définitivement adopté, le 20 décembre 1980, par le Sénat. Cette loi réajuste à la hausse le taux des sanctions de bon nombre d'infractions, aggrave les pénalités encourues par les récidivistes, limite les conditions d'octroi des circonstances atténuantes, réduit les possibilités de sursis, restreint les possibilités de libération conditionnelle et des permissions de sortie, et remplace la procédure des flagrants délits par celle de la saisine directe. Enfin elle légalise la pratique des contrôles d'identité.

Sécurité et liberté sont-ils antinomiques ? Il est évident qu'une société démocratique est en quête permanente d'un équilibre satisfaisant entre les exigences fondamentales et constitutionnellement reconnues de liberté et les impératifs majeurs de la protection de ses membres – de la sécurité.

Cette année 1980, la France découvre le terrorisme. Plus exactement, elle le redécouvre, car la capitale avait déjà été frappée, on l'avait presque oublié, par les attentats et crimes de l'OAS avant la proclamation de l'indépendance algérienne, en 1962, suite aux accords d'Évian. Le 18 juillet 1980, Chapour Bakhtiar, l'ancien Premier ministre d'Iran, réfugié à Paris, a échappé de peu, à Neuilly-sur-Seine, à un attentat au cours duquel un policier a trouvé la mort. Quatre jours plus tard, c'est Salah Bitar, l'ancien Premier ministre syrien, qui est assassiné. Le suspense ne faisait que commencer... Alfred Hitchcock s'éteint à l'âge de 91 ans. Dix-huit ans plus tard, j'aurai à mesurer, avec l'arrestation du tueur en série dit « de l'Est parisien », Guy Georges, toute la signification de l'expression « la mort aux trousses ».

Changer la mort

1981. 10 mai : Mitterrand président ! La vie va changer ? On l'espère. Et la mort ? Oui et non. Oui, car le nouveau ministre de la Justice, Robert Badinter, défend à l'Assemblée nationale, le 17 septembre 1981, le projet de loi visant à abolir la peine de mort. Les débats sont passionnés entre abolitionnistes et partisans de la peine capitale, mais, finalement, la représentation populaire accepte la mise au musée des horreurs de l'invention du docteur Guillotin. Non, car la violence reste ancrée dans le cœur des hommes.

Le 18 juillet 1981, six personnes, dont deux femmes et un enfant, sont assassinées à Auriol, dans le département des Bouches-du-Rhône. L'enquête démontrera que ce crime abominable a été perpétré dans le cadre d'un règlement de comptes entre membres du Service d'action civique (SAC), créé en 1958 et issu de l'ancien service d'ordre du RPF. La police française de l'époque n'a pas toujours fait preuve d'une grande vigueur pour lutter contre cette quasi-milice. La seule personne qui était visée par l'action criminelle était un inspecteur de police stagiaire, Jacques Massié, qui venait d'être évincé du SAC et qui menaçait de faire des révélations sur les activités de son ancienne organisation. Les chefs locaux de celle-ci avaient donc décidé de le réduire au silence. Ce qui avait été décidé fut, c'est le terme, exécuté.

Et les cinq autres personnes, me direz-vous ? C'était simplement des témoins du crime, car lorsque le commando d'assassins s'était présenté dans la bâtisse d'Auriol pour accomplir son forfait, Jacques Massié n'était pas encore rentré chez lui. Qu'à cela ne tienne : on les retiendrait en otage jusqu'à l'arrivée de ce dernier. Ensuite, au terme de cette effroyable logique criminelle, il fallut bien s'assurer qu'eux aussi « tiendraient leur langue ». Et ils furent donc eux aussi assassinés.

Les six auteurs de ce crime majeur furent, environ trois ans plus tard, condamnés par la cour d'assises des Bouches-du-Rhône, siégeant à Aix-en-Provence, trois d'entre eux à la réclusion criminelle à perpétuité, les trois autres à des peines s'étageant de quinze à vingt ans de réclusion criminelle.

J'avais été frappé, à cette époque-là, alors que j'instruisais à Nancy une affaire de proxénétisme aggravé avec des ramifications en Belgique et en Allemagne, mettant en cause un homme proche du SAC, par le fait que l'un des auteurs du massacre d'Auriol était instituteur. Il s'appelait Jean Bruno Finochetti. C'était lui qui avait personnellement mis à mort le petit garçon de Jacques Massié. Dans ma naïveté de l'époque, j'avais été effaré d'apprendre cela, parce que j'étais persuadé que lorsque l'on s'occupe de l'éducation des enfants, on n'a aucune propension à la violence, du moins à l'égard de ceux-ci. Un certain nombre de procédures, et, parmi elles, des affaires de terrorisme, se chargeront de me démontrer que l'on peut consacrer sa vie à l'enseignement tout en se faisant adepte de la violence, politique ou non. Voilà au moins un préjugé dont je me suis débarrassé assez rapidement après quelques années de fonction.

La Cour de sûreté de l'État est supprimée cette années-là, ainsi que les autres juridictions d'exception tels que les tribunaux permanents des forces armées. La Cour de sûreté de l'État présentait la particularité de voir des magistrats civils siéger auprès de militaires. Ils n'étaient nommés que pour deux ans, éventuellement renouvelables après simple avis – et non sur proposition – du Conseil supérieur de la magistrature. Le gouvernement était maître de la mise en œuvre de l'action publique. Ce système faisait que dans le cadre des contentieux dévolus à cette juridiction, des civils étaient jugés par des militaires. En outre, lorsque l'instruction des procédures était achevée, l'inculpé était renvoyé devant la juridiction de jugement par un décret de mise en accusation. Dans cette procédure-là, le ministère public n'établissait pas de réquisitoire définitif, et aucune ordonnance du juge d'instruction n'était rendue. La garde à vue des personnes suspectées était de six jours, délai qui pouvait, en cas d'urgence, être porté à douze jours.

Les affaires de stupéfiants ne manquent pas, à Nancy, et occupent une bonne partie de mon emploi du temps. C'est, hélas, le lot de la plupart des juges de l'hexagone. Mais la région marseillaise est privilégiée. Ces derniers mois, on a même appris que, là-bas, des laboratoires de transformation de morphine base en héroïne avaient été démantelés. Un homme se bat corps et âme contre les marchands de mort. Il n'hésite pas à se rendre en Italie pour leur porter des coups sévères. Il se dit, dans le milieu judiciaire, en général avare de compliments – « saine émulation » oblige –, qu'il est courageux. Cela, le milieu « tout court » le sait, car il l'a appris à ses dépens. Le 21 octobre 1981, cet homme-là, dont on commence à parler, est assassiné par balles en pleine rue, à Marseille, alors qu'il regagnait à moto son domicile pour y déjeuner avec sa femme et ses deux petites filles. Le juge Pierre Michel est le second magistrat à être assassiné en France. Le 3 juillet 1975, le juge Renaud avait été abattu à Lyon.

« Moi, mon colon, cell' que j'préfère, c'est la guerre de quatorz'-dix-huit ! » Il était non violent, pacifique et peut-être pacifiste. Mais il ne bêlait pas. Simplement, il avait le sens du dérisoire et celui des mots. Avec lui, militaires, curés, gendarmes, juges, flics, bourgeois, les tenants de l'ordre établi en ont pris pour leur grade. Il se méfiait aussi des grandes idées qui, parfois et même souvent, conduisent les hommes aux pires extrémités. Sans doute parce qu'ils

sont aveuglés par leurs certitudes, leurs passions et leurs convictions. « *Mourons pour des idées, d'accord, mais de mort lente...* » Peut-être ne croyait-il plus en rien. Sauf à l'essentiel : l'amitié, la tendresse, la générosité, la misère et, bien sûr, la mort. La Camarde est allée, le 30 octobre 1981, planter des fleurs dans les trous de son nez. Tonton Georges est mort ! Peine incompressible.

On leur cache tout et on ne nous dit rien

Le 11 mai 1987 s'ouvre à Lyon le procès de Klaus Barbie. Celui qui avait été expulsé de Bolivie où il vivait confortablement sous l'identité d'emprunt d'Altmann est assisté, à l'audience de la cour d'assises du Rhône devant laquelle il comparaît pour y répondre de crimes contre l'humanité commis en France pendant le second conflit mondial, par le maître en matière de « défense de rupture », Jacques Vergès.

Le 13 mai, l'accusé se déclare otage et, en creux, victime d'un complot des autorités françaises. Sans commentaire. Si : un grand magistrat occupe le siège du ministère public. Il sait donc qu'il est chargé de représenter la société tout entière. La justice est rendue au nom du peuple français. Mais il est moins sûr que les gens sachent que l'avocat général n'est pas en charge de défendre des intérêts particuliers, pas même ceux des victimes. Il doit bien sûr prendre en considération, c'est une évidence, la situation de celles-ci, et les souffrances qu'elles ont endurées, mais la défense des intérêts de la collectivité des hommes transcende la défense des simples intérêts particuliers, la défense des intérêts de la société étant une synthèse entre des réalités humaines antagonistes : celle de l'accusé et celle de la victime. Quelques années plus tard, revenant sur ce grand procès qui, pour la première fois de l'histoire, avait été filmé, l'avocat général Pierre Truche qui, au terme de sa carrière, présidera successivement aux destinées du parquet général de la Cour de cassation comme procureur général, puis à celle de la juridiction suprême comme premier président, déclarera avec une simplicité dépouillée : « Les procès extraordinaires doivent se traiter à l'ordinaire. » C'est en effet la seule voie, pour l'institution judiciaire, si elle ne veut pas s'égarer dans le labyrinthe des exceptions à géométrie variable.

Cette même année, Coluche trouve la mort dans un accident de moto dans le midi de la France. Provocateur, comme à son habitude, il avait envisagé de présenter sa candidature à l'élection présidentielle du printemps 1988. Il avait d'ailleurs été crédité un moment, dans les sondages d'opinion, d'un score très honorable qui avait entraîné une forme de panique parmi la classe politique dont le sang-froid ne m'a pas toujours paru évident. Une vingtaine d'années après sa mort, certains adeptes du complot, méprisant les évidences et les résultats de l'enquête, s'évertuent encore à dire que Coluche a été assassiné, et qu'on nous cache donc la vérité. Le fait divers, même accidentel, fait souvent le lit de la rumeur. Et malheureusement, il est très fréquent que l'institution judiciaire communique, lorsqu'elle le fait, à contretemps. En attendant, *Ciao Pantin* ! On le savait, tu allais nous manquer. Ça n'a pas manqué. On chante encore en 2008 « *aujourd'hui, on n'a plus le droit d'avoir faim ni d'avoir froid* ». Enfoiré, vingt ans après que tu as tiré ta révérence, les queues se sont encore allongées devant les soupes populaires de l'Armée du Salut et les Restos du Cœur ne sont toujours pas financés par la solidarité nationale mais par la générosité privée, souvent celle des « petites gens ». Il faut dire que l'État est en faillite. Il n'a plus d'argent : il déverse des milliards pour tenter de sauver les banques qui n'ont plus d'argent – un comble – en dépit de l'exceptionnelle qualité autoproclamée de la caste de leurs dirigeants bardés de stock-options. Il eût été intéressant que tu nous expliques comment l'État dont les caisses sont vides est parvenu à trouver tout cet argent pour renflouer ces établissements financiers. Peut-être en empruntant auprès de ceux-ci ?

La rubrique nécrologique de cette année-là n'est hélas pas close. Lorsque j'ai appris le décès d'Angelo Borrini, cela m'a d'abord laissé de marbre. Le nom ne me disait rien. Puis, profitant d'un moment de répit, j'ai téléphoné aux Renseignements généraux, sachant qu'ils collectionnaient les fiches. Je n'ai pas tardé à obtenir la réponse à mon interrogation : Angelo Borrini était le vrai nom de Lino Ventura. C'était mon acteur préféré, et je l'aimais beaucoup. *Adieu poulet !*

Quand je pense que, maintenant, certains voudraient que ce laborieux et patient travail des services de renseignements soit mis au rancart par la non-intégration de ces données essentielles à l'information du gouvernement dans le fichier Edvige, je leur dis qu'ils se trompent ! Sans un fichier de ce type, le gouvernement de la République n'aurait jamais pu savoir que Lino Ventura était un responsable associatif, puisqu'il avait créé l'association Perce-Neige, destinée à venir en aide aux enfants handicapés... Sauf, bien sûr, à regarder les affiches publicitaires de cette association, placardées périodiquement sur les Abribus. Mais, puisqu'on nous répète que tout cela est utile à l'information du gouvernement...

Mais il y a mieux que le simple complot : le complot international. Après le 11 Septembre, des rumeurs sont nées, d'abord aux États-Unis, ensuite un peu partout dans le monde, par le biais d'Internet essentiellement, mais aussi à la suite de quelques publications tapageuses : aucun avion n'était tombé sur le Pentagone, à Washington, et les tours jumelles n'avaient pu s'effondrer des seules suites des incendies qui les avaient ravagées ; à l'évidence, le drame horrible ne pouvait être que l'œuvre des services secrets américains, missiles balistiques à la clé. Après le succès de librairie de Thierry Meyssan – *L'Effroyable Imposture* – et quelques émissions diffusées sur le net aux États-Unis par divers « spécialistes » patentés du complot international, l'actrice Marion Cotillard (La Môme) et, tout récemment, le comique troupier Jean-Marie Bigard ont jugé utile de nous faire part non pas de leurs doutes, mais de leurs certitudes : le 11 Septembre est un coup des services secrets américains, et Ben Laden est innocent. Pas présumé innocent, non : innocent. Après ce scoop, tout le monde attend donc maintenant avec impatience le point de vue de Richard Virenque.

À la décharge de ceux qui pensent que l'État et ses institutions fournissent systématiquement une version tronquée de la réalité des faits et des choses, il faut bien admettre que la transparence élémentaire n'a pas toujours été la qualité dominante des déclarations publiques. Aux États-Unis, on le sait maintenant de façon indiscutable, le président Bush a trompé son opinion publique sur les armes de destruction massive prétendument détenues en Irak. Et sur bien d'autres points de la lutte antiterroriste. On a également conservé le souvenir de l'attentat perpétré le 10 juillet 1985 dans le port d'Auckland, en Nouvelle-Zélande, qui envoya par le fond le *Rainbow Warrior*, navire du mouvement écologique et antinucléaire Greenpeace, et qui tua, certes involontairement, mais tua quand même, un photographe néerlandais d'origine portugaise. Et on se souvient bien sûr des déclarations embarrassées du gouvernement français de l'époque, faisant suite à ses dénégations initiales pures et simples, puis de la démission du ministre de la Défense, Charles Hernu.

On se souvient encore de ce que furent, il y a vingt ans, la tragédie d'Ouvéa et l'affaire Gordji.

La première se déroula dans l'archipel des îles Loyauté, en Nouvelle-Calédonie. Le 24 avril 1988, les Français sont conviés à participer au premier tour de l'élection présidentielle. Deux jours plus tôt, à 19 000 kilomètres de la métropole, quatre gendarmes sont assassinés, dont l'un à coups de machette, dans la brigade de gendarmerie de Fayaoué, petite unité de vingt-huit gendarmes mobiles implantée dans l'île d'Ouvéa, et qui venait d'être investie par plusieurs dizaines de Mélanésiens indépendantistes du FLNKS, organisation dirigée par Jean-Marie Tjibaou. Après s'être assurés de la maîtrise des lieux et avoir dévalisé l'armurerie de l'unité, s'emparant notamment d'un fusil-mitrailleur AA52, les assaillants se retirent à bord des véhicules de l'unité, emmenant avec eux les gendarmes faits prisonniers. En chemin, ils en libèrent quelques-uns, puis gagnent une grotte du nord de l'île où les douze militaires de la gendarmerie sont retenus captifs. Je vous passe les détails. Appelé sur place, le GIGN tente en vain de négocier la libération des gendarmes. Six gendarmes du GIGN vont à leur tour se retrouver pris en otage dans la grotte... Le 5 mai 1988, soit trois jours avant le deuxième tour de l'élection présidentielle qui va opposer le président de la République sortant, François Mitterrand, à son Premier ministre, Jacques Chirac, c'est le début de l'opération Victor. Le GIGN, appuyé par le bras armé de la DGSE, le « 11e Choc », s'approche de la grotte. Le feu est nourri, les Mélanésiens défendant l'accès de la grotte d'Ouvéa avec les armes volées à Fayaoué. Dix-neuf d'entre eux trouvent la mort, ainsi que trois militaires. L'opération a été lancée deux jours après que le ministre de la Défense, André Giraud, eut obtenu, le 3 mai, le feu vert du président de la République.

Les conditions de cette intervention vont donner lieu à une très virulente polémique. Certains soutiennent en effet que des Mélanésiens ont été exécutés après leur capture. Alphonse Dianou, un des chefs mélanésiens, est atteint par une balle dans le genou durant l'assaut. La rumeur enfle, reprise notamment par *Le Nouvel Observateur* et par *L'Express* : le tireur qui a blessé Alphonse Dianou n'est autre que le fils d'un des gendarmes tués à Fayaoué. Or il se trouve que le jour de l'assaut, l'adjudant Éric Moulié, gendarme au GIGN, assistait, dans la région nantaise, aux obsèques de son père, assassiné le 22 avril à Fayaoué.

8 mai 1988 : François Mitterrand est réélu président de la République. Michel Rocard forme son gouvernement. Nommé ministre de la Défense, Jean-Pierre Chevènement fait diligenter une enquête de commandement et le nouveau

garde des Sceaux, Pierre Arpaillange, demande au parquet de Nouméa de réaliser une enquête préliminaire. Un moment, on évoque même dans la sphère politique la comparution devant la Haute Cour de justice de Bernard Pons, ministre des DOM-TOM au moment de l'intervention. Ce « tumulte » ne va pas durer. Le 26 juin 1988, les accords de Matignon sont signés entre Jacques Lafleur, Jean-Marie Tjibaou et les représentants de l'État. Une loi d'amnistie fait que l'on n'en saura pas plus, ni sur les conditions exactes qui ont présidé à l'assaut, ni sur les raisons de l'utilisation du « 11e Choc », alors même que la DGSE n'a pas vocation à intervenir sur le territoire national dont la Nouvelle-Calédonie fait partie. Un an plus tard, le chef du FLNKS, Jean-Marie Tjibaou, sera assassiné par l'un des siens.

En 2002, j'ai fait la connaissance de Michel Bernard, dit « le Grand Bernard ». Il a des mains presque aussi grandes que les pieds de son homonyme, le champion olympique du cent mètres nage libre à Pékin, Alain Bernard. Et son cœur est aussi grand que ses battoirs. Il m'a présenté un de ses amis, qui est devenu le mien et qui, hélas, n'est plus : Christophe de Ponfilly. Au détour de nos soirées, nous refaisions le monde. Et, un soir, Michel m'a parlé du temps qu'il avait passé au GIGN. Il n'avait pas participé à l'assaut de l'Airbus d'Air France à Marignane, le 26 décembre 1994, alors que l'appareil était sous contrôle de terroristes des GIA. À cette époque, il était en effet blessé pour avoir reçu dans le bras une balle qui avait ricoché dans la carlingue d'un avion, à l'occasion d'un entraînement à balles réelles. Il m'a expliqué que, parfois, de tels entraînements avaient lieu pour apprendre à ces militaires d'élite à gérer leur stress. Car, en situation, il y a bien évidemment beaucoup de stress.

Michel ne correspond pas à l'archétype militaire que présentent les caricatures. Il est intelligent, a beaucoup d'humour, et je dirais même que c'est un philosophe. Philosophe-militaire : c'est plutôt rare, en effet. C'est d'ailleurs le seul spécimen que je connaisse. Il m'a parlé d'Ouvéa, de sa peur et de celles de ses camarades. Et également de l'accueil plutôt froid qu'ils reçurent, ses compagnons d'infortune et lui, à leur retour sur le continent. Grâce à l'insistance de Christophe de Ponfilly, Michel Bernard a écrit un livre : *GIGN. Le temps d'un secret*, où il relate sa vie au GIGN et notamment l'assaut de la grotte d'Ouvéa, sa part de vérité :

> « Cette page d'histoire est la mienne. L'histoire dans sa totalité m'échappe encore. Je ne sais qu'une chose : nous avons fait ce que nous devions faire. Faire ce que nous aurions fait pour d'autres personnes dans les mêmes circonstances. Nous l'avons fait dans le temps qui nous a été imparti, sans autre intérêt que celui de mettre fin à une injustice. Que sauront-ils, en France, de toutes ces souffrances, de ces instants volés, de ces vies malmenées ? Que sauront-ils du calvaire des gendarmes d'Ouvéa de la Grande Terre ? Rien, ou pas grand-chose. L'histoire de la détention de mes camarades se résumera, dans leur carnet de notes, à deux simples dates : celle d'un départ en Nouvelle-Calédonie et celle d'un retour en France. Entre les deux, rien ; on ne devra pas faire mention des faiblesses, sous la grenade bleue. Plus terribles encore seront les mauvais jeux de mots adressés par les inspecteurs chargés de l'enquête de commandement à certains d'entre nous : "Ne vous attendez pas à des citations à l'ordre de l'Armée, mais plutôt à des citations à comparaître." Si, en notre propre maison, l'affaire est enterrée dans les archives de l'oubli, une certaine opinion publique, influencée par les médias, nous condamne : nous avons forcément tort, puisque nous représentons l'ordre... La bataille n'en était pas une... C'était tout au plus une partie de chasse... Les hommes du GIGN ont vengé les leurs... Ces hommes qui prennent plaisir à faire la guerre sont la tare de nos sociétés, les démocraties ne devraient pas faire usage de leurs armes.... Les journalistes vont jusqu'à piquer notre honneur, celui de l'armée. Sélectionnant les témoignages de choix, oubliant les responsables du déclenchement des hostilités, ignorant que de la guerre naît la peur, et que la peur transforme le meilleur des hommes en monstre. Vingt-cinq hommes sont morts, beaucoup parmi les indépendantistes, pas assez parmi nous pour qu'on

comprenne la difficulté de l'action... Je souhaite à tous ces maîtres-penseurs de ne jamais sentir sur leur nuque le souffle paralysant de la mort qui rôde sur les champs de bataille... »

Alors que les gendarmes de Fayaoué sont retenus en otage dans la grotte d'Ouvéa et que se déroulent les préparatifs de l'intervention, le combat fait rage sur un plateau de télévision. Lors du débat de l'entre-deux-tours, le Premier ministre Jacques Chirac et le président sortant François Mitterrand s'opposent durement au sujet de la libération de l'Iranien Wahid Gordji, laquelle a mis fin à ce que l'on appelait à l'époque la « guerre des ambassades », et alors que d'autres otages sont depuis longtemps retenus au Liban. Finalement, on ne saura jamais ce que le Premier ministre et le président de la République se sont dit et se sont cachés l'un à l'autre pendant cette crise diplomatico-judiciaire. Le débat entre les deux candidats à la Magistrature suprême ne nous éclairera guère :

FRANÇOIS MITTERRAND : « Moi, je n'ai jamais libéré de terroriste. Je me souviens des conditions dans lesquelles vous avez renvoyé en Iran monsieur Gordji, après m'avoir expliqué, à moi, dans mon bureau, que son dossier était écrasant et que sa complicité était démontrée dans les assassinats qui avaient ensanglanté Paris à la fin de 1986. »

JACQUES CHIRAC : « Monsieur Mitterrand... Pouvez-vous me dire, en me regardant droit dans les yeux, que je vous ai dit que nous avions les preuves que Gordji était coupable de complicité ou d'actions dans les actes précédents, alors que je vous ai toujours dit que cette affaire était du seul ressort du juge, que je n'arrivais pas à savoir – ce qui est normal, compte tenu de la séparation des pouvoirs – ce qu'il y avait dans ce dossier, et que, par conséquent, il m'était impossible de dire si véritablement Gordji était impliqué ou non dans ces affaires ? Et le juge, en bout de course, a dit que non. Pouvez-vous vraiment contester ma version des choses en me regardant droit dans les yeux ? »

François Mitterrand : « Dans les yeux, je la conteste ! »

Cet échange verbal pourrait laisser supposer que le conseiller aux affaires de justice de l'Élysée était souffrant. Et que le président de la République, dans son domaine réservé de la politique internationale, et chef de fait de la diplomatie française, n'était informé de rien. Idem pour le Premier ministre du gouvernement de la France : ni le ministre de l'Intérieur ni celui de la Justice ne lui auraient soufflé mot de cette affaire. Sans doute parce que le parquet de Paris n'avait pas fait remonter l'information au parquet général, et que ce dernier n'avait donc pu renseigner la chancellerie. Secret de l'instruction et séparation des pouvoirs obligent ! Et tout cela en pleine « guerre des ambassades », alors que des Français étaient toujours retenus en otage au Liban !

Ce que l'on sait et ce dont on se souvient dans la magistrature française, c'est que, le 18 novembre 1988, le juge d'instruction Gilles Boulouque, chargé de « l'affaire Gordji », c'est-à-dire de l'affaire portant sur les attentats ayant ensanglanté Paris en 1985 et 1986, a été inculpé par le président de sa propre chambre d'accusation parce qu'il avait accordé une interview téléphonique au quotidien *Le Figaro*, qui l'avait publiée le 23 juin 1988. Le juge, qui avait fait l'objet d'une virulente campagne de presse, avait fait le choix d'expliquer un peu les immenses difficultés de sa tâche.

La justice prend toujours le temps de la réflexion... Comme elle est égale pour tous, tout le monde doit pouvoir y avoir accès. La preuve : l'individu qui a déposé plainte contre Gilles Boulouque pour violation du secret de l'instruction n'était autre que le dénommé Fouad ali Saleh, le promoteur de la campagne d'attentats commis à Paris. Il a bénéficié, dans le cadre de cette procédure, de l'aide judiciaire... Car, voyez-vous, on ne peut pas être terroriste et fortuné.

Lorsque, le 19 novembre 1988, l'ancien ministre de l'Intérieur, Charles Pasqua, interpella le garde des Sceaux, Pierre

Arpaillange, sur cette affaire, celui-ci déclara qu'il n'était informé de rien. L'information circule décidément bien mal, dans les milieux gouvernementaux : on leur cache tout, on ne leur dit rien. Alors que peuvent-ils nous dire sérieusement ?

Fin 1990, Gilles Boulouque a mis fin à ses jours.

Un train peut en cacher un autre

1989. Je suis dans ma onzième année de fonction et je suis de plus en plus débordé. Sur les cinq juges d'instruction de Nancy, bien souvent seuls quatre postes sont pourvus. L'État sait fort bien jouer de la « nuance » entre postes créés, postes budgétés et postes effectivement pourvus. Mais les délinquants et criminels n'ont cure de nos problèmes d'effectifs. Cela ne les encourage nullement à restreindre leurs coupables activités. Les victimes souffrent des lenteurs endémiques de la justice, et les magistrats de leurs conditions de travail. Lorsque vous êtes quatre là où vous devriez être cinq, les magistrats en poste doivent se répartir le surcroît de travail généré par la vacance : 20 % de la masse globale de travail en plus de leurs activités déjà lourdes.

Depuis environ trois ans, je suis doyen des juges d'instruction du tribunal de grande instance de Nancy. Il m'incombe donc, lorsqu'une vacance de poste survient, de faire la distribution de ces « petits suppléments ». Je m'efforce d'être équitable. Et de sérier les priorités puisque, avec la meilleure volonté du monde, on ne peut pas tout faire. De plus, il nous faut jouer les pompiers de service au sein du tribunal : remplacer un collègue au tribunal correctionnel ou à l'audience civile, faire office de juge aux affaires matrimoniales pour des audiences de (non) conciliation de divorce, etc.

À mon cabinet, les procédures s'empilent au gré des

permanences souvent chargées. Il me faut commencer à envisager l'achèvement de la procédure dans laquelle Simone Weber est alors inculpée du meurtre de son ancien amant, Bernard Hettier, et de l'empoisonnement de son « faux » mari, Marcel Fixard. Cela fait maintenant plus de trois ans que Simone Weber est en détention provisoire. J'ai conscience de la longueur de cette mesure privative de liberté, mais je mesure aussi la longueur du chemin qui me reste à parcourir, en dépit du travail acharné effectué en amont par les deux policiers de la Sûreté urbaine de Nancy, Alain Lambolez et Christian Jacques, qui effectuent seuls l'essentiel des actes dont j'ai prescrit la réalisation par commission rogatoire. Et eux comme moi n'ont pas, et de loin, ce seul dossier en portefeuille.

Concomitamment, parmi une centaine d'autres dossiers dont la variété illustre les déviances de l'humanité, j'instruis aussi une affaire lourde, celle dite des « fausses factures de Nancy », en réalité essentiellement celles de Toul, qui va me permettre d'apprendre notamment comment la loi Royer, destinée à protéger le petit commerce contre des implantations abusives d'hypermarchés et de supermarchés dans la périphérie des villes, a vu l'une de ses institutions, la Commission départementale d'urbanisme commercial (CDUC), transformée assez rapidement en « pompe à phynances » au plus grand profit de quelques élus peu scrupuleux, et sans doute de quelques partis politiques en manque de trésorerie. Ça me change des petits voleurs et autres aigrefins qui continuent quand même à composer l'essentiel de ma clientèle, « fidélisée » à coups de mandats de dépôt.

C'est durant ces années-là, à la fin des années 1980, que la Justice a enfin investi un domaine – les délits économiques, la corruption, etc. – qu'elle avait jusqu'alors laissé complètement en déshérence. Faute de moyens, sans doute. Par manque de formation des magistrats, évidemment. Mais aussi par absence totale de volonté de le faire. Quand j'aurai fini ces deux affaires-là, il sera temps pour moi de souffler un peu. Mais où, et pour faire quoi ? Je n'ai pas la réponse. Et je n'ai même pas le temps d'y penser.

L'année 1989, comme la plupart des autres, est contrastée. Côté sombre : dans la nuit du 3 au 4 juin 1989, c'est l'écrasement de la contestation étudiante, place Tian'anmen, à Pékin. L'armée chinoise fait donner ses tanks contre la jeunesse du pays. Plusieurs centaines de morts sont dénombrés. Un peu de lumière : le 9 novembre 1989, la première brèche est ouverte dans le mur de Berlin. C'est le prélude à la chute de l'État artificiel créé le 7 octobre 1949 par les Soviétiques et les communistes allemands. Deux ans plus tard, ce sera la dislocation du bloc soviétique. Il en va dans la vie judiciaire comme dans celle des hommes : « un train peut en cacher un autre » ; un bien peut générer d'autres maux. La désintégration du bloc communiste rend leur liberté à des millions d'hommes, mais ne les sort pas de la misère. L'accès, quelques années plus tard, aux archives des États satellites de l'URSS permettra de confirmer de façon éclatante ce que l'Europe occidentale savait déjà : le terrorisme révolutionnaire, dont avaient notamment été les victimes la France, la République fédérale d'Allemagne et l'Italie, avait été financé par les républiques « socialistes » pendant la guerre froide, mais aussi bien après, déployant ainsi une stratégie de développement de conflits de « faible intensité » contre les alliés des États-Unis d'Amérique. Malheureusement, à la main de fer des gouvernements liberticides des pays de l'Est allaient succéder les tentacules des mafias. La nature a horreur du vide, et le crime organisé est beaucoup plus réactif que les machineries politiques, administratives et judiciaires.

Outre ces mafias locales ou nationales qui ont promptement fait régner leur « ordre », les mafias italiennes ont eu vite fait de saisir l'opportunité qui leur était offerte. En sus de leurs différents trafics (stupéfiants, voitures volées, armes légères et lourdes, traite des êtres humains), elles ont engagé une politique d'investissements massifs dans l'économie de certains des pays libérés du joug soviétique. Selon un institut spécialisé dans l'étude des activités de la Mafia, la Camorra napolitaine, la Cosa Nostra sicilienne, la Ndrangheta calabraise et la Sacra Corona Unita des Pouilles feraient globalement, à l'heure actuelle, un chiffre d'affaires de 100 à 120 milliards d'euros, ce qui équivaut ni plus ni moins qu'à 9,5 % du produit intérieur brut italien. Depuis la chute du mur de Berlin, les mafieux ont investi des sommes considérables dans l'achat de biens immobiliers, mais aussi et surtout commerciaux et de production dans les pays de l'ancien bloc de l'Est. On sait aussi que le sud-est de la France n'est pas épargné par l'extension du phénomène mafieux. On pourrait également consacrer de longs développements au dynamisme des mafias qui sévissent dans les pays de l'ancien bloc soviétique, et qui, elles aussi, étendent leurs tentacules en Europe occidentale. Or, contre les mafias de tous ordres, un État isolé se révèle rapidement impuissant. Pendant ce temps, la coopération internationale entre polices et justices nationales progresse à pas très comptés.

Gouverner les juges ?

Je n'ai pas un goût prononcé pour les débats académiques, encore moins pour ceux qui portent sur les questions statutaires. Pourtant, le statut des magistrats détermine directement les conditions de leur indépendance. Sans indépendance il n'est pas de justice. Mais le juge ne saurait pour autant se dissimuler derrière cette disposition, qui constitue la pierre angulaire de son statut, pour échapper à toute critique, et a fortiori tenter de justifier un travail insuffisant quantitativement ou qualitativement. On sait aussi que cette tentation existe chez quelques-uns. Mais, quel que soit le statut du juge, c'est une vérité d'évidence : il n'est pas susceptible de rendre courageux quelqu'un dépourvu de cette vertu.

L'année 1993 restera marquée par le suicide, le 1er mai, de Pierre Bérégovoy dont les troupes socialistes qu'il conduisait en sa qualité de Premier ministre venaient de subir une cuisante et cinglante défaite à l'occasion des élections législatives du printemps. L'ancien Premier ministre, éprouvé par cette défaite électorale sans appel, l'était également par les mises en cause dont il avait fait l'objet, dans la presse, au sujet d'un prêt sans intérêt et très partiellement remboursé que lui avait consenti un ami intime du président de la République François Mitterrand, l'homme d'affaires Roger-Patrice Pelat. Le suicide sur les bords d'un canal de la Nièvre de Pierre Bérégovoy, avec l'arme de service d'un de ses gardes du corps, continue encore aujourd'hui d'être discuté par quelques partisans de la thèse du complot. Mais, surtout, il devait donner l'occasion à la classe politique, et, au tout premier chef, au président de la République, de stigmatiser l'attitude de la presse et, en arrière-plan, celle de la justice dont l'action fut elle aussi contestée.

C'est pourtant, paradoxalement, au cours de cette année-là que fut profondément réformé le Conseil supérieur de la magistrature, organe disciplinaire du corps judiciaire également chargé de gérer la carrière des magistrats, qu'il s'agisse de leur nomination ou de leur promotion. Pour les juges (ceux qui décident), le CSM prend des décisions visant à départager les candidats en présence postulant sur un même poste. Pour les procureurs et leurs substituts (ceux qui poursuivent), le CSM rend des avis que le garde des Sceaux suit ou ne suit pas : c'est son droit. Le ministre de la Justice peut donner aux membres des parquets des instructions de poursuivre. Il est donc l'émanation du pouvoir politique au sein de l'institution judiciaire.

Jusqu'en 1993, les neuf membres du Conseil supérieur de la magistrature étaient désignés par le président de la République. La réforme entreprise cette année-là a permis de voir siéger au sein de cette institution des magistrats élus par leurs pairs dans chacune des deux formations du siège (les juges) et du parquet (les procureurs). Cette réforme aboutissait à donner la majorité aux magistrats, plus nombreux que les personnalités extérieures nommées par le pouvoir politique. Il y a bien sûr, dans le monde judiciaire, un incontestable corporatisme ; il serait absurde de le nier. Mais il n'est pas interdit de souligner que le corporatisme n'est pas l'apanage de la seule magistrature. Le phénomène existe dans n'importe quelle institution, et même dans n'importe quel corps de métier. Ce corporatisme a-t-il progressé au sein du corps judiciaire depuis la réforme de 1993 ? Je n'en suis nullement persuadé. Il reste ce qu'il était auparavant. Simplement, la donne a un peu changé. Les représentants des magistrats élus au Conseil supérieur de la magistrature sont issus des listes syndicales présentées par les organisations représentatives de la profession. À l'influence purement politique de la période précédente s'est substituée – ou à tout le moins s'est ajoutée – l'influence syndicale. Pour assurer sa propre promotion, il est conseillé, sinon d'être affilié à un syndicat – si ça n'aide pas toujours, ça ne peut pas faire de mal –, à tout le moins d'être membre ou proche d'un réseau de pensée ou d'influence. Là, ça aide beaucoup... Et tant pis pour les « *poor lonesome cow-boys* » !

L'histoire de France nous a appris que sous la royauté, le monarque était le représentant de Dieu sur terre. Les temps ont changé, la révolution est passée par là. La justice des hommes « divinisée », puisqu'elle était rendue au nom du suzerain, est désormais rendue, dans l'État républicain, « au nom du peuple français ». La fin de l'Ancien Régime vit un affaiblissement considérable du pouvoir monarchique ; or, dès qu'un des pouvoirs au sein d'un État s'affaiblit, les autres s'escriment à occuper le vide, manifestant ainsi leur volonté de puissance. À l'époque de Montesquieu, le « pouvoir judiciaire » n'était pas un slogan, et lorsqu'on en parlait, ce n'était pas sous une forme incantatoire. En ces temps-là, les juridictions étaient appelées « parlements ». Le pouvoir de cette justice était bien réel. Elle ne se privait pas de remettre en cause les ordonnances royales, obligeant le souverain à venir tenir « des lits de justice » pour faire enregistrer ses ordonnances et leur conférer valeur légale. Le pouvoir résidait davantage dans la capacité de faire appliquer les lois que dans celle de les faire. Et, à cette époque-là, les véritables législateurs étaient en fait les juges, propriétaires de leur charge, qui, par leurs arrêts de règlement, fixaient la jurisprudence.

La Révolution française de 1789 a mis un terme à cette véritable confusion des pouvoirs. Mais le temps écoulé n'est pas parvenu à effacer, dans l'esprit de nos dirigeants, la crainte d'un « gouvernement des juges », puisqu'ils évoquent ce « péril » chaque fois que l'institution judiciaire leur paraît sortir des sentiers battus. Reste à savoir si cette crainte est éprouvée sérieusement par la classe politique, ou s'il ne s'agit plus que d'un slogan. Pour mettre les magistrats hors de la sphère d'influence du pouvoir politique, il n'y a que deux moyens : la vénalité de la charge ou l'élection des juges. La vénalité de la charge a disparu avec la royauté. L'élection des juges a été retenue par la Révolution française ; ce fut un fiasco. Et, de fait, l'Empire, la Restauration, la République ont vu, selon différentes modalités, le pouvoir politique avoir la haute main sur la rétribution, la nomination et la promotion des magistrats, leur carrière.

Le conformisme petit-bourgeois du corps judiciaire, qui a fait le bonheur des caricaturistes et a été épinglé par les traits acérés des plus grands esprits – Rabelais, Racine, La Fontaine, Voltaire, Balzac, Hugo, j'en oublie forcément –, a fait que la justice a éprouvé d'énormes difficultés à s'adapter à la société en pleine mutation des années 1970. Certes, l'institution judiciaire n'est pas la seule à être en crise : l'Université, l'Église, l'Armée, la Famille, tout ce qui avait constitué par le passé le lien ou le ciment social, a précédé ou accompagné la justice dans la crise. C'est à compter de cette décennie-là qu'a succédé au vieux débat (la justice : pouvoir ou autorité ?) la question de fond, celle de la nature et de l'exercice de la fonction judiciaire dans les nouveaux contextes – politique, économique, social – de la société.

Pendant des siècles, c'est un système binaire « faute/châtiment » qui a fonctionné sans autre grande difficulté que celle qui tient à rendre la justice. On peut dater de la deuxième partie du XXe siècle le délitement de ce système, lorsque les abstractions se sont trouvées de plus en plus déconnectées de la réalité. Le code civil dit par exemple que les conventions – c'est-à-dire les contrats signés entre les parties – ont force de loi. Soit. Mais les lois se sont multipliées, se sont accumulées et parfois même entassées. De nos jours, de plus en plus fréquemment, elles se contredisent. L'ère de la stabilité juridique et donc de la sécurité semble révolue. Et la fiction au demeurant indispensable pour faire fonctionner l'organisation sociale – « nul n'est censé ignorer la loi » – risque, si l'on n'y prend garde, de passer pour une véritable imposture. Et ce, d'autant plus que la prolifération des groupes de pression et le lobbying exercé auprès des parlementaires laissent à penser aux citoyens que certains sont soit au-dessus des lois, soit encore parviennent à les faire promulguer à leur profit. Cette évolution a fait qu'en dépit des efforts déployés par la magistrature, où le poids des traditions a longtemps été considérable, la digue a fini par céder : le procès, qui était jadis la chose du juge, est devenu celle du justiciable. Le cadre abstrait a cédé.

Ce changement est manifestement lié, au moins en partie, à l'émergence puis au développement du syndicalisme judiciaire. Jusqu'à la fin des années 1960 la situation matérielle des magistrats était précaire. Des mesures furent alors prises pour améliorer la carrière indiciaire des magistrats. Sur ce plan, les fonctions judiciaires sont devenues plus attractives, et le corps s'est rajeuni, son recrutement ne s'opérant plus, comme auparavant, pour l'essentiel dans le sud de la France. Il s'est également fortement féminisé, les femmes pouvant embrasser la carrière de magistrat depuis 1946. Si c'est en 1945 qu'a été créée la première association représentative de la magistrature, l'Union fédérale des magistrats (UFM), c'est plus tard que le syndicalisme a fait son apparition au sein du ministère de la Justice. En 1959 sera créé le Centre national d'études judiciaires (CNEJ), école de formation unique pour les magistrats, et, moins de dix ans plus tard, le 8 juin 1968, dans la période effervescente que connaît la France, le Syndicat de la magistrature sera porté sur les fonts baptismaux. Quelques années plus tard encore, l'ancienne UFM optera à son tour pour la voie syndicale en se transformant en Union syndicale des Magistrats (USM). Entre-temps, à la fin de l'année 1972, le Conseil d'État aura validé la reconnaissance du fait syndical dans la magistrature. Avec des approches différentes, ces deux organisations qui ne sont affiliées à aucune centrale ont contribué à la rénovation de la réflexion judiciaire. L'unité apparente du corps s'en est trouvée fissurée, et les questions de justice sont désormais entrées dans la sphère du débat public.

Si, en 1972 et 1975, le recours à la justice devint « gratuit », avec la création de l'assistance judiciaire, puis de l'aide judiciaire, il faut simplement entendre par là la suppression des frais de justice. Par contre, le coût d'un procès (frais d'avocat, etc.) demeure ce qu'il est, et les inégalités liées à la fortune ne disparaissent pas par miracle lorsqu'on pénètre dans une enceinte judiciaire. C'est aussi au début des années 1970 que le fonctionnement de la justice a été considéré par les pouvoirs publics comme faisant partie intégrante de ce qui assure la cohésion de l'État.

La fin de la décennie 1980, qui verra l'éclosion des premières affaires politico-financières, va altérer les relations entre la justice et la sphère politique, laquelle ne cessera dès lors, de façon incantatoire et quelque part absurde, de dénoncer une pseudo-tentative de « magistrats en rupture de ban », – bien sûr de couleur rouge – visant à mettre en place un « gouvernement des juges ». Pierre Marcilhacy était un sénateur centriste ; il y a donc tout lieu de penser que cet homme respectable n'était pas un excité. En 1977, il déclara à ce sujet : « Mieux vaut encore un gouvernement des juges que des juges attachés au gouvernement ! »

Cette méfiance réciproque du politique et du judiciaire n'est pas sans conséquences. Contrairement à ce qui se passe dans les pays anglo-saxons où les gouvernements n'hésitent pas à exécuter les décisions de justice, en France – est-ce en raison d'une certaine faiblesse du pouvoir politique ? –, celui-ci n'est manifestement pas pressé d'assumer les inéluctables conséquences d'une justice forte, indépendante non seulement vis-à-vis des autres pouvoirs, exécutif et législatif, mais aussi des groupes de pression de plus en plus nombreux. On comprend bien qu'une décision judiciaire soit susceptible de provoquer des mécontentements individuels. En général, un procès fait au moins deux mécontents : celui qui l'a perdu, bien sûr, et qui crie à l'injustice, et celui qui a vu ses prétentions satisfaites, mais qui souvent considère qu'elles ne l'ont pas été assez ; ou qui trouve encore que son adversaire n'a pas été sanctionné suffisamment. Et il faut bien admettre aussi que les décisions judiciaires peuvent engendrer des mécontentements collectifs, lesquels peuvent parfois dégénérer en violences. Et, quelque part, il est admis, dans l'inconscient collectif, que la violence puisse tenir en échec la justice...

Désormais, le juge ne se contente plus d'apporter une solution juridique à un conflit considéré isolément, il essaie d'en déterminer les racines en procédant à une analyse plus large. Le conflit propriétaire/locataire prend en considération la crise du logement, l'attitude de certains propriétaires qualifiés de « vautours » après le premier conflit mondial. Idem pour les problèmes de consommation, pour la condition ouvrière, etc. Et, maintenant, pour le « droit opposable »... Dans le même temps, le piédestal du juge s'est trouvé ébranlé, puisque la justice est devenue l'affaire de tous et non plus seulement une machine à effrayer ceux qui n'ont pas affaire à elle.

Dans une interview qu'elle avait exceptionnellement accordée au journal *Le Monde*, le 17 mars 1981, celle qui allait devenir la première présidente de la cour d'appel de Paris, Mme Simone Rozès, avait en quelque sorte fait écho aux propos du sénateur Marcilhacy : « Quand on est magistrat du siège, on n'a vraiment aucun rapport avec le pouvoir politique... Dans les affaires politiques, la seule démarche à faire..., c'est de sauvegarder les principes... Un juge ne peut être intimidé..., même s'il met sa carrière en jeu. » Je ne suis pas sûr que ces propos-là aient toujours été parfaitement entendus au sein de la magistrature française. Au demeurant, il faut bien constater que les gouvernements de la République ont en général investi de leur confiance une catégorie de magistrats : ceux qui poursuivent, les parquetiers, c'est-à-dire les procureurs. C'est-à-dire encore ceux à qui ils donnent des ordres. Et qu'ils ont en revanche toujours été méfiants, voire plus, envers ceux qui jugent, comme si la marge d'appréciation et d'interprétation des magistrats du siège représentait un danger...

La question hiérarchique est également posée. En Italie, il n'y a pas de véritable système hiérarchique, les juges progressant dans leur carrière à l'ancienneté. On sait à quel point ils ont su faire preuve d'indépendance, mais aussi de courage. Tout n'est bien sûr pas parfait de l'autre côté des Alpes, mais existe-t-il un système qui le soit complètement ? En France, la question hiérarchique reste posée. La hiérarchie judiciaire asservit-elle plus qu'elle ne protège ? Bonne question... Et le carriérisme qui existe dans le corps judiciaire comme dans bien d'autres risque-t-il d'aboutir à l'ensevelissement des « vivants » par les « morts » ? À ce jour, l'interrogation reste pour moi d'actualité et sans réponse. Elle me conduit juste à me remémorer ces mots de Montesquieu : « Il n'avait point cet esprit d'indépendance qui [...] porte à secouer le joug, mais cette impatience [...] qui fait désirer de changer de maître. »

Le projet de réforme du Conseil supérieur de la magistrature actuellement en gestation à la chancellerie devrait sceller la fin du système majoritaire pour les magistrats, pourtant en vigueur dans la quasi-totalité des autres systèmes européens (excepté la Belgique, qui connaît un système paritaire). Actuellement, chaque formation du Conseil supérieur de la magistrature, siège et parquet, comprend un conseiller désigné par le Conseil d'État, et trois personnalités extérieures désignées par le président de la République, le président de l'Assemblée nationale et celui du Sénat, qui sont membres des deux formations, et six magistrats : cinq du siège et un du parquet pour la formation du siège, cinq membres du parquet et un magistrat du siège pour la formation du parquet. On peut remarquer, à titre de comparaison, que la commission consultative du Conseil d'État est composée exclusivement de membres du Conseil d'État, et que le Conseil supérieur des tribunaux administratifs et des cours administratives d'appel, mais aussi bien le Conseil supérieur de la Cour des comptes et le Conseil supérieur des chambres régionales des comptes sont constitués majoritairement de magistrats des juridictions administratives ou financières. Le corporatisme serait-il l'apanage de la seule institution judiciaire ?

Certes, le projet de réforme prévoit que le président de la République ne présidera plus le Conseil supérieur de la magistrature. C'est une bonne chose. Mais le garde des Sceaux conservera ses pouvoirs pour la gestion de la carrière des magistrats du parquet. Donc, tout son pouvoir. Est-il sûr qu'au reproche de corporatisme parfois adressé à l'actuel CSM, ne se substitueront pas les reproches de politisation qui avaient été faits en leur temps au Conseil supérieur de la magistrature issu de la constitution de la IVe République du 27 octobre 1946, lequel était composé majoritairement de membres extérieurs à la magistrature ? C'est en tout cas la crainte qu'a formulée, il y a peu, la conférence des premiers présidents de cour d'appel.

Personnellement, je ne sais trop quoi penser. Par contre, je vois dans le projet actuel une régression, en ce que cette institution ne pourra plus, à l'avenir, du fait de l'encadrement de ses pouvoirs, émettre de sa propre initiative un avis sur les actions qui lui paraissent remettre en cause le principe de la séparation des pouvoirs ou encore l'indépendance de la magistrature. En général, lorsqu'une telle atteinte est portée au principe constitutionnel, elle l'est par le pouvoir politique, exécutif ou législatif. Dès lors, on le voit mal protester. Et si le nouveau CSM n'a plus voix au chapitre de l'initiative, qui le fera, hormis les organisations syndicales et les magistrats eux-mêmes ? Lesquels seront bien sûr inéluctablement taxés de corporatisme...

D'ailleurs, on ne peut pas dire que le Conseil supérieur

de la Magistrature ait véritablement abusé de la liberté de s'exprimer qui lui était reconnue, même si, ces dernières années, il a été conduit à intervenir plus fréquemment. Il faut dire que les occasions de le faire lui ont été fournies par de récurrentes critiques émanant de l'exécutif, visant des décisions judiciaires ou des politiques pénales suivies par telle ou telle juridiction. C'est ainsi que, le 11 mars 2004, le CSM a constaté et déploré l'incapacité de l'État à lutter contre « les attaques injustifiées des magistrats dont les mises en cause traduisent l'irrespect et le mépris de l'institution judiciaire et portent une atteinte intolérable à la sérénité de la justice en ce qu'elles constituent des moyens inacceptables d'intimidation et de pression sur les juges. » À cette époque, la justice était fréquemment l'objet de déclarations très rudes du ministre de l'Intérieur, souvent relayées par des syndicats de police soudainement investis de la mission de stigmatiser un certain nombre de décisions judiciaires qui manifestement leur déplaisaient, notamment des décisions de remises en liberté rendues par des juges des libertés et de la détention. Je ne soutiens pas que celles-ci étaient toutes excellentes et pertinentes, mais, dans ce pays comme dans les autres, il y a des règles et des institutions. Et il y a aussi un parquet qui a toute lattitude de faire appel, au nom de la collectivité, des décisions qui ne lui agréent pas. Ensuite les juges décident. *Dura lex, sed lex.*

Le 23 juin 2005, après les commentaires émis par le ministre de l'Intérieur Nicolas Sarkozy à la suite de l'assassinat de Nelly Crémel par un mutirécidiviste remis en liberté en cours de peine – « Le juge doit payer pour sa faute » –, le Conseil supérieur de la magistrature exprimait « sa plus vive inquiétude quant à des propos qui, par leur excès, sont de nature à porter atteinte à l'autorité de la Justice et à son indépendance. » Et il profitait de cette occasion pour rappeler que le principe de séparation des pouvoirs doit conduire les membres de l'exécutif et du législatif à une particulière réserve lorsqu'ils commentent une décision de justice...

L'une des « têtes de turc » de la place Beauvau fut longtemps le président du tribunal pour enfants de Bobigny, Jean-Pierre Rosenczveig, qui, à plusieurs reprises, ès qualités, essuya les flèches de Nicolas Sarkozy alors que ce dernier était encore ministre de l'Intérieur et qu'il dénonçait le supposé laxisme de la juridiction des mineurs de Seine-Saint-Denis, alors même que cette juridiction, la deuxième de France, était en proie aux pires difficultés au regard de ses moyens et effectifs, dans un département particulièrement difficile à maints égards. À cette époque, environ 4 000 décisions rendues par le tribunal pour enfants de Bobigny restaient en souffrance, faute de places dans les foyers, faute d'éducateurs, faute de psychologues. À qui la faute ? La crispation entre la justice et le ministère de l'Intérieur était alors telle que le président Jacques Chirac dut en appeler à davantage de retenue dans les commentaires critiques, en septembre 2006, au moment des émeutes urbaines survenues dans les banlieues de la capitale. Il est vrai, on semble parfois l'oublier, qu'au terme de la Constitution de 1958, le président de la République est le garant de l'indépendance de la justice.

Enfin – c'est le dernier exemple parmi ceux que je citerai –, le 16 février 2006, le CSM a jugé utile de rappeler, à propos du déroulement des auditions de magistrats par la commission d'enquête parlementaire sur l'affaire d'Outreau, les principes fondamentaux de la séparation des pouvoirs. Personne ne possède le trébuchet permettant de déterminer si, dans ces rappels au règlement, figure une dose de corporatisme, et, dans l'affirmative, à quel niveau elle peut être évaluée. Pour autant, à l'occasion de faits divers souvent particulièrement horribles qui provoquent une émotion considérable dans l'opinion publique, il est toujours dangereux de jouer l'opinion contre la justice. Et dire cela, ce n'est nullement revendiquer pour les juges l'impunité, et pas davantage interdire la critique à leur endroit. C'est seulement espérer que, dans ces circonstances-là, on évite toute stigmatisation, toute caricature.

Les affaires sont les affaires

Après avoir bouclé, à la fin juin 1990, le dossier de Simone Weber, et avoir dû abandonner, à la fin de l'année 1989, le dossier politico-financier des fausses factures lorraines en raison de l'application du principe du privilège de juridiction qui, pour faire simple, aboutit au dessaisissement du juge initialement saisi dès lors qu'un élu de son ressort est impliqué dans l'affaire qu'il instruit, j'ai songé à ma « reconversion ». Souhaitant continuer d'exercer des fonctions pénales, j'ai donc demandé et obtenu ma mutation au parquet général de Metz comme substitut du procureur général. Avant de boucler mes valises et de m'habituer aux joies de la desserte cadencée entre Nancy et Metz – le Métrolor –, j'ai participé, le 30 novembre 1990, pour la troisième fois en six mois, après les journées d'action des 21 juin et 23 octobre, au mouvement de protestation affectant les juridictions et les prisons françaises, avec l'appui des avocats et des fonctionnaires du ministère de la Justice. À la suite de ces mouvements qui témoignaient du malaise judiciaire, le Premier ministre, Michel Rocard, proclama que l'année suivante sera « l'Année de la Justice ». Demain on rase gratis...

Mes nouvelles fonctions au parquet général faisaient que, chaque trimestre, j'allais soutenir l'accusation devant la cour d'assises de la Moselle dans deux ou trois dossiers criminels. Ça ne me déplaisait pas. Et ce fut instructif, car j'appris ainsi combien la moindre faille d'un dossier d'instruction pouvait être exploitée à l'occasion du débat public. Ce qui parfois peut être rageant, mais n'est que l'application de la règle judiciaire.

Dans mes attributions, j'occupais également le siège du ministère public devant la chambre d'accusation, ancienne dénomination de la chambre d'instruction, deuxième degré de juridiction des magistrats instructeurs. Ainsi ne m'étais-je quand même point trop éloigné de mes premières amours. Cela me permit de souffler un peu, le rythme de travail au parquet général étant nettement moins soutenu qu'à l'instruction. Et cela me laissa le temps de pouvoir étudier – pour une fois, sans être débordé par un flot continu de dossiers – les nouvelles dispositions pénales et de procédure pénale adoptées par la représentation nationale, ainsi que les multiples circulaires élaborées en ces circonstances.

Le 7 juillet 1992, les quatre premiers livres du nouveau code pénal avaient en effet été adoptés par le législateur. Le débat parlementaire avait commencé le 9 mai 1989 dans le prolongement de travaux de la commission de révision mise en place en 1978 et relancée en 1981 par le garde des Sceaux Robert Badinter. Le nouveau code pénal instaure notamment la responsabilité pénale des personnes morales, la possibilité d'une peine de sûreté de trente ans ; il prévoit de nouvelles incriminations, tels les crimes contre l'humanité, le harcèlement sexuel, et renforce la répression contre le crime organisé, singulièrement en matière de trafic de stupéfiants et de proxénétisme. Le nouveau texte accroît également la protection des mineurs victimes et des personnes en état de vulnérabilité, et il aggrave les peines encourues pour corruption et ingérence. Enfin, ce nouveau code consacre les actes de terrorisme comme crimes et délits autonomes.

Le 19 décembre 1992, le Parlement adopte cette fois le projet de nouveau code de procédure pénale qui a vocation à renforcer la présomption d'innocence et les droits de la défense. L'intervention de l'avocat en garde à vue est concrétisée. Elle demeure limitée dans le temps et dans ses modalités (pas d'accès au dossier de l'enquête). La détention provisoire échappe désormais au juge d'instruction, et le caractère contradictoire de la démarche judiciaire pénale, tant à l'instruction qu'au cours de la phase de jugement, est renforcé. Cette réforme ne néglige pas la dimension sémantique : l'inculpation est remplacée par la « mise en examen », ce qui, objectivement, est du pareil au même.

L'entrée en vigueur des nouvelles règles procédurales doit intervenir par étapes dans le courant des années 1993 et 1994. Une fois encore, faute de moyens, les dispositions visant à retirer au juge d'instruction son pouvoir de placement en détention ne seront concrétisées que de manière éphémère, l'espace de quelques mois. Le juge délégué chargé de décider de l'opportunité de placer un mis en examen en détention sera rapidement supprimé. Retour à la case départ : le juge d'instruction est rétabli dans toutes ses « prérogatives ».

Les trois ans et huit mois que j'ai passés au parquet général de Metz m'ont permis de consacrer davantage de temps à la lecture des journaux locaux et nationaux. Cela aussi faisait d'ailleurs partie de mes attributions, car dès le moment où la presse se fait l'écho d'un fait divers, lui conférant par là un certain retentissement médiatique, la politique judiciaire, même si l'affaire est médiocre, conduit à en informer sans délai la chancellerie – rapport à la clé, bien sûr. Je me suis acquitté de cette tâche-là tant bien que mal. Par contre, je suis devenu, de par mes lectures quotidiennes et semi-professionnelles, un véritable connaisseur des affaires économiques et financières qui faisaient florès au début de cette décennie.

Le 7 octobre 1989, les députés avaient adopté en première lecture les deux projets de loi relatifs au financement des partis politiques et des campagnes électorales. L'article relatif à l'amnistie des infractions commises avant le 15 juin 1989, qui avait suscité, en ce mois de juin, de très vives polémiques, la classe politique étant accusée de tenter de s'auto-blanchir, était supprimé. Il faut dire que l'année du bicentenaire de la Révolution française avait été fertile en affaires politico-financières ! L'affaire des délits d'initiés de la société Péchiney avait vu la mise en cause de Roger-Patrice Pelat, lequel avait aussi réalisé des profits mirifiques lors de la vente de sa société Vibrachoc à une entreprise contrôlée par l'État. Pelat était l'ami intime du président de la République, François Mitterrand. Cette année-là marqua également l'éclosion de maintes affaires de financement occulte des partis politiques à travers des prestations fictives de bureaux d'études et par l'établissement de fausses factures (notamment celles du Sud-Est, dite affaire de la SORMAE). Sans oublier l'inculpation, le 17 novembre 1989, du maire de Nice, Jacques Médecin, pour délit d'ingérence. Pour avoir publié *L'Enquête impossible*, l'inspecteur de police Antoine Gaudino, qui, dans son livre, dénonçait les manipulations financières intervenues dans l'affaire des fausses factures du Sud-Est, mais aussi les interventions du politique dans le cours de cette enquête, fut suspendu de ses fonctions par le ministre de l'Intérieur, Philippe Marchand, pour manquement à l'obligation de réserve et violation du secret de l'instruction. Le 18 mars 1991, il fut révoqué de la police nationale moins de deux ans après le bicentenaire de l'abolition des privilèges... À l'époque, on entendait encore sur les radios la chanson de Guy Béart : « *Le premier qui dit la vérité, il doit être exécuté...* »

Le 4 avril 1990, les cinq magistrats de la commission d'instruction de la Haute Cour de justice constataient, dans le cadre de la procédure dite du « carrefour du développement », l'amnistie de l'ancien ministre socialiste de la Coopération, Christian Nucci, lequel avait été inculpé de faux en écritures publiques et privées. Techniquement, les faux en écritures publiques sont des infractions qualifiées de crimes. Tout en suivant les réquisitions du parquet, les magistrats de cette commission d'instruction regrettaient que « pour la première fois de l'histoire de notre République, on amnistie des faits criminels ». Et de s'interroger sur l'existence d'une justice à deux vitesses...

Le 2 mai 1990, c'est la chambre d'accusation de la cour d'appel de Paris qui rendit sa décision dans l'affaire des fausses factures émises par la Société Auxiliaire d'Entreprise (SAE), laquelle avait confectionné puis produit ses faux pour dissimuler des versements au profit d'« œuvres » – des œuvres politiques, cela va sans dire ! Sur trente-six inculpés, seuls neuf d'entre eux étaient renvoyés devant le tribunal correctionnel. Parmi ces neuf-là, on ne retrouvait aucun des huit élus impliqués dans l'affaire. Ils bénéficiaient en effet des lois d'amnistie des 20 juillet 1988 et 15 janvier 1990. L'une des qualités du législateur est d'avoir de la constance et de la suite dans les idées...

Le 7 avril 1991, le juge d'instruction du Mans, Thierry Jean-Pierre, avait l'audace d'effectuer une perquisition dans le bureau parisien de la société Urba Technic, un bureau d'études soupçonné de participer au financement occulte du parti socialiste. Il était aussitôt – après quelques péripéties rocambolesques – dessaisi du dossier par la présidente de sa juridiction, à l'initiative du parquet qui estimait qu'il avait agi « avec parti pris » (le parti socialiste ou le « parti pris » ... la main dans le sac ?), et selon « des considérations purement personnelles ». C'était l'hallali ! Le ministre délégué à la Justice, Georges Kiejman, faisant fi du statut d'indépendance du magistrat instructeur, stigmatisait, sur les ondes, le comportement de ce dernier, assimilant la perquisition effectuée à un « cambriolage judiciaire ». Pourtant, cet avocat de grand renom ne pouvait ignorer que les règles régissant le dessaisissement d'un juge avaient été méconnues, pour ne pas dire bafouées, sans doute sous l'empire de la panique qui avait alors gagné le parti au pouvoir. Et, les aurait-il ignorées, la chambre d'accusation de la cour d'appel d'Angers, seule autorité compétente pour statuer sur la régularité des actes du juge d'instruction, serait venue les lui rappeler, puisque, dans son arrêt du 19 avril 1991, cette juridiction d'appel devait déclarer parfaitement conformes au droit les investigations entreprises par le juge Jean-Pierre.

Le 14 janvier 1992, *bis repetita*, ce fut le tour du conseiller de la cour d'appel de Rennes œuvrant au sein de la chambre d'accusation de ladite cour, Renaud Van Ruymbeke, d'essuyer les commentaires peu amènes de la classe politique. Ce jour-là, il avait perquisitionné successivement les locaux de la société SAGES, dirigée par un proche du parti socialiste, Michel Reyt, puis le siège du parti socialiste, rue de Solférino, à Paris, où il avait saisi des documents susceptibles de permettre d'établir que ce parti bénéficiait de financements occultes pour, selon la formule de la Constitution de 1958, « concourir à l'expression des suffrages ». Le porte-parole du parti socialiste avait aussitôt dénoncé « une action politique et une attitude d'acharnement et de harcèlement ». La droite qui, quelques années auparavant, avait qualifié Renaud Van Ruymbeke de « juge rouge », devait sans doute boire du petit-lait.

1994 : le 25 février, la députée du Var Yann Piat, qui s'efforçait de faire le « ménage » dans sa ville de Hyères, est abattue en rentrant à son domicile. Le 14 juin, on apprend le décès de Mouloudji : « *Comme un petit coquelicot...* » ; la poésie fout le camp. La preuve : le 29 juin 1994, Bernard Tapie est interpellé dès potron-minet à son domicile dans le cadre d'une enquête confiée à la juge Eva Joly, et relative à la gestion du voilier de grand standing, le *Phocéa*. Après sa garde à vue, il est mis en examen des chefs de fraude fiscale et d'abus de biens sociaux. Remis en liberté, le député des Bouches-du-Rhône, dont l'immunité parlementaire avait été levée le 28 juin, s'empresse de dénoncer des « moyens d'investigation incompatibles avec la démocratie ». Ces moyens-là ont pourtant été adoptés par la représentation nationale et regroupés dans un petit opuscule de couleur rouge (ou bleu, selon les éditions) qui s'appelle code de procédure pénale. Grâce à des écoutes téléphoniques, les enquêteurs avaient en effet appris que le président de l'Olympique de Marseille avait pour projet de quitter provisoirement la France jusqu'à l'installation du Parlement européen de Strasbourg où il avait été élu – cumul des mandats oblige – et l'entrée en vigueur de son immunité parlementaire européenne. Un stratagème qu'un Charles Pasqua n'aurait pas renié...

Le début de l'été judiciaire s'annonce chaud : le 8 juillet 1994, le tribunal correctionnel de Paris juge puis condamne par défaut à la peine de quatre ans d'emprisonnement ferme et un million de francs d'amende, pour recel d'abus de biens sociaux et trafic d'influence, notamment, l'ancien maire socialiste d'Angoulême, Jean-Michel Boucheron, qui avait dirigé cette ville de 1977 à 1989. En fuite depuis 1992 et réfugié en Argentine, l'ancien secrétaire d'État aux collectivités locales, mis en congé du parti socialiste depuis décembre 1990, et dont l'immunité parlementaire avait été finalement levée en décembre 1992 (il n'y a pas que la justice qui souffre parfois de « retard à l'allumage »), avait utilisé à des fins frauduleuses son mandat municipal, notamment pour se constituer une collection de voitures anciennes dont l'acquisition s'est révélée être bien plus onéreuse qu'une collection de bandes dessinées. Un vrai festival... de malhonnêteté foncière !

Les saisons se suivent et se ressemblent. Le 12 octobre 1994, Alain Carignon, ministre démissionnaire de la Communication, président du conseil général de l'Isère et député RPR de Grenoble, est écroué pour corruption passive et subornation de témoin. Le 16 novembre 1995, il sera condamné à la peine de cinq ans d'emprisonnement, dont deux années avec sursis, 400 000 francs d'amende et cinq ans d'inéligibilité pour corruption, recel et complicité d'abus de biens sociaux, et subornation de témoin : lors de l'attribution à une filiale de la Lyonnaise des Eaux, en 1989, du marché de l'eau de la ville de Grenoble, cette société avait financé les pertes du groupe de presse *Dauphiné News* créé pour assurer la promotion du maire lors de la campagne des municipales de mars 1989. Mécontent de la décision prononcée, Alain Carignon fera appel. Le 9 juillet 1996, la cour d'appel de Lyon maintiendra la déclaration de culpabilité et infligera à Alain Carignon une peine de cinq ans d'emprisonnement, dont une seule année assortie du sursis, le reste de la condamnation demeurant sans changement.

Les années sont aussi étrangement semblables : le 20 avril 1995, le tribunal correctionnel de Lyon condamne l'homme d'affaires Pierre Botton à quatre ans d'emprisonnement, dont deux avec sursis, et 2 millions de francs d'amende. Le gendre du maire de Lyon, Michel Noir, est en outre condamné à la faillite personnelle pour avoir détourné une somme de 33 millions de francs de la trésorerie des seize sociétés qu'il contrôle. Michel Noir est quant à lui reconnu coupable d'avoir bénéficié d'une partie des sommes ainsi détournées pour favoriser sa carrière de député-maire. Dans la même affaire est aussi condamné le député-maire UDF de Cannes, Michel Mouillot. Ils écopent tous deux de la peine de quinze mois d'emprisonnement avec sursis, 200 000 francs d'amende et cinq ans d'inéligibilité. On retrouve également, à la périphérie de cette affaire, le journaliste Patrick Poivre d'Arvor, qui aurait bénéficié de quelques largesses de la part du « philantrope » Botton, notamment quelques voyages gratuits en hélicoptère.

Car l'hélicoptère est un moyen de transport qui ne sert pas exclusivement, sur instructions de Marc Moinard (qui deviendra secrétaire général de la chancellerie sous la gestion de Rachida Dati) à rechercher, dans le vaste massif himalayen, le procureur de la République d'Evry, Laurent Davenas, afin que ce dernier puisse ramener à la raison l'adjoint assurant son intérim pendant la période estivale : ne pas ouvrir d'information judiciaire contre Xavière Tiberi, la femme du maire de Paris... Pour une fois que la justice ne voulait pas ouvrir de parapluie !

Le 15 mai 1995, le tribunal correctionnel de Saint-Brieuc se prononce dans l'affaire du financement occulte du parti socialiste et du Parti communiste dans la Sarthe par le biais des officines URBA et SAGES pour le PS, et Bretagne Loire Équipement (BLE) pour le PC. Seul l'ancien président de la SAGES, Michel Reyt, accusé d'enrichissement personnel, est condamné à de la prison ferme, soit six mois sur un total d'une année d'emprisonnement. L'adage bien connu dit que la crainte est le début de la sagesse. La décision du tribunal correctionnel de Saint-Brieuc est venue démontrer que, faute d'avoir craint la justice de son pays, ce fut, pour le dirigeant de la SAGES, le début de la fin. Enfin, pas vraiment... Car si la justice, elle aussi dans son immense sagesse, s'est bornée à prononcer des peines de principe à l'encontre des communistes impliqués dans les financements occultes de leur parti par le biais de la société BLE – une enseigne sémantiquement significative dissimulant un programme assez peu commun –, elle a aussi condamné, ès qualités de trésorier du parti socialiste de juillet 1988 à janvier 1992, Henri Emmanuelli, alors premier secrétaire du PS.

Ce même 15 mai 1995, la justice, décidément prolixe, à Valenciennes cette fois, se prononce dans une affaire qui a défrayé la chronique économico-sportive durant le printemps 1993 : Bernard Tapie, président de l'Olympique de Marseille, est condamné à deux ans d'emprisonnement, dont une année avec sursis, pour corruption, faits commis en prélude au match Valenciennes-OM du 20 mai 1993. Il fallait « économiser » le club phocéen qui, quelques jours plus tard, allait disputer et remporter la finale de la Coupe d'Europe des clubs champions. Le directeur général du club phocéen au moment des faits, Jean-Pierre Bernès, est quant à lui condamné pour subornation de témoin. Son expérience carcérale lui permettra de s'amender : il est devenu depuis lors agent de joueurs ! Pour ce qui est des joueurs : le

Marseillais Jean-Jacques Eydelie a converti ses dénégations judiciaires en aveux extrajudiciaires qui lui ont assuré un certain succès en librairie et un procès en diffamation (qu'il a gagné) que lui intenta Bernard Tapie ; les Valenciennois Jorge Burruchaga et Christophe Robert ont quant à eux mis un terme – ou ont dû mettre un terme – à leur carrière de footballeurs de première division (c'était la dénomination à l'époque) ; quant à Jacques Glassmann qui avait refusé la combine qui lui était proposée, puis l'avait révélée, il devint un véritable pestiféré dans le monde des valeurs du sport... Le football professionnel est à son tour dans l'œil du cyclone : il est entré de plain-pied dans celui de l'argent qui corrompt, mais aussi de la violence qui dévaste.

Le 29 mai 1985, la folie des hommes et leur fanatisme avaient envahi les enceintes sportives. Cela devait être la fête, une belle finale européenne entre Liverpool et la Juventus de Turin. Ce fut le drame du Heysel, à Bruxelles, provoqué par les hooligans britanniques, venus importer sur le continent la violence qui sévissait depuis quelques années dans les tribunes des stades de la perfide Albion. Puis, sept ans plus tard, on releva de nouveaux morts, en Corse cette fois. Le 5 mai 1992, une des tribunes provisoires installée sur le stade Furiani, à Bastia, pour la demi-finale de la Coupe de France Bastia-Marseille, s'effondra. Il fallait faire de l'argent, beaucoup d'argent ; et il fallait faire vite, pour monter les tribunes provisoires. Bilan : 15 morts, environ 1 500 blessés.

L'argent, dans le football, il est dangereux de l'évoquer, car cela peut valoir quelques inimitiés. Mais les faits sont têtus. On parle aujourd'hui de corruption des arbitres, de matchs achetés. Le spectacle n'est même pas au rendez-vous. Tout le monde n'a pas lieu de s'en plaindre : le salaire mensuel actuel d'un joueur de football professionnel de Ligue 1 est en moyenne de 48 700 euros.

Cap à l'Est ; le 16 mai 1995, le tribunal correctionnel de Grenoble, qui avait hérité de l'affaire Jacques Médecin, dépaysée de Nice, condamne l'ancien maire de la baie des Anges, qui avait fui la France en 1990 avant d'être extradé d'Uruguay, où il avait trouvé refuge, dans le courant novembre 1994, à la peine de deux ans d'emprisonnement, 200 000 francs d'amende et cinq ans d'inéligibilité pour avoir détourné à des fins personnelles des fonds d'une association paramunicipale, Nice Opéra.

On croyait pouvoir souffler un peu après ce printemps bien rempli, mais, avant la fin de la saison préestivale, le *Canard enchaîné* publia son enquête sur les attributions de certains logements sociaux ou privés de la Ville de Paris : les enfants du maire, Jean Tiberi, le Premier ministre alors en fonction, Alain Juppé, et le fils de ce dernier, furent quelque peu égratignés par la plume de l'impertinent volatile...

La campagne d'attentats ayant frappé Paris et la région lyonnaise durant l'été 1995 devait, on le comprend aisément, rejeter du devant de la scène médiatique les affaires politico-financières. Mais, dès le début de l'année 1996, ces affaires reprenaient. D'abord les anciennes : le 10 janvier, la cour d'appel de Lyon aggravait les peines prononcées en avril 1995 par le tribunal correctionnel de cette ville ; Pierre Botton écopait désormais d'une peine de cinq ans d'emprisonnement, dont dix-huit mois avec sursis. Quant à Michel Noir et Michel Mouillot qui, eux aussi, avaient fait confiance, sinon à la justice, du moins aux magistrats expérimentés composant le deuxième degré de juridiction, ils voyaient eux aussi leurs peines d'emprisonnement alourdies : dix-huit mois avec sursis ; la peine de PPDA était purement et simplement confirmée.

Hasard ou nécessité politique ? Le 6 février 1996, le groupe parlementaire RPR renonçait à inscrire à l'ordre du jour de l'Assemblée nationale la proposition du président de la commission des lois du Palais-Bourbon, Pierre Mazeaud, proposition qui visait à limiter à six ans la prescription du délit d'abus de biens sociaux, laquelle était de trois ans, mais le délai ne commençant à courir, pour faire simple, qu'à compter de la découverte du délit. Cette proposition avait bien évidemment été dans un premier temps validée par le garde des Sceaux, Jacques Toubon, qui y voyait une mesure « de sécurité juridique pour les entreprises ». Finalement, le gouvernement Juppé renonçait donc à cette modification de la règle procédurale de peur d'être accusé de vouloir promouvoir, en fait, une mesure d'amnistie de la corruption politique. Les Français, c'est bien connu, voient le mal partout.

Le 13 mars 1996, c'était au tour de la cour d'appel de Rennes de faire la démonstration qu'en faisant appel on ne gagne pas à tous les coups. Sauf, bien sûr, du temps... La juridiction bretonne alourdissait en effet, elle aussi, les peines infligées en mai 1995 par le tribunal correctionnel de Saint-Brieuc. Reconnu coupable de recel de trafic d'influence, Henri Emmanuelli, alors député et président du conseil général des Landes, était condamné, comme en première instance, à la peine de dix-huit mois d'emprisonnement avec sursis. Mais la juridiction du second degré y ajoutait une peine de deux ans de privation des droits civiques, ce qui interdisait au condamné de se présenter aux élections législatives alors prévues pour le printemps 1998. Henri Emmanuelli se pourvut en cassation ; son pourvoi fut rejeté. De toute façon, ce recours était vain, puisque, entre-temps, le président Chirac avait décidé, lui aussi, de modifier le cours du temps. Au printemps 1997, il prit la décision, dans le but de mieux contrôler sa majorité, de dissoudre l'Assemblée nationale. Lionel Jospin, premier secrétaire du parti socialiste, fut donc appelé à présider aux destinées du nouveau gouvernement, suite à la victoire socialiste.

Dès le prononcé du délibéré de la cour d'appel de Rennes, un an avant de devenir Premier ministre, le premier socialiste avait jugé que la décision rendue était inique, et soutenu qu'étaient « enterrés de manière systématique tous les dossiers concernant le financement des partis de l'actuelle majorité ». Le futur Premier ministre de la France avait aussi évoqué l'existence d'une justice à deux vitesses. Plusieurs membres de la majorité présidentielle avaient eux aussi estimé que cette condamnation était lourde. Tel n'était manifestement pas l'avis du garde des Sceaux Jacques Toubon qui, dès le 14 mars 1996, avait mis en garde « tous ceux qui mettaient en cause une décision de justice. » À mon avis, ça faisait du monde... À propos de la déclaration de Lionel Jospin, pour classique et réversible qu'elle ait été, on est bien obligé de constater que, lorsqu'une opposition accuse une majorité d'enterrer les affaires dans lesquelles cette dernière pourrait être engluée, il n'est jamais indiqué, à l'occasion de ces pétitions enflammées, quels sont les moyens utilisés pour y parvenir. Faut-il compter sur les lenteurs endémiques de l'institution judiciaire ? Ou faut-il y ajouter l'insuffisance policière ? Ou, mieux encore, faut-il miser sur le parquet, maître de l'opportunité des poursuites et du choix de la voie procédurale ? J'y reviendrai.

Le 31 mai 1996, le tribunal correctionnel de Paris a condamné pour abus de biens sociaux et banqueroute frauduleuse Bernard Tapie, dans le cadre du procès relatif à la gestion du *Phocéa*, à la peine de trente mois d'emprisonnement avec sursis, mais aussi à une peine de dix-huit mois, dont six mois ferme, pour fraude fiscale. En novembre 1995, l'ancien ministre de la Ville avait été condamné à huit mois d'emprisonnement ferme par la cour d'appel de Douai statuant en dernier ressort sur l'affaire du match truqué Valenciennes-OM. Il se présenta à la porte de la prison le 3 février 1997, veille de l'examen de son pourvoi par la Cour de cassation. Son pourvoi ayant été rejeté, il allait séjourner plusieurs mois dans les geôles de la République – section VIP's, bien sûr.

Un coup à gauche, un coup à droite : le 17 juillet 1996, l'ancien maire UDF-PR de Cannes, sans doute soucieux de démontrer l'inefficacité de l'institution judiciaire dès lors qu'il s'agit, pour celle-ci, de parvenir à l'amendement de ses « clients », était interpellé une nouvelle fois dans sa ville pour avoir exigé du gérant d'un casino des espèces sonnantes et trébuchantes, ou plus exactement une valise de billets en échange de l'obtention d'une autorisation d'exploitation de machines à sous. L'émissaire de Michel Mouillot ayant été intercepté au moment de la récupération de ladite valise, l'homme politique reconnut les faits en prenant soin de soutenir que les sommes ainsi curieusement collectées étaient destinées au financement de son parti, le parti républicain. Il fut écroué (Michel Mouillot, pas le parti).

Pour clôturer l'année, le tribunal correctionnel de Toulon condamnait le 16 décembre 1996 à la peine de deux ans d'emprisonnement ferme et cinq ans d'inéligibilité le président du conseil général du Var, Maurice Arreckx, qui avait bénéficié de l'argent de « pots de vin » à l'occasion de la construction de la Maison des technologies, à Toulon.

Le 12 mai 1998, la Justice nous apprendra par la voix du tribunal correctionnel d'Evry qu'il y a pot de vin et pot de vin. Ce jour-là, le président du conseil général de l'Essonne, Xavier Dugoin, fut condamné à dix-huit mois avec sursis pour détournement de fonds publics dont une partie avait été judicieusement réinvestie par l'élu dans la confection d'une exceptionnelle cave à vins...

Le 20 janvier 1997, à l'occasion d'une intervention télévisée, le président Jacques Chirac annonçait à ses compatriotes son intention de réformer profondément l'institution judiciaire, qui « ne répond pas assez aux attentes des Français ». Le président de la République devait alors indiquer qu'il avait confié à une commission de réflexion, présidée par le premier président de la Cour de cassation, Pierre Truche, le soin de lui faire part, avant la mi-juillet, de propositions portant d'une part sur l'indépendance des magistrats du parquet vis-à-vis du garde des Sceaux, et, d'autre part, sur les moyens de parvenir à un meilleur respect de la présomption d'innocence. Dans le même temps, Jacques Chirac invitait le gouvernement à lui remettre dans le même délai un plan d'action pour les cinq ans à venir, visant « à moderniser la

Justice afin de la rendre plus rapide, plus claire et plus proche » des justiciables. Et il annonçait, comme ses prédécesseurs, une augmentation du budget de la place Vendôme...

Le 24 avril 1998, Roland Dumas, président du Conseil constitutionnel, était mis en examen pour complicité et recel d'abus de biens sociaux. Il lui était notamment reproché d'avoir bénéficié de cadeaux de la part de son amie Christine Deviers Joncour, laquelle avait perçu la rondelette somme de 66 millions de francs de l'entreprise Elf, notamment pour intervenir auprès de l'ancien ministre des Affaires étrangères de François Mitterrand afin qu'il favorise la vente à Taïwan de frégates fabriquées par la société Thomson-CSF (devenue Thalès). En réalité, l'information judiciaire devait démontrer que Roland Dumas était resté ferme dans son opposition à cette transaction. Condamné en première instance, le président du Conseil constitutionnel, qui avait dû abandonner ses éminentes fonctions, fut relaxé en appel. Mais l'affaire Elf devait démontrer que de bien curieuses pratiques avaient cours au sommet de l'État et dans les grandes sociétés françaises.

L'énumération qui vient d'être faite de toutes ces affaires n'est pas exhaustive. Bien d'autres ont agité durant cette décennie-là le Landernau politico-médiatico-judiciaire. Elle ne vise pas à induire une vision par trop péjorative des mœurs de notre classe politique, du genre de celle clamée par l'extrême droite : « Tous pourris ! ». Mais elle entend simplement indiquer que lorsque la Justice, selon la formule consacrée, fait son travail, il y a hélas du grain à moudre, même si l'institution judiciaire ne parvient pas à tout trouver ni à tout prouver. Tous les professionnels savent pertinemment que ces affaires-là ne constituent probablement que la face émergée d'un énorme iceberg, celui de la finance internationale et de ses dérives. Et les outils à la disposition des juges sont finalement bien mièvres et peu efficaces lorsqu'on sait qu'il faut, la plupart du temps, des mois et des mois, voire parfois des années, pour obtenir l'exécution et le retour d'une commission rogatoire internationale ayant pour objet de détecter l'existence d'un compte à l'étranger, et de parvenir à l'identification de son titulaire. Un mouvement de fonds électronique, de nos jours, fait le tour du monde en moins de vingt-quatre heures et peut transiter par de multiples comptes off-shore, aux îles Caïmans ou ailleurs. Pressé par mon éditeur, je n'ai pas le loisir d'entreprendre la confection d'un atlas de la délinquance financière internationale : Suisse, Liechtenstein, grand-duché du Luxembourg, Jersey, petits États des Caraïbes, etc., etc. En ce domaine de la lutte contre l'argent sale de toutes origines, on peut dire que l'enfer judiciaire est pavé de paradis fiscaux.

« Erreurs d'appréciation »

À compter de la fin de l'été 1995, j'ai été nommé par la présidente du tribunal de grande instance de Paris à la section antiterroriste. J'aurai finalement passé un an, presque jour pour jour, au service général de l'instruction de la juridiction de la capitale. Le temps de devenir attributaire de plus de deux cents affaires à instruire, et, parmi elles, au début du mois de juillet 1995, l'assassinat d'une jeune femme retrouvée égorgée dans son appartement parisien. À ce moment, j'ignorais que cette procédure allait me conduire sur les pas d'un tueur en série, Guy Georges, lequel devait être interpellé au printemps 1998.

Je ne reviens pas sur les difficultés qui présidèrent à mon intégration au sein du pool antiterroriste de l'instruction à Paris, ni sur mes difficultés relationnelles de l'époque avec mon collègue, « l'Amiral » Jean-Louis Bruguière qui, manifestement, au départ, considérait que ma nouvelle affectation correspondait à une erreur d'appréciation manifeste de la présidente du tribunal. J'ai déjà décrit tout cela dans mon précédent ouvrage, *Magistrales Insomnies,* qui, selon les dires de mon éditeur, ne s'est pas suffisamment vendu. Faites un effort, à l'approche des fêtes, car la maison où je publie fait partie du groupe Lagardère, réputé proche du Président, et je ne voudrais pas être tenu aussi pour responsable des difficultés qu'une mévente persistante pourrait occasionner à ce groupe, ce qui, par ricochet, pourrait nuire à ma carrière !

Le 21 octobre 1996, la chambre d'accusation de la cour d'appel de Paris, statuant dans le cadre de l'exercice de son pouvoir disciplinaire à l'encontre des officiers de police judicaire (OPJ), retirait pour six mois l'habilitation d'OPJ dont bénéficiait Olivier Foll, directeur de la police judiciaire de la préfecture de police à Paris. Dans son arrêt, la haute juridiction estimait que ce chef de service ne pouvait faire état « d'aucune justification légale » pour ordonner aux fonctionnaires de police placés sous son autorité de ne pas déférer à la réquisition du juge d'instruction de Créteil, Éric Halphen, qui souhaitait, en juin 1996, effectuer une perquisition au domicile du maire de Paris, Jean Tiberi, dans le cadre de la procédure dite « des HLM de la Ville de Paris ». Dans son réquisitoire écrit, le procureur général de Paris, Alexandre Benmakhlouf, nommé à ce poste par le Conseil supérieur de la magistrature le 9 juillet 1996, et ancien directeur de cabinet de Jacques Toubon, avait estimé qu'Olivier Foll avait commis une « simple erreur d'appréciation », et non pas une faute. Dès lors, il en avait conclu qu'une sanction à l'égard du haut fonctionnaire de police, investi de la confiance du ministre de l'Intérieur et donc du gouvernement, serait inappropriée et, de surcroît, injuste. Le ministre de l'Intérieur, Jean-Louis Debré, sitôt après le refus de ses troupes d'assister le juge Halphen dans ses opérations de perquisition, avait pour sa part déclaré que son subordonné « avait donné les ordres qui convenaient ». Fort de cette logique, ou en tout cas de ce point de vue, le « premier flic de France » avait confirmé Olivier Foll dans ses éminentes fonctions de directeur de la police judiciaire parisienne. Mieux : le 29 octobre 1996, soit huit jours après la décision de la chambre d'accusation de la cour d'appel de Paris, Jean-Louis Debré avait déclaré sur *RTL* : « Ceux qui ont pris cette décision vont trop loin et se trompent .» *Errare humanum est...*

Telle ne fut pas l'appréciation de la Cour de cassation qui, le 26 février 1997, rejeta le pourvoi formé par Olivier Foll.

Entre-temps, et avec une célérité qu'il faut saluer, le procureur général près la Cour de cassation, Pierre Truche, et le premier président de la cour d'appel de Paris, Guy Canivet, avaient, dès le 30 octobre 1996, émis une vive protestation contre les déclarations du ministre de l'Intérieur. Faut-il rappeler que, sémantiquement, la police judiciaire est la police de la justice ? Même si, parfois, fonctionnellement, il m'est arrivé, en quelques circonstances, d'en douter... Il faudra attendre le gouvernement Jospin pour que, le 19 juin 1997, Olivier Foll cède son fauteuil prestigieux à Patrick Riou.

Moralité : dans la police comme partout ailleurs, il y a faute et faute. Au milieu des années 1960, Hugues Aufray chantait la version française d'un texte de Bob Dylan : « *Car le monde et les temps changent.* » C'est vrai.

La vie des hommes est faite d'erreurs, d'audaces et de prises de risque. Le 21 août 1998, l'ancien Premier ministre Alain Juppé était mis en examen dans l'affaire dite des emplois fictifs du RPR, procédure relative à la rémunération de permanents du Rassemblement pour la République, entre 1988 et 1995, par des sociétés privées, mais aussi par la Mairie de Paris. L'ancien ministre Michel Roussin devait lui aussi être mis en examen dans cette procédure. Il l'avait déjà été dans une autre, en octobre 1994, ce qui avait entraîné sa démission du gouvernement Balladur.

L'histoire étant, on le voit bien, un éternel recommencement, le président du RPR, Philippe Seguin, demandait, le 26 août 1998, au gouvernement de Lionel Jospin d'élaborer une nouvelle loi sur le financement des partis politiques qui prévoirait la suppression des infractions commises entre 1988 et 1995 dès lors qu'elles ne se révéleraient pas être liées à un enrichissement personnel. Or, à la fin de la décennie 1980, nos gouvernants avaient annoncé, pour justifier le « coup d'éponge salvateur de l'amnistie », que si du passé il convenait de faire table rase, en contrepartie l'avenir serait marqué par une intransigence absolue à l'égard des élus qui persisteraient ou qui décideraient d'emprunter les chemins tortueux de l'illégalité. Une promesse de « tolérance zéro », en quelque sorte...

« C'est un véritâble scandâle ! »
(Georges Marchais)

L'exploitation des scandales constitue de longue date une fleur de réthorique de la vie politique. C'est même une donnée tactique de la concurrence que se livrent les partis. L'homme politique est en effet censé se déterminer en fonction de ses convictions. D'ailleurs, c'est à travers celles-ci qu'il s'efforce de s'imposer, à l'occasion des élections, à l'attention de son électorat pour en obtenir les suffrages. Dès lors qu'il cède, moyennant finances, à la pression de certains intérêts, il n'est plus question d'intérêt public ni de convictions : c'est son avantage personnel qui va déterminer son action ou son abstention. La dénonciation du scandale par les adversaires politiques réactive la dimension morale dont se prévalent les élus. Et il est de bonne guerre, ma foi, d'essayer de discréditer ainsi l'adversaire qui, s'il ne peut nier les faits lorsque ceux-ci sont suffisamment établis, va essayer de les minimiser, mais surtout s'efforcer de soutenir qu'il a agi pour le bien public, celui de l'État, celui de la collectivité dont il a la charge, ou encore celui de son parti. C'est ainsi que l'on verra se dégager, durant les années 1990, le concept de « non enrichissement personnel », censé effacer, en dépit des violations de la loi, toutes les turpitudes de certains membres de la classe politique. Et il faut bien reconnaître que ça marche !

L'exemple de certains maires, triomphalement réélus alors qu'ils étaient en prison aux États-Unis, n'est pas une spécificité nord-américaine. En France aussi on a vu un certain nombre d'élus en proie à des difficultés judiciaires, et même condamnés, être réélus, soit de suite, soit un peu plus tard par leurs administrés, qui, en l'occurence, n'ont peut-être pas voulu se déjuger, puisqu'ils leur avaient fait confiance. Au reste, l'adage est bien connu : « Il y a bien pire ailleurs... »

Qu'il me soit quand même permis d'observer que même lorsque les fonds détournés le sont dans l'unique but de financer une carrière politique, il n'est pas illégitime de se poser la question de savoir si celui qui a ainsi recours à ce procédé illégal n'en retire pas, de fait, un bénéfice personnel, puisque sa carrière perdure peut-être grâce à cet argent. Longtemps, les hommes politiques, pour tenter d'expliquer ou justifier les procédés illégaux qu'ils avaient employés, ont argué du fait qu'il n'existait en France, avant la fin des années 1980, aucun système légal de financement des partis politiques. C'est vrai. Mais qui pouvait faire une telle loi, sinon eux ? Un adage juridique dit que « nul ne peut alléguer de ses propres turpitudes ». À croire que l'illégalité dispense parfois un certain confort.

Sous la IIIe République, les scandales sont nés des liaisons « dangereuses » entre le monde des affaires, celui de la politique, mais aussi celui, beaucoup plus confiné, de la magistrature. Tout auréolé de sa gloire d'avoir mené à son terme la construction du canal de Suez, Ferdinand de Lesseps avait ensuite entrepris de relier l'océan Atlantique à l'océan Pacifique par le creusement du canal de Panama. Le défi à relever était immense et nécessitait de grosses mises de fonds. L'épargne privée n'ayant pas suffi, il fallut lancer un « emprunt à lots » pour essayer de restaurer une situation financière déjà bien compromise, suite aux aléas et difficultés du chantier. Mais, pour ce faire, il fallait obtenir un vote de la Chambre. La majorité des députés n'étant pas forcément convaincue du bien-fondé du lancement de cet emprunt, il fallut donc en soudoyer quelques-uns. L'émission de l'emprunt à lots fut finalement voté, mais il n'empêcha pas la faillite de la compagnie de Panama, et 800 000 souscripteurs y perdirent leur mise. Pour que le scandale n'éclate pas, les députés compromis par la prévarication, mais aussi le gouvernement tentèrent de bâillonner la justice en exerçant sur cette institution des pressions réitérées. Le scandale là avait donc une double dimension : l'escroquerie dont avaient été victimes les prêteurs, mais aussi la prévarication des politiciens et les entraves qu'ils avaient tenté d'opposer à la bonne marche de la justice.

Contrairement à l'affaire de Panama, l'affaire Stavisky, qui éclata en 1930, ne reposait même pas sur une véritable entreprise. Les escroqueries au Crédit municipal de Bayonne étaient d'une simplicité financière enfantine : émissions de chèques sans provision, opérations de cavalerie, non remboursement de dettes, etc. Stavisky, qui avait aidé un certain nombre d'hommes politiques à financer leurs campagnes électorales et leurs journaux, pouvait compter sur eux : ils lui assuraient sinon une impunité totale, du moins la mansuétude de la justice. Sans doute ces politiques-là avaient-ils quelques relations dans la magistrature.

La fin du second conflit mondial ne marqua pas la fin de la concussion : les scandales financiers des années 1960-70 (Garantie foncière, Patrimoine foncier) sont là pour en attester. Cependant, l'État-gendarme ayant laissé la place à l'État-providence, d'autres formes de scandales se firent plus fréquents : ainsi les scandales-gaspillages dont l'un des exemples les plus marquants reste celui des abattoirs de la Villette. Mais à qui profite le gaspillage ? À certaines entreprises. Et qui finance pour partie la vie politique ? Certaines entreprises.

Le développement du pays et les lois de décentralisation promulguées par Gaston Deferre allaient de surcroît conférer aux élus locaux des pouvoirs économiques et financiers qui étaient jusqu'alors l'apanage de l'État centralisé. Ce qui a inéluctablement conduit à la multiplication des tentations, et, partant, l'homme étant ce qu'il est, à celle des foyers de prévarication.

Dans les années 1980-1990, à l'occasion des « affaires », on a souvent entendu des hommes politiques de tous bords affirmer que les actions de la justice faisaient le jeu du Front national. Il est vrai que, déjà sous la IIIe République, c'est la droite non parlementaire qui avait exploité les « affaires » : les boulangistes pour le scandale de Panama, l'Action française à l'occasion de l'affaire Stavisky. Pour autant, ne doit-on pas convenir que le scandale touche « ceux qui touchent » ? Et que si, suite à ces agissements, un antiparlementarisme de mauvaise aloi progresse dans l'opinion, les principaux responsables de cette mauvaise réputation ne sont autres que les bénéficiaires de ces manœuvres, et non pas ceux qui les dénoncent ? Puisque la loi s'applique à tout le monde et que la justice est égale pour tous, il appartient à l'institution judiciaire de faire aussi « ce ménage-là », si on ne veut pas que ces nobles principes demeurent à l'état de slogans.

Au cours de l'année 2000, le nom du président de la République, Jacques Chirac, a été cité, avec une certaine forme d'insistance, dans diverses affaires liées au financement du RPR, mais aussi à la gestion de la Ville de Paris dont il avait été le maire. En septembre de cette année-là, *Le Monde* publia le témoignage posthume d'un promoteur immobilier proche du RPR, Jean-Claude Méry, qui, lui aussi, mettait en cause le président de la République. Les conditions de passation des marchés de rénovation des lycées de la région Île-de-France apparaissaient également particulièrement suspectes, et aboutirent à la mise en cause de responsables de différents partis politiques, RPR, PR et PS Le financement du Parti communiste faisait également l'objet d'une instruction judiciaire. À propos de la gestion de la MNEF, également examinée par la justice, les investigations entreprises s'orientaient vers des financements irréguliers du parti socialiste ou d'associations qui lui sont proches. L'affaire Elf continuait, et « l'Angola gate » pointait son nez...

Le 2 janvier 2001, le directeur des affaires générales d'Elf, Alfred Sirven, était arrêté aux Philippines. Transféré en France avant d'être présenté à la juge Eva Joly, il aura eu le temps de dire à quelques journalistes qu'il avait de quoi, compte tenu de ce qu'il savait, « faire sauter trois fois la République ».

En avril 2001, le juge Halphen, toujours en charge de la procédure relative à l'Office public de HLM de la Ville de Paris, envoyait une convocation. Dans toute sa carrière, il a dû en envoyer des tas, comme ses collègues. Mais celle-ci fit du bruit. Le « citoyen Chirac Jacques » était convié à comparaître en qualité de témoin devant la justice de son pays. Ce n'était pas si simple, et le magistrat le savait à l'évidence. Mais cette initiative eut le mérite d'amener la Cour de cassation à se prononcer. Le 10 octobre 2001, la juridiction suprême rendait son arrêt : « Le président de la République ne peut, pendant la durée de son mandat, être entendu comme témoin assisté, ni être mis en examen, cité ou renvoyé pour une infraction quelconque de droit commun. Le chef de l'État n'est pas davantage soumis à l'obligation de comparaître en tant que témoin. » En d'autres termes, la Cour de cassation indiquait que s'il n'est pas interdit d'envoyer une convocation ès qualités de témoin à un président de la République, celui-ci est libre de déférer ou non à une telle demande. En aucun cas il ne saurait être sanctionné pour un refus de comparution. Le chef de l'État demeure donc passible, et uniquement en cas de haute trahison dans l'exercice de ses fonctions, de la Haute Cour de justice de la République, juridiction spéciale composée uniquement de parlementaires. La Cour de cassation a également pris soin, dans sa décision, d'indiquer que, pour tous les autres actes du président de la République, « les poursuites ne peuvent être exercées pendant la durée du mandat présidentiel », autrement dit que « la prescription de l'action publique était suspendue » pendant la durée dudit mandat.

Dire que la justice, en ce début de IIIe millénaire, est dans un état de coma dépassé est sans doute exagéré. Mais tout un chacun peut reconnaître que la situation de l'institution n'est pas brillante. Le 19 janvier 2001, une manifestation regroupant plusieurs centaines de magistrats et des greffiers s'est déroulée devant la chancellerie, place Vendôme, pour dénoncer le manque de moyens de la justice et singulièrement l'absence de renforcement de sa « logistique » pour la mise en œuvre de la loi sur la présomption d'innocence, entrée en vigueur au premier jour de l'année, loi qui impose aux acteurs judiciaires de nouvelles contraintes, et donc un surcroît de travail. Ce jour-là, les vieux codes frappés d'obsolescence encombrant les bureaux des juges atterrirent sur la place Vendôme au terme de paraboles incertaines.

Le 12 mars 2001, rebelote : une nouvelle manifestation, encore davantage suivie, se déroula à proximité de l'hôtel Matignon. À proximité seulement, car les CRS veillaient et déployèrent un cordon sanitaire. Pour éviter tout risque de contagion ? Non, pour matérialiser une bonne fois pour toutes la séparation des pouvoirs...

Au moins, lors de la manifestation du 19 janvier, la garde des Sceaux, Marylise Lebranchu, avait convaincu le ministre de l'Intérieur de déployer un dispositif notablement plus léger. Il faut dire qu'elle était absente de la chancellerie, puisqu'elle était ce jour-là dans sa circonscription bretonne. Je le sais, puisque j'y étais (aux deux manifestations, pas en Bretagne). Par cet aveu, vous l'aurez compris, je tente uniquement de « saturer » Edvige par abondance de données...

Le 27 mars 2001, le Premier ministre, Lionel Jospin, promet la création de 1 200 postes de magistrats à l'horizon 2005. Il n'est pas forcément cru puisque, le 29 mars, un mouvement de grève affecte la magistrature française. La grève, chez les magistrats, c'est bien : on se déclare gréviste, et puis on retourne travailler. C'est qu'on est débordé...

« Écoute, écoute, écoute »

Un humoriste des années 1950, Roger Nicolas, commençait traditionnellement ses sketches radiophoniques par la formule rituelle « Écoute, écoute, écoute », prononcée d'une voix aux intonations aiguës. À compter du 15 décembre et jusqu'au 22 décembre 1994, les lignes téléphoniques dont est titulaire le dénommé Jean-Pierre Maréchal sont placées sous écoute administrative à la demande du ministère de l'Intérieur, à la tête duquel se trouve alors Charles Pasqua, et avec l'autorisation expresse du Premier ministre, Édouard Balladur. L'opération est réalisée selon la « procédure d'extrême urgence », conformément aux dispositions de la loi du 10 juillet 1991 qui prévoit que de telles surveillances téléphoniques ne peuvent être autorisées qu'« à titre exceptionnel », pour des motifs de « sécurité nationale » tels que « la sauvegarde du potentiel économique de la France », ou encore « la prévention du terrorisme, de la criminalité ou de la délinquance organisée. » Apparemment, donc, l'hexagone est exposé à de graves périls dont la réalisation semble imminente. L'urgence est telle que la Commission nationale de contrôle des interceptions de sécurité n'est informée de l'existence de ces écoutes que le 22 décembre 1994, alors qu'elle aurait dû l'être, conformément aux textes en vigueur, dans un délai de quarante-huit heures après la mise en place des systèmes d'interception. On apprendra par la suite que, dès le mois de janvier 1995, la trêve des confiseurs étant achevée, le président de cet organisme a averti le Premier ministre, du caractère irrégulier de ces écoutes, ce que Matignon démentait. Édouard Balladur s'apprêtait à conquérir la magistrature suprême à l'occasion de l'élection présidentielle, son concurrent au sein du RPR étant à l'époque, contrairement à lui, à l'étiage des sondages d'opinion.

M. Balladur s'était entouré, en sa qualité de Premier ministre, mais aussi de candidat, d'abord non déclaré, à l'élection présidentielle, de personnes de qualité susceptibles de lui assurer, dans cette tâche doublement difficile, un parcours sans faute. C'est ainsi que, pour les questions de justice, il s'était attaché les services de M. Patrick Ouart, magistrat de qualité, quoique dépourvu d'une longue expérience professionnelle dans les juridictions : il avait en effet été nommé juge au tribunal de grande instance de Lille au tout début janvier de l'année 1982. Le 5 janvier 1986, il était devenu magistrat de l'administration centrale au ministère de la Justice ; en d'autres termes, il avait été muté à la chancellerie avant de devenir conseiller technique chargé des questions de justice au cabinet du Premier ministre au printemps 1993.

L'échec électoral d'Édouard Balladur conduisit Patrick Ouart au secrétariat général de la grande chancellerie de la Légion d'honneur : un gros « boulot », compte tenu de la croissance exponentielle du nombre des récipiendaires de la distinction au fil des années. De mise en disponibilité en maintien, il finit par démissionner de la magistrature, le 5 janvier 2008, aspirant à poursuivre sa vie professionnelle chez LVMH. Ses grandes qualités lui ont valu d'être nommé par le président de la République, Nicolas Sarkozy, comme conseiller technique à l'Élysée pour les questions de justice sitôt après l'élection présidentielle de 2007. Des esprits manifestement malintentionnés soutiennent que cet ancien magistrat, qui a passé une partie de sa carrière dans les cabinets politiques, serait en fait le garde des Sceaux « bis » du gouvernement Fillon, et qu'il aurait la haute main sur les nominations aux postes réputés sensibles de l'institution judicaire. À l'heure où j'écris, Patrick Ouart occupe toujours ses fonctions à l'Élysée. C'est bien la preuve que sa présence est, en haut lieu, jugée indispensable.

Quatorze ans auparavant, donc, le saboteur économique, le terroriste ou le mafieux – présumé, bien sûr – Jean-Pierre Maréchal avait été placé sous surveillance téléphonique parce qu'il était, si l'on en croit les prescriptions de la loi, censé s'attaquer aux intérêts vitaux du pays. D'ailleurs, dans le courant du même mois de décembre 1994, il avait été arrêté en flagrant délit par les services de police – je crois qu'il s'agissait de ceux de l'office spécialisé dans le trafic international de stupéfiants, l'OCTRIS, dont on se demande encore ce qu'ils allaient faire dans cette galère –, alors qu'il prenait possession d'une valise de billets contenant l'honorable somme d'un million de francs, laquelle lui avait été remise par un nommé Didier Schuller qui, quelques jours auparavant, avait porté plainte pour extorsion de fonds. Ce Didier Schuller n'était pas n'importe qui : membre du RPR, il était conseiller général des Hauts-de-Seine, avait des visées sur la mairie de Clichy, mais il était aussi l'une des cibles des investigations du juge Éric Halphen qui, à l'époque, instruisait le dossier des fausses factures des offices HLM de Paris et de la région parisienne. « Cerise sur le gâteau », Jean-Pierre Maréchal était le propre beau-père du juge Halphen...

Le 30 janvier 1995, dans un avis consultatif transmis au président de la République à la demande de ce dernier, le Conseil supérieur de la magistrature (CSM) devait estimer que dessaisir le juge d'instruction Éric Halphen du dossier de la procédure des fausses factures des offices HLM en raison de la volonté prêtée à son beau-père de faire pression sur lui, n'était « pas la procédure la plus souhaitable ». Qu'en termes élégants ces choses-là étaient dites ! Surtout, le CSM rappelait dans sa décision que tant les circonstances que la chronologie des faits qui avaient conduit à l'interpellation de Jean-Pierre Maréchal et à sa mise en examen révélaient la volonté ou l'intention de porter atteinte à l'indépendance du magistrat instructeur. Simplement, nécessité faisant loi, le Conseil supérieur de la magistrature préconisait qu'un autre juge soit chargé de l'instruction de la partie du dossier dans laquelle Didier Schuller semblait directement impliqué.

Un peu plus d'une semaine plus tard, c'était au tour de la chambre d'accusation de la cour d'appel de Paris de se prononcer sur la validité de la singulière procédure initiée à l'encontre du docteur Maréchal. Dans son arrêt du 8 février 1995, la juridiction du second degré annula les écoutes réalisées dans le cadre de l'enquête préliminaire relative à la tentative d'extorsion de fonds dont Didier Schuller prétendait être la victime de la part du beau-père du juge Halphen. Et, pour ce faire, les magistrats ne mâchèrent pas leurs mots, estimant que les policiers qui avaient œuvré en la circonstance avaient participé à une véritable provocation, rappelant que les écoutes téléphoniques auraient dû être ordonnées par un juge d'instruction. Moyennant quoi, la plupart des pièces de cette procédure étaient annulées.

Les jours suivants, le ministre de l'Intérieur et président du conseil général des Hauts-de-Seine, Charles Pasqua, implicitement mis en cause dans la manœuvre, demandait publiquement que la Cour de cassation clarifie sa jurisprudence sur les écoutes téléphoniques. Or, pour un juriste moyennement informé des questions procédurales, les principes édictés tant par la loi que par la juridiction suprême étaient parfaitement clairs. Ce qui n'empêcha pas le ministre de l'Intérieur du gouvernement Balladur de dénoncer le fonctionnement de la justice dans cette affaire.

Monsieur Pasqua a toujours eu de l'estomac. Ces manipulations ayant été révélées par l'hebdomadaire *Le Point*, le 18 février 1995, Édouard Balladur montait au créneau dès le lendemain et déclarait que « son gouvernement avait respecté scrupuleusement les règles de déontologie et les procédures légales ». Matignon devait ajouter n'avoir été nullement informé du lien entre ces écoutes et le dossier HLM instruit par le juge Halphen. Sans rire ?

Le lendemain, les services du Premier ministre tentaient de circonscrire le sinistre en affirmant que la procédure d'autorisation des écoutes était régulière, mais admettaient néanmoins qu'une « illégalité avait été commise par ceux qui en avaient fait la demande ». La demande émanait de la Direction centrale de la police judiciaire. Aussitôt dit, aussitôt « défait » : le 21 février 1995, le ministre de l'Intérieur Charles Pasqua acceptait la démission du directeur central de la police judiciaire, Jacques Franquet.

Pour ne pas être en reste, c'est également le 18 février 1995, date des révélations du *Point* sur cette manipulation – qui démontre à quel point le pouvoir politique peut parfois tenter soit d'instrumentaliser la justice, soit encore de la faire dévier de son cours – que le journal *Le Monde* publia d'autres informations tout aussi confondantes sur les mœurs de la République. Il s'agissait cette fois des écoutes pratiquées entre 1983 et 1986 par la cellule antiterroriste de l'Élysée. Le quotidien du soir révélait donc que le juge d'instruction en charge de cette affaire, Jean-Paul Valat, était en possession depuis le 14 février de disquettes informatiques recélant l'enregistrement de plus de 5 000 fiches rédigées dans le plus grand secret à partir de ces interceptions dites de sécurité. En réalité, les développements ultérieurs de l'information judiciaire devaient le démontrer, il était pratiqué, au sommet de l'État, sous couvert de lutte contre le terrorisme, un véritable espionnage de journalistes, d'avocats, d'hommes politiques et de personnalités du monde du spectacle ou de la sphère littéraire. L'ancien directeur de cabinet du chef de l'État, Gilles Ménage, et le préfet Christian Prouteau avaient d'ailleurs été mis en examen dans cette procédure depuis le mois de décembre 1994. D'autres personnalités éminentes allaient les rejoindre par la suite sur la sellette. Les fiches, une obsession du pouvoir ?

Mal fichu ou mal fichés ?

La création du Fichier national automatisé des empreintes génétiques (FNAEG) a suscité en 1998 une polémique. La Ligue des droits de l'homme, le Syndicat de la magistrature et le Syndicat des avocats de France avaient, parmi d'autres, fait état de leur préoccupation face à la mise en place de ce nouvel outil informatisé. Mais les critiques formulées l'avaient été *mezzo vocce,* puisque qu'au tout début du printemps le tueur en série Guy Georges avait fini par être arrêté. Et qu'il devait être démontré par l'information judiciaire que si un fichier génétique opérationnel avait existé en France en 1995, le « tueur de l'Est parisien » aurait été confondu dès cette année-là. De ce fait, deux jeunes femmes assassinées en septembre puis en novembre 1997 seraient encore en vie...

La loi du 17 juin 1998 qui a institué ce nouveau fichier prévoyait au départ que seuls seraient retenus les profils et traces génétiques relevés à l'occasion d'infractions sexuelles ou connotées sexuellement ; elle a vu son champ d'application progressivement étendu. C'est la loi du 15 novembre 2001 sur la sécurité quotidienne qui a permis d'intégrer dans le fichier créé trois ans auparavant les traces et profils génétiques relevés dans les procédures d'atteinte aux personnes (crimes de sang, violences), de terrorisme, ainsi que dans celles relatives à des atteintes graves aux biens (vols à main armée, par exemple). Enfin, c'est la loi du 18 mars 2003 sur la sécurité intérieure qui a permis d'intégrer toutes les traces génétiques dans le fichier, quelle que soit la nature de l'infraction objet de la poursuite.

La France, qui avait pris du retard sur la Grande-Bretagne, suite à diverses tergiversations de nature politique, est désormais en passe de la rattraper, le ministre de l'Intérieur de l'époque ayant donné à l'administration les moyens de cette politique-là. « *L'intendance* », aurait dit, un brin méprisant, le général de Gaulle. Mais l'intendance est importante et même vitale pour faire fonctionner une institution. Cette fois, elle a été à la hauteur des enjeux : c'est suffisamment rare pour être signalé.

Pour autant, de récentes affaires ont démontré que tout n'était pas encore parfait, tant s'en faut. Et l'on peut toujours s'interroger sur la nécessité de recourir à l'expertise génétique pour tenter d'identifier les auteurs de petits délits. Car plus on charge la « machine », plus le travail en amont pour l'alimenter est conséquent. Mais il n'est pas sûr qu'aujourd'hui l'appareil répressif ait forcément les moyens d'une politique aussi exhaustive, surtout à une époque où, par voie de circulaires, la chancellerie invite les magistrats à faire preuve de discernement dans les engagements de dépense des deniers publics – en d'autres termes, à restreindre et comprimer les frais de justice qui, il est vrai, explosent. Le FNAEG a enregistré à l'heure actuelle plusieurs centaines de milliers de profils génétiques et de traces non identifiées.

L'organisation non gouvernementale américaine The Innocence Project a confié depuis quelques années à des étudiants en droit la tâche de réexaminer aux États-Unis les dossiers de condamnation douteux. Suite à ce travail, 216 condamnés définitifs ont été libérés depuis 1989 grâce à l'utilisation de tests ADN, dont 153 depuis l'année 2000. Ce n'est pas rien ! Il est vrai qu'aux États-Unis encore plus qu'ailleurs, la qualité d'une bonne défense est directement dépendante des facultés contributives de la personne poursuivie. Parmi ces 216 innocentés, 16 se trouvaient dans ce qu'il est convenu d'appeler les « couloirs de la mort ». La durée moyenne des détentions injustifiées ainsi subie était de douze ans.

Les observateurs du système judiciaire américain n'ont pas été étonnés d'apprendre que le Texas arrivait en tête de ce singulier palmarès, avec 31 condamnés innocentés. Mais il convient de nuancer la signification de ce dernier chiffre, qui n'implique pas forcément qu'il y ait plus d'erreurs judiciaires dans cet État que dans les autres. En effet, au Texas, toutes les preuves et notamment les pièces à conviction sont conservées pendant très longtemps après les procès, ce qui n'est pas le cas dans bien d'autres États.

Les progrès de la science, mais aussi l'outil informatique ont donc permis, en avril 2007, la libération de Jerry Miller après vingt-six ans de détention pour le viol d'une femme dans un parking de Chicago, tout comme ils ont permis, en avril 2008, de libérer Thomas McGowan après vingt-trois ans de détention pour un viol et un cambriolage, ainsi que James Lee Woodart, innocenté du viol et du meurtre de sa petite amie après vingt-sept ans passés en prison. Les noms parlent parfois davantage que les chiffres. Mais ces chiffres-là mettent en lumière la « brutalité » du système judiciaire des États-Unis, fondé sur le principe procédural accusatoire, celui-là même qui a les faveurs, en France, d'un certain nombre de partisans déclarés des droits de l'homme.

Le fichier des empreintes génétiques ne constitue pas le seul outil à la disposition de la police judiciaire, bras armé de la justice pénale. Je ne vais pas les énumérer tous. Simplement les principaux...

Créé en 1987, le fichier automatisé des empreintes digitales (FAED) a remplacé les fichiers manuels et leurs légendaires fiches cartonnées. Il contient les empreintes digitales de 2 766 000 individus, mais également 167 000 traces papillaires non identifiées.

En 1996 fut créé le fichier des personnes recherchées (FPR). Son champ d'application a été étendu en 2005.

En 2001 a été mis en place et vigoureusement contesté par certaines associations le système de traitement des infractions constatées (STIC). Ce fichier est le plus volumineux. Il contient en effet les renseignements extraits des procès-verbaux établis par les enquêteurs, et comporte notamment les noms des auteurs d'infractions, celui des victimes, mais aussi celui des personnes « mises en cause » dans lesdites procédures. Le STIC comprenait 2,5 millions de fiches en 1997. Il en comporte désormais 4,7 millions, établies à partir de 35 millions de procédures. « Travailler plus pour ficher plus ! » Et, hélas, commettre un certain nombre d'erreurs et d'approximations...

Pour la gendarmerie nationale, le fichier Judex, créé en 1986 et étendu en 1993, contient lui aussi les données extraites des procédures établies par la gendarmerie nationale. Il doit fusionner, à terme, avec le STIC, maintenant que la gendarmerie nationale a été rattachée au ministère de l'Intérieur.

Enfin, en 2003, c'est le système d'analyse et de liens de la violence associée au crime qui a été mis en place afin de regrouper les données sur les tueurs en série.

De longue date, les renseignements généraux (RG) ont collecté des renseignements destinés à informer le gouvernement. On en comprend la nécessité. Seulement ceux-là ? On n'est pas obligé d'en être persuadé, surtout lorsqu'on lit le livre de l'ancien commissaire de police Lucien Aimé Blanc, *L'Indic et le commissaire*, qui dresse des mœurs de la police un tableau assez édifiant pendant les années 1970. Et encore « Lulu » œuvrait-il dans le cadre de la police judiciaire... La seule « que puisse avouer une démocratie », selon le mot de Clemenceau.

En France, il n'y a rien de bien neuf sous le soleil, puisque, déjà sous Richelieu, parmi les différentes activités de la police, c'étaient les renseignements qui étaient privilégiés.

Quoi qu'il en soit, c'est en 1991 qu'à l'initiative du Premier ministre Michel Rocard fut créé un fichier informatisé des renseignements généraux destiné à regrouper les « bonnes » vieilles fiches cartonnées détenues par la Direction centrale des renseignements généraux, mais aussi par les directions départementales de cette police du renseignement.

Les spécialistes de la météorologie ont depuis longtemps pris l'habitude d'appeler les cyclones et autres ouragans de prénoms de femmes. Compte tenu de la violence de ces phénomènes climatiques, l'idée m'a toujours paru saugrenue. Des responsables du ministère de l'Intérieur ne doivent pas partager cet avis. Bienvenue donc aux nouveaux fichiers « Edvige » et « Cristina » ! Je sais, la ressemblance n'est que phonétique. Ces deux créations sont la conséquence du démantèlement des renseignements généraux, une partie des effectifs de ce service rejoignant la Sécurité publique (SP) et sa nouvelle Sous-Direction de l'information générale (SDIG), une autre fusionnant avec la Direction de la surveillance du territoire (DST) pour former la nouvelle structure du renseignement intérieur, la DCRI.

Le fichier Cristina a donc pour objet de centraliser les renseignements nécessaires pour assurer la sécurité et les intérêts nationaux. Il contient les données personnelles des individus fichés, mais aussi leurs relations et leurs proches. S'agissant d'un fichier classé « secret-défense », il n'est pas soumis au contrôle de la Commission nationale informatique et libertés (CNIL). De la même façon que la police judiciaire a besoin d'une mémoire et d'outils de travail performants pour lutter efficacement contre le crime, on comprend bien qu'un État ne puisse rester inerte ou désarmé face aux menées subversives. Et, autant que faire se peut, il faut savoir d'où peuvent venir les coups qui risquent d'être portés, afin de mieux les parer. Au demeurant, le fichier Cristina n'a pas fait l'objet, au moins jusqu'à présent, d'un débat aussi intense que celui relatif à la mise en place d'Edvige, puisque seuls les contours généraux en sont connus. Simplement, il faut bien constater qu'un contrôle efficient des services de renseignements par le Parlement n'a toujours pas été mis en place en France, alors qu'il existe en Italie depuis 1977 et au Royaume-Uni depuis 1994. Certes, ce contrôle est difficile à organiser, puisqu'il convient notamment de préserver impérativement l'identité et l'implantation des « sources ». Il faudra pourtant bien qu'un jour la représentation nationale puisse faire entendre sa voix dans ce domaine-là.

Le fichier Edvige, acronyme d'« Exploitation documentaire et valorisation de l'information générale », a fait l'objet d'un très vif débat, même si la CNIL a formulé à son endroit un avis favorable, assorti cependant de réserves, notamment sur la traçabilité des consultations, jugée insuffisante. Ce fichier est censé collecter des données sur toute personne jouant « un rôle politique, économique, social ou religieux significatif ». Outre les données relatives à l'identité de ces personnes, il était prévu que soient intégrés dans ce fichier divers renseignements d'ordre personnel, voire strictement personnel, tels l'orientation sexuelle ou encore l'état de santé. Les risques de discrimination ou d'atteintes au secret médical ne pouvaient ici être balayés d'un revers de main. Pas plus que ne pouvaient l'être ceux inhérents au caractère flou de la définition des personnes susceptibles d'être ainsi fichées. Il s'agissait aussi bien des individus « susceptibles d'occasionner un trouble à l'ordre public ». La problématique du renseignement est, bien entendu, de déceler, si possible avant leur passage à l'acte, les individus potentiellement dangereux. Mais, avec Edvige, on est passé de la notion d'atteinte à la sûreté ou à la sécurité publique, critères auparavant retenus pour le fichage, à celle de trouble à l'ordre public. Ce qui n'est pas du tout la même chose. À ma connaissance, un exhibitionniste, lorsqu'il se livre à son activité favorite, trouble l'ordre public, mais il ne porte atteinte ni à la sûreté, ni à la sécurité. Ce qui n'a pas empêché les syndicats de police, fidèles à leurs habitudes, de monter au créneau pour défendre la maison mère en affirmant qu'Edvige ne faisait que reprendre à 95 % l'ancien fichier des renseignements généraux...

De surcroît, certains mineurs, dès l'âge de treize ans, pouvaient être fichés sans limitation dans le temps. Il n'est donc pas étonnant, dans ces conditions, qu'environ 120 000 citoyens aient signé une pétition visant à obtenir le retrait de ce fichier, rejoints par quelque 800 organisations syndicales, politiques et surtout associatives. Même l'association des paralysés de France, qu'on ne peut soupçonner de participer à une campagne politique, a demandé le retrait de ce fichier créé par décret du 27 juin 2008, en invoquant les risques pour les fondements de la démocratie et de la citoyenneté, et une régression des libertés publiques.

Il y a en France 500 000 élus locaux, responsables syndicaux et associatifs, d'après la police qui est parfois brouillée avec les chiffres, en tout cas avec ceux des organisations syndicales lorsqu'il s'agit de décompter le nombre de leurs manifestants. On voit mal l'utilité, pour le gouvernement, de procéder à un fichage systématique de cette catégorie hétérogène de population dont les activités contribuent à créer du « lien social » !

Le gouvernement de Lionel Jospin avait annoncé la fin des missions « politiques » des renseignements généraux. Cette annonce serait-elle restée un vœu pieux ? Car nous ne sommes pas là dans le domaine de la lutte contre le crime et la voyoucratie, ni dans celui de la lutte contre le terrorisme. Personne ne peut au demeurant dire – je me répète délibérément – comment sera appréciée par la police la notion de « susceptibles d'occasionner un trouble à l'ordre public ». Dans le domaine de la police judiciaire, les choses sont claires : l'ordre public a été troublé par la commission de l'infraction. Elles ne le sont pas dans le domaine de la police administrative, et on entre donc là dans le champ de la virtualité et de la subjectivité.

Pour ce qui est du contrôle de la CNIL sur ce nouveau fichier, l'avocat Jean-Marc Fedida a déclaré à la presse : « La CNIL est aux libertés ce que l'administration fiscale est au Liechtenstein. » Je crois qu'il exagère un peu, car il semble bien que c'est grâce à l'insistance de la CNIL que le décret instituant le fichier Edvige a finalement été publié au *Journal officiel* de la République française, le 1er juillet 2008. Le gouvernement de la République n'avait pas l'obligation de le faire, et, semble-t-il, n'en avait pas non plus a priori l'intention. Le débat maintenant rouvert, suite à la décision du président de la République de remettre l'ouvrage sur le métier, permettra peut être, il faut l'espérer, d'éviter tout amalgame entre les fauteurs présumés de troubles présumés, et les personnes dont l'activité est nécessaire au fonctionnement de la vie sociale dans une démocratie. Car même si le porte-parole du ministère de l'Intérieur, Gérard Gachet, s'est voulu rassurant – « Il n'y aura fichage ni d'homosexuels, ni de séropositifs, ni de malades » (encore heureux !) –, on n'est pas encore complètement rassuré.

Mais il y a moins rassurant encore : l'évolution des sociétés modernes a favorisé la propension de chaque citoyen à se retourner, chaque fois qu'il est confronté à un problème, y compris de vie quotidienne, vers l'État ou les pouvoirs publics. Ceux-ci n'ont pas toujours su résister, et il s'en est ensuivi une floraison de règlementations de tous ordres et un accroissement des formalités toutes plus bureaucratiques les unes que les autres. La multiplication des normes entraîne inéluctablement une augmentation des contrôles, et, par voie de conséquence, un rétrécissement des espaces de liberté. Si le citoyen devient purement et simplement un assisté, il sera un sujet asservi à l'État omniprésent, omnipotent et prétendument omniscient. Or cette évolution-là va de pair avec la dépolitisation. L'administration des choses va-t-elle insidieusement se substituer au gouvernement des hommes ?

« Septembre noirs »

La chronologie des attentats du 11 septembre 2001 à New York et Washington est terrifiante. À 8 h 45 (heure locale), le Boeing 767 de la compagnie American Airlines assurant la liaison Boston-Los Angeles percute la tour nord, haute de 415 mètres, du World Trade Center, dans le quartier de Manhattan, à New York. Moins d'une vingtaine de minutes plus tard, à 9 h 03, c'est un même appareil de la compagnie United Airlines, assurant la même liaison, qui percute la tour sud, haute de 417 mètres, du WTC. À 10 heures, la tour sud s'effondre. Une demi-heure plus tard, la tour nord subit le même sort. Pendant l'agonie des Twins Towers, à 9 h 32, le Boeing 757 de la compagnie American Airlines assurant la liaison Dulles-Los Angeles s'écrase à Washington sur le bâtiment du Pentagone. Dans le même créneau horaire, un Boeing 757 de la compagnie United Airlines assurant la liaison Newark-San Francisco s'écrase en Pennsylvanie près de Pittsburgh. Au total, ce sont 276 passagers et membres d'équipage qui trouvent la mort dans ces attentats-suicides. Le bilan global du « fait divers » le plus médiatisé de l'histoire – les terroristes recherchent la médiatisation de leurs actions criminelles pour développer leur propagande ainsi que pour parvenir à leurs fins : l'instauration d'un climat de terreur – est d'environ 3 000 morts, en moins de deux heures... Lorsque l'on a fait de la lutte antiterroriste son métier, on se retrouve, en regardant ces images-là, dans la situation d'un chercheur ne parvenant pas à identifier le virus de la bactérie mortelle qui anéantit ses voisins.

Les gens de ma génération un peu sensibles aux soubresauts du monde se souviennent de l'année 1973. Mais peu se souviennent de la date : c'était déjà un 11 septembre. Le président de la République chilienne, Salvador Allende, qui avait été élu à la magistrature suprême le 24 octobre 1970, et qui avait déjà dû déjouer plusieurs coups d'État, dont certains (ceux de 1972) auraient été fomentés par la firme ITT et par la CIA, a trouvé la mort dans son palais présidentiel de la Moneda à l'occasion du putsch d'une junte militaire dirigée par le commandant en chef de l'armée de terre, le général Augusto Pinochet, par le général d'aviation Gustavo Leigh Guzmán, qui, tous deux, étaient membres du gouvernement en place, par l'amiral Tobioro Médina et le général des carabiniers Cesar Mendoza. Le putsch était justifié aux yeux de ses auteurs par le caractère « marxiste » du gouvernement qui, selon eux, était incapable d'éviter que le pays, qui avait connu de fortes turbulences sociales, notamment une grève des camionneurs qui l'avait paralysé, ne sombre dans le chaos.

Après l'annonce du refus de se démettre émis par Salvador Allende (socialiste, membre du mouvement L'Unité populaire), la junte militaire, qui s'était emparée des organes d'information, prenant acte de cette décision, attaqua à l'arme lourde le palais de la Moneda.

La population chilienne fut invitée à suivre scrupuleusement les consignes de la junte pour éviter « d'inutiles effusions de sang ». Les deux assemblées parlementaires furent aussitôt suspendues, tout comme furent rompues les relations avec Cuba ainsi qu'avec tous les autres États communistes. Des personnes arrêtées selon des critères connus de la seule junte militaire furent regroupées au stade de Santiago. On connaît la suite : tortures, meurtres, disparitions...

Le 8 septembre 1974, le président Gerald Ford a, dans un concert de protestations, gracié Richard Nixon à la suite de l'affaire du Watergate. Le même jour, des informations attirèrent l'attention des citoyens américains – mais aussi, dans les heures qui suivirent, celle des médias internationaux : le *Washington Post* et le *New York Times* publièrent ce jour-là une lettre frappée du sceau « confidentiel », adressée par un représentant démocrate de l'État du Massachussetts au président de la commission des Affaires étrangères de la Chambre. Dans ce courrier, il était indiqué que les États-Unis auraient, *via* la CIA, dépensé la somme relativement modeste de 8 millions de dollars pour provoquer la chute de Salvador Allende.

Argent, violence, excès de pouvoir, manipulations sous toutes les lattitudes... Et toujours les mêmes victimes : les pauvres gens.

Encore un « 11 Septembre ». C'est le plus récent que j'ai pu trouver. Celui de l'année 2008. Encore une bombe, mais celle-là ne fit aucune victime. Enfin, pour l'instant, car elle est à retardement. On appris ce jour-là à la lecture d'un ouvrage, *Les Superprivilégiés de la République*, que le 20 février 2002 le conseil de la questure du Sénat avait permis que la chambre haute mette gracieusement et à vie à la disposition des anciens présidents du palais du Luxembourg un petit pied-à-terre de 200 m², rue de Vaugirard à Paris. Bien sûr, car on est en démocratie, ce n'était pas obligatoire puisque le conseil avait pris le soin de préciser : « Les anciens présidents... s'ils en expriment le souhait... » On connaissait de longue date le « train de sénateur », maintenant on en connaît le train de vie. Quant à l'espérance de vie de la confiance en nos élus, elle paraît devoir régresser...

11 septembre 2009 : de quoi demain sera-t-il fait ? En pleine tourmente financière, complètement dérégulé et en voie de caporalisation, je l'ignore plus que jamais. Armstrong aura-t-il réussi son *come back* et gagné un nouveau Tour de France, annonciateur d'une nouvelle série « gagnante, gagnante » ? La chancellerie sera-t-elle parvenue à comprimer son budget petits fours ? Ségolène Royal sera-t-elle

parvenue à parfaire son show *peace and love* ? La statue du Mandarom Bourdin sera-t-elle reconstruite à Castellane grâce à la générosité privée ? Je l'ignore complètement. La crise financière de l'automne 2008 aura-t-elle surpassé celle de 1929 ? Là, je réponds catégoriquement non. En 1929, les banquiers américains sautaient par la fenêtre de leurs buildings par grappes. Aujourd'hui, non. Il faut dire que cela ne servirait à rien. Ils ont tous des parachutes. Le soir, je vais me poster dans le quartier de la Défense pour observer le déploiement des corolles dorées... Mesdames et messieurs, sous vos applaudissements.

« Erreurs » d'aiguillage

2003 fut fertile en rebondissements. Le premier jour de cette année-là me fut déféré par le parquet un « bagagiste de Roissy », Abderrezak Besseghir, soupçonné d'être un terroriste. Suite à une dénonciation exceptionnellement non anonyme, la police de l'aéroport de Roissy avait découvert dans son véhicule des armes automatiques, des explosifs, des artifices de mise à feu, ainsi que quelques feuillets, de nature subversive, en langue arabe. Moins de deux semaines plus tard, l'affaire était réglée, en tout cas pour ce qui me concerne, puisque les enquêteurs de la brigade criminelle, avec une grande conscience professionnelle, étaient parvenus à établir qu'Abderrezak Besseghir était, comme il l'avait toujours soutenu, victime d'un complot organisé par sa belle-famille.

Un autre juge, de Bobigny cette fois, Roger Le Loire, allait prendre le relais pour instruire cette affaire de dénonciation calomnieuse. On sait, depuis l'affaire Clearstream, que ce type d'affaires occupe une bonne place dans la typologie judiciaire.

Une affaire chasse l'autre, c'est notre lot... La Corse devient alors mon « pays d'adoption ». Je doute qu'elle soit plénière aux yeux de certains. Je me rends là-bas en moyenne une fois par trimestre, pendant un ou deux jours, pour faire le point sur mes enquêtes avec la police judiciaire et la gendarmerie nationale. Pratiquement, chaque fois, je rencontre, pour prendre un peu la température, le coordonnateur des services de sécurité en Corse. Pas le temps de bronzer : le programme est chargé.

Au mois de juin 2003 s'ouvre devant la cour d'assises de Paris spécialement composée le procès des membres du commando qui a assassiné le 6 février 1998, à Ajaccio, le préfet de la région Corse, préfet de Corse du Sud, Claude Érignac. Un homme soupçonné d'avoir participé à ce crime, mis en cause par un certain nombre de ses camarades, manque à l'appel. Il est arrêté le 3 juillet 2003 à proximité d'une bergerie, près de Propriano, où il s'était réfugié après avoir « pris du recul » depuis la fin mai 1999, au moment de l'arrestation des membres du commando. Dès le 4 juillet 2003, Yvan Colonna est transféré à Paris où mon collègue Jean-Louis Bruguière le met en examen pour sa participation présumée à l'assassinat du préfet. Je le mets pour ma part en examen pour sa participation présumée à l'attaque de la gendarmerie de Pietrosella, le 5 septembre 1997, action terroriste au cours de laquelle deux jeunes gendarmes furent brièvement séquestrés avant d'être abandonnés, entravés, dans le maquis, non sans avoir été auparavant délestés de leurs armes de dotation. L'une d'entre elles, délibérément abandonnée sur la scène du crime en guise de signature, aura servi cinq mois plus tard à assassiner le préfet Érignac. Le procès des membres du commando se poursuit néanmoins. Avec mon greffier, on sait que les mois qui viennent vont être particulièrement chargés.

Et ils le sont effectivement car, en novembre 2003, puis en janvier 2004, la police judiciaire d'Ajaccio et la Division nationale antiterroriste parviennent à démanteler un réseau d'activistes du « FLNC-Union des combattants ». L'enquête permettra d'établir que tous ces jeunes gens-là, une petite dizaine, vigiles employés par une société de gardiennage d'obédience nationaliste créée par Charles Pieri et manifestement contrôlée par lui, la société Corsica gardiennage services (CGS), étaient les auteurs de plusieurs dizaines d'attentats à l'explosif perpétrés en 2002 et 2003 dans la région bastiaise. Ces jeunes gens-là, qui utilisaient les véhicules et les téléphones de la société pour les besoins de la commission de leurs forfaits, et qui étaient « managés » par le chef du personnel de l'entreprise, un proche de Charles Pieri, pouvaient parfois faire preuve d'une conscience professionnelle remarquable. Comme quoi, si l'homme n'est jamais tout à fait blanc, il n'est pas davantage tout à fait noir. La preuve : ces jeunes gens-là s'étaient impeccablement acquittés de leur tâche de gardiennage du matériel cinématographique entreposé près de Bastia pour les besoins de la réalisation du film *L'Enquête corse*. Aucun vol ne fut à déplorer. Le monde du spectacle put donc dormir sur ses deux oreilles puisque cette année-là les « visiteurs » s'étaient fait surveillants. *Business is business...*

Ces activistes en herbe, pour la plupart du FLNC-Union des combattants, ont été jugés et condamnés au printemps 2008 après une instruction qui s'est matérialisée par la confection d'un dossier d'environ soixante-dix tomes cartonnés enserrant les liasses de procès-verbaux et autres rapports d'expertise. Plus d'une pleine armoire métallique. Bonjour la déforestation !

J'ai rendu l'ordonnance de mise en accusation de la dizaine de mis en examen le 27 novembre 2006. Trois ans d'instruction, c'est long. D'autant plus que les premiers interpellés achevaient à ce moment-là leur troisième année en prison sous le régime de la détention provisoire. Mais comment faire autrement, lorsque les personnes impliquées sont aussi nombreuses et ont commis autant de faits de nature criminelle, et alors même que les risques de récidive sont élevés, compte tenu de la nature même de leur engagement violent ? On observera au passage que cette détention inhabituellement longue à mon cabinet ne représente malgré tout qu'un peu plus de 60 % du temps qui leur aura fallu attendre avant d'être jugés. Les voies de recours sont coûteuses en temps. Un appel devant la chambre de l'instruction de l'ordonnance de mise en accusation, c'est quatre mois supplémentaires assurés. Un pourvoi en cassation, c'est encore quelques mois de perdus en cas d'insuccès. Et ensuite, et seulement ensuite, l'affaire peut venir prendre son rang au service de l'audiencement. Là, il faut encore attendre que les affaires qui la précèdent dans la file d'attente soient jugées. Depuis que les décisions des cours d'assises sont susceptibles d'appel – au demeurant une heureuse initiative de la loi du 15 juin 2000 dite loi sur la présomption d'innocence –, les cours d'assises doivent faire face inéluctablement à un surcroît de travail qui n'a pas été compensé, une fois encore, par des moyens adéquats. Et lorsque l'on sait que les cours d'assises statuant en matière de terrorisme, tout comme celles jugeant des affaires de criminalité organisée, sont composées exclusivement de magistrats professionnels, sept en première instance, neuf en appel, on imagine le casse-tête que représente, pour les chefs de cour et de juridiction, l'organisation et le planning de tels procès.

La date aurait dû m'inciter à la méfiance. C'était un 11 septembre, je n'y avais pas pris garde. Ce jour-là, j'ai interrogé toute la journée. Oui, cela m'arrive, je l'avoue. À l'issue de cet acte d'instruction, j'ai appris que mon collègue Jean-Louis Bruguière avait été éphémèrement saisi d'une procédure financière à caractère terroriste concernant l'un des chefs de la mouvance indépendantiste violente, Charles Pieri. Je le connaissais, puisque, avec mes trois autres collègues de l'instruction antiterroriste – nous n'étions en effet que quatre, à cette époque-là –, j'avais eu à instruire une procédure le concernant, à compter de l'automne 1998, suite à la découverte d'un véritable arsenal et d'un dépôt d'explosif à son domicile, dans la périphérie de Bastia. Charles Pieri avait été libéré quelques mois auparavant après avoir purgé sa peine.

Ce 11 septembre 2003, il a dû se produire une erreur d'aiguillage. En effet, à peine la procédure arrivée à la section antiterroriste, celle-ci fut promptement récupérée et rapatriée vers le pôle financier où elle fut confiée aux excellents soins de mon collègue Philippe Courroye. L'enquête menée par mon collègue sur le « nouvel Al Capone » insulaire – à en croire la place Beauvau – devait susciter quelques turbulences au sein du palais de justice de Paris, puisque, le lendemain de la mise en examen de Charles Pieri, le 17 décembre 2003, je m'aperçus que la procédure de mon collègue financier avait « un peu » tendance à empiéter sur les plates-bandes de deux procédures « terroristes » dont j'avais la charge. Je m'en émus par écrit, en raison des risques juridiques nés de cette situation, auprès du parquet de Paris. En vain : je n'ai jamais été gratifié d'une quelconque réponse. Faute de temps, sans doute...

Il faut dire que l'affaire était suivie de près par le ministre. Celui de l'Intérieur. Quelques jours plus tard, j'ai lu dans la presse que ces difficultés que j'avais soulevées n'en étaient pas, et que la tension perceptible n'était que la résultante d'une confrontation d'ego. Boursouflés ? Ça, le journal ne le disait pas. Désormais, plus d'inquiétude : de telles tensions ne sauraient se reproduire, promis-juré ! Philippe Courroye a été nommé procureur de la République près le tribunal de grande instance de Nanterre (Hauts-de-Seine).

Outreau ou trop peu ?

Et puis il y a eu Outreau. Et la commission d'enquête créée par la représentation nationale. Un tsunami dans le monde judiciaire !

J'avais regardé, comme bon nombre de mes collègues, l'audition, ou plutôt l'interrogatoire de Fabrice Burgaud devant cette commission qui s'était donnée pour mission de se pencher sur les dysfonctionnements de la machine judiciaire. Tout cela sous l'œil des caméras de télévision. J'ai éprouvé un profond sentiment de malaise. Bien évidemment, je ne conteste nullement à quiconque le droit de s'interroger sur les raisons pour lesquelles une institution, qui a en main la liberté des hommes et, à travers elle, ceux qui, en son sein, prennent des décisions lourdes de conséquences, en arrive à dysfonctionner. Pour autant, j'ai eu le sentiment que mon collègue se trouvait ce soir-là dans la position d'une bête traquée dans une arène. Dans une interview qu'il donna au journal *Le Point* et qui fut publiée le 8 mars 2007, Philippe Courroye, sollicité aux fins de savoir s'il avait regardé cette retransmission-là, répondit sèchement : « Je n'ai pas le goût de la corrida. » Et il ajouta que s'il avait été à la place du juge Burgaud, il aurait raconté « comment, sans moyens, on rend tous les jours la justice à Saint-Omer », et parlé « du budget que l'État donne à sa justice ». Je crois qu'il a eu raison. Malheureusement, ce discours-là est devenu inaudible. Je le sais, puisque je le tiens. Et pourtant, les faits sont là : la France arrive en vingt-cinquième position sur vingt-sept lorsqu'on compare les sommes consacrées par citoyen de chacun des pays d'Europe au financement de leur justice.

Lorsque j'ai été invité à fournir mon témoignage de « vieux juge d'instruction », tendance « canal historique », voire « préhistorique », devant cette commission d'enquête parlementaire, je me suis interrogé sur l'attitude qu'il convenait d'adopter. Fallait-il enfiler la robe de bure du pénitent, ou alors la camisole du schizophrène pour défendre la fonction du juge d'instruction, puisque c'est sous ces traits-là que le magistrat instructeur, juge et enquêteur, est désormais dépeint ? Fallait-il présenter mon intervention au titre du maintien de la biodiversité et de celui de la sauvegarde, au sein de la chaîne pénale, du présumé grand prédateur des libertés individuelles, le pseudo « homme le plus puissant de France », espèce manifestement en voie de disparition programmée ? Dans un cas comme dans l'autre, j'avais quand même l'espoir de ne pas me voir taxer d'un quelconque corporatisme mâtiné de carriérisme forcément exacerbé, puisque, les membres de la commission pouvaient le constater *de visu*, ma carrière était derrière moi.

Ce constat a, au demeurant, été partagé par le Conseil supérieur de la magistrature lorsque, à l'automne 2007, j'avais émis la folle prétention de succéder, à la galerie Saint-Éloi, à Jean-Louis Bruguière, lequel, le printemps précédent, sans doute las d'avoir labouré la piste agricole insulaire, avait gagné une autre région rurale, le Lot-et-Garonne, pour tenter de s'y faire élire. Il n'y eut pas d'heureux élu : ni lui ni moi ne fûmes retenus. Dépité mais pas aigri, je me suis remémoré le vieil adage judiciaire : « Tout temps passé à travailler est perdu pour sa carrière. » Et j'ai tourné la page. J'ai donné pour instruction à Rodolphe de passer pour mon compte une annonce sur le site Internet ebay.fr afin de mettre aux enchères ma robe rouge qui ne me servirait jamais plus. J'en avais acquis une lorsque j'avais été nommé au parquet général de Metz, mais elle m'avait très peu servi : juste pour les assises et pour les audiences solennelles. Pour l'amortir, je l'avais gracieusement prêtée à mon vieil ami le bâtonnier Bernard Michel (un homonyme de mon autre pote du GIGN qui, lui, a un bâton télescopique) lorsque ce dernier fut amené à présider la cour d'assises de la Marne, à Reims, concrétisant ainsi une fulgurante carrière entamée dans la magistrature à l'âge de 58 ans et demi. Lorsqu'il m'a rendu, il y a trois ans, mon vêtement professionnel écarlate, celui-ci était tout mité. Je me suis bien gardé de fournir cette précision lorsque Rodolphe a rédigé la petite annonce.

Devant les parlementaires, j'ai fait le choix, puisque tel était, à mon sens, l'un des enjeux du débat, de défendre l'institution même du juge d'instruction qui fait régulièrement l'objet de virulentes attaques de la part de ses contempteurs, qui y voient la source de la plupart des maux de l'institution judiciaire. C'est vrai que la procédure inquisitoire n'a pas bonne presse. Certains y voient des relents d'inquisition, la vraie, celle pratiquée avec son cortège moyenâgeux d'ordalies et autres jugements de Dieu. La torture, quoi ! Et l'ombre de Philippe le Bel et du procès des Templiers qui vit comparaître – enfin, pour ceux qui étaient encore vivants – environ 5 000 inculpés, de planer sur les débats... Même les 170 mises en examen prononcées par Jean-Louis Bruguière dans la procédure Chalabi paraissaient bien dérisoires, à cette aune-là. Mises en examen et non plus inculpations car, au début des années 1990, la réforme qui devait nous guérir de tous nos maux et de toutes nos écrouelles, la réforme sémantique était passée par là !

Que veut-on pour la justice de demain ? Une procédure accusatoire mettant en piste un « juge suprême » chargé d'arbitrer le choc frontal entre une accusation toujours puissante et représentant l'autorité publique et une défense souvent démunie représentant des intérêts particuliers ? En

France, on aime beaucoup les arbitres, sauf dans les enceintes sportives où ils sont conspués par le public et contestés par les deux équipes. Parfois, il faut bien admettre que c'est à juste titre. Mais, même quand ça ne l'est pas, quolibets et insultes fusent néanmoins. Le système actuel, dit inquisitoire, offre l'avantage de voir un juge prendre en charge la collecte de la preuve. Le juge d'instruction délègue certes ses pouvoirs à la police judiciaire dans le cadre des enquêtes qui lui sont confiées, mais rien ne l'empêche, lorsqu'il en éprouve la nécessité, de reprendre la main. Et il est de son devoir de contrôler le bon usage que font les officiers de police judiciaire des pouvoirs qui leur ont été ainsi délégués. Je puis vous assurer que ce contrôle est effectif dès lors que le magistrat instructeur en décide ainsi.

De plus, l'actuelle procédure, au fil du temps et singulièrement depuis la réforme du code de procédure pénale entrée en vigueur en 1993, a été fortement matinée de contradictoire. Les parties peuvent, depuis cette date, demander au juge d'effectuer des actes d'instruction que le magistrat n'aurait pas accomplis spontanément ; elles peuvent également demander à la chambre de l'instruction d'annuler la procédure si elles estiment que la « règle du jeu » judiciaire a été méconnue.

J'entends déjà dire que tout cela est bien beau, mais que ça ne fonctionne pas, ou mal. C'est en partie vrai, mais en partie seulement. Les chambres de l'instruction, deuxième degré de juridiction, c'est-à-dire juridictions d'appel des décisions rendues par les magistrats instructeurs, n'ont pas vu leurs effectifs croître autant qu'il aurait fallu, alors même que leurs attributions ont été sans cesse accrues et que l'augmentation de la délinquance et de la criminalité s'est traduite par un flux de plus en plus important de dossiers. J'ai parfois l'impression que le législateur dessine de splendides automobiles à grosse cylindrée et qu'il s'étonne ensuite que celles-ci ne fonctionnent pas. Évidemment, personne ne fournit l'essence !

Il faudra toujours des enquêtes pour mettre en état les affaires qui ne sont pas suffisamment mûres pour être jugées immédiatement. D'ailleurs, au civil où le procès est la chose des parties et où le juge-arbitre les prétentions, il a bien fallu créer un juge de la mise en état et lui attribuer des pouvoirs d'injonction et de clôture. Au pénal, dès le moment où la nécessité de l'enquête est patente, il faut décider qui va la conduire. Et là, effectivement, il y a deux options qui s'opposent :

On peut la confier à un juge indépendant qui ne peut être dessaisi que par ses pairs, qui va diriger l'action de la police dans le cadre d'une délégation de pouvoirs (la commission rogatoire) et qui, à la fin de son enquête, en évaluera les résultats afin de décider si la personne mise en examen doit ou non comparaître devant la juridiction de jugement, et ce, sous contrôle de la chambre de l'instruction. Ce que le juge d'instruction doit dire en fin de compte dans son ordonnance de règlement, c'est s'il existe, à son sens, suffisamment d'éléments contre le mis en examen pour que celui-ci fasse l'objet d'un procès. Si ces éléments sont insuffisants, il doit ordonner un non-lieu. Si ces éléments lui paraissent suffisants, c'est un renvoi, mais il appartient alors à la juridiction de jugement, tribunal correctionnel ou cour d'assises, et à elle seule, de décider d'une culpabilité. En aucun cas l'ordonnance de règlement d'une procédure à l'instruction n'est la manifestation de dons divinatoires que bien peu de juges, et c'est heureux, possèdent dans leur patrimoine génétique. *Exit* Élisabeth Tessier ! La lecture de la presse aboutit pourtant fréquemment à l'accablant constat : si une personne renvoyée devant la juridiction de jugement est relaxée ou acquittée, c'est forcément un désaveu pour le juge d'instruction. Et si cette même personne est condamnée, c'est bien connu, c'est parce que les juges se connaissent tous et sont donc complices les uns des autres. J'avoue que, face à cette rhétorique-là, assez communément répandue, je suis impuissant. Et il faudra sans doute encore bien des heures d'instruction civique dans les écoles pour que l'on apprenne aux futurs citoyens, *a minima*, comment fonctionne la justice. Ce qui me paraît au moins aussi important que la composition du conseil général.

Autre option pour la conduite des enquêtes : le parquet. Il est très puissant : la main sur le robinet (opportunité des poursuites), l'autre sur l'aiguillage (le choix de la voie procédurale), organisé hiérarchiquement, statutairement dépendant du pouvoir politique et dont la présence est assurée à tous les stades de l'enquête, y compris à celui du jugement où il fait valoir le point de vue de la société. Il dispose d'un droit d'appel général. Les partisans d'une réforme en ce sens vont donc donner à l'institution parquetière encore davantage de pouvoirs : celui de diriger l'action de la police dans toutes les enquêtes et celui de collecter les preuves nécessaires... à l'accusation ! Le système américain a largement démontré que cette option-là n'était pas forcément la plus protectrice des intérêts des personnes mises en cause. Il est paradoxal que ceux-là mêmes qui proposent de passer d'un système de séparation des autorités de poursuite, d'instruction et de jugement au système binaire poursuite-instruction/jugement, avec à la marge un superjuge des libertés, le « juge de l'instruction », ne semblent pas prendre en considération le fait que l'affaire d'Outreau a notamment marqué la faillite de l'institution du juge des libertés et de la détention, cet autre juge unique dont l'expérience a prouvé qu'il n'était pas forcément le mieux placé pour évaluer la crédibilité des procédures faisant l'objet d'une information judiciaire. C'est pourtant cette institution-là, création de la loi du 15 juin 2000, qui devait guérir l'instruction « à la française » de ses maux en mettant un terme à la pseudo-schizophrénie du magistrat juge et enquêteur, du magistrat instructeur. Raté !

La quasi-totalité des décisions de placement en détention puis de prolongation de détention ont été rendues, dans l'affaire d'Outreau, par les juges des libertés et de la détention qui se sont succédé dans ce dossier. Et elles ont de surcroît été validées par la chambre de l'instruction de la cour d'appel de Douai. C'est dire que le problème – car problème il y a – excède notamment l'institution du juge d'instruction. Le vrai problème est celui de la détention provisoire et de son contrôle.

L'avenir de l'institution de l'instruction me paraît être celui d'une chronique de la mort annoncée. D'ores et déjà, les parquets, et c'est également vrai en matière de lutte antiterroriste, n'ouvrent plus d'informations qu'avec parcimonie, préférant conserver sous leur contrôle, le plus longtemps possible, des enquêtes de la police ou de la gendarmerie sous la forme préliminaire. Comme cela, il n'y a pas de « mauvaises surprises » à redouter. Et j'ai même parfois l'impression que des ouvertures d'information très tardives, après parfois plus d'une année d'enquête infructueuse, sont un moyen commode, pour le ministère public, de se défausser : il ne classe pas l'affaire sans suite ; ainsi, c'est le juge d'instruction qui prendra la responsabilité de constater l'échec de l'entreprise en prononçant un non-lieu. Il y a bien sûr une lecture moins noire de cette pratique qui voudrait que le parquet considère que le juge d'instruction, c'est Lourdes...

Lorsque cette réforme favorable au ministère public interviendra – et elle finira par intervenir ! –, le législateur aura créé « l'homme le plus puissant de France », le procureur de la République, qui, cumulant tous ces pouvoirs, demeurera subordonné au pouvoir politique. Et même, si par extraordinaire il devenait indépendant, le risque de le voir devenir un potentat local surpuissant dans sa circonscription judiciaire ne saurait être balayé d'un revers de main. Et l'on aura ainsi supprimé le seul espace où peuvent encore intervenir des débats contradictoires en dehors de l'audience. Ce n'est pas moi qui vous le dis, mais la conférence des bâtonniers qui l'a affirmé, le 11 janvier 2006. Quant aux filières dites rapides, genre comparutions immédiates, où tout va très vite et bien souvent trop vite, on n'en parle guère...

À la fin de mon intervention devant la commission d'enquête parlementaire, j'ai repris mes propos que je pressentais inaudibles : « Une chose est sûre : quel que soit le système que vous choisirez pour demain, toute réforme sans moyens non seulement sera vouée à l'échec, mais de plus contribuera, comme les précédentes, à discréditer encore un peu plus l'institution judiciaire qui ne parvient plus à évacuer la surproduction législative, à assimiler un code de procédure pénale (la règle du jeu) frappé d'obésité. Il faut laisser le temps au temps, selon la formule désormais consacrée. Et se donner le temps de la réflexion... Les magistrats ont trop longtemps accepté de travailler dans des conditions particulièrement indigentes. Ce grief, il nous faut l'admettre, singulièrement depuis que le quantitatif a pris le pas sur la qualitatif et a permis parfois le déroulement de somptueuses carrières au sein de la magistrature, et ce, au moment même où le développement du champ de compétence des juges "s'accompagnait" d'une inadéquation aussi croissante que cruelle des moyens... Winston Churchill ne se faisait guère d'illusions sur la démocratie. Sans en avoir d'excessives sur la justice et mon métier, je vous le dis, l'instruction préparatoire à la francaise est le pire des systèmes à l'exclusion de tous les autres ! »

Overdose

De longue date, c'est dans l'air : « Nul n'est censé ignorer la loi. » Pas même les juges ! De tout aussi longue date, c'est dans l'eau : la justice est noyée. En l'an 2000, 9 000 lois, 120 000 décrets, 59 codes étaient en vigueur. Depuis, chaque année, on dénombre en moyenne 70 lois supplémentaires, 500 ordonnances et 1 500 décrets. Nos outils de travail, les codes, sont frappés d'obésité. En 1980, le *Journal officiel* éditait chaque année 15 000 pages. En 2005, on en dénombrait 23 000. Et après, on feindra de s'étonner que les serviteurs de l'État passent leur temps à lire le journal au bureau ! Pris de frénésie textuelle, le législateur passe bien sûr de temps à autre aux aveux : « Trop de lois tue la loi... » J'ai envie d'ajouter : « Halte à la déforestation. » Pour les seules dispositions du code de procédure pénale relative à l'instruction préparatoire (les informations judiciaires confiées au juge d'instruction), la « règle du jeu » a été modifiée législativement à une bonne quarantaine de reprises depuis 1970. Avec le succès que l'on connaît. Le juge des libertés et de la détention de la loi Guigou du 15 juin 2000, c'était la panacée, la guérison assurée du juge d'instruction schizophrène. Promis ! C'était dans l'air. Et puis il y eut Outreau, et c'est dans l'eau...

C'est dans l'air depuis la nuit des temps : il faut renforcer les effectifs de la justice. En 2006, on dénombrait 7 200 magistrats dans l'hexagone, lequel comptait alors une population de 62 millions d'habitants. La France des années 50 – je parle des années 1850 – pouvait compter, pour administrer la justice et pour la rendre, sur 6 250 juges et procureurs. Une France de 37 millions d'habitants et essentiellement rurale, dont la justice n'était pas saisie de problèmes d'amiante, des retombées de Tchernobyl, de sang contaminé, d'hormone de croissance ou de vache folle, de problèmes de responsabilité médicale et de bioéthique, des droits des petits porteurs et des mères porteuses, de cybercriminalité, des mafias de tout poil, des problèmes de violences urbaines collectives, de délinquance économique et financière, des délits d'initiés, de l'argent sale transitant par les paradis fiscaux, d'affaires de terrorisme et pas davantage de l'usage intempestif du canon à grêle sur le territoire viticole de Montmartre... Et encore, on a évité de peu d'être saisi du coup de boule de Zinedine Zidane lors de la finale du dernier Mundial...

En 1914, avant le grand bain de sang, il y avait 6 600 magistrats en France. Comme je n'ai rien à faire au bureau, j'ai tracé des courbes afin d'acquérir moi aussi une vision purement comptable de la situation. Je peux donc maintenant affirmer qu'en un tout petit peu plus de quatre-vingt-dix ans, de 1914 à nos jours, le renforcement des effectifs de la justice s'est traduit, si l'on fait un calcul linéaire, par une augmentation du corps de moins de sept magistrats par an. Ce qui ne me semble pas correspondre, à l'évidence, à la croissance exponentielle des contentieux auxquels la justice est chargée de donner une réponse depuis l'ère des voleurs de poules alors non affectées par la grippe aviaire et celle des assassinats de village : « Nous, au village aussi, on a de beaux assassinats... »

Pour parachever mon travail, abandonnant abscisses et ordonnées, après avoir relu la déclaration du Premier ministre Michel Rocard en 1990 – « L'année 1991 sera l'année de la Justice ! » –, je me suis souvenu de celle de Marylise Lebranchu, garde des Sceaux, ministre de la Justice, en 2001 : « Nous recruterons 2 500 magistrats supplémentaires à l'horizon 2005. » J'ai sorti ma calculette. En 2001, nous devions être environ 6 800 magistrats en France. En 2005-2006, nous étions 7 200. Il va falloir que je change les piles, car l'appareil m'indique pour résultat 9 300. Tout faux ! Le « calcul politique » est pourtant clair : 6 800 + 2 500 = 7 200 !

L'été 1974 fut chaud. Climatiquement parlant, je ne sais plus, mais, dans les institutions pénitentiaires, je m'en souviens fort bien. Déjà, en 1971, plusieurs mutineries avaient éclaté dans les prisons françaises. À la fin du mois de juillet 1974 le mouvement de protestation des détenus de la centrale de Clairvaux fait tache d'huile et s'étend à la quasi-totalité des prisons françaises. De graves incidents éclatent à Nîmes et à Saint-Martin-de-Ré. Au total, trois détenus perdent la vie pendant ces troubles. Le gouvernement de la République annonce une réforme de la condition pénitentiaire, et, le 10 août, le président Valéry Giscard d'Estaing effectue une visite dans les prisons de Lyon. La veille, le gouvernement de Jacques Chirac a avalisé les grandes lignes de la réforme décidée par le garde des Sceaux, Jean Lecanuet. Les gardiens de prison qui étaient en grève se voient promettre une augmentation de leur rémunération. Les principes retenus à la Libération – à savoir que la mission de l'institution pénitentiaire est non seulement de garder des détenus, mais aussi de favoriser leur réhabilitation, principe au demeurant conforme à ceux qui ont été édictés par l'ONU en 1955 – sont restés lettre morte. Les conditions de la vie carcérale avaient pourtant été vigoureusement dénoncées par les résistants emprisonnés par les Allemands ou à l'initiative de la police de Vichy. En 1972, la population pénale se chiffrait à 33 000 détenus.

Le 15 janvier 1983, 41 détenus se tailladent les veines à la prison de Fleury-Mérogis, et, le 19, 200 prisonniers de la maison d'arrêt des Baumettes, à Marseille, refusent de regagner leurs cellules et montent sur le toit de l'établissement.

Dans les jours suivants, l'agitation se propage à d'autres établissement pénitentiaires. Un mois auparavant, le 13 décembre 1982, le ministre de la Justice, Robert Badinter, avait annoncé l'amélioration des conditions de la vie carcérale et notamment la généralisation des parloirs libres. Le 11 juin 1987, le garde des Sceaux, ministre de la Justice, Albin Chalandon, annonce la mise en chantier d'un nouveau programme pénitentiaire, la construction de 15 000 nouvelles places de prison. Mais il annonce aussi qu'il a renoncé à son projet initial qui prévoyait le financement de cette opération immobilière par des fonds privés. Il renonce également à confier au secteur privé la direction et le gardiennage des établissements. Ce sont souvent les mêmes qui, ensuite, à l'occasion de leurs discours, affirment la nécessité, pour l'État, de se recentrer sur ses missions régaliennes.

Le 1er avril 1990, une mutinerie éclate. Elle durera jusqu'au 25 avril. Construite en 1868 pour recevoir 970 détenus, la prison en comptait 1 640 en 1990... Qu'on se rassure : cette mutinerie a éclaté dans la prison de Strangeways, près de Manchester... Manifestement, il n'y a pas qu'en France que l'institution pénitentiaire est laissée pour compte...

Les parlementaires, députés et sénateurs dénoncent, avec un bel ensemble, à l'aube des années 2000, les prisons comme étant un « scandale de la République ». Dont acte. Encore faut-il s'en souvenir lors du débat budgétaire...

Au 1er août 2008, il y avait dans les prisons françaises plus de 64 000 détenus, provisoires ou condamnés, soit le double du chiffre de 1972. Les deux cents établissements pénitentiaires que compte la France offrent une capacité d'hébergement de 50 800 places. Le taux d'occupation est donc de 126 %. On nous promet que ça ira mieux demain.

« Je t'aime, moi non plus »

La justice n'a pas toutes les qualités. Elle a même bien des défauts. Mais elle n'est pas la seule. La police judiciaire n'en est pas exempte. « Bras armé » de la justice pénale, elle conditionne, par la qualité de sa production, les performances de l'institution judiciaire. Condition nécessaire mais, bien entendu, pas forcément suffisante.

Dans un rapport élaboré en 2006, relatif à la politique pénale, la Direction des affaires criminelles et des grâces de la chancellerie, sous l'autorité du garde des Sceaux Pascal Clément, a dénoncé l'affaiblissement inquiétant de la qualité des procédures établies par les services de police et de gendarmerie. Le constat ainsi effectué était accablant : absence de rigueur, piètre qualité des constatations opérées, qualité rédactionnelle jugée mauvaise, français approximatif, voire parfois incompréhensible. On ne peut pas suspecter la chancellerie de l'époque d'avoir fait preuve d'a priori négatifs à l'égard de la police, et pas davantage à l'encontre de celui qui la dirige, le ministre de l'Intérieur. Ledit ministère, fidèle à ses habitudes, a fait donner de la voix : les syndicats de police ont pour la plupart hurlé à la mort. Pourtant, lorsque l'on évoque le problème en tête à tête avec les chefs de services ou encore avec les responsables des organes de formation du ministère de l'Intérieur, la plupart d'entre eux font également part d'un constat analogue et de leurs préoccupations.

Parmi d'autres, certaines explications peuvent être avancées, notamment les difficultés éprouvées par les enquêteurs pour assimiler les multiples réformes pénales qui se sont accumulées à un rythme soutenu, ces dernières années, mais aussi le problème de la formation des agents de police judiciaire qui, de plus en plus fréquemment, interviennent dans les procédures en lieu et place des officiers de police judiciaire. De manière générale, les services spécialisés échappent assez largement aux griefs ainsi formulés. C'est particulièrement dans les procédures pénales dites « rapides » que le constat est le plus préoccupant. Or, ces dernières années, on a assisté à une croissance quasi exponentielle de ce choix procédural. Revoilà le débat sociétal entre le quantitatif et le qualitatif...

Début 2008, un rapport remis à la Direction générale de la police nationale a révélé que les méthodes de la police technique et scientifique et plus particulièrement les relevés d'empreintes digitales et les prélèvements effectués aux fins d'expertise génétique ne fournissaient la solution des affaires – et ce essentiellement dans les affaires criminelles –, que dans 20 % des cas. C'est dire si les méthodes traditionnelles d'enquête (constatations, surveillances téléphoniques, filatures et surtout renseignements d'indicateurs) conservent toute leur place dans la démarche visant à identifier et à confondre les auteurs d'infractions. Il y a actuellement en France 11 000 techniciens de la police technique et scientifique. Selon les estimations, il en faudrait 4 000 de plus, car, pour la petite et moyenne délinquance, soit environ 1,5 million de faits délictueux recensés chaque année, seuls 300 000 prélèvements sont effectués. Et seuls 10 % d'entre eux, d'après ce même rapport, seraient exploitables...

Trop, c'est trop ! ou les intrépides du nouveau millénaire

Au Moyen Âge, les « spéculateurs », faute de bourse de valeurs, s'entendaient à rogner les pièces d'or. La monnaie de l'État ayant toujours fait l'objet d'une défense particulièrement vigoureuse, ceux qui se faisaient prendre risquaient la pendaison. Depuis la frappe des monnaies à l'ère moderne, la technique du rognage n'est plus praticable. Qu'à cela ne tienne ! Des esprits inventifs se sont alors échinés à tremper les pièces d'or dans de l'eau régale qui permettait de détacher une certaine quantité du métal précieux desdites pièces. C'étaient des rigolos. Puis vint l'euro (rime forcément riche !).

Depuis peu, maintenant qu'on est vraiment civilisé, une loi de la République impose que parmi les documents adressés par les sociétés commerciales à leurs actionnaires dans le but de permettre à ces derniers de formuler des avis éclairés lors de la tenue des assemblées générales, figurent ceux relatifs à la rémunération des dirigeants de ces entreprises. Ces progrès vers la transparence ont permis d'apprendre qu'outre les 125 000 emplois supprimés, dont près de 1 500 en France, à la suite de la fusion entre la société française Alcatel et la société américaine Lucent, intervenue le 1er décembre 2006, cette opération s'était traduite par le maintien en fonction du président d'Alcatel, M. Serge Tchuruk, pourtant atteint par la limite d'âge. Le stratagème a consisté à lui confier la présidence non exécutive du nouveau groupe ainsi créé.

Outre sa rémunération fixe, soit 1,4 million d'euros annuels, et sa part variable, s'élevant à 1,1 million d'euros, M. Tchuruk a bénéficié d'une indemnité de départ de 5,7 millions d'euros. Enfin, moi, je ne sais pas, je n'ai pas été voir, mais c'est en tout cas ce qu'a rapporté la presse... Ce que je sais, par contre, c'est que pendant la décennie durant laquelle il a présidé aux destinées d'Alcatel, le groupe a vu son chiffre d'affaires réduit de moitié, les effectifs de l'entreprise divisés eux aussi par deux. La bourse, me direz-vous ? La valorisation boursière des titres de l'entreprise a chuté d'un tiers pendant la même période.

Patricia Russo, qui a présidé aux destinées d'Alcatel-Lucent après la fusion, laquelle a vite tourné au fiasco, a vu rapidement sa gestion contestée. Les rumeurs de départ de cette femme ont même provoqué une hausse des actions du groupe. Cette situation ubuesque n'a nullement empêché Mme Russo, menacée de ne pouvoir aller au terme de son mandat, de demander aux actionnaires un pactole de 6 millions d'euros en cas de renvoi précipité. Après, on pourra toujours se demander pourquoi le parachute n'est pas une discipline olympique, surtout quand il est doré à ce point...

En mai 2008, la résolution fixant à 6 millions d'euros le parachute de ladite dame, dont le mandat expirait en 2010, a été adoptée par l'assemblée générale des actionnaires. Avec toutes les explications à la clé, bien sûr : cette somme correspond à une indemnité de deux années de salaire fixe, majorée du bonus maximal. Bien entendu, il y a des conditions, faut pas exagérer : le bonus maximal est conditionné par l'obtention de la réalisation de 90 % du chiffre d'affaires projeté, et de 75 % du résultat opérationnel prévu. (Je rêve de travailler dans une justice où on toucherait des bonus à la condition expresse d'incarcérer au moins 90 % de coupables ! Pour le solde, on le passera, en toute innocence, dans la rubrique « pertes », pertes humaines...) Selon les experts, Mme Russo devrait toucher en 2008 1,8 million d'euros, dont 635 000 euros de bonus. Cela vous fait flipper ? *Same player shoot again*, puisque Mme Russo s'est vu attribuer également, à un prix d'exercice de 3,8 euros l'unité, 800 000 stock-options.

Quant aux petits porteurs qui ont vu le titre de l'équipementier en communication perdre plus de la moitié de sa valeur depuis sa fusion avec Lucent, ils ne peuvent que constater que le 30 mai 2008, leur titre était coté en bourse à 4,86 euros. Les affaires sont les affaires [1]...

En 2006, déjà, la rémunération de l'ex-PDG de l'entreprise Vinci, M. Zacharias, avait fait scandale lorsqu'on avait été informé qu'il avait perçu la modique somme de 12,9 millions d'euros simplement pour n'être « plus que » président non exécutif de son groupe. Je passe bien entendu sur ses rémunérations annuelles pour m'arrêter simplement à ses prétentions financières. M. Zacharias exigeait en effet du groupe de bâtiment et de travaux publics Vinci la somme, cette fois rondelette, de 81 millions d'euros. De quoi payer, au moins pendant quelques mois, quelques footballeurs de renom. Enfin une bonne nouvelle : M. Zacharias a été débouté de ses prétentions au printemps 2008. On respire...

Par ailleurs, dans *Les Échos* du 11 avril 2007, le PDG d'un autre grand groupe français du BTP, la société Eiffage, a estimé que les sommes qu'il avait touchées « pour vingt ans passés à la tête du groupe » ne lui paraissaient pas, tant s'en faut, être excessives. Cet homme qui, dans l'intérêt de l'entreprise, avait interdit aux salariés du groupe de vendre leurs actions pour éviter une prise de participation trop importante d'un groupe espagnol dans le capital d'Eiffage, a perçu en 2006 une rémunération d'1,8 million d'euros, mais

1. En relisant ce passage, je me suis aperçu qu'il n'était plus à jour. Le 1er septembre 2008, Serge Tchuruk et Patricia Russo ont été virés. En langage financier, on dit pudiquement qu'ils sont démissionnaires. Bingo : déclenchement du parachute ventral !

a aussi reçu 126 000 actions gratuites dont la valeur est estimée à 23 millions d'euros. Sans doute avait-il travaillé plus pour gagner plus, puisqu'en 2005 son attribution gratuite n'avait atteint que le modique seuil de 75 000 titres.

Le mois d'avril 2007 fut riche en révélations de cet ordre, puisque l'on apprit également que Noël Forgeard, qui coprésidait EADS et présidait Airbus jusqu'en juillet 2006, avait eu droit, au moment de son départ et bien entendu en vertu de son contrat de travail, à une indemnité de préavis correspondant à six mois de salaire brut représentant 1,2 million d'euros (salaire brut et bonus), mais aussi à des indemnités de départ correspondant à deux ans de salaire brut annuel, soit près de 4,9 millions d'euros. À ce total de plus de 6,1 millions d'euros s'est ajoutée l'indemnité correspondant à une clause de non-concurrence de 2,4 millions d'euros. Peut-être étranglé financièrement, l'histoire ne le dit pas, Noël Forgeard a, en mars 2006, récupéré sa plus-value sur les stock-options à hauteur de 2,5 millions d'euros quelques semaines avant l'annonce officielle des retards subis par le programme de l'A 380, annonce qui a fait chuter brutalement les titres de l'entreprise à la bourse. L'enquête de l'autorité des marchés financiers, relayée désormais par celle ordonnée par le parquet de Paris, dira si, en la circonstance, il y a eu ou non délit d'initié. Dans le même temps était annoncé par Louis Gallois, le successeur de Forgeard, le plan Power 8 censé aboutir à la suppression de 10 000 emplois.

Certes, toutes ces personnes, appelées communément « capitaines d'industrie », voient ainsi récompenser par ces rémunérations faramineuses leurs mérites personnels, qui doivent donc être inouïs (voir *supra*). Mais pas seulement. Pierre Verluca, PDG de Valourec, a perçu, en 2007, 18 millions d'euros, ce qui en a fait le PDG le mieux rémunéré de l'hexagone. Outre ses mérites personnels, il a l'immense chance de diriger une industrie dans le domaine parapétrolier, secteur particulièrement porteur. Autre secteur très dynamique dans les sociétés contemporaines développées : celui des médias et de la communication. Je ne me souviens plus, car cela excède notoirement mes capacités mnésiques, des sommes considérables qu'avait réclamées le PDG de Vivendi Universal, Jean-Marie Messier, lorsque, le 2 juillet 2002, il avait fini par démissionner de son poste. J'ai cependant conservé quelques réminiscences du train de vie pharaonique de Jean-Marie, dit « Maître du Monde », mais aussi de ce que l'action Vivendi, qui avait atteint son plus haut cours en mars 2000 (soit 140 euros), avait vu sa valeur divisée par sept à la date de sa démission. Dans les six premiers mois de l'année 2002, elle s'était effondrée, passant de 60 à 20 euros. Voilà qui s'appelle de la chute libre ! (Je vous précise d'emblée que, n'ayant jamais acheté ni *a fortiori* reçu la moindre action, la précision de ces chiffres ne tient chez moi qu'à la manie de conserver quelques archives, nullement à une expérience personnelle qui se serait forcément révélée cruelle. Et vous pourrez donc en déduire que la capacité d'épargne de certains magistrats est quasi nulle.)

Certes, depuis la loi du 21 août 2007, « Travail, emploi et pouvoir d'achat », dite loi TEPA, les sociétés sont désormais obligées de faire montre de transparence sur les rémunérations promises à leurs dirigeants, y compris les parachutes dorés, mais aussi à les subordonner aux performances de l'entreprise. On peut douter que cette loi parvienne à elle seule à limiter les abus qui font que certains dirigeants d'entreprise perçoivent en une semaine autant qu'un salarié durant toute sa vie active. Le journal *L'Expansion* a calculé que les patrons du CAC 40 ont perçu en moyenne 4 millions d'euros chacun en 2007, et que les dix parachutes dorés à la voilure la plus imposante se trouvaient pour l'essentiel au sein du CAC 40 et représentaient un montant cumulé d'environ 50 millions d'euros. Une paille pour le PDG de Carrefour, Daniel Bernard, qui, à l'occasion de son départ de l'entreprise, en 2004, avait perçu la somme de 29 millions d'euros : ce fut en quelque sorte la grande distribution...

Si, demain, quelques paumés, désespérés ou manipulés venaient à en appeler, devant de telles disparités entre « la France d'en haut » et « la France d'en bas », à de nouvelles « expropriations prolétariennes » chères à leurs aînés des années 1970, terme utilisé chez ces gens-là pour désigner les braquages et autres enlèvements avec demandes de rançons, il ne faudrait peut-être pas manifester un étonnement trop grand. Ni rechercher à l'infini les effets que peuvent engendrer sur des esprits faibles ou exaltés des inégalités aussi considérables. Tout le monde sait que, parmi les racines du terrorisme, figure le sentiment d'injustice, qu'elle soit économique, politique, sociale ou encore religieuse. Et peu importe que cette injustice soit réelle ou résulte simplement d'une perception. Au cas d'espèce la perception est accablante et bien réelle ! L'on sait aussi que le terrorisme est une forme de combat désespéré et à bien des égards complètement irrationnel. Quand les moyens rationnels paraissent inopérants, les exaspérés, les désespérés sont prêts à verser dans l'irrationnel. Et, dans ces situations-là, on trouve toujours quelqu'un pour les y encourager. Si l'on venait à me demander de quoi je me mêle, je répondrais tout simplement que le juge ne vit pas dans une bulle, surtout pas une bulle financière, mais dans la cité. Un grand magistrat, Maurice Aydelot, avait expressément invité, dans les années 1970, les juges à quitter leur tour d'ivoire. Comme je suis obéissant, j'ai suivi son conseil, et j'ai ouvert les yeux.

Aversion et sursis à statuer

Dans le rapport qu'il a adressé à Pascal Clément, garde des Sceaux, ministre de la Justice, le 17 mai 2006, le premier président de la cour d'appel de Paris, M. Chazal de Mauriac, était particulièrement clair :

« Au regard de la nature très particulière de l'affaire dite des frégates de Taïwan instruite par M. Van Ruymbeke et des obstacles rencontrés dans la conduite de cette information, il ne semble pas possible de considérer comme un manquement à la déontologie le fait d'avoir rencontré un témoin, M. Gergorin, en dehors des locaux judiciaires et sans être assisté par un greffier. L'explication au terme de laquelle le magistrat instructeur souhaitait rencontrer le témoin discrètement afin d'obtenir qu'il accepte de déposer de manière anonyme, conformément aux dispositions de l'article 706-58 du code de procédure pénale, me paraît suffisante. Dans ce cadre, il devait en effet s'assurer que le témoin pouvait être en danger et disposer de renseignements susceptibles d'être utiles à l'information... Il sera observé qu'il (Renaud Van Ruymbeke) n'a pas enquêté sur les personnalités visées dans les listings, mais seulement sur l'authenticité des comptes apparaissant dans ces derniers, faisant ainsi preuve d'une grande prudence. Sa démarche traduit un incontestable professionnalisme. »

Le grief tenant à la rencontre de mon collègue Renaud Van Ruymbeke avec le numéro deux du groupe EADS, au motif que celle-ci avait eu lieu hors de son cabinet et sans la présence d'un greffier, a au demeurant été abandonné à l'audience du Conseil supérieur de la magistrature par le directeur des services judiciaires chargé de soutenir ès qualités l'accusation.

Dès l'année 2001, dans son ouvrage *Libre*, Nicolas Sarkozy n'avait pas fait mystère du peu d'atomes crochus qu'il avait avec le juge Van Ruymbeke. Évoquant des propos tenus par le magistrat en 1999 à l'occasion d'un repas organisé par l'École nationale de la magistrature de Bordeaux dans le cadre d'une conférence relative aux relations entre la Justice et le politique, à laquelle l'un et l'autre avaient été conviés à participer, celui qui, un an plus tard, allait devenir ministre de l'Intérieur, écrivait : « Rares sont ceux qui font de cette aversion (pour les histoires d'argent) un métier. Un magistrat instructeur doit poursuivre et dénicher la malhonnêteté avec équité et mesure. Celle-ci est-elle possible si on porte en soi une telle forme de répulsion ? » Cette sortie mettant de fait en cause, bien sûr sous forme interrogative, l'impartialité du magistrat, faisait suite à une déclaration de ce dernier affirmant au futur président de la République que sa passion pour le football s'était, ces dernières années, quelque peu éteinte pour la raison que, dans ce monde-là, il y avait désormais trop d'argent.

Le juge Van Ruymbeke n'est peut-être pas le seul à partager ce point de vue, et le moins qu'on puisse dire, c'est que le spectacle offert par l'élite des footballeurs professionnels en Ligue 1 n'est pas forcément à la hauteur des très confortables rémunérations dont bénéficient désormais ceux-ci. Il est même trop souvent indigent. Y compris pour un supporter du Paris-Saint-Germain... Un jour, quand j'aurai le temps – je veux dire : quand l'heure de la retraite aura sonné pour moi –, je me livrerai à de savants calculs en divisant la masse salariale de chaque club professionnel par le nombre de buts marqués en une saison. On saura ainsi, sans même avoir besoin de regarder TF1, « combien ça coûte »...

En attendant, je médite sur la réelle signification des propos de monsieur Sarkozy. Si, à l'occasion du repas bordelais, Renaud Van Ruymbeke avait confié à son codébatteur son aversion pour les actes de pédophilie, pour la violence et le terrorisme, Nicolas Sarkozy aurait-il écrit, en 2001 : « Rares sont ceux qui font de cette aversion un métier. Un magistrat instructeur doit poursuivre et dénicher la pédophilie, la violence et les actes de terrorisme avec équité et mesure » ? Pas sûr.

Toujours est-il que les écrits de 2001 n'étaient en réalité que d'aimables banderilles. Dans son livre intitulé *Témoignage*, paru en 2006, Nicolas Sarkozy s'est livré cette fois à une véritable attaque frontale contre le magistrat en charge de l'instruction de l'affaire dite des frégates de Taïwan, procédure véritablement plombée par le secret-défense que tous les gouvernements successifs de la République ont opposé aux demandes de la justice qui s'escrimait à découvrir les noms des bénéficiaires des commissions occultes versées à l'occasion de ce marché international d'armement, afin de tenter d'identifier, dans un second temps, les noms des bénéficiaires, en France, d'éventuelles rétrocommissions.

Entre-temps, l'affaire Clearstream, procédure de dénonciation calomnieuse, avait connu dans son instruction un regain de vigueur. Il faut dire que les noms d'un certain nombre de personnalités politiques, de droite comme de gauche, de hauts fonctionnaires et d'éminents représentants du monde de l'économie, de l'industrie et de la finance, avaient été « ajoutés », bien sûr frauduleusement, sur des listings récapitulant la liste des titulaires de comptes anonymes au sein de la chambre de compensation luxembourgeoise, la société Clearstream. Et, parmi ces noms là, figurait celui de Nicolas Sarkozy sous le patronyme Nagy-Bocsa.

Lorsque mon collègue Van Ruymbeke, dans le cadre de la procédure des frégates de Taïwan, est entré en possession de ces listings, il a fait son métier et s'est d'abord attaché à vérifier l'authenticité des documents qui se sont révélés, par la suite et grâce à ses investigations, apocryphes. Le premier président de la cour d'appel de Paris avait d'ailleurs judicieusement fait remarquer, dans son rapport au garde des Sceaux du 17 mai 2006, que le magistrat instructeur avait fait preuve, en la circonstance, d'un incontestable professionnalisme, notamment en s'abstenant de faire procéder à une quelconque enquête sur les personnalités visées dans les listings, avant de s'être assuré de l'authenticité des documents qu'il avait récupérés. Pour ce faire, le juge avait adressé aux autorités judiciaires étrangères des commissions rogatoires internationales afin de vérifier si les numéros de comptes en sa possession correspondaient à de véritables comptes, et, dans cette hypothèse, si leurs titulaires correspondaient bien à ceux figurant dans les listings. La réponse des autorités italiennes concernant les comptes Nagy-Bocsa avait fini par tomber : les énonciations du listing en possession de la justice française étaient erronées.

Cette démarche fut ainsi relatée dans le livre *Témoignage* : « Il fallut dix-neuf mois d'enquête pour découvrir que tout cela était faux. Heureusement que le juge Van Ruymbeke a la réputation d'être compétent. En plus d'être compétent, ce juge devait être très occupé, puisqu'en dix-neuf mois il n'a jamais pris la peine de m'informer de ses initiatives... La démarche normale eût été de commencer par m'interroger. Il ne prit même pas la peine non plus de me dire que les deux commissions rogatoires étaient revenues et qu'elles étaient négatives. Quand j'ai appris par la suite qu'il avait eu le temps de recevoir Jean-Louis Gergorin pendant plusieurs heures, j'en ai conclu qu'il devrait s'interroger davantage sur le choix de ses relations et sur la valorisation de son temps de magistrat. »

Le 19 octobre 2006, sur TF1, Nicolas Sarkozy enfonçait le clou : « J'ai été accusé pendant dix-neuf mois par la justice de mon pays, sur la base du mensonge d'un corbeau qui s'était allié avec un juge, d'avoir un compte à l'étranger. J'ai fait litière de ces accusations, la justice m'a innocenté. »

À la lecture de ces lignes, on comprend bien que leur auteur n'éprouve aucune sympathie particulière pour le magistrat. Mais on peut également observer que la formule « j'ai fait litière de ces accusations... la justice m'a innocenté », est quelque peu ambiguë, car si Nicolas Sarkozy n'était titulaire d'aucun compte à l'étranger, ce sont les investigations conduites au grand-duché du Luxembourg et en Italie notamment, par Renaud Van Ruymbeke, qui ont permis d'établir que le listing en possession de la justice était faux. Nicolas Sarkozy aurait donc peut-être dû écrire : « La justice m'a innocenté à travers les investigations de M. Van Ruymbeke. »

Mais, surtout, il formule à l'encontre du magistrat instructeur un double reproche qui a le mérite de ne pas être voilé.

Le premier est de ne pas l'avoir convoqué tout de suite pour l'entendre. Or il n'est pas besoin d'être grand clerc pour deviner que, toute chose finissant par se savoir dans la porosité actuelle du système, si Renaud Van Ruymbeke avait pris une telle initiative, la presse en aurait fait ses choux gras. Et Nicolas Sarkozy aurait alors pu, bien légitimement, dénoncer la précipitation de ce juge accordant du crédit, sans aucune vérification préalable, à n'importe quel « bout de papier ».

Le second reproche tient au fait que le juge n'a jamais pris la peine de l'informer de ses initiatives. Ce faisant, le plaignant dans l'affaire Clearstream revendique dans l'affaire des frégates de Taïwan de bénéficier d'une information que le magistrat instructeur n'avait aucune raison de lui fournir, ni à lui ni à qui que ce soit d'autre. La justice, on le sait – en tout cas, on le dit – est égale pour tous. Mais, bien sûr, tout principe peut connaître, dans des circonstances exceptionnelles, quelques aménagements. Lorsque l'ancien ministre de l'Intérieur, Jean-Pierre Chevènement, fut informé par la presse de ce que son nom figurait lui aussi dans les listings versés au dossier de la procédure des frégates de Taïwan, il a écrit au magistrat instructeur pour obtenir de lui quelques renseignements sur cette mise en cause. Et, dans un courrier adressé à l'ancien ministre, le 17 novembre 2004, le magistrat instructeur a sobrement répondu aux interrogations de celui qui l'avait sollicité : « Je peux vous indiquer qu'aucun élément probant ne permet à ce jour de dire que vous seriez titulaire d'un compte dans une banque helvétique. »

D'autres personnalités également visées, telles que Dominique Strauss-Kahn et Alain Madelin, tous deux anciens ministres des Finances, ont préféré à l'époque prendre l'attache du magistrat instructeur par le biais de leurs avocats. Et tous ont été rassurés...

Il est surprenant que M. Nicolas Sarkozy ait été tenu dans l'ignorance de ce qui se passait dans le dossier instruit par Renaud Van Ruymbeke, puisque son avocat, Thierry Herzog, envoyait régulièrement et avec un grand professionnalisme sa collaboratrice consulter le dossier de la procédure des frégates de Taïwan, étant l'un des deux avocats de la partie civile constituée dans cette procédure, la société Thalès. Avec une discrétion qui l'honore, Thierry Herzog n'a jamais informé le juge qu'il était l'avocat de Nicolas Sarkozy, et, aux dires mêmes du magistrat, il s'est bien gardé d'évoquer avec lui le problème des listings remis anonymement, lesquels figuraient bien évidemment au dossier de la procédure dite des frégates de Taïwan.

Enfin, il faut savoir, même si cela relève de la technique judiciaire, que les commissions rogatoires internationales envoyées aux autorités étrangères pour que celles-ci procèdent à des diligences et investigations diverses sur leur territoire national, transitent toujours, à l'aller comme au retour, une fois la mission exécutée, par le parquet général de la cour d'appel et par la chancellerie. Il se trouve qu'au retour des commissions rogatoires internationales délivrées par le juge Van Ruymbeke, le procureur général de Paris n'était autre qu'Yves Bot, celui-là même que Nicolas Sarkozy a pris l'habitude, si j'en crois les gazettes, d'appeler « mon procureur ». Ce magistrat-là n'eut pas à subir l'ire ministérielle.

En 1996, Renaud Van Ruymbeke et six magistrats étrangers, le Suisse Bernard Bertossa, les Italiens Gherardo Colombo et Edmondo Bruti Liberati, les Espagnols Carlos Jimenez Villarejo et Baltasar Garzón Real, et le Belge Benoît Dejemeppe, avaient lancé l'appel de Genève pour dénoncer les circuits d'argent sale et les difficultés considérables qu'ils rencontraient, les uns et les autres, en l'absence d'un véritable espace judiciaire européen, pour mener à bien les procédures qui leur étaient confiées dans un monde caractérisé par l'opacité du système bancaire. Dans cet appel, les magistrats signataires demandaient en outre que des conventions internationales soient signées entre les pays européens pour permettre notamment « la transmission immédiate et directe du résultat des investigations demandées par commission rogatoire internationale, nonobstant tout recours interne au sein de l'État requis ».

25 octobre 2007 : j'ai écrit en langage codé sur mon agenda « RVR au CSM ». Mon collègue comparaît donc une nouvelle fois devant la formation disciplinaire du Conseil supérieur de la magistrature :

« J'ai été traîné dans la boue. Je n'accepte pas le terme de manquement à la loyauté. J'ai toujours agi par devoir. Je n'ai jamais transigé avec l'indépendance. C'est vrai, je ne me suis pas assagi avec le temps. Je me suis heurté à la hiérarchie dans l'affaire Boulin, ou avec un procureur général qui voulait que j'étouffe une affaire. » Évoquant la procédure des frégates de Taïwan, le magistrat se remémore ces « années d'enquête où je me suis heurté plusieurs fois au refus de lever le secret-défense, sous des gouvernements de droite comme de gauche... Si je suis ici aujourd'hui, c'est parce que je suis poursuivi par le ministre. »

À la fin de l'après-midi, le Conseil se retire et met l'affaire en délibéré. Le directeur des services judiciaires, Léonard de la Gatinais, a requis une simple réprimande. Avec ou sans inscription au dossier ? Cela me fait penser au tirage d'oreille dont j'ai été maintes fois la « victime », à l'école primaire, à l'époque où les châtiments corporels n'étaient pas encore bannis, ce qui évitait d'encombrer les rôles correctionnels avec les instituteurs (à l'époque, on disait les « maîtres d'école »...)

20 novembre 2007 : le Conseil supérieur de la magistrature annonce le sursis pour Renaud Van Ruymbeke. Sursis simple ou avec mise à l'épreuve ? Ni l'un ni l'autre. Sursis à statuer, car le Conseil souhaite avoir accès aux pièces du dossier de l'affaire Clearstream. Comme cette procédure est toujours couverte par le secret de l'instruction – bien que ses « bonnes feuilles » aient largement été diffusées dans les journaux –, il va donc falloir attendre « un certain temps ». Soit.

À la mi-mai 2006, alors que les journaux faisaient leurs gros titres sur les « ennuis » de Renaud Van Ruymbeke, j'ai reçu un matin un SMS : « Je suis révolté par l'injustice faite à ton ami RVR. Si ma caméra peut lui être utile, n'hésite pas... » Il émanait de Christophe de Ponfilly. Quelques jours plus tard, cet écorché vif, qui avait parcouru le monde et suivi le commandant Massoud pendant quelques semaines en Afghanistan, pendant le conflit soviéto-afghan, afin de porter témoignage, sans doute lassé par les injustices sans cesse plus nombreuses d'un monde désormais dominé par une seule « valeur », le fric, résolut d'empiéter sur les prérogatives du Créateur : il décida lui-même du jour de sa mort en forêt de Rambouillet.

« Water frégates » : condensé, à l'usage des nuls, de l'affaire des frégates de Taïwan et de l'affaire Clearstream...

Le *Titanic**, bien sûr. Et ses rats qui quittaient le navire. Forcément. Mais aussi un orchestre qui est resté à bord jusqu'au moment ultime. Et qui a joué sans fausses notes. Et puis aussi et maintenant l'épopée du *Clemenceau**. Sans oublier le *Charles-de-Gaulle** et ses difficultés, ô délices, de propulsion. Et revoilà les frégates de Taïwan*. Après la propulsion, la rétrocommission ! Et le secret-défense jalousement gardienné, à fond de cale, par les institutions de la République. Touché, coulé. La justice va être désamiantée et ramenée au carénage. Loin du Gulf-stream. En plein Clearstream*. Après le *Clemenceau*, le garde des Sceaux...

Renaud, c'était bien le radeau de la Méduse, tes bateaux ! Et tes « copains du bord ». Mille sabords... Moi qui, pendant dix ans, ai bossé avec l'Amiral*, je te dis que c'était un aimable carnaval à côté du boulevard des Italiens* et de ses eaux infestées de requins. Sans oublier les sous-marins. Terrible, Redoutable et parfois Foudroyant ! Renaud, t'es con, t'as voulu savoir. Ne pas laisser cette affaire ensablée et la Justice échouer. T'as même pas voulu jeter l'ancre. Et refusé la cale sèche. À toute vapeur, dans le gros temps, tu as cherché. Et, tandis que dans l'eau des ronds tu faisais, sous le niveau de la mer, le général Rondot* patrouillait. Un spécialiste de la Piscine*. Un vieux renard contre un juge dépourvu de sonar. Pan sur le « Van Ruym » bec ! Fermez le ban, et ouvrez les ballasts du secret de l'instruction...

Et maintenant, sur le devant de la Seine (ne pas confondre avec La Seyne-sur-Mer), les nouvelles vedettes. Pacifiques ou au large des îles Caïman ? Paradisiaque, non ? Comme me le disait le procureur, il va t'falloir avoir le pied Marin*. Oublie ta transat en double. J'espère que tu (co) saisis. Fais gaffe aux mines. Et au Conseil supérieur de la marine (CSM). Et si demain on veut te présenter une addition qui ne pourrait qu'être salée, sache qu'il y aura quelques marins et même de vrais galériens pour crier : « Cétacé ». Ça ne nous fait pas rire. Et pour jeter des bouteilles à la mer.

Renaud, on veut nous mener en bateau. Celui d'une justice en remorque. Tandis qu'à Cherbourg et sous d'autres latitudes, certains ouvrent leur parapluie, que d'autres mouillent et que quelques-uns se mouillent, ne pense pas à la quille, ne mets pas les voiles. Demain, je t'amènerai voir la mer, danser le long des golfes pas très clairs. À Spérone*, si tu veux. Là, on aura le vent en poupe. Et tu seras figure de proue. Aujourd'hui, dans cette galère, voguant sur cette marée noire, Renaud regarde l'horizon... Non, Renaud, c'est pas des goélands. C'est pas non plus des cormorans. Renaud, entends-tu le vol noir des corbeaux sur nos plaines ? Terre, terre ! La Justice est atteinte du virus de la grippe aviaire !

Et vous, entendez-vous les cris sourds de ce juge qu'on enchaîne ?

GLOSSAIRE À L'USAGE DES SOUS-DOUÉS :

* Amiral : nom de guerre de Jean-Louis Bruguière.

* Boulevard des Italiens : pôle financier du tribunal de grande instance de Paris.

* Clearstream : affaire (judiciaire) de dénonciation calomnieuse.

* *Clemenceau* : porte-avions en remorque faisant des allers-retours pour trouver un site de désamiantage.

* *Charles-de-Gaulle* : porte-avions en panne d'hélice.

* Marin : Jean-Claude Marin est procureur de la République à Paris.

* Piscine : pseudo de la DGSE.

* Rondot : ancien membre de la DGSE.

* Spérone : très beau golfe de Corse du Sud parfois fréquenté nuitamment par des cagoulés.

* Taïwan (frégates de) : secret-défense.

* *Titanic* : porté disparu.

La ruine de l'État impartial

D'accord, j'ai eu tort, mais j'ai des excuses. Comme tout juriste qui se respecte, je n'y entends rien, ou pas grand-chose, à la macroéconomie. C'est d'ailleurs pour cela que j'ai fait droit.

Le jeudi 13 mars 2008, cela faisait déjà quelques semaines que les gazettes et les radios se faisaient l'écho de la communication gouvernementale relative à l'impasse financière dans laquelle se trouvait le pays. Comme une antienne lancinante, il ne se passait pratiquement pas de jour sans qu'une voix autorisée ne nous fasse savoir que les caisses étaient vides. À aucun moment – en tout cas, je n'en ai pas conservé le souvenir – il ne nous a été dit, par contre, qui les avait vidées, par quels moyens elles l'avaient été, et depuis quand l'étiage avait été atteint. On ne nous disait pas davantage pendant combien de temps cet état de vacuité allait perdurer.

Le 13 mars 2008, soucieux de travailler plus encore pour gagner la même chose, je m'apprêtais à passer une bonne partie de ma soirée au bureau pour préparer des interrogatoires. Peu avant 19 heures, le téléphone sonna. Mon interlocuteur se présenta : il était le chef du service de sécurité du ministère de l'Intérieur (SSMI) dont dépend le Groupe de protection de la police nationale (GPPN), lequel assure depuis mon arrivée à l'antiterrorisme ma protection rapprochée, vacances, jours fériés et week-ends compris. On m'avait bien expliqué, à l'automne 1995, à mon arrivée à la galerie Saint-Éloi, qu'une véritable protection, qui se veut dissuasive, est une protection permanente, qu'en aucun cas elle ne saurait être intermittente. Avec docilité, j'avais enregistré, et, depuis pratiquement treize ans, je faisais avec. Dépense somptuaire de la République, j'avais droit à un véhicule administratif, assez souvent en panne et donc souvent au garage de la police, à Pantin, conduit par l'un de mes deux gardes du corps, que je me déplace pour raisons professionnelles ou personnelles. C'est ainsi que lorsque je retournais à Nancy, ou à l'occasion de mes déplacements professionnels, je pouvais bénéficier de ce « confort »-là, n'étant pas astreint à des contingences horaires. Dans un métier comme le mien, fait d'imprévus, j'appréciais cette « facilité », contrepartie des aléas de mes fonctions un peu particulières.

Le commissaire de police, chef du SSMI, m'annonça tout de go que le lendemain il me faudrait prendre le train pour mon week-end à Nancy, les contingences budgétaires étant ce qu'elles étaient. J'ai bien sûr fait part de mon étonnement devant cette mesure unilatéralement arrêtée et à effet immédiat. Il me fut en outre annoncé que, pour les week-ends, désormais, je n'aurais plus droit qu'à la protection d'un seul garde du corps, mais que, par contre, la semaine, je pourrais toujours disposer de deux fonctionnaires de police affectés à ma sécurité, et de la voiture administrative. Les terroristes éventuellement animés, sait-on jamais, de mauvaises intentions à mon égard, sont, c'est bien connu, des parisianistes dans l'âme, et de surcroît adeptes des trente-cinq heures...

En treize années, c'était la première fois que le chef du SSMI me téléphonait. J'aurais dû me méfier et ne pas décrocher. Tant pis, c'était fait !

Muni d'un billet de train, le lendemain soir, je me suis installé dans le TGV. Arrivé en gare de Nancy, mon unique garde du corps me suivit comme mon ombre dans les rues noires de la ville. Je portais mes deux sacs, l'un rempli de linge sale, l'autre de mes dossiers, tandis que lui tirait sa valise à roulettes : le summum de la protection rapprochée, on nous entend arriver de loin ! Parvenu à mon domicile, distant de la gare de quelques centaines de mètres, il se mit à pleuvoir. Avec l'humanité que d'aucuns me reconnaissent, j'ai donc pris la décision de reconduire dans mon véhicule personnel – une Clio de l'année 2000 dont le numéro d'immatriculation doit probablement figurer dans le fichier Edvige, ou dans Cristina, cela m'est égal – le fonctionnaire non motorisé affecté à ma sécurité pour qu'il ne prenne pas l'eau.

Arrivé à son hôtel, je l'ai déposé et ai pris congé. N'écoutant que son devoir, mon garde du corps me fit savoir qu'il ne pouvait pas me laisser rentrer seul. On est donc retourné chez moi, mais, comme il pleuvait toujours, je l'ai raccompagné. Ces va-et-vient ont duré une bonne partie de la nuit. À un moment, exténués, nous nous sommes endormis à mi-chemin dans la voiture. Lorsque nous nous sommes réveillés, la pluie avait cessé. Et chacun a regagné son pied-à-terre.

Après cette nuit exécrable, je pris donc la décision de « populariser » ma lutte en actionnant le *Journal du dimanche* dont je pensais, à l'époque, qu'il n'était pas lu, repos dominical oblige, ni par les activistes, ni surtout par ma hiérarchie. Grossière erreur ! Le dimanche 16 mars 2008, l'inacceptable billet ci-après reproduit fut publié sous le titre « Adresse aux activistes » :

> « Vu les nouvelles dispositions unilatéralement arrêtées par le ministère de l'Intérieur visant à transformer la protection rapprochée des juges antiterroristes en protection espacée et intermittente les week-end et jours fériés,
>
> Attendu qu'y a quelqu'un qui m'a dit
> Qu'on ne roulait par sur l'or,
> Que les caisses étaient vides et qu'on cherchait encore,
> À faire des économies
> Sur mes gardes du corps...

Il est décidé ce qui suit :

Pendant les congés annuels, les week-ends, jours fériés et pendant les RTT, il est strictement interdit d'assassiner les juges antiterroristes qui, pour leur garantie, porteront un tee-shirt en flanelle marqué du sigle HORS SERVICE ;

Toute infraction à la présente disposition sera sévèrement réprimée. »

Le dimanche soir, de retour à Paris, je me suis affairé à préparer ma petite valise : ma journée de lundi était particulièrement chargée, et le mardi, je prendrais la route pour me rendre au laboratoire de police scientifique de Toulouse, au département « incendies et explosions », afin de faire le point sur les expertises que j'avais confiées à ce laboratoire. Par la même occasion, comme à mon habitude, car je me rends là-bas environ une fois par an, je déposerais des scellés nécessaires à la réalisation des investigations techniques et scientifiques que j'avais récemment ordonnées. Ensuite, j'irais manger un cassoulet avec le chef de service du labo, mon ami Dominique Deharo, je passerais la nuit dans les environs de la Ville rose, et, le lendemain, je me rendrais à l'École nationale de la magistrature où j'avais accepté de faire une intervention devant la promotion sortante des apprentis magistrats, appelés « auditeurs de justice », sur les spécificités de la lutte antiterroriste. Je devais retrouver là-bas le procureur de la République de Paris, Jean-Claude Marin, et le patron de la Sous-direction antiterroriste, Frédéric Veaux, mes codébatteurs. Ensuite je regagnerais Paris.

Le lundi, après ma journée de travail continue, je fus informé par un de mes gardes du corps que je ne pourrais me déplacer en voiture à Toulouse et Bordeaux, qu'il me faudrait prendre le train ou l'avion avec un seul de mes escorteurs. Pourtant, quatre jours auparavant, le chef du SSMI m'avait assuré que les restrictions budgétaires qui justifiaient, selon l'administration, un allègement de ma sécurité le week-end, ne sauraient en aucun cas affecter mes déplacements professionnels. Promesse de Gascon ! Ce qui me parut normal, puisque je me déplaçais dans le Sud-Ouest. Je pris donc la décision d'annuler purement et simplement ce double déplacement professionnel. Depuis cette date, je n'ai plus été autorisé à quitter Paris à bord de la voiture de l'administration, contrairement à certains autres de mes collègues...

Si, une fois, au mois de juin de cette année, lorsque j'ai été dispenser des cours à des policiers irakiens en stage à Cannes Écluse, l'école de formation des officiers de police. De toute façon, pour aller là-bas, c'était ça ou le vélo !

Mais ne croyez surtout pas que toutes les activités « pédagogiques » sont soumises à la même règle. Quelques semaines plus tôt, j'avais été invité par le barreau d'Amiens qui voulait connaître mon avis sur les nouveaux pôles d'instruction mis en place par la chancellerie. J'avais honoré cette invitation et expliqué à mon auditoire – des avocats et des magistrats du ressort – que cette nouvelle réforme ne me paraissait pas de nature à permettre de régénérer la banquise judiciaire. Amiens, c'est loin, d'après la place Beauvau, surtout en train, avec panne au milieu du trajet. Heureusement, ce n'était pas une rupture de caténaire, car sinon je me serais ennuyé. Je n'aurais même pas pu discuter de la pluie et du beau temps, ni du championnat de France de football de Ligue 1 avec mon garde du corps, car le billet qui lui avait été réservé lui attribuait une place dans un autre wagon que le mien : sécurité rapprochée ! Enfin, tant qu'il était dans le même train, je n'avais quand même pas à me plaindre...

Ensuite j'ai été convoqué par mon président qui m'a fait le grief d'avoir, par mes révélations « intempestives » au *Journal du dimanche*, mis en péril la sécurité de mes collègues. Comme si les terroristes lisaient cet hebdomadaire pour fomenter un mauvais coup !

Depuis lors, des négociations, que je devine âpres, entre la chancellerie et le ministère de l'Intérieur, pour savoir qui paie quoi avec votre argent, se poursuivent. Je n'ai plus de nouvelles. Et n'en attends plus. J'ai pris mes dispositions : dans l'attente de l'obtention désormais imminente de ma carte Senior, j'ai acheté, moyennant un peu moins de 400 euros, une carte qui me permet de voyager à demi-tarif. Et, pendant ce temps, le ministère de l'Intérieur, soucieux des deniers du contribuable, paie les billets de ses agents plein pot. Économies, économies...

J'allais oublier : on m'avait dit, au printemps 2008, que certaines personnalités politiques qui n'exerçaient plus le pouvoir, parfois depuis plusieurs années, mais qui néanmoins continuaient de bénéficier d'une protection payée par le ministère de l'Intérieur, allaient être elles aussi frappées par la nouvelle politique de rigueur budgétaire. J'ignore si tel a été le cas, mais, s'il en est allé ainsi, le moins que l'on puisse en dire est que la communication du ministère de l'Intérieur n'a pas été à la hauteur de l'événement. Personne n'en a entendu parler. Pourtant, ce ministère a un certain savoir-faire en ce domaine. Dès le 17 mars 2008, le quotidien *Le Figaro* recueillait les déclarations d'un haut fonctionnaire de police qui, manifestement, avait voulu conserver l'anonymat. Monsieur X déclarait alors que son ministère faisait fi « des questions de standing personnel » et soutenait que je bénéficiais d'un chauffeur et d'un officier de sécurité. En d'autres termes, que j'étais privé, pour mes déplacements privatifs, de mon chauffeur, lequel, je le précise quand même, est accessoirement un fonctionnaire de police armé qui a appris à tirer tout en conduisant une voiture. Ce message subliminal avait été précédé, en introduction de l'article, de la pétition suivante : « Nous protégeons toute personne menacée, car la protection reste plus que jamais au cœur de nos missions. Nous souhaitons juste supprimer certaines dispositions dès lors que les demandes deviennent indues ou exagérées. »

Le message était clair. Sauf que je n'avais jamais rien demandé. Si : peut-être un peu de considération...

Et ledit article de se terminer ainsi : « Actuellement,

confie un policier, la protection d'un juge nous coûte en moyenne 75 000 euros par an. » Ça ne devait pas être assez cher pour susciter l'indignation publique, puisque, deux semaines plus tard, le ministère de l'Intérieur communiquait une nouvelle fois sur le même thème, en indiquant – toujours au quotidien *Le Figaro,* promu en la circonstance *Journal officiel* de la place Beauvau (édition des 29-30 mars 2008) –, si j'ai bien compris ce qui y était expliqué, que la protection des huit juges antiterroristes et du chef du parquet antiterroriste coûtait annuellement au ministère de l'Intérieur la somme de trois millions d'euros. J'ai pris ma calculette et j'ai divisé trois millions par neuf. Résultat : 333 333 euros par an et par magistrat, soit quatre fois et demie plus cher que quinze jours auparavant ! Tout augmente... On ignore bien sûr le mode de calcul.

À l'occasion de ce dernier article, il était rappelé à la population française la diversité des tâches du GPPN. Outre les magistrats antiterroristes, ce service, était-il indiqué, protégeait les deux préfets de Corse, des ambassadeurs, des personnalités pouvant faire l'objet ponctuellement de menaces, des repentis, mais aussi... l'équipe de France de football ! Il est vrai que, ces temps-ci, elle me paraît, sous l'ère Domenech, gravement menacée, elle aussi, de l'intérieur...

Si jamais des membres repentis des FARC venaient à être accueillis, comme cela a été envisagé un temps, sur le territoire national, je crains que, faute d'effectifs, ma sécurité ne devienne alternée. Si on me laisse le choix, ce qui n'est pas sûr, je choisirai les jours impairs. Par pure superstition.

Quant au RAID, regroupant des policiers d'élite qui « montent » notamment sur les prises d'otages et sur les actions terroristes, tout le monde a su qu'au moment de la Coupe du monde de Rugby, bon nombre de ses fonctionnaires avaient été affectés à la sécurité de... l'équipe des All Blacks. Vous en connaissez beaucoup, vous, des gens prêts à aller attaquer des All Blacks ? Pas moi.

Et pour assurer le caractère complet de l'œuvre pédagogique ainsi entreprise, le ministère de l'Intérieur, par la voix d'un commandant du GPPN, faisait l'éloge de ses troupes, triées sur le volet : « À l'oral, nous éliminons les cow-boys ou ceux qui espèrent quitter tous les soirs à 19 heures. Nous recherchons des gens mûrs, à bonne capacité cardiaque, peu émotifs et assez présentables pour évoluer en ambassade. » J'ai beaucoup « aimé » le « assez ». L'article louangeur si opportunément paru se poursuivait encore ainsi : « Experts, ces flics d'élite prodiguent des conseils pratiques sur la serrurerie ou le blindage d'un domicile. » Ça, franchement, je ne l'avais jamais remarqué ! Quand on a tenté de forcer ma porte, il y a quelques années, à Paris, mes gardes du corps et moi, après un bref mais intense conciliabule, prîmes la décision unanime d'appeler un serrurier... Pas plus que je n'ai perçu la présence, sur le paillasson de ma porte palière, de mes « garçons » pendant la nuit, alors même qu'il était affirmé dans l'article qu'ils assuraient une protection « 24 heures sur 24 », ce que personne n'exige sérieusement d'eux !

Je pourrais écrire un vrai roman, non pas sur les fonctionnaires qui ont été chargés de ma sécurité et qui, dans leur grande majorité, sont des hommes très bien, certains même ayant un grand cœur (en langage administratif, « une bonne capacité cardiaque »), mais sur les manières du ministère de l'Intérieur qui n'a jamais, au grand jamais jugé utile d'adresser une réponse écrite à mes demandes d'explication écrites. Manifestement, on préfère me faire connaître les décisions prises par le biais de mes gardes du corps transformés en *go-between* ou « messagers », à la manière de Joseph Losey.

Quant à mes courriers, ils demeurent invariablement lettres mortes. Mais si le ministère ne me répond jamais, c'est sans doute parce qu'il n'a plus d'argent pour acheter des stylos. Et il n'est pas près de reconstituer sa trésorerie, suite à la visite papale à Paris, le 12 septembre 2008, puis à Lourdes. Si j'en crois le site Internet Bakchich, le seul aménagement du stade de Lourdes pour accueillir l'hélicoptère du pape aura coûté 100 000 euros. Je doute que le denier du culte ait pu y pourvoir à lui seul.

Je fais donc amende honorable. Je n'ai jamais fait d'aller-retour au Pôle pour aller voir la fonte de la banquise ; je n'ai jamais été invité à un apéro élyséen alors que je me trouvais aux États-Unis où je n'ai plus mis les pieds depuis douze ans ; je n'ai donc pas exposé 138 000 euros d'argent public pour rentrer dare-dare à Paris à bord d'un avion privé. On ne m'a même jamais cherché en hélicoptère dans le massif himalayen, ni non plus dans le maquis corse. Je ne bosse pas à la Société générale, je travaille pour la société tout court. Je demande donc humblement, à ceux qui persisteraient à affirmer que je coûte trop cher, de m'accorder le bénéfice des circonstances atténuantes. Et pour ceux qui resteraient dans l'indécision, je les informe que j'ai établi, en dehors de mes heures de travail, un tableau de conversion intitulé « espérance de vie, jackpot, principe de précaution et marges arrière ». Il résulte de ces travaux mathématiques que les 4,9 milliards évaporés de la Société générale auraient pu servir à financer la protection dont je bénéficie, sur la base de la première estimation fournie par le ministère de l'Intérieur, pendant 65 333 ans, 4 mois, 10 jours et 8 heures, ce qui, je le concède, est légèrement supérieur à mon espérance de vie. Comme il faut également fluidifier les relations sociales, et singulièrement, par les temps qui courent, celles de la police et de la justice, la « caisse noire » de l'UIMM, soit au bas mot 19 millions d'euros, aurait pu financer ma protection pendant 253 ans. Quant au seul parachute doré qui devait être attribué initialement à M. Denis Gautier-Sauvagnac, soit 1,5 million d'euros, il correspond au coût de la protection d'un juge sur vingt ans.

« Objection, Votre Honneur ! » C'est Rodolphe, décidément très vigilant, qui m'indique que ce n'est pas là de l'argent public. Objection recevable. Je ressort ma calculette, une idée derrière la tête. Quel chiffre retenir à la suite de la décision du « tribunal arbitral » dans l'affaire Tapie-Crédit

Lyonnais ? Les chiffres du ministère des Finances sont aussi variables que ceux du ministère de l'Intérieur. Je n'y comprends plus rien. 285 millions d'euros ? Somme portée à 400 millions d'euros, avec les intérêts. Sans oublier une indemnité, au titre du préjudice moral, de 45 millions d'euros. Je perds pied et même si Bernard Tapie, après avoir payé ses dettes, ne bénéficiait « plus » que d'une somme de 100 millions d'euros, cela représenterait le financement de ma protection pendant largement plus d'un millénaire. Je pense que je vais lui téléphoner.

En trente ans de carrière, il m'est arrivé à diverses reprises d'entendre « quelques vauriens » plus ou moins chevronnés et quelques fanatiques énervés dire qu'ils ne donnaient pas cher de ma peau. Aujourd'hui, grâce au ministère de l'Intérieur, je sais que je coûte trop cher. Craignant désormais de nouvelles attaques en rase-mottes médiatiques, je regarde, chaque fois que j'en ai la possibilité, l'émission de Jean-Pierre Pernaut, « Combien ça coûte ? », pour voir si mon train de vie dispendieux va être stigmatisé. Déjà que mon comportement l'avait été à l'automne 2007, dans la rubrique « confidentiel » de l'hebdomadaire *Le Point,* sous le titre « Les juges qui agacent l'Élysée » !

Il faut dire qu'en dépit des « conseils » pressants de quelques hauts dignitaires de la République dans son versant administratif, j'avais, le 31 octobre 2007, refusé de repousser une triple reconstitution criminelle (des attentats) dans le sud de la région bastiaise, alors que, ce jour-là, à l'autre bout de l'île, le premier Conseil des ministres décentralisé du gouvernement Fillon se tenait à Ajaccio sous la présidence du chef de l'État. Et que, deux jours plus tôt, j'avais eu le front, malgré d'autres « conseils » venus de haut, de maintenir un interrogatoire à Paris d'un représentant syndical du monde agricole insulaire, alors mis en examen à mon cabinet, qui s'évertuait à perturber, par ses provocations réitérées, l'action des services de police judiciaire dans l'île. Je n'ai d'ailleurs pas dû lui faire forte impression, malgré ma grosse voix, puisque j'ai lu dans une dépêche d'agence que cet homme-là faisait partie du commando de visiteurs qui a investi, puis foulé la pelouse insulaire de l'acteur Christian Clavier. « L'Enquête corse » continue...

Réhabilitation du jugement de Salomon et « Noël en juillet »

La subordination du parquet n'est pas la soumission. On dit pourtant parfois que la magistrature française dans son ensemble serait imprégnée d'une véritable culture de soumission. Heureusement, les règles comportent toujours des exceptions. Celle-ci a un nom : René Salomon.

Avec un patronyme pareil, il ne pouvait qu'embrasser la carrière judiciaire. Je l'avais connu à Metz en 1991 (après Jésus-Christ), lorsque j'avais débarqué au parquet général de la cour d'appel de la ville livrée par le général Bazaine aux Allemands pendant la guerre de 1870. Il était président du tribunal de grande instance. (Salomon, pas Bazaine !). Je l'avais eu quelquefois au téléphone, quelques années plus tard, lorsqu'il présida successivement aux destinées de la paisible juridiction niçoise, puis à celle, presque aussi reposante, de Marseille. Ensuite je n'en avais plus entendu parler jusqu'à ce que le procureur général de la cour d'appel d'Agen, Bernard Blais, soit muté d'office avocat général à la Cour de cassation, à quelques semaines de la retraite, au motif qu'il fallait de toute urgence et sans désemparer féminiser la haute hiérarchie judiciaire. Je vous passe les détails. Bernard Blais, qui avait vainement fait valoir que sa longévité à la tête du parquet général de la cour d'appel d'Agen n'était pas de son fait, puisqu'il avait en vain demandé sa mutation à plusieurs reprises les années précédentes, fit ses valises et son successeur fut installé.

En général, l'installation d'un si haut magistrat donne lieu à la tenue d'une audience solennelle au cours de laquelle le nouveau est accueilli, en grandes pompes, et l'éloge de son prédécesseur est prononcé, fleurs de rhétorique à la clé. Avec également, il faut le dire, en certaines circonstances, quelques « vacheries ». Les absents ont toujours tort... Ensuite, selon une tradition bien établie, tous les dignitaires du ressort de la cour d'appel sont invités à prendre un verre avec les magistrats qui, entre-temps, ont quitté leurs robes, symboles d'uniformisation du corps, et leurs distinctions en tout genre que, l'instant d'avant encore, ils exhibaient sur leurs robes dans un léger cliquetis pour les plus décorés. C'est sans doute pour ce bruit discret qu'en général tout récipiendaire d'une décoration s'efforce d'en obtenir, si possible rapidement, une seconde.

René Salomon a dû devenir ascète. En dépit de pressions qui, selon la rumeur, bien sûr, auraient été exercées sur lui par la chancellerie, il installa par écrit le successeur de Bernard Blais, et, dans la continuité, donna une conférence de presse pour expliquer son geste. Courageux, non ? Non, téméraire ! Le lendemain, pur hasard, l'Inspection des services judiciaires débarqua à Agen... On m'avait pourtant appris, à l'ENM, que l'idée de justice assumait l'idée de liberté.

Depuis maintenant une bonne année, on a pu assister à un gros *turn-over* sur les postes de responsabilité à la chancellerie. Et l'on a vu des magistrats connaître une carrière météorique. J'en suis personnellement ébloui. Malgré la création d'une nouvelle direction des ressources humaines décidée par le garde des Sceaux Rachida Dati aux fins d'assurer aux magistrats un « appui objectif et transparent pour l'évolution de leur carrière », ce véritable *mercato* judiciaire me laisse quelque peu perplexe. Sans doute ai-je mauvais esprit.

Il y a peu, j'ai lu qu'un magistrat âgé de 41 ans venait d'être nommé procureur général près la cour d'appel de Bourges après seize ans de fonction dans la magistrature, dont un tiers passé à la chancellerie, notamment comme conseiller au cabinet du garde des Sceaux. Avant de gagner la chancellerie, il avait diversifié son expérience professionnelle au ministère de la Famille. Ce qui tombe bien, car on dit dans la magistrature que la chancellerie est une « grande famille ». Cette nomination ne m'a procuré aucune aigreur. J'en ai vu bien d'autres, sous tous les gouvernements de la République. Je dois même avouer qu'une telle vélocité dans l'emballage final m'a enthousiasmé : du jamais vu. Pour moi, c'est comparable à la performance du Jamaïcain Usain Bolt lors de la finale du cent mètres plat aux Jeux olympiques de Pékin. Le relâchement parfait, et le record du monde à la clé ! Aussi, quand j'ai appris la nouvelle, un vaste sourire a illuminé mon visage buriné. Et j'ai lâché : « C'est Noël ! », patronyme de l'heureux élu. Mon greffier Rodolphe m'a regardé d'un air effaré et a tenté de m'éclairer : « Monsieur le juge, on est au mois de juillet de l'an de grâce 2008. » J'ai donc dû le tancer et lui rappeler le principe de laïcité.

L'opinion contre les juges ?

Le 5 août 1983, quatre employés de l'hôtel Sofitel d'Avignon et trois clients de cet établissement trouvaient la mort à l'occasion d'une tentative de hold-up. L'un des auteurs de cette tuerie, Jean Roussel, était arrêté sitôt après les faits. Il avait bénéficié, quelques jours auparavant, d'une permission de sortie de la centrale de Clairvaux où il purgeait une peine, mais n'avait pas réintégré l'établissement pénitentiaire à l'issue de sa permission. Cette affaire relançait la polémique sur le « laxisme » de la justice en France alors que, deux jours auparavant, la chancellerie, dirigée par Robert Badinter, avait présenté un projet de loi réformant le régime de l'exécution des peines et le mode d'attribution des libérations conditionnelles, des permissions de sortie et des suspensions de peine.

Le 16 octobre 2001, deux policiers qui tentaient d'interpeller, au Plessis-Trévise, dans le Val-de-Marne, des cambrioleurs, étaient abattus, portant à sept le nombre de policiers tués en service, c'est-à-dire victimes de leur devoir, depuis le début de l'année. Trois jours plus tard, toujours dans le Val-de-Marne, mais à Villeneuve-le-Roi cette fois, la police interpellait Jean-Claude Bonnal, multirécidiviste déjà condamné à trois reprises par des cours d'assises. Elle le soupçonnait d'avoir participé à Athis-Mons, dans l'Essonne, le 6 octobre 2001, au meurtre de quatre personnes, mais aussi d'être impliqué dans le double homicide volontaire du

Plessis-Trévise. Jean-Claude Bonnal avait été remis en liberté sous contrôle judiciaire en décembre 2000 par la chambre de l'accusation de la cour d'appel de Paris dans le cadre d'une procédure relative à un braquage sanglant au cours duquel un homme avait été grièvement blessé. Au demeurant, dans cette procédure-là, Jean-Claude Bonnal devait par la suite être acquitté par la cour d'assises de Paris.

Je ne suis pas de ceux qui ne peuvent comprendre que de telles tragédies suscitent une émotion considérable dans l'opinion publique. Ni de ceux qui, peu ou prou, considèrent que les « flics » sont de la chair à canon. Et j'ajoute qu'il ne me paraît ni anormal ni surtout indécent que les problèmes de sécurité soient une préoccupation première des Français. Et que, partant, le problème de l'insécurité et les remèdes à y apporter aient toute leur place dans le débat public, notamment à l'occasion des campagnes électorales.

On sait aussi que la campagne pour l'élection présidentielle de 2002 fit du thème de l'insécurité l'un des principaux du débat politique. Et on sait enfin le prix que paya la gauche, dont le candidat espérait pour le moins être qualifié pour le second tour, pour la forme d'angélisme judiciaire dont elle avait parfois fait preuve, par le passé, en dépit d'une tardive réaction qui avait conduit le Premier ministre de la « majorité plurielle », Lionel Jospin, à toiletter quelque peu, le 29 janvier 2002, suite au rapport rédigé par le député socialiste Julien Dray, la loi « renforçant la protection de la présomption d'innocence et des droits des victimes », entrée en vigueur le 1er janvier 2001.

Après l'arrestation de Jean-Claude Bonnal, les syndicats de police demandèrent à l'unisson l'abrogation de cette loi. À ces voix-là s'ajoutèrent celles d'un certain nombre de responsables politiques et de parlementaires de droite. Manifestement, ces derniers avaient oublié que la loi sur la présomption d'innocence avait été adoptée par le Parlement, en juin 2000, *à l'unanimité*... Dès lors, on pouvait deviner que le débat public allait se révéler quelque peu biaisé. Mais cela n'est pas nouveau. Au XVIIIe siècle, déjà, certains redoutaient que l'abandon de la torture nuise à l'efficacité de la justice...

On se souvient bien sûr aussi de l'effroyable tuerie (huit morts et de nombreux blessés) à laquelle un individu ayant des problèmes psychiatriques s'était livré, le 27 mars 2002, dans la salle du conseil municipal de Nanterre où il venait d'assister aux délibérations des élus. Il s'appelait Richard Durn. Dès qu'il fut prévenu du drame, le président Jacques Chirac se rendit dans la nuit du 27 mars 2002 à Nanterre, puis il déclara que « l'insécurité, ça va de l'incivilité ordinaire au drame que nous avons connu cette nuit ». Mais comment faire pour que tous ceux qui ont des antécédents psychiatriques – ou qui n'en ont pas encore – ne puissent jamais, dans leur folie, en arriver à de telles extrémités ? Cela, le président de la République ne le dit pas. D'ailleurs, personne ne le sait, sauf à vouloir ériger l'enfermement en système de prévention – l'enfermement préventif, autrement dit.

Le gouvernement de MM. Sarkozy-Fillon a tenté d'apporter une réponse à ce problème par la loi sur la rétention de sûreté du 25 février 2008. L'un des problèmes posés par cette loi, c'est que si les psychiatres savent apprécier une dangerosité psychiatrique, aucun d'entre eux n'est capable de définir la dangerosité criminologique. Et, partant, aucune méthode fiable et tant soit peu rigoureuse n'a pu, hélas, à ce jour, être élaborée.

On sait par ailleurs combien sont criantes les insuffisances en psychologues et en médecins dans les prisons françaises. Ce qui ne permet pas d'entreprendre, la plupart du temps, un traitement des déséquilibrés reconnus responsables de leurs actes pendant qu'ils purgent leurs peines.

Au sujet de cette loi, le bâtonnier de Paris, Christian Charrière Bournazel, a considéré qu'il s'agissait de « la perpétuité sans crime ». Et l'ancien garde des Sceaux, Robert Badinter, a affirmé : « On n'est plus responsable de ses actes, mais de ce que l'on est... » Tous ces concepts et cette problématique sont particulièrement difficiles à appréhender. Bien évidemment, personne ne souhaite être assassiné, et, oserais-je dire, surtout pas par un multirécidiviste. Je n'ai que trop vu, au cours de ma carrière, des familles brisées par les agissements d'individus apparemment incapables – en tout cas non désireux – de contrôler leurs pulsions meurtrières, pour me réfugier derrière les grands principes. J'ai pu constater, à travers le dossier Guy Georges, le peu de cas dont il fut fait de certains rapports d'expertise psychiatrique établis lors de ses précédents séjours en prison, et qui insistaient sur sa dangerosité potentielle. Manifestement, de nouvelles mesures s'imposent pour éviter la survenue de nouvelles catastrophes. Mais, là encore, ces mesures-là, d'ordre médical et psychiatrique, verront leurs résultats directement conditionnés par les moyens qui seront mis en œuvre. Le bilan des trente années que j'ai passées au service de l'institution judiciaire ne m'incite pas à un optimisme déraisonnable. Et, sans moyens suffisants, cette réforme de la rétention de sûreté deviendra – si elle ne l'est pas déjà – une peine sans crime. Au niveau des principes, cela pose quand même quelques problèmes...

Le 28 mars 2002, Richard Durn parvint à se défenestrer des locaux de la brigade criminelle de la préfecture de police de Paris où il était entendu. Il trouva la mort, par cette chute volontaire, dans la cour du Quai des Orfèvres. Lorsque, le 8 avril 2002, les enquêtes judiciaire et administrative diligentées à la suite de cette défenestration ont conclu à l'absence de fautes graves de la part des services de police, tout le monde a pu mesurer la difficulté de la tâche des enquêteurs. Lorsque vous menottez à l'anneau d'un mur des locaux de police une personne entendue dans le cadre d'une mesure de garde à vue, vous passez rapidement pour un véritable tortionnaire en herbe. Et si vous ne le faites pas, pour favoriser l'échange avec la personne retenue, vous prenez le risque soit d'une éventuelle rébellion, soit d'une évasion, ou, pis encore, d'une défenestration. Ayant eu à de nombreuses reprises l'occasion de travailler avec les officiers de police judiciaire de la brigade criminelle de la préfecture de police de Paris, connaissant leur professionnalisme et leur intégrité, et imaginant leur désarroi, je me suis félicité, à l'époque – et je le fais encore – qu'aucune sanction n'ait été prononcée à leur encontre, et pas davantage à l'égard de leur patron, Frédéric Péchenard, qui, à l'époque, avait courageusement revendiqué la responsabilité de ce qui s'était passé dans ses services. Et personne, à cette époque-là, n'avait jugé utile d'ajouter à l'accablement policier quelques formules tautologiques du genre « une faute est une faute ».

Au mois de juin 2007, un activiste présumé du mouvement terroriste corse « FLNC du 22 octobre », que je détenais dans le cadre d'une procédure relative à un attentat perpétré fin janvier 2006, à Aix-en-Provence, au cours duquel le poseur de la charge explosive avait trouvé la mort par la déflagration prématurée de son engin, fut extrait de sa maison d'arrêt pour être entendu dans le cadre d'une autre procédure, sous le régime de la garde à vue, dans les locaux de la Sous-direction antiterroriste (SDAT), rue des Saussaies à Paris. Quelques jours plus tard, ce service devait déménager à Levallois-Perret dans un immeuble regroupant désormais la Direction centrale des renseignements généraux (DCRG) et la Direction de la surveillance du territoire (DST). Depuis que je travaille à l'Antiterrorisme, j'ai fréquemment été amené à me rendre dans les locaux de la SDAT, situés au troisième étage de l'immeuble haussmanien parisien au rez-de-chaussée surélevé. Et j'ai pu constater que, même côté cour, aucun barreau ne condamnait les fenêtres. Paraît-il que les Monuments historiques s'y opposaient ! Ce qui risquait d'arriver depuis des lustres arriva ce jour-là : la personne entendue parvint à échapper à la vigilance des enquêteurs et se défenestra. Depuis, cet homme vit dans un fauteuil roulant. C'était le dernier des gardés à vue qui fréquentait les locaux parisiens de la SDAT.

Heureusement, les circonstances dans lesquelles cette défenestration était intervenue n'ont pas valu d'ennuis professionnels aux officiers de police judiciaire qui entendaient le suspect, lequel était parvenu à extirper son poignet de la menotte fixée à l'anneau mural. Mais que dire de l'incurie de l'administration ?

Ce tragique épisode m'a cependant valu les « honneurs » de la presse nationaliste en Corse. Dans les jours qui ont suivi, sur le site Internet www.rinnovu.com ont été publiées des tribunes et articles m'accusant notamment d'avoir incité cet homme à se suicider. Et, très rapidement, sur ce même site, ma photographie et celle du général Pinochet ont été conjointement publiées, avec comme légende pour cette dernière : « Le juge Thiel rasé de près. » Il a fallu près de trois mois, mon insistance et celle du parquet de Paris, à qui j'avais signalé immédiatement cette mise en ligne, pour que le garde des Sceaux, ministre de la Justice, se résolve à déposer plainte pour défendre mon honneur contre ces attaques dont le but n'était autre que de générer la haine et d'inciter à la violence. Une telle plainte était indispensable à la mise en mouvement de l'action publique. Six mois plus tard, le 19 décembre 2007, dans un bref moment d'oisiveté, j'ai à nouveau consulté ce site. Et j'ai pu constater que j'étais toujours accusé « d'assassinat par manipulation mentale » et d'avoir fait subir à l'homme qui s'était défenestré, mais aussi à d'autres prévenus, des « pressions psychologiques énormes et attentatoires à la dignité humaine et à la présomption d'innocence ». Et j'étais une nouvelle fois accusé « d'incitation au suicide et de terrorisme légal ». Bien entendu, la photo du « juge Thiel rasé de près » figurait toujours sur ce site.

Ce brûlot a maintenant disparu. Mais cet épisode m'a convaincu qu'il y a souvent loin de la coupe aux lèvres, et qu'une distance non moins grande sépare les discours officiels sur la nécessaire protection des intérêts moraux des magistrats et la mise en œuvre effective des principes ainsi énoncés. Dans cette procédure-là, je ne me constituerai pas partie civile. Je ne demanderai donc pas l'euro symbolique à titre de dommages et intérêts. Il faut économiser les deniers de l'État car, sait-on jamais, le mouvement U Rinnovu pourrait se révéler insolvable. Et je crois que c'est l'argent du contribuable qui va, pour le compte du consortium de réalisation des actifs du Crédit Lyonnais, servir à payer les 45 millions d'euros versés au titre du préjudice moral à Bernard Tapie... Oui, j'ai écrit « moral » !

En juin 2005, alors qu'il était ministre de l'Intérieur, après l'assassinat de Nelly Cremel, femme d'un officier de la DGSE, tuée en Seine-et-Marne alors qu'elle faisait son jogging, Nicolas Sarkozy laissa tomber cette sentence : « Le juge doit payer pour sa faute. » Et il avait demandé au garde des Sceaux Pascal Clément « ce qui allait advenir du magistrat qui avait osé remettre un monstre pareil en liberté ». L'un des deux accusés de ce crime, Patrick Gateau, avait en effet été placé, en juin 2003, en liberté conditionnelle par une collégialité de trois juges. Il existe en France un secret qui, heureusement, résiste bien mieux que le secret de l'instruction aux atteintes médiatiques : c'est le secret du délibéré. Comment faire, si l'on veut sanctionner les membres d'une collégialité pour une décision de justice – ce qui pose déjà problème – dès lors qu'on ne sait pas qui a voté quoi à l'intérieur de ladite collégialité ? Ça, ce n'est pas indiqué. Selon un vice-président du tribunal de grande instance de Paris, Serge Portelli, Nelly Cremel est l'une des figures de la « martyrologie sarkozienne ». Laquelle a une traduction politique : « À chaque victime, sa réforme. » Et réciproquement ?

Le problème de la responsabilité des magistrats est devenu crucial. Et il sera à l'évidence difficile à trancher. Quel système adopter pour que le juge ne soit pas considéré comme totalement irresponsable des décisions qu'il rend et qui, la plupart du temps, sont lourdes de conséquences : remettre prématurément en liberté un violent alors que les risques de récidive sont avérés, c'est en quelque sorte lui faire crédit sur l'intégrité physique, voire la vie de sa prochaine victime ; conserver en détention une personne soupçonnée d'avoir commis des actes particulièrement graves sans avoir la certitude absolue qu'elle les a bien perpétrés, c'est faire crédit à la société sur la vie et la liberté de cet individu. Et cette certitude-là, personne ne peut véritablement l'avoir, au stade de l'instruction d'un dossier où le juge raisonne en termes de charges et non de preuves. Le système de mise en œuvre de la responsabilité des magistrats devra bien évidemment aussi veiller à faire en sorte qu'il ne conduise pas à paralyser complètement le pouvoir décisionnel de ceux-ci en les « tétanisant ». Selon une formule réputée dans les milieux judiciaires, un juge qui ne doute pas est un juge mort. Mort pour la société, cela va sans dire. Et, dès lors qu'un juge doute, il est de son devoir d'en tirer les conséquences, au besoin en remettant en liberté même un multirécidiviste. Quant à l'érosion des peines privatives de liberté, force est de constater qu'elle n'est que la résultante de l'application de la loi votée par la représentation nationale. La complexité de la problématique de la responsabilité du juge est donc immense. Raison de plus pour ne pas, par calcul ou par conviction, jouer l'opinion contre les juges !

Quelque temps après l'élection présidentielle de 2007, l'avocat général près la cour d'appel de Paris, Philippe Bilger, a publié sur son blog quelques-uns de ses états d'âme. Selon cet anticonformiste brillant mais aussi extralucide (il m'a classé dans la catégorie numériquement faible des magistrats dissidents, sans pour autant me souhaiter le goulag), le président de la République, Nicolas Sarkozy n'aimerait pas la magistrature. Gonflé, non ? En tout cas, Philippe Bilger ne s'est pas épanché sur les penchants culinaires du nouveau Président après que ce dernier eut comparé les hauts magistrats de la Cour de cassation à des petits pois. Le système judiciaire, lui, a toujours besoin... de la Cour de cassation.

Quoi qu'il en soit, le 30 août 2007, le garant, selon la Constitution de 1958, de l'indépendance de la magistrature, a, lors de l'université du MEDEF au cours de laquelle il annonça la dépénalisation d'une partie du droit des affaires, fustigé le « gouvernement des juges ». Pourtant, si l'on en croit *Le Monde* du 10 juin 2008, il ne devait pas véritablement craindre la résurgence de ce vieux serpent de mer, puisque, selon le quotidien du soir, l'Élysée jugerait désormais la magistrature française « éteinte » et peut-être même « docile ». Et si c'était vrai ?

Les rêveries du promeneur péninsulaire transalpin

C'était le 2 février 1986. Ce jour-là s'ouvrait devant la cour d'assises de Palerme un procès mettant en cause des membres de l'organisation mafieuse Cosa Nostra, réputée pour son extrême dangerosité et par le fait qu'elle ne reculait devant rien pour semer la mort et la terreur. Une sorte de « terrorisme civil », en quelque sorte. Ce fut un procès de masse, puisque les sept cents premières pages de l'acte d'accusation, qui en comportait 8 807, étaient uniquement consacrées à l'énumération des renseignements d'état-civil et de la situation pénale des 707 inculpés dans cette affaire, ainsi qu'au récapitulatif des chefs d'accusation, c'est-à-dire les crimes et les délits imputés aux accusés. Un peu plus de 200 d'entre eux étaient encore, à l'ouverture du procès, en fuite. La cour d'assises n'avait donc à juger « que » 474 accusés.

Le procès du réseau Chalabi, qui s'est déroulé à l'automne 1998 dans le gymnase de la prison de Fleury-Mérogis tranformé pour la circonstance en prétoire, et qui a vu la comparution de 140 personnes mises en examen, était de la « petite bière » à côté ! J'espère que mon ancien collègue Jean-Louis Bruguière ne prendra pas cette simple remarque comme une volonté de relativiser ses mérites...

Ce n'était pas la première fois que la justice italienne devait faire face à un procès collectif. Un des précédents les plus connus fut le « procès des 114 », résultant d'une vaste opération de police réalisée en juillet 1971. Ce fut d'ailleurs une Bérézina, puisqu'il se termina par la relaxe d'une centaine d'inculpés. Même à la section antiterroriste, on n'a jamais essuyé un tel « camouflet » !

Le procès de Cosa Nostra s'est achevé une vingtaine de mois plus tard, le 16 décembre 1987. Dix-neuf mafieux furent condamnés à la peine de la réclusion criminelle à perpétuité. Pour le solde, 2 500 années de réclusion criminelle furent administrées. Le soir même du verdict, l'un des inculpés, qui venait d'être acquitté pour repentir, subit la peine de mort : il fut abattu par des tueurs.

Il était chargé depuis 1978 de coordonner la lutte antiterroriste en Italie. Le 2 avril 1982, il fut nommé préfet de Palerme avec pour mission de lutter contre la Mafia. Il s'y employa, mais, dès le 3 septembre 1982, en plein dans la capitale de la Sicile, il fut assassiné avec son épouse à bord de sa voiture. C'était le général Della Chiesa.

Dès le 7 septembre 1982, la Chambre des députés italienne adopta un projet de loi antimafia qui fit entrer pour la première fois dans le code pénal l'expression et l'incrimination d'« *associazone mafiosa* ». J'ignore si cette incrimination suscite, de l'autre côté des Alpes, la même réprobation que celle qui s'attache en France à l'incrimination d'association de malfaiteurs en relation avec une entreprise terroriste. Quoi qu'il en soit, dans un cas comme dans l'autre, nécessité fait loi.

La liste des représentants de l'État italien – magistrats, policiers, carabiniers ou encore surveillants de l'administration pénitentiaire – tombés en accomplissant leur devoir, dans ces terribles années 1970, témoigne de la violence du double affrontement contre les mouvances extrémistes, d'une part, et contre la Mafia, d'autre part. Depuis la fin des années 1970, il n'est pas inutile de le rappeler et il serait souhaitable de s'en souvenir, la Mafia a successivement assassiné à Palerme le préfet Della Chiesa, le chef de la police, le procureur de la République, le responsable du parquet antimafia, le commandant des carabiniers, le secrétaire régional de la Démocratie chrétienne, le responsable régional du Parti communiste italien, alors leader de l'opposition, ainsi que le président du gouvernement régional de Sicile. On comprend dès lors que la Mafia ne pose plus – si cela a jamais été le cas – une simple question de lutte contre la criminalité et la délinquance organisée, mais un problème politique dont l'une des composantes est la corruption de la classe dirigeante et des milieux économiques – l'opération dite « *Mani Pulite* » (mains propres) engagée par les magistrats italiens et notamment le juge Antonio Di Pietro, à compter de 1992, ayant démontré l'ampleur inimaginable de la concussion, véritable cancer de la vie économique, mais aussi de la démocratie. Lors du procès de Cosa Nostra, l'un des chefs repentis de l'organisation, Tommaso Buscetta, vint briser l'omerta en racontant non seulement les circonstances dans lesquelles l'assassinat du général Della Chiesa avait été décidé, programmé puis exécuté, mais aussi la reconversion massive opérée par l'organisation mafieuse, à la fin des années 1970, dans le trafic de drogue. Depuis lors, la « Pieuvre » a étendu partout ses tentacules et a diversifié ses investissements dans l'économie légale.

Le 23 mai 1992, dans les environs de Palerme, le juge Giovanni Falcone, qui s'était spécialisé depuis une dizaine d'années dans la lutte contre la Mafia, était à son tour victime du devoir. Sa voiture et celles des nombreux policiers affectés à sa sécurité furent pulvérisées sur une autoroute près de Palerme : les mafieux avaient dissimulé une tonne d'explosif dans un tunnel aménagé pour les besoins de la cause sous la voie de circulation !

Moins de deux mois plus tard, le 19 juillet 1992, toujours à Palerme, c'était au tour du juge antimafia Paolo Borsellino de trouver la mort dans un attentat à la voiture piégée ; ses cinq gardes du corps étaient également tués dans l'explosion.

L'ancien président du Conseil italien, Bettino Craxi, est mort en exil en Tunisie en l'an 2000. Le premier socialiste à être nommé chef du gouvernement italien après la victoire du PSI en 1983 s'était enfui de son pays, en mai 1994, après la levée de son immunité parlementaire. Les juges italiens avaient pu démontrer son implication dans des affaires de corruption. Combien d'autres sont parvenus à passer au travers des mailles du filet judiciaire ?

Seuls des esprits malintentionnés, voire malveillants, établiront un lien entre la volonté des juges transalpins de lutter efficacement contre la corruption politique et le fait qu'entre 2002 et 2008, le budget de la justice italienne ait été réduit à la portion congrue. Ce fut même une chute vertigineuse, sans parachute, puisqu'il diminua de 58 % au cours de cette période ! Tout cela n'est pas un mauvais rêve, c'est la triste réalité. Qui me fait repenser aux propos d'un ancien garde des Sceaux, Pierre Méhaignerie, qui, quelques années auparavant, rendit justice aux juges d'instruction de l'hexagone en affirmant que leur action avait permis d'éviter une montée exponentielle de la corruption en France...

Trente ans déjà ! Au terme de ce parcours, je doute bien davantage que je n'ai acquis de certitudes. Je sais que la justice en France, comme partout ailleurs, est loin d'être parfaite, qu'elle doit être améliorée. Mais je sais aussi qu'elle restera toujours tragiquement humaine, c'est une banalité de le dire, mais aussi une évidence. Je ne m'en prive donc pas ! Il lui arrivera donc encore de se tromper. L'affirmer n'est pas militer en faveur de l'irresponsabilité des juges. Et pas davantage pour le *statu quo*. C'est simplement éviter de tomber dans la publicité mensongère.

Une certitude, quand même : je suis persuadé qu'en dépit de certaines affirmations contraires la justice française reste encore, pour le moment, supérieure à la justice chinoise. Et plus honorable. J'ai fait mon examen de conscience : les fonctions qui ont été les miennes ne peuvent être assimilées à un emploi fictif. Je n'ai jamais eu l'impression d'être un intermittent de la justice. Aussi, dans un ultime élan de « bravitude », ai-je décidé de ne pas être l'apostat de mes convictions, au risque d'être considéré comme relaps. J'ai fait ce que j'ai pu avec les moyens que j'ai eus. Ils étaient ténus.

LE JUGE ANTITERRORISTE : JUGE OU PARTIE ?

Réflexions sur la lutte antiterroriste

Entretiens avec Rémy Toulouse

« Abderrhamane, Martin, David
Et si le ciel était vide
Si toutes les balles traçantes
Toutes les armes de poing
Toutes les femmes ignorantes
Ces enfants orphelins
Si ces vies qui chavirent
Ces yeux mouillés
Ce n'était que le vieux plaisir
De zigouiller... »

ALAIN SOUCHON

« Petit Portoricain, bien intégré, quasiment new-yorkais
Dans mon building tout de verre et d'acier,
Je prends mon job, un rail de coke, un café,
Petite fille afghane, de l'autre côté de la Terre,
Jamais entendu parler de Manhattan,
Mon quotidien c'est la misère et la guerre... »

RENAUD

PREMIÈRE PARTIE

TERRORISME :
UN NOUVEAU PARADIGME ?

La question des fondements

Rémy Toulouse : *Je propose que nous commencions par une question d'ordre très général portant sur l'ambiguïté du mot « terrorisme » : votre fonction de juge d'instruction ne vous donne-t-elle pas le sentiment – au travers de la législation spécifique que vous avez pour charge d'appliquer – qu'il y a un terrorisme, qui formerait une réalité homogène et compacte, plutôt que* des *« terrorismes », marqués par des modes d'action, des objectifs et des idéologies différents, et qui se définiraient davantage par les contextes dans lesquels ils s'inscrivent que par une « qualité » essentielle ?*

Gilbert Thiel : Non, il y a bien sûr des « terrorismes », aux formes multiples et aux contours mouvants. Or les concepts à géométrie variable posent difficulté au juge et, en amont, au législateur. Mais avant d'aborder cette difficulté qui se trouve être au centre de la problématique de nos entretiens, je commencerai par le rappel d'une vérité d'évidence : le terrorisme est un phénomène (presque) aussi vieux que le monde. De tout temps, des hommes se sont associés pour tenter d'asservir, d'aliéner, voire d'exterminer leurs semblables. Ils y sont souvent parvenus. En utilisant la violence à grande échelle : guerres civiles ou tribales, conflits armés internationaux, bilatéraux ou multilatéraux, génocides, croisades, solution finale... Le terrorisme est en premier lieu l'une des manifestations de la capacité qu'ont les êtres humains de faire preuve de la violence la plus extrême pour faire triompher leurs idées sur fond de sectarisme et d'aveuglement idéologique ou religieux.

Sans remonter à la nuit des temps, car même dans ces ténèbres-là on retrouverait sans doute maints exemples de groupes d'hommes ayant tenté d'imposer leurs vues hégémoniques, en terrorisant des populations par le recours à la violence aveugle ou ciblée, on peut rappeler que dès le premier siècle de notre ère, en Palestine, la secte des Zélotes a utilisé la terreur de façon systématique pour lutter contre l'oppression romaine. Ces juifs qui étaient appelés aussi *Sicarii* par les Romains car ils administraient la mort par égorgement à l'aide de dagues, s'étaient révoltés contre Rome qui, quelques années après la mort d'Hérode le Grand, avait imposé un recensement des populations de l'Empire. Cette mesure avait été ressentie par les juifs comme une atteinte à l'indépendance relative qu'ils avaient su conquérir au cours du siècle précédent et la révolte qui s'en est suivie a été écrasée par les légions romaines qui, pour l'exemple, ont crucifié environ deux mille juifs... En réaction, les Zélotes s'étaient organisés au sein d'une structure de « résistance » mêlant dimension religieuse et politique : parallèlement à leur magistère religieux prescrivant un rigorisme puritain et sectaire, les Zélotes se sont lancés dans une lutte violente contre Rome afin d'arracher par la force l'indépendance de leur pays. C'est ainsi que pendant plusieurs décennies ils ont assassiné de très nombreuses personnalités politiques ou religieuses, la plupart du temps en public, notamment sur les marchés afin de donner l'impression à la population qu'ils pouvaient frapper là où ils voulaient et quand ils le voulaient. Ce qui ne pouvait qu'engendrer au sein de ladite population un grand sentiment de vulnérabilité. Il s'agit là d'un ressort psychologique qui fait partie intégrante de la stratégie du terrorisme.

De cet exemple – on l'a dit, « vieux comme Hérode » –

on peut sans doute d'ores et déjà retenir que la coexistence d'une revendication religieuse et d'une revendication politique au sein d'une organisation ayant recours à la violence extrême et à l'intimidation n'est nullement l'apanage du terrorisme fondamentaliste contemporain. On peut noter aussi que dès le Ier siècle de notre ère, l'accent était mis sur la pureté de la pratique religieuse, sur le respect de la tradition, toutes choses que l'on verra réapparaître dans le terrorisme fondamentaliste d'inspiration islamique, mais aussi bien avant sous la Révolution française et plus précisément, en tout cas de manière suraiguë, sous la Terreur avec Maximilien de Robespierre, s'agissant cette fois bien entendu de pureté politique, idéologique, de vertu républicaine. Quant aux assassins du préfet de la région Corse, Claude Érignac, abattu à Ajaccio le 6 février 1998, ils ont expliqué leur geste par leur volonté de créer au sein de la société française, mais aussi à l'intérieur même de la mouvance nationaliste, un électrochoc qui devait selon eux permettre aux nationalistes, il est vrai bien souvent embourbés dans des dérives affairistes et parfois sanglantes, de « retrouver la pureté originelle » des pères fondateurs de la « lutte de libération nationale ». « Vertu », « pureté », des mots que l'on retrouvera souvent dans les textes des organisations subversives. Dernière remarque : les Zélotes purent s'assurer une forme de soutien de la population en raison de leur courage extrême ; ceux qui étaient capturés par les Romains étaient torturés puis promis à une lente et douloureuse agonie. Pour autant, ils ne capitulaient point. Assiégés pendant trois années dans une forteresse en l'an 70, un millier d'hommes et de femmes de la secte se donnèrent la mort avant l'ultime assaut des troupes romaines. De nos jours, d'autres hommes et femmes se transforment en bombes humaines...

C'est paradoxalement la Révolution française qui a donné à la terreur ses lettres de « noblesse » en l'érigeant en système de gouvernement, la terreur d'État. La Terreur jacobine, avec la loi sur les suspects du 22 prairial de l'an II (10 juin 1794), permettait au tribunal révolutionnaire de décider à tout instant de se passer de l'interrogatoire de l'accusé et de l'audition des témoins. Vous imaginez le confort des juges de l'époque ! Cette même loi, qui limitait le verdict à l'acquittement ou à la mort, avait aussi supprimé la possibilité pour l'accusé d'être assisté par un défenseur. La grande terreur s'est achevée le 9 thermidor an II (27 juillet 1794) et dès le lendemain, Robespierre et ses « complices », dont le plus connu reste Saint-Just, ont été exécutés.

Nous sommes là, d'emblée, en plein cœur du problème posé par la charge morale attachée à ce mot et par la manipulation qu'elle permet : la Révolution française a pu être, grâce à l'usage du mot « terreur » – et de celui qu'on a forgé à sa suite, « terrorisme » – entièrement disqualifiée. Ce mot a été systématiquement employé par certains intellectuels, dans les années 1980 et 1990, et a permis d'inscrire dans les imaginaires collectifs l'équation « révolution = terreur »... Ainsi la « vraie » Révolution serait celle de 1793, qui aurait en quelque sorte préfiguré le terrorisme dans son acception contemporaine (l'action violente d'un groupe clandestin à des fins politiques de déstabilisation de l'ordre social)... Au-delà de ça, cet amalgame atteste d'une volonté très contemporaine de faire accroire qu'il n'est plus nécessaire de se soulever, puisque nous aurions trouvé « la bonne formule » politique, certes imparfaite, mais forcément bien meilleure que toute alternative possible...

Robespierre a théorisé le système assis sur la violence politique à l'occasion de son discours à la Convention le 18 pluviose an II (5 février 1794) : « Il faut étouffer les ennemis intérieurs et extérieurs de la République ou périr avec elle. Or dans cette situation, la première maxime de notre politique doit être qu'on conduit le peuple par la raison et les ennemis du peuple par la terreur. Si le ressort du gouvernement populaire dans la paix est la vertu, le ressort du gouvernement populaire en révolution est à la fois la vertu et la terreur ; la vertu sans laquelle la terreur est funeste ; la terreur sans laquelle la vertu est impuissante. » Historiquement, la terreur révolutionnaire a débuté le 5 septembre 1793 sous la Convention – à l'ordre du jour de laquelle elle fut inscrite et décrétée – et s'est achevée le 27 juillet 1794 (9 thermidor an II) avec la chute de Robespierre. Il est bien évident que la mécanique infernale ainsi enclenchée ne s'est pas arrêtée instantanément et que des actes de terreur ont encore été perpétrés après cette fin juillet de l'an II, en raison notamment du zèle des exécutants. Ce qu'il convient d'observer, c'est la manière dont s'est mis en place ce système au cours d'une révolution qui, fruit du siècle des Lumières et des écrits de Jean-Jacques Rousseau, a donné naissance aux droits de l'homme et du citoyen, mais a également inventé la terreur d'État au nom de la vertu. C'est le 21 octobre 1789, donc dans les premiers mois du déclenchement du processus révolutionnaire, qu'a été créé le « comité de recherches » investi de la mission de déjouer les complots contre la Révolution. Cette structure, dont on conçoit parfaitement qu'elle ait pu exister tant la Révolution française ne suscitait pas un enthousiasme excessif chez ses voisins monarchistes européens, a rapidement mis en place une véritable politique de délation généralisée, avec rétribution à la clef pour les délateurs. Ce comité, comme toutes les autres institutions de ce type, a bien évidemment essuyé de très vives critiques. Pour les contrer et démontrer son utilité vitale, il a inventé et créé de toutes pièces complots et machinations. Un peu comme l'a parfois fait la CIA, serait-on tenté d'ajouter…

Mais entre la violence collective qui a présidé aux premiers temps de la Révolution et la terreur stratégique qui a tenu lieu pendant un peu moins d'un an de système de gouvernement, il y a à l'évidence une différence de nature.

La terreur d'État ainsi mise en place s'est appuyée sur des institutions *ad hoc* créées pour les besoins de la cause. Le Comité de salut public créé le 6 avril 1793 pour prendre la suite du Comité de sûreté générale et le tribunal révolutionnaire créé quant à lui dès le 9 mars 1793 ont illustré chacun dans leur domaine l'adage « Qui veut la fin veut les moyens ». La fin poursuivie par la Terreur était de faire « un homme nouveau ». Et les moyens se sont concrétisés par la mise en place d'une stratégie d'extermination des « ennemis du peuple », par la sanglante campagne de Vendée et la politique de la terre brûlée. L'apologie de la terreur faite par Saint-Just s'est exprimée le 10 octobre 1793 au nom du Comité de salut public. Elle est annonciatrice des totalitarismes du XXe siècle : « Il n'y a point de prospérité à espérer tant que le dernier ennemi de la liberté respirera. Vous avez à punir non seulement les traîtres, mais les indifférents mêmes ; vous avez à punir quiconque est passif dans la République et ne fait rien pour elle. Or depuis que le peuple français a manifesté sa volonté, tout ce qui lui est opposé est hors le souverain ; tout ce qui est hors le souverain est ennemi… Il faut gouverner par le fer ceux qui ne peuvent l'être par la justice : il faut opprimer les tyrans. » Presque du Charles Pasqua déclinant la nécessité de « terroriser les terroristes ». Cette terreur a finalement provoqué, selon les estimations actuelles, la mort de 200 000 à 300 000 personnes sur une population qui comptait à l'époque 28 millions d'habitants. Elle était, à ce point de vue, annonciatrice des systèmes révolutionnaires du XXe siècle, et notamment de la révolution bolchevique.

La liberté, les droits de l'homme et la démocratie sont donc nés à la même époque que le terrorisme d'État, le totalitarisme et la guerre totale puisque la Convention, au cours du premier trimestre 1793, a déclaré la guerre à l'Angleterre, à la Hollande et à l'Espagne, avant d'entreprendre la campagne de Vendée avec, non plus comme sous la monarchie, une armée limitée, mais avec des citoyens dûment appelés en application du principe de la conscription. Après la Révolution française, le cocktail « terrorisme/guerre totale/totalitarisme » réapparaîtra au moment de la révolution russe mais aussi lors des révolutions chinoise et iranienne. Ce qui incite forcément à la réflexion, au moins sur les passions humaines lorsqu'elles s'exacerbent dans la sphère politique... Le bilan de la Révolution française est donc forcément très complexe à établir puisque, ainsi qu'il a été rappelé, la période révolutionnaire a accouché de deux beaux enfants – les droits de l'homme et la démocratie – et d'un monstre – la terreur d'État prélude aux régimes totalitaires contemporains qui, à l'instar de la période révolutionnaire française dans sa version pervertie, ont su aussi tirer un profit propagandiste maximum de simulacres de procès (Marie-Antoinette pour la Terreur, les procès staliniens en URSS) et du culte de la personnalité (Robespierre à compter du printemps 1794, Lénine, Staline, Mao Tsé Toung). En cela, l'épisode de la terreur révolutionnaire en France ne saurait être considéré comme un simple épiphénomène de la Révolution : la terreur d'État ne peut qu'engendrer le totalitarisme et son cortège d'éliminations massives d'opposants de tout poil, ou supposés tels, dès lors que le discours politique sous-tend la transformation radicale de la société et des individus. La Révolution française se situe donc à la charnière de la révolution américaine de 1776, d'inspiration libérale et libertaire, et de la révolution russe de 1917 qui a basculé dans le totalitarisme.

Bien entendu, on pourrait tout aussi bien consacrer de longs développements, sur le même thème, à l'avènement du national-socialisme et à bien d'autres régimes totalitaires issus des entrailles d'un XXe siècle « fécond » en pouvoirs sanglants et liberticides. Pour autant, établir un tel bilan « globalement négatif » n'est pas, pour répondre à votre interrogation, une invitation à la passivité et à la soumission, un renoncement à la révolte et pas davantage une acceptation de l'injustice. C'est modestement un appel à la vigilance et un rappel aux leçons de l'Histoire : combien de fois des idées, même les plus généreuses, n'ont-elles pas servi de paravent à la mise en œuvre de systèmes effrayants de manichéisme et de sectarisme qui ont broyé des millions d'hommes ? En d'autres termes, lorsque du passé on prétend faire « table rase », il y a quelque chance que les convives attablés mais aussi les serviteurs soient tous ensemble balayés.

Il n'est pas anodin non plus de relever que tous les mouvements terroristes du XIXe siècle ont puisé leur inspiration dans les idées des révolutionnaires de 1789. C'est au cours de la seconde moitié de ce siècle-là que sont apparus plusieurs mouvements extrémistes dont bon nombre inscrivaient leurs actions dans l'idéologie anarchiste. C'est ainsi qu'en 1876 a été fondé en Russie un mouvement populiste, les Narodikis, dont le projet était de désorganiser l'État pour récupérer des terres aux mains d'une petite caste de possédants puis de les redistribuer aux paysans. C'est à cette mouvance que l'on doit, après l'assassinat d'un préfet l'année de leur création, le meurtre en 1881 du tsar Alexandre II. L'anarchiste russe Bakounine s'est essayé au XIXe siècle à la théorisation du terrorisme : « Nous refusons toute législation, toute autorité et toute influence privilégiée, patentée, officielle et légale, même sortie du suffrage universel, convaincus qu'elle ne pourrait jamais tourner qu'au profit d'une minorité dominante... Concentrer une force de destruction invincible, voilà toute notre organisation, notre conspiration et notre tâche. » Une quinzaine d'années plus tard, en France, le mouvement anarchiste prenait de l'ampleur et passait à l'action avec, en guise de programme politique, son célèbre slogan : « Forçats de tous ordres, égorgez vos patrons. » Mars et avril 1892 : Ravachol faisait exploser ses bombes à Paris. Arrêté, il fut guillotiné le 11 juillet 1892. À cette époque, il faut bien le constater, je ne sais s'il faut les en féliciter, nos ancêtres de la lutte antiterroriste faisaient donc preuve dans la conduite de leurs affaires d'une extraordinaire célérité, fort éloignée des actuelles lenteurs de la justice antiterroriste et, il faut le dire aussi, de la justice tout court. Autre exemple de cette justice alors expéditive en deux dates : le 9 décembre 1893, Auguste Vaillant faisait sauter sa bombe à clous devant le Palais-Bourbon à Paris ; le 15 février 1894, il était exécuté. Le siècle de la révolution industrielle s'est achevé dans ce climat de violence politique avec l'assassinat, le 24 juin 1894, du président Sadi Carnot.

Bienvenue au XXe siècle. Ça commençait « fort » aux États-Unis d'Amérique, dont le président en exercice était assassiné dès le 6 septembre 1901. En Europe, le Serbe Gavrilo Princip assassinait l'archiduc d'Autriche François-Ferdinand et son épouse le 28 juin 1914. Jaurès une fois assassiné, tout était prêt pour la terreur des gaz et des tranchées... « Plus jamais cela », a-t-on dit quatre ans plus tard, à l'issue du bain de sang. Mais comme tout peut toujours être « amélioré », il restait à « inventer » le terrorisme fomenté par les États. Ce fut fait en 1934, à Marseille, avec l'assassinat de Louis Barthou et d'Alexandre Ier roi de Yougoslavie, par un Croate affilié aux Oustachis dont le but était de lutter contre l'hégémonie serbe en Yougoslavie. Ainsi fut atteint l'objectif poursuivi par les États qui souhaitaient remettre en cause le système de sécurité collectif en Europe mis en place après le traité de Versailles de 1919. Ce type de terrorisme était le précurseur de ceux qui seront initiés quelques décennies plus tard par des pays tels que la Libye, la Syrie et l'Iran, entre autres, et qui auront parfois aussi recours, pour parvenir à leurs fins, à des mercenaires dont les plus célèbres sont Ramirez Sanchez Illich, alias Carlos, et le groupe Abou Nidal.

Sur le plan du terrorisme interne aux États, le XXe siècle a vu l'apparition, à la fin des années 1960, des groupes latino-américains : les Tupamaros en Uruguay, les Monteneros en Argentine, le Sentier lumineux au Pérou, puis ultérieurement les FARC en Colombie... Terroristes ou guérilleros ? Ou encore narcoterroristes ? La victoire du mouvement révolutionnaire cubain en 1959 a favorisé l'éclosion de nombreuses guérillas rurales se réclamant du castrisme sur le continent latino-américain. Ces organisations-là s'efforçaient de mettre en pratique la théorie du foyer (« *foco* ») selon laquelle une poignée de guérilleros déterminés pouvaient entraîner dans la lutte armée, par leur exemple et leur sacrifice, la masse des paysans vivants dans leur zone d'implantation. La plupart de ces groupes furent assez rapidement liquidés, en particulier au Pérou en 1965 et en Bolivie en 1967 malgré la présence dans ce dernier pays d'Ernesto Che Guevara. Après la mort du « Che », le 9 octobre 1967, Fidel Castro a parfaitement compris le parti qui pouvait être tiré de l'événement : « Le Che est plus dangereux mort que vivant. »

À la fin des années 1960, ce sont les mouvements implantés au Venezuela, au Nicaragua, en Colombie ou au Guatemala qui furent réduits à l'impuissance. Mais parallèlement s'étaient développés, à la même époque, des mouvements de guérillas urbaines qui ont transposé la théorie du « foyer » dans les villes. Cette stratégie qui a été mise en œuvre en Argentine, en Uruguay et au Brésil a également échoué. En effet, les partis communistes orthodoxes ont sur le continent sud-américain toujours privilégié la conquête du pouvoir par la voie électorale, en dépit de la tragique expérience chilienne. Mais la victoire militaire des sandinistes au Nicaragua en 1979 a fourni de nouveaux arguments aux partisans de la lutte armée.

Depuis la guerre civile qui a déchiré la Colombie entre 1946 et 1953, la guérilla est devenue un phénomène endémique dans ce pays. Les Forces armées révolutionnaires de Colombie (FARC), proches du parti communiste, ne sont que le prolongement des groupes d'autodéfense paysans des années 1950 ; l'Armée de libération nationale (ELN) se réclame du castrisme. Quant à l'Armée de libération des pauvres (EPL), elle se réclame du maoïsme. Tous ces groupes sont divisés idéologiquement et se sont implantés dans des zones rurales peu accessibles. En conséquence, ils n'ont eu que peu d'influence sur la vie politique du pays jusqu'à 1981, année au cours de laquelle leur activisme a connu un regain d'activité. La Colombie est le seul pays d'Amérique latine où la guérilla a opéré sans discontinuité depuis 1965.

Au Salvador, le développement des mouvements de guérillas a connu un franc succès au cours de la décennie 1970. La situation politique du pays a favorisé le renforcement de la guérilla puisque l'opposition était exclue du jeu politique et que la junte militaire au pouvoir truquait les élections, se refusait à la moindre réforme sociale et était opposée à la réforme agraire. Le Guatemala qui a une frontière commune avec le Salvador présente la particularité de voir 60 % de sa population parler une langue locale. En effet, la civilisation maya a légué aux habitants du pays bon nombre de spécificités religieuses et culturelles. Pendant les années 1980, il y avait quatre organisations de guérilleros dans le pays. Le Parti communiste orthodoxe (PGT) et les Forces armées rebelles (FAR) inscrivaient leur démarche dans la lutte des classes tandis que l'Organisation du peuple en arme (ORPA) et l'Armée de guérilla du peuple (EGP) privilégiaient l'importance des éléments ethniques. Pour lutter contre ces mouvements, l'armée guatémaltèque a pratiqué de manière intensive la politique de la terre brûlée, à tel point que certains ont pu comparer cette violence d'État à un véritable génocide. Enfin, c'est en mai 1980 que l'organisation maoïste péruvienne Sentier lumineux a signé sa première action militaire. L'armée s'est engagée dans une répression brutale en 1983. En l'espace de trois ans, on a dénombré 2 000 morts, toutes victimes confondues.

À la même époque, aux États-Unis, au Japon et en Europe occidentale, des mouvements clandestins violents trouvaient leur inspiration dans le marxisme-léninisme : les Brigades rouges italiennes (« *Brigate Rosse* »), l'Armée rouge japonaise, la Rote Armee Fraktion (RAF) dite « bande à Baader-Meinhof », en République fédérale d'Allemagne, Action directe en ses deux factions, nationale (dite branche lyonnaise) et internationale, en France, les Groupes de résistance antifasciste du premier octobre (GRAPO) en Espagne, les cellules communistes combattantes (CCC) en Belgique, tous mouvements qui se définissaient, non sans prétention – « nous pensons et agissons pour vous, pour votre bien » –, comme l'avant-garde du prolétariat et qui fondaient leur stratégie sur le cycle mécanique, ou plutôt le postulat « Provocation, Répression, Adhésion et Révolution ». On attend encore ! Tous ces mouvements d'obédience marxiste-léniniste ont dépéri au cours de la décennie 1980, essentiellement en raison de l'absence d'assise populaire. Pour autant, la résurgence d'organisations se revendiquant du terrorisme révolutionnaire n'est pas à exclure dans les sociétés occidentales, l'accès de fièvre, il y a quelques années, des Nouvelles Brigades rouges en Italie, et les tentatives de réactivation des GRAPO en Espagne devant manifestement inciter à la prudence. Car si selon l'adage, l'histoire ne se répète jamais, elle a parfois tendance à bégayer.

Quelques mots sur Action directe et quelques autres sur la « Rote Armée Fraktion » ne me paraissent pas superflus pour se remémorer ces années-là car le terrorisme n'est pas qu'un concept, il est aussi et avant tout une réalité sanglante et la plupart du temps particulièrement sordide. On peut considérer qu'en France l'extrême gauche a été un temps préservée de la tentation terroriste par l'autodissolution de la gauche prolétarienne chère à Jean-Paul Sartre. Mais un temps seulement puisque, quelques années plus tard, Action directe est née de la convergence de groupuscules adeptes et sans doute aussi nostalgiques de l'insurrection tels que les GARI, créés en 1973 par des anarchistes espagnols réfugiés à

Toulouse, et les Noyaux armés pour l'autonomie populaire (NAPAP), ceux-là mêmes qui ont assassiné en 1977 l'ancien vigile de chez Renault, Antoine Tramoni, le meurtrier en 1972 du jeune militant maoïste Pierre Overney. Cette naissance d'Action directe ne peut pas non plus être dissociée de l'influence qu'exerçaient à l'époque sur l'extrême gauche française les Brigades internationales qui, créées à la suite du putsch chilien du 11 septembre 1973, s'étaient illustrées en s'attaquant à des diplomates chiliens en poste à Paris. Ils revendiquaient l'action directe comme étant « la forme de lutte des authentiques révolutionnaires » selon l'expression chère à Régis Schleicher. Tous ces groupes-là ont mené durant la deuxième moitié de la décennie 1970 des actions violentes parallèles. Ce n'est qu'après l'amnistie dont elle a bénéficié en 1981 qu'Action directe s'est resserrée autour d'un noyau dur à la faveur cette fois d'autres influences extérieures : celle des Fractions armées révolutionnaires libanaises (FARL) qui, après l'invasion du Liban par l'armée israélienne, s'étaient repliées en Europe et celle du mouvement italien Prima Linea dont beaucoup d'activistes s'étaient réfugiés à Paris.

Les actions terroristes d'Action directe visaient, dans une période d'accroissement du chômage, de déstructuration économique et de reflux des luttes syndicales, à lutter contre « le complexe militaro-industriel ». C'est ainsi que « s'expliquent » les assassinats du général Audran en 1985 et du PDG de la régie nationale des usines Renault, Georges Besse, en 1986. En outre, il faut signaler qu'Action directe avait noué des liens intellectuels mais aussi opérationnels avec d'autres mouvements européens du même type et notamment avec la Rote Armée Fraktion (RAF) dite « bande à Baader-Meinhof » et avec les Cellules combattantes communistes (CCC) belges. Ces liens n'ont été véritablement établis et révélés qu'au cours de l'année 1985.

Il serait fastidieux d'énumérer toutes les actions terroristes perpétrées à la fin des années 1970 jusqu'à la fin de l'année 1987 par les deux branches de la mouvance Action directe, la branche nationale et la branche internationale. On ne saurait quand même faire l'économie des actions les plus marquantes ou les plus symboliques perpétrées par cette organisation terroriste bicéphale. Le 15 avril 1986, le vice-président du Centre national du patronat français (CNPF), l'ancêtre du MEDEF, Guy Brana, est sorti indemne d'un attentat perpétré à la sortie de son domicile : son véhicule venait d'être mitraillé par des inconnus qui ont blessé son chauffeur. Dans la nuit du 5 au 6 juillet 1986, ce sont les locaux parisiens des sociétés Thomson et Air Liquide qui toutes deux travaillent pour le ministère de la Défense qui ont été la cible d'attentats par explosif qui occasionnèrent de lourds dégâts matériels. Action directe revendiquera ces actions et indiquera qu'elles visaient « la collaboration capitalistique » de l'État français avec l'Afrique du Sud.

Le 9 juillet 1986, une bombe explose dans les locaux de la Brigade de répression du banditisme (BRB) implantés dans une annexe de la préfecture de police de Paris dans l'île de la Cité. L'inspecteur divisionnaire Marcel Basdevant trouve la mort à l'occasion de cette action terroriste qui blesse en outre vingt-deux personnes. Dans son communiqué de revendication du 11 juillet 1986, Action directe prend le soin de préciser que l'action a été perpétrée par un commando « Loïc Lefevre » qui est précisément le nom d'un jeune homme tué à Paris le 5 juillet par le CRS Gilles Burgos. L'auteur de cette action criminelle et sanglante n'est autre que Maxime Frérot, membre de la branche lyonnaise d'Action directe et artificier du groupe.

Le 17 novembre 1986, le PDG de la régie Renault, Georges Besse, qui regagne son domicile parisien dans le XVIe arrondissement aux environs de 20 heures est abattu par deux jeunes femmes qui, leur crime consommé, prennent la fuite. Le lendemain, des tracts d'Action directe signés « commando Pierre-Overney », du nom du militant maoïste tué en 1972 par un vigile de la régie Renault, sont découverts. Le ministre de l'Intérieur fait placarder dans les rues de Paris et autres lieux publics une affiche comportant les photographies de Joëlle Aubron et de Nathalie Ménignon et promet un million de francs à toute personne susceptible d'apporter des renseignements utiles à l'enquête en cours. Cette « technique » de la récompense sera également utilisée en Corse puis ultérieurement dans l'affaire de Georges Ibrahim Abdallah. C'est le 9 janvier 1989 que s'ouvrira le procès des assassins, encore présumés, de Georges Besse. Dès la première audience, les accusés Rouillan, Cipriani, Aubron et Ménigon se feront expulser du prétoire pour insolence. Le lendemain, ils refuseront d'assister aux débats et le 14 janvier, ils seront tous les quatre condamnés à la même peine, la réclusion criminelle à perpétuité. Le 19 mai 1994, Nathalie Ménigon, Joëlle Aubron, Georges Cipriani et Jean-Marc Rouillan seront une nouvelle fois condamnés à perpétuité pour leur implication dans cinq actions violentes commises entre 1984 et 1986 et parmi elles l'assassinat du général Audran en 1985.

On ne saurait omettre de signaler que dans le cadre de sa lutte contre les représentants de la République, Action directe avait tenté, le 15 décembre 1986, d'assassiner l'ancien ministre de la Justice Alain Peyrefitte, promoteur de la loi « sécurité et liberté » : sa voiture conduite par un employé de la mairie de Provins, localité dont l'ancien garde des Sceaux était le maire, était détruite par une explosion. Le conducteur perdait la vie dans cet attentat.

C'est le 21 février 1987 que la branche internationale d'Action directe a été décapitée. Suite à un renseignement obtenu par la Direction centrale des renseignements généraux, le RAID investit une ferme isolée de Vitry-aux-Loges dans le Loiret. Nathalie Ménigon, Joëlle Aubron, Georges Cipriani et Jean-Marc Rouillan sont arrêtés. Dès après l'arrestation, des membres du gouvernement de Jacques Chirac reprochent au président François Mitterrand l'amnistie de 1981 dont ont bénéficié les membres d'Action directe. Le 23 février, à l'occasion d'un voyage présidentiel dans le Puy-de-Dôme, le président de la République dénonce « les polémiques bassement politiciennes » et les jugements « d'une extrême légèreté ou d'une extrême indignité ».

Et c'est le 27 novembre 1987 que l'artificier de la branche lyonnaise d'Action directe, Maxime Frérot, fut à son tour arrêté à l'occasion d'un contrôle d'identité. Il a été condamné le 29 juin 1989 par la cour d'assises du Rhône spécialement composée, avec une vingtaine d'autres membres de la branche lyonnaise d'Action directe qui avaient à répondre, chacun pour ce qui les concerne, des chefs d'association de malfaiteurs en relation avec une entreprise terroriste, de trente-quatre vols à main armée et de trois homicides, tous crimes en relation avec une entreprise terroriste. Les peines les plus lourdes ont été infligées à l'enseignant André Olivier, Maxime Frérot, Émile Ballandras, Bernard Blanc, Jean-Charles Laporal et à Joëlle Crepet qui formaient le noyau dur de l'organisation dans son versant lyonnais. Tous ceux-là seront une nouvelle fois jugés au mois de juin 1995 par la cour d'assises de Paris spécialement composée pour toute une série d'attentats et de mitraillages perpétrés dans ces années-là dans la capitale. Ils seront une nouvelle fois condamnés à de lourdes peines.

Nos voisins d'outre-Rhin ont eu, eux aussi, à souffrir des exactions sanglantes d'un mouvement anarchiste prônant la guérilla urbaine et la résistance armée. Les gens de ma génération se souviennent de la « bande à Baader-Ensslin » devenue ensuite la « bande à Baader-Meinhof » après que Ulrike Meinhof est parvenue à faire évader les deux leaders du mouvement qui avaient été arrêtés. La fin des années 1960 et le début des années 1970 ont été marquées en Allemagne par un climat extrêmement pesant qui est relaté et stigmatisé dans un roman d'Heinrich Böll dont il sera tiré un film en 1975, *L'Honneur perdu de Katharina Blum.* Dans son œuvre, l'auteur décrit l'hystérie antiterroriste de l'époque qui fait que tous les opposants virtuels ou effectifs à la politique gouvernementale étaient peu ou prou assimilés à des terroristes par un gouvernement qui exploitait à fond la psychose de la peur. En République fédérale d'Allemagne (RFA), à compter de 1972, s'est effectivement développé un concept, au demeurant extrêmement flou, d'« ennemi de la constitution ». Il est à signaler que ce n'était pas le tribunal constitutionnel qui déterminait qui était ou non « ennemi de la constitution » mais le gouvernement. À cette même époque, contrairement à la France, en Allemagne mais aussi en Suisse et en Belgique, il était interdit aux membres des formations d'obédience marxiste et notamment aux communistes d'intégrer la fonction publique.

C'est dans ce climat lourd, alors que la jeunesse étudiante des pays d'Europe occidentale avait manifesté son refus des valeurs purement marchandes de la société, que des trajectoires individuelles se sont orientées vers la violence politique. L'exemple de Ulrike Meinhof est à cet égard assez édifiant. Âgée d'une petite trentaine d'années, elle avait toujours condamné le recours à la violence mais avait finalement fait le choix du terrorisme après l'attentat perpétré le 11 avril 1968 contre le leader de la contestation étudiante Rudy Dutschke dit « Rudy le rouge » et rejoint les rangs de la bande d'Andreas Baader et de Gudrun Ensslin. Cette tentative d'assassinat avait été perpétrée par un ouvrier de 23 ans, manifestement simple d'esprit et sans doute influencé par les campagnes haineuses du groupe de presse dirigé par Axel Springer. Le 14 mai 1970, au cours d'une action commando, Ulrike Meinhof fit donc évader Baader de sa prison de Berlin-Ouest. Et la spirale de la violence extrême, momentanément interrompue, put reprendre son cours. Formés dans les camps palestiniens, les membres de la Rote Armee Fraktion (RAF) revenaient clandestinement en RFA pour y perpétrer hold-up et attentats. Arrêtée avec d'autres membres de l'organisation le 15 juin 1972 à Hanovre, elle fut jugée en 1975 avec les activistes Andreas Baader, Gudrun Ensslin et Jan Carl Raspe. La bande à Baader eut alors à répondre de cinq assassinats, de plusieurs dizaines de tentatives de meurtres, d'un nombre impressionnants de hold-up et de nombreux attentats. Le 9 mai 1976, Ulrike Meinhof alors âgée de 49 ans fut retrouvée pendue aux barreaux de la cellule de la prison de Stuttgart. Ses avocats, en dépit de deux autopsies aux résultats concordants, devaient mettre en cause la thèse du suicide. C'était le troisième décès en prison d'un membre de la Rote Armee Fraktion après celui d'Holger Meins, décédé des suites d'une grève de la faim, et de celui d'un autre activiste incarcéré, mort des suites d'un cancer.

Le 7 avril 1977, le président de la Dresdner Bank, Jürgen Ponto, fut assassiné. Le même jour, le procureur général fédéral, Siegfried Buback, qui avait dirigé l'enquête qui avait conduit à l'arrestation de la bande à Baader et soutenu l'accusation lors de leur procès à Stuttgart en mai 1975 fut également abattu. Le 5 septembre 1977, le président du patronat allemand, Hans Martin Schleyer (un ancien nazi), fut enlevé à Cologne. À l'occasion de ce rapt, son chauffeur et les trois policiers de son escorte furent abattus. Les ravisseurs exigeaient la libération de onze membres du groupe Baader-Meinhof mais aussi de deux Palestiniens détenus dans les prisons turques. En outre, ils demandaient le versement à chacun des prisonniers d'une somme de 100 000 Deutsch Mark et la mise à disposition d'un avion pour le pays de leur choix. Le 13 octobre 1977, le Boeing 737 de la Lufthansa assurant la liaison de Palma de Majorque à Francfort à bord duquel se trouvaient quatre-vingt-onze personnes était détourné par un commando de quatre individus, trois Allemands et une Palestinienne, qui menacèrent d'exécuter les passagers ainsi que le patron des patrons Hans Martin Schleyer, enlevé cinq semaines auparavant, si leurs revendications, déjà formulées en septembre, n'étaient pas cette fois satisfaites. L'avion se posait en catastrophe à Aden au Yémen. Après avoir tué l'un des pilotes, le 16 octobre 1977, les terroristes et leurs otages se rendaient à Mogadiscio en Somalie. Le 18 octobre 1977, peu après minuit, les forces antiterroristes ouest-allemandes tuaient trois des terroristes et blessaient la quatrième. En moins de trois minutes, les passagers étaient libérés. À cette époque-là, la Rote Arme Fraktion, l'Armée rouge japonaise et le FPLP de Georges Habache s'entraidaient mutuellement. Waddid Haddad, proche de Georges Habache, avait quitté le FPLP pour s'engager dans le mercenariat terroriste. C'est son groupe qui avait répondu à l'appel de la bande à Baader pour participer au détournement de l'avion de la Lufthansa.

Et c'est ce même 18 octobre au petit matin que les corps d'Andreas Baader et de Jan Carl Raspe furent découverts dans leur cellule. La mort avait été administrée par balle. Gudrun Ensslin fut également découverte morte dans sa prison, pendue. Une quatrième terroriste, Irmgar Möller, fut quant à elle découverte dans un état désespéré, blessée par arme blanche, dans sa cellule de Stuttgart. Les autorités ouest-allemandes avancèrent la thèse selon laquelle tous ces activistes s'étaient suicidés, de manière concertée, dans cette prison de haute sécurité. Le 16 novembre 1977, l'avocat des activistes Klaus Croissant était extradé de France vers la RFA. Entre-temps, le corps du patron des patrons, Hans Martin Schleyer, fut découvert dans le coffre d'une voiture.

Le 26 septembre 1980, c'est l'extrême droite qui se rappela « au mauvais souvenir » des dirigeants et de la population allemande : à l'Oktober Fest (la fête de la bière à Munich) douze personnes furent tuées et cent quarante blessées à l'occasion d'un attentat par explosif perpétré par un étudiant de vingt et un ans qui a trouvé la mort dans l'explosion de la charge qu'il avait posée. L'enquête a permis d'établir qu'il avait agi pour le compte du « Groupe sportif de défense » de Karl Heinz Hoffman, un groupuscule néo-nazi.

Une dizaine d'années après la mort des dirigeants de la bande à Baader, l'Allemagne de l'Ouest fut confrontée à une « réplique sismique » du terrorisme révolutionnaire : le 9 juillet 1986, l'un des dirigeants du groupe Siemens fut tué avec son chauffeur par une bombe qui avait explosé lors du passage de leur voiture à Munich. Ce nouvel attentat fut revendiqué par la Fraction armée rouge qui expliqua en la circonstance que la victime, ancien directeur d'un centre ouest-allemand de recherche nucléaire, avait collaboré à la réalisation du programme nucléaire du Parti social démocrate (SPD). Et le 10 octobre 1986, Gerold von Braunmühl, directeur politique au ministère des Affaires étrangères fut abattu à son tour devant son domicile à Bonn, la capitale de la République fédérale d'Allemagne, par deux individus qui prirent la fuite. L'action fut revendiquée au nom d'un « commando Ingrid-Schubert » du nom d'une militante de la Fraction Armée rouge morte en 1977 à la prison de Münich. Et le 1er avril 1991, Detlev Rohwedder, président d'un organisme chargé de gérer et de privatiser le patrimoine industriel et financier de l'ex-RDA fut assassiné à son domicile de Düsseldorf. Cet attentat a été revendiqué par la Rote Armee Fraktion qui devait sans doute regretter la réunification allemande qui allait priver bon nombre de mouvances terroristes du sanctuaire que représentait pour elles la RDA

C'est le 6 juin 1990 seulement que l'une des terroristes les plus recherchées en Allemagne, Suzanne Albrecht, membre de la RAF, a été arrêtée dans la banlieue de Berlin-Est. Elle était recherchée depuis près de treize ans comme l'un des auteurs présumés de l'assassinat le 7 avril 1977 du PDG de la Dresdner Bank près de Francfort. Dans les jours qui suivirent, sept autres terroristes furent arrêtés. L'enquête relative à cet assassinat a permis de mettre en évidence l'hospitalité offerte par le régime communiste de la République démocratique d'Allemagne (RDA) aux activistes de tout poil. À l'époque de la guerre froide mais aussi postérieurement et jusqu'à la réunification allemande, une alliance objective avait été nouée entre les dirigeants de la RDA et tous ceux qui cherchaient à déstabiliser la République fédérale d'Allemagne. La collusion entre le terrorisme international et la police politique est-allemande, la Stasi, a largement été démontrée postérieurement à la réunification par l'exploitation des archives de cette police politique. Dans le même registre, le 26 juin 1990, le nouveau ministre de l'Intérieur hongrois Balazs Horvath a révélé devant le parlement de Budapest que le groupe terroriste de Carlos, dont les actions et exactions ont ensanglanté l'Europe à la fin des années 1970 et au cours de la décennie 1980, avait un temps trouvé refuge auprès des autorités communistes magyares avant de bénéficier de l'hospitalité de la Roumanie de Ceaucescu puis de celle de la République démocratique d'Allemagne.

Seuls ont survécu au cours des dernières années les mouvements terroristes qui, tout en se revendiquant souvent d'une idéologie révolutionnaire, s'inscrivent dans une perspective nationaliste, indépendantiste ou séparatiste. En d'autres termes, dans la revendication à la souveraineté sur un territoire. Tel fut le cas jusqu'à il y a peu de l'Armée républicaine irlandaise (IRA) sur laquelle je reviendrai. Et tel est toujours le cas du Front de libération nationale de la Corse (FLNC) fondé en 1976, qui, depuis la fin des années 1980, écrit son histoire de scissions en dissidences, péniblement masquées par des tentatives de pseudo-recompositions unitaires sur fond de dérives affairistes. Sans oublier l'ETA, créée dans les années 1950 sous la dictature franquiste et qui actuellement continue de faire de la violence politique son mode d'expression privilégié pour ne pas dire son credo. J'y reviendrai aussi. Pour mémoire, j'aurais pu citer également le mouvement Iparretarak apparu en Espagne en 1973 qui constituait la composante la plus active de la mouvance Abertzale, qui se définissait comme une organisation révolutionnaire socialiste basque de libération nationale, ainsi que le contre-terrorisme des GAL et ses actions manifestement terroristes entreprises pour lutter contre l'ETA. Et enfin, le Front de libération de la Bretagne (FLB) puis l'Armée révolutionnaire bretonne (ARB) qui, depuis 1967, se sont succédé dans l'action violente, destinée à obtenir l'indépendance ou, pour les plus modérés de leurs membres, une plus grande autonomie de cette région française.

Quelles sont les singularités de l'évolution du terrorisme au cours des quatre dernières décennies ? Quels ont été selon vous les moments charnières de cette évolution ? Est-ce que le 11 Septembre peut être considéré comme une rupture radicale, non seulement par son intensité, mais aussi par ce qu'il a révélé du pouvoir de l'image dans la conduite du gouvernement d'un pays comme les États-Unis ?

Non, le 11 septembre 2001 n'est pas un accident de l'histoire, c'est une « simple » évolution de l'histoire du terrorisme. Et de la violence dans le monde, qui « s'adapte » et utilise chaque jour davantage des moyens plus sophistiqués. Que les Américains aient été sidérés par cette action effroyable n'a rien d'étonnant. L'horreur que représente l'effondrement des tours jumelles, la lente agonie de leurs occupants et des sauveteurs, mais aussi le calvaire des passagers des avions dans les longues minutes qui ont précédé les crashs, rendent une telle réaction bien compréhensible. Et je crois que nous avons eu tendance, en Europe, à la minimiser, en tout cas à l'oublier trop rapidement. Imaginons un bref instant qu'une telle action terroriste ait été perpétrée contre la tour Montparnasse à Paris... Quel serait notre « état d'esprit » ? Mais la sidération s'explique aussi par la certitude qu'avaient les Américains de vivre sur un « continent-sanctuaire », et ce malgré le premier attentat perpétré contre le World Trade Center en 1993. Certes, ils avaient dû prendre l'habitude d'être frappés à l'étranger, dans leurs représentations diplomatiques ou leurs intérêts économiques. Mais ils n'imaginaient pas pouvoir être frappés par des étrangers sur leur sol, convaincus d'être à l'abri de ce risque grâce aux immenses moyens techniques de défense déployés pour « sanctuariser » leur pays. Ce qui, par contre, a sans aucun doute constitué une rupture dans les attentats du 11 Septembre, c'est leur médiatisation exceptionnelle et l'extrême efficacité de la déroute symbolique qu'ils ont engendrée. Cette tragédie est devenue l'événement le plus filmé et le plus regardé de l'histoire. En cela les terroristes ont pleinement atteint leur but. La propagande, ainsi qu'il sera dit et redit, est une dimension essentielle du terrorisme ; elle lui est même consubstantielle : il faut *faire savoir* pour populariser la thèse que l'on défend. En termes de communication, le 11 Septembre constitue indéniablement l'événement le plus élaboré de l'histoire du terrorisme.

Pour répondre à la première partie de votre question, il n'est pas inutile de rappeler que l'internationalisation du terrorisme n'est pas une donnée nouvelle. Si les mouvements terroristes d'extrême gauche des années 1970 que nous avons évoqués, et bien avant eux les terrorismes russe et anarchiste en France, se sont toujours réclamés de l'internationalisme, l'acte de naissance du terrorisme international est sans doute à rechercher dans les conséquences directes de la guerre des Six-Jours. Privés de territoire national, les Palestiniens ont inauguré, dès 1968, un nouveau type d'action terroriste, au départ basé sur la médiatisation mondiale de leur cause, en détournant un avion de la compagnie israélienne El-Al. Ils se rendront ensuite tristement célèbres en assassinant, durant les Jeux olympiques de Munich en 1972, tous les membres de la délégation israélienne. Encore faut-il reconnaître qu'il s'agissait là d'un terrorisme de substitution à la guérilla, habité par des revendications nationalistes et caractérisé par l'incontestable légitimité d'un peuple rejeté de toutes parts, et qui n'a pas été toujours bien accueilli dans les camps de réfugiés du Liban ni dans les autres pays arabes. Ce terrorisme palestinien était à ses origines, il ne faut pas l'oublier, laïc.

L'invention du terrorisme « mondialisé »

Je suggère qu'avant d'aborder ce problème, nous nous mettions d'accord sur les mots. Il y a eu en effet trop de dérives et d'amalgames, largement consacrés désormais par la plupart des médias et des « experts ». Je préfère donc préciser en préambule que j'utiliserai le terme « islamiste », pour désigner ceux qui mènent une action politique non violente pour mettre en place des régimes politiques subordonnant le politique au religieux, et celui de « djihadiste » pour désigner ceux qui ont choisi la lutte armée et l'action terroriste, pour imposer des régimes religieux fondamentalistes.

En effet, les mots ont un sens et les problèmes de définition sont cruciaux. L'islam n'est pas l'islamisme, concept auquel les Anglo-Saxons substituent de préférence celui de fondamentalisme. L'islamisme peut être défini comme étant la volonté de « réislamiser » la société par l'application stricte de la loi coranique, la charia, et par un retour aux sources de l'islam, à savoir le Coran – dont il est fait une lecture radicale –, et la sunna, c'est-à-dire la tradition. On peut d'ores et déjà relever qu'il y a donc, en dehors de la portée religieuse, une vraie revendication politique dans l'islamisme, qui prétend organiser la société, la communauté des croyants (l'oumma) selon les règles issues du texte religieux et les interprétations de ce dernier par les « anciens ».

L'islam est cité et religion ; il convient donc de rendre à Dieu ce qui lui appartient mais aussi de lui donner ce qui appartient à César... Le terme « *salaf* » signifie « le retour à la vie des ancêtres ». Le salafisme est un mouvement extrêmement rigoriste, puritain, aux manifestations rituelles exacerbées, qui veut retrouver l'islam des origines, et s'en tient à une lecture littérale des textes, se refusant à toute interprétation et à toute adaptation aux mœurs et contingences de l'époque. Le salafisme implique donc, par son essence même, un contrôle absolu sur la vie sociale et familiale du croyant, lequel progressivement s'isole de la société. Cette « procédure » d'endoctrinement rappelle étrangement celle des sectes. Et c'est de ce terreau qu'est issu dans le courant de la décennie 1970 le terrorisme djihadiste avec le mouvement Takfir wal Hijra, qui se considère lui aussi comme le seul représentant authentique de l'islam. À compter du milieu des années 1990, les GIA algériens recruteront d'ailleurs de nombreux takfiris. Un mot aussi sur le djihad : ce terme signifie, dans la compréhension commune, la guerre sainte menée par les islamistes contre les pays occidentaux. Pourtant, sa signification première est « l'effort pour promouvoir sur terre les droits de Dieu » et en premier l'effort que l'on fait sur soi pour être un bon musulman. En deuxième lieu, le djihad est l'effort qui est attendu du croyant pour faire de ses proches de bons musulmans. Et enfin, le terme désigne la guerre que doivent mener les musulmans pour défendre leur culte et pouvoir l'exercer en toute liberté sur leur terre.

Considérez-vous qu'il y ait une sorte d'acte de naissance de ce qui est maintenant désigné sous l'appellation de « terrorisme islamiste » ou de « terrorisme mondialisé » ?

La naissance du terrorisme islamiste contemporain remonte aux années 1980, après l'installation de la république islamique en Iran, en 1979. Je pense que l'on peut considérer l'assassinat du président égyptien Sadate, le 6 octobre 1981, comme marquant les prémisses du terrorisme islamique actuel. Il fut orchestré et perpétré par le Djihad islamique, qui cherchait à développer l'idéologie fondamentaliste en s'appuyant sur la violence et qui contestait tant la politique de Sadate que son attitude vis-à-vis de leur mouvement. Ce groupe était une émanation des Frères musulmans égyptiens, confrérie fondée en 1928 par un instituteur, Hassan Al Banna, qui préconisait, dans un pays marqué par la colonisation britannique, un retour aux sources de l'islam et l'instauration de la charia (c'est-à-dire de la loi révélée par le Coran) comme fondement de la démocratie islamique. Plus précisément, Hassan Al Banna prônait, et ses successeurs prônent encore, un retour à la pratique présumée des anciens, à l'islam sans tache des origines, lequel aurait été corrompu au fil de siècles. C'est cette doctrine-là, celle de l'âge d'or, d'un passé mythifié qui a été théorisé par le fondateur de la confrérie, un peu comme Jean-Jacques Rousseau le fit en son temps avec le mythe du « bon sauvage » corrompu par la société. Hassan Al Banna a été « liquidé » par la police égyptienne le 12 février 1949 après l'assassinat, l'année précédente, d'un juge par un membre des Frères musulmans. Le guide actuel de la confrérie est Mohammed Mahdi Al Akef, qui a passé une bonne partie de sa vie en prison après sa condamnation pour sa participation à la tentative d'assassinat en 1954 à Alexandrie, du Raïs Gamal Abdel Nasser. Ce dernier avait pris le pouvoir deux ans auparavant, le 23 juillet 1952, à l'occasion d'un coup d'État militaire appuyé par les Frères musulmans, dont l'existence politique avait été réautorisée en 1951 après la dissolution du mouvement prononcée en 1946. Mahdi Al Akef, qui avait d'abord été condamné à mort avant de voir sa peine commuée en réclusion perpétuelle, fut libéré par Anouar el-Sadate en 1970, lors de son accession au pouvoir. Sans doute un clin d'œil de l'histoire puisque le président

Sadate sera assassiné onze ans plus tard à l'initiative des Frères musulmans.

Les Frères musulmans ont inspiré au Maghreb et dans la péninsule arabique de nombreuses formations politiques, mais le Soudan est le seul pays où la confrérie, fondée là-bas en 1940, s'est emparée du pouvoir lors d'un coup d'État, le 30 juin 1969, qui a abouti à la mise en place d'une dictature militaire islamiste. Cette ancienne colonie britannique est aux mains d'un régime, aujourd'hui présidé par Omar Hassan Ahmed Al-Bachir, qui a imposé la charia aux populations chrétiennes et animistes du Sud. Depuis 2003, le Darfour, province occidentale du Soudan, subit les exactions du régime de Khartoum, avec son lot de massacres, d'amputations, de viols collectifs, mais aussi de déplacements de populations dans des conditions mettant gravement en péril leur survie. Fort de ses ressources en pétrole, le Soudan, prompt à dénoncer l'éventualité d'un déploiement des Casques bleus au Darfour comme étant la matérialisation d'un complot américain et d'organisations juives, est protégé par la Chine au sein des organisations internationales. C'est ainsi que le massacre en cours peut se poursuivre. C'est précisément le régime de Khartoum qui a offert l'hospitalité à Ben Laden en 1991, lorsque ce dernier fut déchu de sa nationalité saoudienne. Il ne s'agit sans doute pas là d'un pur hasard.

En Palestine, l'association des Frères musulmans a été créée en 1945. Le Mouvement de résistance islamique, le Hamas, fondé le 9 septembre 1987 à Gaza, quelques mois après le début de l'Intifada, se revendique de cette idéologie, tout comme, au Liban, le groupe de la Jamaa Islamiya implanté à Tripoli. La confrérie des Frères musulmans est également présente en Syrie, dans la clandestinité, en dépit de la répression organisée en 1982 par le président Hafez al Assad qui fit dans ses rangs plusieurs milliers de morts. Et en Irak, le Comité des oulémas, qui a participé au premier gouvernement mis en place par les Américains, se revendique aussi de son idéologie. La confrérie inspire aussi maints mouvements en Jordanie, au Koweït, au Yémen, en Algérie, et de manière résiduelle en Tunisie, pays dans lequel elle est interdite.

Comment ont réagi les pays occidentaux à ce changement de « nature » du terrorisme ?

Cette évolution s'est déroulée sous l'œil insuffisamment aguerri, ou en tout cas exercé, des pays occidentaux. Longtemps, ceux-ci n'ont pas voulu admettre que d'autres puissent réfléchir et concevoir le monde d'une manière différente de la leur. À cet égard, le parallélisme avec les certitudes américaines peut être relevé : n'y a-t-il pas eu ce complexe de supériorité des pays dits civilisés vis-à-vis de pays ne partageant par leur culture ? Les défauts de l'analyse de la situation ne trouvent-ils pas leur origine dans une forme de prétention intellectuelle des Occidentaux, convaincus de la supériorité et de la centralité de leur système, au demeurant essentiellement marchand ? N'a-t-on pas commis les mêmes erreurs que celles qui ont présidé, au XIXe et au XXe siècles, à la mise en place des systèmes coloniaux ? Quoi qu'il en soit, ce terrorisme international a frappé principalement l'Europe occidentale, avec une violence et une radicalité accrues par rapport à ce qu'on avait connu jusqu'alors. On n'a pas en effet découvert dans les années 1980 le terrorisme d'État. Mais on a bien été obligé de constater que dans l'ordonnancement du monde émergeaient des États terroristes, c'est-à-dire des États pratiquant à l'aide de leurs services secrets des attentats ou les commanditant, en étant de surcroît les bailleurs de fonds de leurs « auxiliaires » : Libye, Iran, Syrie et, à l'heure actuelle, au moins à titre de bailleurs de fonds, un certain nombre de pays du Golfe, et notamment l'Arabie Saoudite, dont le double jeu est chaque jour davantage perceptible.

Tout le monde connaît en effet les relations quasi adultérines qui se sont nouées après le second conflit mondial entre les Américains et la dynastie des Saoud, peu de temps après Yalta. Le président Roosevelt s'était engagé face au roi Abdelaziz Ibn Saoud à ne rien faire qui soit contraire aux intérêts arabes, à ne prendre aucune initiative dans la région sans concertation avec la monarchie saoudienne et à ne pas encourager l'immigration juive en Palestine. Comme quoi, les promesses n'engagent que ceux qui les croient. Pourtant cette alliance a tenu : les Américains se sont faits les meilleurs défenseurs de la monarchie, laquelle a autorisé les troupes du « grand satan » à s'installer en terre sainte en 1990 pour combattre les troupes de Saddam Hussein lors de la première guerre du Golfe. Et c'est dans cette Arabie Saoudite là qu'était pourtant né, au XVIIIe siècle le wahhabisme, forme fanatique et austère de l'islam qui y prospère encore. À l'évidence, cette hérésie moyenâgeuse n'a pu échapper aux américains et à leurs alliés occidentaux. Mais de fait, les uns et les autres s'en sont accommodés en prenant en considération le fait que ce pilier religieux du pouvoir saoudien concernait un pays possédant les principales ressources pétrolières exploitables… En 1945, le président Roosevelt le savait mais son interlocuteur, le roi Abdelaziz Ibn Saoud l'ignorait. Sans doute parce que ce n'était pas inscrit dans le Coran… Soixante ans plus tard, le wahhabisme nourrit de fait l'islam radical : tous deux trouvent leur source dans les thèses d'un islam millénariste, antichrétien, antisémite, misogyne, replié sur lui-même et décrétant comme ennemi tout ce qui ne lui ressemble pas. Et surtout, la monarchie saoudienne, compte tenu de ses extraordinaires capacités financières tirées de l'exploitation de ses ressources pétrolières, est devenue le banquier des madrassas, des mosquées et des universités. Il s'agit souvent de philantropie. On évalue à plus de 100 millions de dollars annuels les sommes collectées par les œuvres caritatives saoudiennes. Et encore ne s'agit-il là que d'une partie des flux financiers saoudiens qui alimentent le prosélytisme wahhabite. L'histoire est pleine d'exemples illustrant la constatation selon laquelle celui qui finance finit par dicter ses conditions. C'est un point à méditer en France lorsqu'on s'interroge sur le financement de la formation théologique des imams.

À la fin des années 1980, ce qui a donc fondamentalement changé ce n'est pas le terrorisme, c'est l'ordonnancement du monde. Dès l'effondrement du bloc communiste, qui a un temps fait rêver l'Occident à une ère de prospérité économique, de sécurité et de liberté, on a vu émerger plus nettement le fondamentalisme islamique. Ce dernier n'est pas un mouvement qui a évolué à bas bruit : il n'a tout simplement pas été suffisamment pris en considération. Sans doute en raison des mentalités de l'époque : le terrorisme était encore à ce moment-là peu ou prou perçu comme un sous-produit de la guerre froide, relevant de l'action des pays de l'Est qui avaient intérêt à nourrir des foyers de tension chez les alliés des États-Unis, et qui pour ce faire subventionnaient ou soutenaient des mouvements révolutionnaires armés des années 1970. De leur côté, les pays occidentaux, et singulièrement les États-Unis, ont nourri les guérillas contre-révolutionnaires, notamment en Amérique latine, et ont utilisé les mêmes armes, notamment en Afghanistan, lorsque ce pays fut envahi par les troupes soviétiques, disséminant peut-être involontairement, mais en tout état de cause de manière irresponsable, les germes de ce qui constituera par la suite l'organisation du terrorisme islamiste. Après l'ère bipolaire, les multiples tensions nationalistes, ethniques et religieuses se sont exacerbées, aussi bien dans la zone pakistano-afghane, dont on sait à quel point elle fut et demeure propice à la clandestinité nécessaire au terrorisme, qu'en ex-Yougoslavie ou dans le Caucase, et bien entendu au Proche-Orient. Mais c'est avant et parallèlement à ces fractures que s'était développé l'islamisme radical dans une partie du monde musulman, à l'initiative des Frères musulmans.

Dans les années 1990, ce fut au tour de l'Algérie d'être au

cœur du processus de radicalisation, avec la démobilisation des combattants algériens revenus d'Afghanistan, où, dans le cadre du conflit soviéto-afghan, ils avaient formé une sorte d'armée musulmane internationale, entraînée et, au moins indirectement, armée par les États-Unis pour en découdre avec l'occupant soviétique. Le moment charnière de l'histoire récente de ce pays correspond aux élections législatives de janvier 1992, annulées au tout dernier moment car elles étaient sur le point de consacrer la victoire du Front islamique du salut (FIS). En refusant ainsi la sanction du suffrage universel, le pouvoir des généraux algériens a radicalisé un islam fondamentaliste qui lui était fortement opposé, et fait basculer le pays dans la guerre civile. Les Groupes islamiques armés (GIA) se sont laissés aller à commettre les pires exactions contre les populations civiles tandis que, de son côté, la sécurité militaire ne rechignait pas à employer des méthodes particulièrement brutales et souvent criminelles. Concomitamment au développement de cette opposition islamiste, le conflit initialement circonscrit au territoire algérien a été « exporté » sur le territoire français, après que les partisans d'une externalisation du conflit l'aient emporté sur ceux qui y étaient hostiles. Cela donna lieu à la campagne d'attentats de l'été et du début de l'automne 1995, avec comme point de départ la bombe ayant explosé le 25 juillet 1995 dans le RER à la station Saint-Michel à Paris. Cet attentat, comme ceux qui l'ont suivi, a été commis à l'aide de moyens artisanaux sans nécessiter de grands flux financiers.

C'est en 1993 que le gouvernement français a pris conscience, en tout cas en considération, les tentatives des djihadistes de faire de la France une base arrière du conflit algérien : mise en place de structures pour que les combattants des maquis viennent s'y « reposer » et pour alimenter en armes la « rébellion » – ces armes, munitions et explosifs en provenance d'Europe centrale, et notamment des pays de l'ex-Yougoslavie ou des anciens pays de l'Union soviétique, dont les pouvoirs se sont rapidement inclinés devant les mafias, passant dans un premier temps de France en Espagne puis au Maroc, à destination de l'Algérie ; ensuite, lorsque la frontière entre l'Algérie et le Maroc fut fermée, ce trafic s'est réorienté : France, Italie (par les ports de Gênes-La Spezzia et de Naples essentiellement) puis Maghreb. Le travail sur les filières algériennes des services français de lutte antiterroriste, qu'il s'agisse des services de renseignements, de la police judiciaire ou de la justice elle-même, était donc déjà initié quand les attentats de 1995 ont eu lieu, ce qui nous a permis d'avoir pour les orientations d'enquête un délai de réaction beaucoup plus bref.

Je suis surpris que vous ne mentionniez pas la possibilité qu'existe entre services secrets algériens et groupes terroristes une forte porosité. Il est en effet désormais établi que la Sécurité militaire algérienne a orchestré la montée en puissance des groupes djihadistes, en les infiltrant et en favorisant le départ de leurs troupes pour l'Afghanistan. Le GIA aurait peut-être même été créé de toutes pièces – avec bien sûr, en son sein, des gens manipulés et convaincus de faire partie d'une mouvance djihadiste... Cela notamment afin de discréditer le principal adversaire de la petite caste algérienne au pouvoir (ceux que Lounis Aggoun et Jean-Baptiste Rivoire appellent « l'Algérie-Club des Pins », du nom d'un quartier ouest d'Alger qui regroupe la quasi-totalité de la classe dirigeante algérienne), le FIS, et de terroriser la population pour la contrôler. Ils ont ainsi permis de populariser l'amalgame aujourd'hui largement répandu dans les esprits : islamisme = terrorisme. Si je m'étonne que vous ne mentionniez pas cela, c'est parce qu'on sait aussi que les services secrets français étaient au courant de ce qui se passait...

Que la Sécurité militaire algérienne ne soit pas composée uniquement d'enfants de chœur est une évidence que nul ne songe à contester. Que les services secrets, quels qu'ils soient, tentent d'infiltrer les organisations terroristes pour connaître leurs objectifs et modes de fonctionnement, rien que de plus normal. C'est quasiment leur objet social ! Qu'ils puissent avoir une certaine propension à la manipulation est tout aussi clair. Et ce dans tous les pays, y compris en France, où le débat sur un contrôle parlementaire efficient sur ces services est lancé. Pour le reste, l'histoire – et je dirais elle seule – départira les thèses opposées qui s'affrontent lorsqu'il s'agit de faire la part du feu dans les responsabilités à l'évidence partagées qui ont conduit l'Algérie au bain de sang des années 1990. Mais quoi qu'il en soit, le problème qui se posait aux autorités françaises dans ces années-là était de faire en sorte que notre pays ne soit pas transformé en base arrière du conflit sanglant qui déchirait notre ancien département...

Bien qu'à l'évidence vous ne souhaitiez pas prendre position, même de manière spéculative, cet exemple pourrait montrer quel outil de pouvoir représente la manipulation du terrorisme par et pour les États. L'intérêt est à la fois de faire pression sur son opinion publique – directement ou indirectement –, mais aussi de mener entre États des conflits de « basse intensité » par organisations terroristes interposées. On sait aussi quel pré carré continue de représenter l'Algérie pour la France ; on peut penser que la France a pu chercher à favoriser le régime des généraux – un régime notoirement corrompu et violent – en menant des actions visant à discréditer le FIS ou en couvrant de telles pratiques lorsqu'elles étaient fomentées par les services algériens. C'est l'une des conclusions que l'on peut tirer du non-lieu prononcé par le juge Le Loire en 2000 qui a innocenté Moussa Kraouche alors qu'il était considéré jusqu'alors comme un « terroriste »... Que savez-vous de cela ?

On peut bien entendu penser ce que l'on veut des politiques des États et des arrière-pensées qui les conditionnent peu ou prou. Et faire sienne ou non telle thèse ou telle autre sur les raisons de l'attitude de la France vis-à-vis de l'Algérie et de ses considérables ressources gazières par exemple ! Et même le dire ou l'écrire, puisque nous avons, nous, la chance d'être en démocratie. Et pourquoi pas, pour reprendre votre terme, spéculer sur la signification de telle décision de justice ou de telle autre. Mais de là à tirer les conclusions qui sont les vôtres d'un non-lieu, c'est, pardonnez-moi le plagiat, « abracadabrantesque ». L'opération que vous évoquez connue sous le nom d'Opération Chrysanthème et qui a débuté à la Toussaint 1993 visait d'une part la mouvance GIA et s'est soldée par le renvoi devant le tribunal correctionnel de Paris d'une demi-douzaine d'activistes qui ont été condamnés. Cette opération avait été initiée suite à l'enlèvement à Alger d'une ressortissante française qui travaillait dans notre ambassade. Et si mon collègue et ami Roger Le Loire a effectivement rendu un non-lieu en faveur de Moussa Kraouche, c'est parce qu'il s'est aperçu qu'un tract de revendication de l'enlèvement découvert au domicile de ce dernier avait été abandonné, peut-être par inadvertance, peut-être pas – on ne l'a jamais su – par un service de police en ces lieux « opportuns ». À l'époque, Roger Le Loire était membre de la « honnie » section antiterroriste. Ce qui ne l'a pas empêché, vous en conviendrez sans doute, de faire son travail de juge. Et de tirer les conséquences de cette tentative de manipulation ou de la légèreté blâmable de la police judiciaire. Mais une fois encore, je le répète, l'enquête en elle-même a permis de cibler et de confondre de véritables activistes. Je persiste à penser que tel était l'objet initial de cette opération.

Les autres pays européens avaient-ils conscience de ce qui était en train de se passer à cette époque-là ?

Hélas, non ! Déjà à cette époque, Londres était devenu le refuge d'extrémistes de toutes obédiences : le « Londonistan », comme l'appelaient eux-mêmes les islamistes fondamentalistes, fut reconnu comme une terre d'asile et de liberté absolue d'expression. En conséquence, il se révéla extrêmement difficile d'obtenir une coopération policière et judiciaire efficace de la part des autorités britanniques. Ce n'était pas bien nouveau, en raison des antagonismes culturels opposant les deux pays, d'un côté un pays de droit non écrit, coutumier, la Grande-Bretagne, de l'autre, la France, un pays latin où la loi, c'est-à-dire l'écrit, représente presque à elle seule le pacte social. Il n'y avait alors aucune coopération internationale efficace, et ce même lorsque les demandes d'extradition concernaient le nommé Rachid Ramda, alias Abou Farès, financier présumé de la campagne d'attentats ayant frappé la France en 1995. Rachid Ramda, arrêté par les autorités britanniques le 4 novembre 1995 et placé sous écrou extraditionnel à la prison de Belmarsh, au sud de Londres, a finalement été livré aux autorités judiciaires françaises à la fin de l'année 2005, plus de dix ans après la demande d'extradition. Et pendant ces dix ans, il est resté détenu dans les geôles britanniques, pays qui ne nourrissait à son égard aucun grief... Désormais il est condamné par la justice française à la réclusion perpétuelle, cette peine étant à l'heure où je vous parle non définitive puisque Rachid Ramda a fait appel de sa condamnation. Cette époque était encore celle des égoïsmes nationaux exacerbés : pour être tout à fait honnête, il faut reconnaître que les relations avec l'Allemagne au milieu des années 1990 étaient aussi difficiles. Les autorités allemandes acceptaient certes d'aider la France, mais le plus discrètement possible, arguant de leurs problèmes avec les minorités turques et kurdes établies dans leur pays. Cela ressemblait un peu à du chacun pour soi ; les pays amis compatissaient... Bref, la dimension internationale des défis qui nous étaient lancés n'était pas intégrée. Sauf par quelques « petits » pays, au premier rang desquels figure la Belgique.

À vous suivre, on pourrait penser qu'un certain nombre d'attentats perpétrés au cours de la dernière décennie de par le monde ont été conçus et préparés en Grande-Bretagne parce qu'il était plus commode de le faire outre-Manche que sur le continent européen.

En tout cas, ils ont pu y être relayés et consolidés plus facilement qu'ailleurs. Avant les attentats de Paris en 1995, les responsables du FIS et des GIA qui n'avaient pas été arrêtés en Algérie s'étaient, dans un premier temps, retrouvés en France. Lorsque des assignations à résidence à Folembray ont été prononcées en 1993 par le ministre de l'Intérieur, Charles Pasqua, nombreux ont été les responsables de la mouvance islamiste qui sont partis s'installer en Grande-Bretagne, pays dans lequel ils pouvaient formuler les prêches les plus enflammés en toute impunité et diffuser leur propagande dans leurs journaux. Nous avons alors constaté que ces individus faisaient de nombreux allers-retours entre la France et la Grande-Bretagne et, ensuite, *via* l'Espagne et le Maroc, entre l'Algérie et la Grande-Bretagne. Les réseaux implantés en France à ce moment-là, puis postérieurement, en 1997, année au cours de laquelle on voit apparaître pour la première fois dans une procédure instruite à Paris le nom de Ben Laden, avaient pour noms Takfir Wal Hijra et Groupe salafiste pour la prédication et le combat (GSPC). À ce stade, il peut donc être répondu à la question de savoir si le 11 Septembre constitue une rupture radicale dans l'évolution du terrorisme. Je vous ai déjà dit que le 11 Septembre n'était pas un accident de l'histoire. Je peux maintenant compléter ma réponse initiale. Le 11 septembre 2001 constitue avant tout un énorme coup de canon pour le réveil des consciences occidentales assoupies. Tout comme les attentats de Londres de 2005 ont réveillé chez les Britanniques la conscience de la nécessaire solidarité européenne dans la lutte contre le terrorisme. Et que ceux de Madrid, un an auparavant, ont fait comprendre à l'Europe qu'elle ne serait pas épargnée. Ces réveils commencent à faire sentir leurs effets au niveau de la coopération internationale entre les services de renseignement, de police et ceux de la justice, et ont permis la réalisation de quelques progrès sensibles, même si le chemin qui reste à parcourir est encore long.

Vous n'accordez donc aucun crédit à toutes ces enquêtes, ou présentées comme telles, qui tentent de démontrer que le 11 Septembre n'est pas l'événement qu'on a voulu nous faire croire. Qu'il s'agisse de ce troublant exemple affirmant, recherches et éléments à l'appui, qu'aucun avion – mais un missile – ne se serait écrasé sur le Pentagone ou de ceux qui avancent la thèse d'un complot fomenté par le gouvernement américain : le bloc 7 du World Trade Center détruit pendant la journée même des attentats, ce qui impliquerait que la démolition de l'immeuble aurait été décidée bien en amont ; les charges explosives nécessaires à l'effondrement des tours et auraient donc été placées là avant ; le passeport d'un des présumés terroristes retrouvé, intact, au pied d'une des tours…

L'Effroyable Imposture était le titre du livre de Thierry Meyssan soutenant la thèse que vous rappelez. Mais comme cet ouvrage se défendait d'être une œuvre de fiction, son contenu s'est parfaitement identifié au titre qui le définissait. Et bien sûr tout le monde en a parlé… même Jean-Marie Bigard.

La thèse du complot aussi bien est à l'œuvre quand il s'agit d'analyser le terrorisme actuel. En effet, ce que vous décrivez, c'est une multitude de branches, d'organisations, des contextes d'apparition chaque fois spécifiques : l'Algérie, l'ex-Yougoslavie… alors que l'image qui prédomine aujourd'hui est celle d'un terrorisme assez largement unifié, regroupé sous une même bannière, celle d'Al Qaïda. On peut presque dire qu'Al Qaïda incarne le terrorisme contemporain ; des barbares d'un nouveau genre, ennemis de la « civilisation ». Comment croire à cette thèse de la superorganisation aux innombrables tentacules capable d'agir partout et à tout moment ?

Il faut être prudent, car beaucoup de choses sont dites et écrites sur Al Qaïda, alors même qu'un certain nombre d'éléments de preuves irréfutables manquent. Soulignons d'abord que le travail d'un juge d'instruction antiterroriste se fait en partie, comme celui des journalistes, dans l'immédiateté, et sans le recul qu'auront dans quelques années les historiens. Cette réserve étant émise, et en attendant que ces derniers se penchent sur la question, nous pouvons quand même, nous les juges, tirer quelques réflexions des informations dont nous disposons. Premièrement, Al Qaïda est une structure qui a évolué dans le temps, et singulièrement depuis 1998, dans des conditions telles qu'on la qualifie généralement de « nébuleuse » ; et je pense que l'on peut s'accorder sur ce point avec les médias. La naissance d'Al Qaïda est indissolublement liée à la guerre soviéto-afghane, qui a éclaté en 1979 quand les troupes soviétiques ont envahi l'Afghanistan. Au début des années 1980, Oussama Ben Laden a fondé, avec le militant palestinien Abdullah Azzam, une organisation moudjahid dénommée Makhtab Al Khidamat (MAC), qui à l'origine était un mouvement de résistance armée contre l'envahisseur soviétique. Le conflit allait durer dix années. Au départ, le MAC s'est donc consacré au financement, au recrutement et à l'entraînement militaire dans des camps de combattants contre l'occupant soviétique, en utilisant les fonds des pays islamiques comme ceux provenant des États-Unis, qui poursuivaient ainsi leur combat contre le communisme, selon le vieux principe « les ennemis de mes ennemis sont mes amis ». Parallèlement à cette manne financière, le régime militaire pakistanais faisait passer aux moudjahidin afghans d'obédience islamiste des armes et des matériels de guerre fournis par les États-Unis.

Ce même régime pakistanais a également contribué à assurer la formation militaire de ces moudjahidin.

C'est en 1988, un an avant la fin du conflit qui sanctionnera la défaite soviétique, qu'Oussama Ben Laden a créé le mouvement Al Qaïda (ou Al Qaeda), expression qui, en arabe, signifie « la base ». Ce nom lui aurait été attribué, selon certains exégètes, par les Américains à partir d'un fichier des vétérans arabes d'Afghanistan découvert dans les archives informatiques de l'organisation tombées entre leurs mains. Pour d'autres, ce nom viendrait de celui donné par Azzam en 1988 à l'armée des volontaires arabes qui combattait en Afghanistan et qui, un an avant la défaite soviétique, s'était vu assigner par son créateur la future mission de reconquête du monde musulman. Al Qaïda a eu en effet pour objectif premier d'étendre la lutte initialement engagée contre les troupes soviétiques en Afghanistan en un mouvement de résistance panislamique inspiré sur le plan religieux par la secte wahhabite, dont la foi est précisément celle des actuels dirigeants de l'Arabie Saoudite. Cette extension de la lutte a eu rapidement pour effet de transformer l'organisation terroriste chargée de l'initier. Le but avoué d'Al Qaïda était double : établir un califat wahhabite, osmose du politique et du religieux sur la base de la loi islamique, dans tout le monde islamique, et, dans cette perspective, fédérer – en tout cas coordonner – les actions de tous les extrémismes d'obédience islamique afin de renverser les régimes « impies », soit tous ceux qui ne se revendiquent pas d'un islam wahhabite ; mais il est aussi, et c'est là une nouveauté par rapport à la philosophie qui avait inspiré le MAC, de lutter contre les puissances occidentales – et en premier lieu contre les États-Unis – qui font des affaires avec des nations musulmanes et qui, ce faisant, interfèrent, voire pèsent, sur la politique de celles-ci. Pour faire simple, on peut dire qu'Al Qaïda ne voulait pas, dès l'origine, se contenter de l'application stricte de la loi islamique dans les pays musulmans, mais aspirait aussi à s'engager dans une lutte sans merci contre l'Occident et ses valeurs « impies ». Oussama Ben Laden avait donc, dès la fin des années 1980, la volonté d'étendre le conflit aux luttes islamistes dans d'autres parties du monde par la réalisation d'opérations terroristes. L'autre cofondateur du MAC, Abdullah Azzam, était quant à lui demeuré partisan de campagnes militaires dans les zones de guerre. Sa mort en 1989 a entraîné la désintégration du MAC dont une partie significative des troupes a alors rejoint les rangs d'Al Qaïda. Pour tenir compte de la nouvelle orientation politique, l'organisation terroriste s'est alors attachée à dispenser à ses membres une formation destinée à leur permettre de commettre, loin de leurs bases, hors des zones de conflit déclaré, des attentats.

On parle fréquemment de la « matrice afghane ». Est-ce vraiment dans cette partie du monde que se sont jouées les prémisses de la « globalisation » du terrorisme ?

Bien sûr. L'Afghanistan fut en effet un théâtre privilégié dans l'internationalisation du terrorisme religieux. Les Soviétiques ont mené là-bas une guerre contre un adversaire soutenu logistiquement par les Américains et certains de leurs alliés. Ce sont en effet les Américains qui ont financé ce qui allait devenir les filières djihadistes, qui les ont formées et armées avec l'aide du voisin pakistanais... avant que celles-ci ne se retournent contre leurs donneurs d'ordres. En Afghanistan se sont notamment retrouvés, dès cette époque-là, des combattants musulmans d'origines arabe et maghrébine, pénétrés des idéologies fondamentaliste et salafiste. Donc, des individus qui déjà prônaient une extension du djihad. En d'autres termes, une internationalisation de leur lutte. Mais cette dimension pourtant essentielle fut masquée pendant très longtemps par l'antagonisme Est-Ouest qui apparaissait alors beaucoup plus préoccupant aux yeux des Européens et des Américains. La zone pakistano-afghane ne s'est donc imposée définitivement comme le creuset du terrorisme dans la perception occidentale qu'après le 11 Septembre 2001. C'est-à-dire bien tardivement.

C'est une version rétrospectivement satisfaisante : des enragés voulaient déjà saper les fondations civilisatrices de l'Occident... En réalité, il apparaît que les combattants non-afghans étaient largement manipulés : par exemple, en ce qui concerne les combattants d'origine algérienne, les services secrets algériens ont joué un rôle actif de manipulation, en autorisant ou en incitant au départ des individus les plus gênants. Par ailleurs, on ne peut pas dire avec certitude qu'ils avaient déjà à l'esprit l'idée d'étendre la guerre sainte au monde entier. À moins que vous ayez sur ce point des éléments vous permettant au contraire de l'affirmer ?

Je n'essaie pas de réécrire l'histoire, même pour tenter de lui donner une tournure acceptable ! Je me contente de souligner, parce que cela correspond à la réalité, que le projet d'Al Qaïda, très rapidement, a été non seulement de procéder par la violence à la reconquête des pays musulmans pour y restaurer l'application d'une conception radicale de l'islam, mais aussi de se lancer dans une lutte contre ce que représentent les civilisations occidentales et leurs valeurs. Cela ne signifie pas, bien entendu, que les Occidentaux doivent tomber dans le piège qui leur est ainsi tendu par l'organisation terroriste en faisant l'amalgame entre islam et islamisme djihadiste et, partant, assimilent la situation présente à un choc (violent) de civilisations, de cultures et de religions. Et cela n'empêche pas non plus qu'un certain nombre de pays « travaillés » par la tentation djihadiste aient pu faire le calcul que vous évoquez en facilitant le départ pour l'étranger de certains de ses éléments les plus fanatiques dans l'espoir illusoire de gagner un peu de tranquillité. Mais un tel calcul, qui peut être révélateur d'une forme de lâcheté ou d'égoïsme national, est à courte vue ; car parmi les activistes et les endoctrinés qui vont ainsi se former aux disciplines militaires dans les zones de belligérance, comme cela fut le cas au Kosovo ou en Afghanistan, il y en a toujours qui reviennent dans leur pays d'origine pour y poursuivre leur combat. Ce sont ceux qu'on appelle traditionnellement les « vétérans ». De surcroît, à l'heure actuelle, un certain nombre de djihadistes « en formation » ne se rendent plus dans la zone pakistano-afghane ainsi qu'en Irak dans le but premier de combattre, mais pour s'y former. Ensuite, ils reviennent d'où ils sont venus. C'est la raison pour laquelle un certain nombre de nos procédures instruites à Paris sont baptisées « filière afghane », « filière tchétchène », « filière irakienne »... Et je fais observer que dès 1993 et 1994, la France a précisément défini sa stratégie en luttant contre les réseaux GIA implantés sur notre territoire.

Les personnes engagées en France dans la lutte antiterroriste ont sans doute un peu mieux mesuré que leurs homologues occidentaux ce qui se passait en Afghanistan, car différentes procédures nous avaient permis de collecter quelques indices de nature à nourrir inquiétudes et interrogations. L'affaire du « réseau Chalabi », dont le démantèlement a débuté à l'automne 1994 et s'est poursuivi jusqu'au début de l'été 1995 (il s'agissait d'une structure terroriste inscrivant son action dans le droit-fil de l'idéologie des Groupes islamistes armés) nous a par exemple permis d'apprendre que quelques séjours « tranquillité-vacances » avaient été organisés en Afghanistan pour des jeunes de banlieue. Ces séjours étaient financés par quelques municipalités de la ceinture parisienne ; qui déclinaient ainsi, une fois encore, l'adage selon lequel « l'enfer est pavé de bonnes intentions ». Sous couvert de stages d'archéologie, certains de ces jeunes ont « bénéficié » d'une véritable formation militaire et idéologique. De telles constatations n'étaient pas de nature à nourrir des thèses savantes sur la mondialisation en gestation du djihad. Mais elles ont au moins permis de renforcer la vigilance dans l'observation du phénomène et de mettre ce dernier en parallèle avec le parcours d'Oussama Ben Laden : lorsqu'en 1989 l'URSS vaincue a quitté l'Afghanistan, Oussama Ben Laden a regagné son pays natal, l'Arabie Saoudite. Les camps d'entraînement des moudjahidin en Afghanistan ont cependant continué de fonctionner et d'assurer en l'absence de leur chef la formation de leurs membres. En 1991, pendant la première guerre du Golfe, Oussama Ben Laden s'est prononcé contre le gouvernement saoudien. Il a alors été déchu de la nationalité saoudienne et a dû quitter son pays pour se rendre au Soudan, dont le gouvernement islamique était alors confronté à une guerre civile. Cinq ans plus tard, en 1996, Ben Laden en était expulsé alors qu'il lui était reproché d'avoir joué un rôle dans la tentative d'assassinat dont fut à l'époque victime le président égyptien Hosni Moubarak. Retour en Afghanistan : Oussama Ben Laden était cette fois accompagné, en guise de garde prétorienne, de ses mercenaires soudanais. Il s'est alors attaché à intensifier, grâce aux camps d'entraînement, la formation des terroristes qui frappaient et frapperont en Algérie, en Tchétchénie, en Égypte, en Somalie, au Yémen, en Indonésie, aux Philippines, en Bosnie et au Kosovo notamment. Mais aussi à « théoriser » sa stratégie pour les années à venir dès le début de l'année 1998 : au mois de février était publié *Le Front islamique mondial pour le djihad contre les juifs et les croisés.* Ce rapport permettait de présumer que les États-Unis qui apportaient un soutien indéfectible à l'État d'Israël – lequel continuait d'occuper la Cisjordanie –, qui utilisaient les bases saoudiennes depuis 1991 suite à l'invasion du Koweït par l'Irak allaient devenir la cible privilégiée des actions d'Al Qaïda. Car la péninsule arabe est considérée par les musulmans comme une terre sainte sur laquelle aucune religion ne peut coexister avec l'islam. Sans oublier l'appui américain aux dictatures du Moyen-Orient. L'œuvre commune d'Oussama Ben Laden et de Ayman Al Zawahiri est donc venue rappeler de façon explicite aux musulmans qu'ils avaient le devoir de tuer tous les citoyens américains et leurs alliés, civils ou militaires, partout à travers le monde.

C'est ce rapport qui définit, encore aujourd'hui, la stratégie d'Al Qaïda. Mais à cette époque, les dirigeants de la puissance américaine, s'ils savaient pertinemment qu'ils seraient visés par le terrorisme, n'imaginaient pas un instant pouvoir être la cible d'attentats sur leur territoire. Ils continuaient de faire une confiance absolue à la sophistication de leurs technologies de contrôle et de surveillance, qui leur permettaient de capter à peu près tout ce qui se disait ou s'écrivait électroniquement de par le monde, grâce notamment à leur réseau d'espionnage planétaire « Échelon ». Cette erreur d'analyse s'appuyait aussi en partie sur l'observation des actions terroristes perpétrées par Al Qaïda contre eux dans la seconde moitié des années 1990 : le 13 novembre 1995, soit quatre ans après le déploiement des forces américaines en Arabie Saoudite, une voiture piégée explosait près d'un bâtiment de la garde nationale saoudienne à Riyad, faisant sept morts, dont cinq soldats américains. En juin 1996, un camion piégé sautait devant la base américaine d'El Khobar, près de Dhahran, en Arabie Saoudite. Il causait la mort de dix-neuf personnes et en blessait trois cent quatre-vingt-six autres. Ces actions étaient ciblées, elles visaient des militaires. Difficile de dire, donc, qu'elles touchaient des « victimes innocentes » – expression qui désigne généralement les civils –, même si la guerre a ses lois spécifiques qui, dans ce cas précis, ne semblent pas avoir été respectées. Quant aux policiers, juges et autres responsables gouvernementaux, ils ne sont pas forcément « coupables », mais ils ont un degré d'implication morale dans la direction d'un État, ou participent au fonctionnement de son appareil répressif. Et ne sauraient donc bénéficier de cette singulière présomption d'innocence. On parle d'ailleurs à leur sujet d'« échelle d'assassinabilité ». Poétique, non ?

L'année 1998 n'a pas davantage permis d'invalider l'analyse américaine. Deux attentats commis à l'aide de voitures piégées ont frappé les représentations étrangères des États-Unis, l'un dirigé contre l'ambassade américaine, le 7 août 1998, à Nairobi, au Kenya, l'autre perpétré le même jour contre la représentation diplomatique américaine, à Dar es Salam, en Tanzanie. Ces deux attentats ont fait deux cent trente et un morts et des milliers de blessés, la plupart d'entre eux étant des autochtones. Selon les commissions militaires américaines, ces deux attentats ont nécessité quatre ans et demi de préparation. Cela signifie que ce projet de double attentat a été élaboré puis mûri depuis le début de l'année 1994. Le 18 octobre 2001, le tribunal de New York a condamné à la réclusion perpétuelle les quatre comparses jugés coupables le 29 mai 2001 pour leur implication dans les attentats islamistes perpétrés contre les ambassades américaines de Nairobi et de Dar es Salaam. Ces quatre hommes ont avoué au cours de leur procès avoir été formés dans des camps d'entraînement afghans d'Oussama Ben Laden.

On sait aussi maintenant que la préparation des attentats perpétrés le 11 septembre 2001 contre le World Trade Center et le Pentagone a débuté environ deux ans auparavant ; ce qui ne veut pas dire que les terroristes qui ont été implantés aux États-Unis et qui ont participé aux attentats kamikazes du 11 Septembre sont arrivés seulement deux ans avant. Certains d'entre eux résidaient aux États-Unis depuis cinq ou six ans. Ils étaient membres de ce que l'on appelle désormais les « cellules dormantes », composées d'individus lambda qui, bien qu'« enterrés » et malgré les tentations de l'« *American way of life* », avaient suivi leur formation aéronautique et n'avaient à aucun moment renoncé à leur projet criminel. Et on a pu voir, lorsque Al Qaïda a claqué dans ses doigts, ces « soldats de l'ombre » sortir de leur trou comme des robots : *embarquement à destination de Los Angeles, porte 4...* C'est dire la puissance de la capacité d'endoctrinement de l'organisation.

Si donc, comme il a été dit, les États-Unis conservaient à la fin du millénaire l'inébranlable conviction qu'ils ne pouvaient être frappés sur leur sol, sachant par ailleurs qu'ils étaient, de par le monde, dans l'œil du cyclone terroriste (ainsi que le leur avait rappelé, le 12 octobre 2000, l'attentat-suicide perpétré et revendiqué par Al Qaïda à Aden, au Yémen, contre le destroyer américain USS *Cole* et qui fit dix-sept morts et trente-huit blessés, tous américains), l'année 2001 a déjoué tous leurs pronostics : le 11 septembre, les attentats contre le World Trade Center et le Pentagone faisaient deux mille neuf cent soixante-dix-huit morts et des milliers de blessés. Ce triple attentat sur le sol américain a donc été un terrible coup de tonnerre, mais en aucun cas un accident de l'histoire. Une action terroriste quelle qu'elle soit est toujours le résultat d'une évolution qui, dans la mesure du possible, doit être anticipée et gérée, qu'il s'agisse de la prévention du risque ou de sa gestion si celui-ci vient à se réaliser. Et mieux vaut pour ce faire tirer les leçons du passé. Ce que n'ont pas fait, ou en tout cas insuffisamment, les États-Unis, qui, sans doute en raison du sentiment d'invulnérabilité qui les habitait encore, ont minoré le signal d'alerte qu'avait constitué le premier attentat significatif imputable à Al Qaïda, le 26 février 1993 contre le World Trade Center à New York, attentat perpétré à l'aide d'une camionnette bourrée d'explosifs introduite dans l'un des sous-sols du complexe immobilier qui avait fait six morts et un millier de blessés. Petite parenthèse : lors du procès, qui s'est déroulé quelques mois avant le 11 Septembre, des experts en résistance des matériaux sont venus expliquer à l'audience, c'est-à-dire publiquement, qu'il n'y avait aucune chance de faire s'écrouler les tours en frappant leurs fondations, la seule solution pour parvenir à un tel résultat consistant à frapper entre tel et tel étage. Paroles d'experts... Mieux vaut penser que ce n'est pas cela qui a permis aux auteurs des attentats du 11 septembre 2001 d'agir avec l'« efficacité » que l'on connaît. Dans ce genre d'affaires, il apparaît donc aussi que toute « vérité » n'est pas bonne à dire, dès lors qu'elle n'est pas strictement indispensable à l'administration de la preuve et, partant, à la résolution du problème judiciaire posé.

En aparté, il me paraît aussi utile de dire dès à présent que la mise hors d'état de nuire du chef d'une organisation terroriste n'implique pas la fin des « soucis » de ceux qui sont visés par ses actions. Car la problématique terroriste s'inscrit dans la durée. Elle n'est pas close par la tenue d'un procès. Ainsi le chef d'Al Qaïda en Irak, Abou Hamza Al Moujahar, a-t-il appelé fin septembre 2006 sur Internet ses partisans à enlever des Occidentaux pour les échanger contre le religieux égyptien Omar Adel Rahman, qui purge aux États-Unis une peine perpétuelle pour son implication dans le premier attentat de 1993 contre le World Trade Center : le 26 février 1993, aux environs de midi, un engin infernal constitué de plusieurs tonnes de dynamite avait explosé dans l'un des parkings souterrains du World Trade Center. Six morts ont été dénombrés à l'issue de cet attentat et plusieurs heures se révélèrent nécessaires pour secourir les personnes bloquées dans les ascenseurs, les escaliers et les bureaux des cent dix étages des deux tours. L'imam Cheikh Omar Rahman, qui dispensait ses prêches enflammés dans une mosquée de Brooklyn, était connu pour être le dirigeant d'un mouvement intégriste égyptien. Il était suspecté d'être déjà impliqué dans l'assassinat du rabbin Meir Kahane à New York en 1990 mais aussi dans celui perpétré en 1981 au Caire contre le président égyptien Anouar el-Sadate.

Les terroristes mènent par la violence un combat politique. Ils considèrent dès lors que ceux des leurs qui sont arrêtés sont des prisonniers politiques. Et que dès lors toute négociation avec les pouvoirs publics, lorsqu'il y en a, doit régler prioritairement ce problème. Les revendications de ce type des nationalistes corses face à l'État français, celles des étaras face à l'État espagnol sont récurrentes. L'ETA qui présente au demeurant la particularité d'avoir conservé un schéma d'organisation interne de type pyramidal directement inspiré des organisations d'obédience marxiste-léniniste, prend la précaution de planifier à l'avance l'organigramme de remplacement de son état-major, de façon que la direction du mouvement reste assurée sans délai en cas d'arrestation de ses chefs. C'est la raison pour laquelle vous pouvez lire dans la presse avec une fréquence qui peut surprendre que le n° 1 ou le n° 2 de l'ETA a été arrêté. Ce n'est pas de la propagande policière ou judiciaire, c'est la réalité. En Corse, je le concède, les successions à la tête des organisations subversives sont moins réglementées et parfois bien plus expéditives. Elles sont la plupart du temps le résultat de déchirements internes au demeurant souvent sanglants ainsi qu'en témoigne la véritable guerre fratricide qui a opposé au milieu des années 1990 le FLNC-canal habituel et le FLNC historique.

La mort d'Oussama Ben Laden, maintes fois annoncée mais jamais prouvée, serait-elle de nature à affaiblir Al Qaïda ?

On peut bien entendu comprendre que les Américains aient fait de la capture ou de la mort de Ben Laden et de ses principaux lieutenants l'un de leurs objectifs majeurs. Mais à l'évidence ce genre de victoire symbolique n'aurait probablement en rien modifié la donne : la dynamique terroriste créée par ce dernier est en marche et a essaimé à travers de nombreuses organisations. Le fait de savoir si Oussama Ben Laden est mort ou vivant n'est donc pas d'une importance majeure. Il faut rappeler que Ben Laden a été déclaré mort par le président pakistanais Pervez Musharraf en janvier 2002... Puis en juillet de la même année, par Dale Watson... Puis encore en 2002, mais cette fois au mois de décembre, par le chef de la diplomatie pakistanaise. Le

21 septembre 2006, une note classée « confidentiel défense » de la Direction générale des services extérieurs (DGSE), le contre-espionnage français, a émis l'hypothèse du décès du fondateur d'Al Qaïda, un mois auparavant au Pakistan, des suites d'une très forte crise de typhoïde. On en était là jusqu'à ce qu'il se manifeste ces derniers mois par une vidéo. Mais mort ou vivant, Ben Laden est devenu une légende et sa disparition éventuelle ne change plus rien, ou en tout cas pas grand-chose, au mauvais film que nous vivons.

Après le 11 Septembre, Al Qaïda a-t-elle modifié sa stratégie et est-elle la cheville ouvrière des multiples attentats que les commentateurs sont prompts à lui imputer ?

Après le 11 Septembre, Al Qaïda ne s'est pas endormie sur ses sanglants lauriers, puisqu'elle est parvenue à intensifier son action et a démontré sa capacité à organiser une réelle diversification géographique des attentats. Ce qui ne signifie pas que toutes les actions terroristes djihadistes ont été conçues, planifiées et réalisées par « la maison mère », ce qui est strictement impossible. On l'abordera ultérieurement, mais dès à présent il faut signaler que la structure Al Qaïda a évolué dans le temps, singulièrement à partir du moment où elle a été traquée par les Américains et leurs alliés en Afghanistan dès après le 11 Septembre. Des organisations satellitaires disposant d'une plus ou moins grande marge d'autonomie sont passées à l'action au Maghreb, au Pakistan, en Indonésie, au Yémen, mais aussi en Afrique. Ces actions-là ont été perpétrées sous la bannière d'Al Qaïda entendue comme un étendard idéologique et religieux et l'intérêt même de l'organisation terroriste était de les revendiquer même en l'absence de participation majeure. La revendication fait aussi partie de la propagande et les professionnels de la lutte antiterroriste savent tous qu'il faut la considérer avec précaution. Cet avertissement étant formulé, on peut brièvement énumérer en se limitant à la seule année

2002, pour ne pas être trop fastidieux, les principaux attentats commis de par le monde dans l'année qui a suivi le 11 Septembre. Sept mois jour pour jour après les attentats de New York et de Washington, l'attentat au camion-citerne contre la synagogue Al Ghriba, à Djerba en Tunisie, le 11 avril 2002, cause la mort de vingt et une personnes, dont quatorze Allemands. Le 8 mai 2002, à Karachi, nouvel attentat-suicide à la voiture piégée, cette fois contre un bus transportant les employés français de la Direction des constructions navales de Cherbourg (DCN) qui participaient à une mission d'assistance militaire dans le cadre d'un contrat de livraison de sous-marins au Pakistan. Il fait quatorze victimes, dont onze Français. Le 14 juin 2002, un attentat à la voiture piégée vise le consulat américain, toujours à Karachi, et fait douze morts.

Le 6 octobre suivant, c'est un pétrolier français, le *Limburg*, qui fait l'objet d'une attaque terroriste au large du Yémen. Six jours plus tard, nouvel attentat à la voiture piégée, cette fois contre une discothèque de Bali, en Indonésie. On dénombre deux cent deux personnes tuées, dont quatre-vingt-huit ressortissants australiens, et trois cents blessés. L'artificier présumé de cet attentat, Azahari Husin, l'un des leaders de la Jamaa Islamiya, mouvement terroriste évoluant dans la mouvance d'Al Qaïda, sera tué par la police indonésienne le 9 novembre 2005. Un mois auparavant, le 1er octobre 2005, ce Malaisien avait eu le temps de perpétrer un nouvel attentat terroriste meurtrier à Bali. Toutes ces actions terroristes peuvent être, sans grand risque d'erreur, imputées à la multinationale Al Qaïda et à ses filiales. Par contre, il faut sans doute être un peu plus circonspect sur l'imputabilité des attentats perpétrés au Kenya à la fin de l'année 2002. Le 28 novembre 2002, à Monbasa, au Kenya, un hôtel fréquenté par des touristes israéliens est l'objet d'un attentat-suicide faisant dix-huit morts. Le même jour, toujours à Monbasa, deux missiles sont tirés – heureusement sans succès – sur l'aéroport au moment du décollage d'un avion de ligne israélien. Ces deux actions peuvent étonner dans la mesure où Al Qaïda était jusqu'alors restée extérieure à la scène israélo-palestinienne, constatation loin d'être anodine. Cependant, on a vu que depuis 1998 Al Qaïda avait lancé une véritable fatwa à l'encontre de tous les citoyens américains de par le monde, ainsi qu'à l'encontre des ressortissants de tous les pays alliés de la puissance américaine. Or, Israël fait évidemment partie de ceux-ci.

Depuis 2003, la guerre en Irak pose le problème de l'identification des actes terroristes. Il apparaît en effet que ce qui s'y passe, même après la défaite militaire irakienne, s'inscrit dans une sortie particulièrement laborieuse d'une situation de belligérance, et qu'entre les actions militaires classiques et le terrorisme, qui peut parfois être perçu comme la continuation de la guerre par des moyens « extramilitaires », les frontières sont extrêmement floues. Guerre civile, guérilla, terrorisme, l'Irak peut actuellement être comparé, dans le domaine de l'hyperviolence, aux Galeries Lafayette : manifestement, on y trouve de tout. À commencer par tous les ferments de la décomposition sociale, préludes aux guerres civiles dans un pays balkanisé, tant sur le plan tribal que religieux et ethnique (chiites, sunnites, kurdes). Cette situation déliquescente ne peut que favoriser les menées d'Al Qaïda qui, le 19 août 2003, a réalisé l'attaque-suicide ayant visé un bâtiment de l'ONU à Bagdad et occasionné la mort de vingt-deux personnes, dont l'émissaire de l'ONU, Sergio Vierie de Mello. Le mode opératoire retenu pour la plupart des actions violentes commises en Irak incite à qualifier ces dernières d'actes de terrorisme. Mais on peut tout aussi bien considérer qu'il s'agit d'actes relevant davantage d'une opération militaire conduite « avec les moyens du bord », dès lors qu'elle vise une puissance étrangère ayant investi, sans mandat des autorités internationales, un pays étranger. Dire cela n'est pas manier à plaisir le paradoxe, c'est simplement constater la complexité des situations, leur caractère non monolithique. Et c'est aussi mettre en exergue l'extrême difficulté qu'il y a parfois, par-delà les textes, à définir ce qui relève du terrorisme et ce qui n'en relève pas.

Au lendemain de la chute de Saddam Hussein, les membres du parti Baas, jusqu'alors détenteur des leviers du pouvoir, ont été écartés des emplois publics. L'armée du dictateur a été démantelée et les services de sécurité pléthoriques liquidés. Cette politique a dynamité les structures étatiques et a précipité la minorité sunnite au pouvoir sous Saddam dans l'opposition. Le mouvement insurrectionnel qui s'est développé a été en partie, mais en partie seulement, instrumentalisé par Al Qaïda. On a assisté en Irak après l'intervention anglo-américaine à une juxtaposition de conflits : les sunnites se battent contre les Américains, les chiites également, les sunnites et les chiites se font la guerre et les différentes factions chiites se déchirent, armes à la main, entre elles. Ce cercle vicieux est encore rendu plus opaque par le fait que l'Iran parraine bien entendu l'expansionnisme chiite et que l'Arabie Saoudite déploie ses efforts pour le contrer. À l'évidence, l'objectif d'Al Qaïda n'est pas de conquérir le pouvoir en Irak mais de tout faire pour enfermer le plus durablement possible les Américains dans le piège irakien.

L'année 2004 a quant à elle été marquée, notamment pour les Européens, par les attentats du 11 mars, à Madrid, contre les gares d'Atocha, d'El Pozo del Tio Raimundo et de Santa Eugenia, ainsi que contre des trains de voyageurs. Le bilan fut très lourd : cent quatre-vingt-onze morts et deux mille blessés. Derrière ces attentats se trouvait le Groupe islamique des combattants marocains (GICM), organisation salafiste apparue dans les années 1990, à Peshawar, au Pakistan. Ce groupe est composé d'anciens combattants d'Afghanistan cherchant à créer un État islamique au Maroc, où ils commettent régulièrement un certain nombre d'actions violentes. Bien qu'ils soient affiliés à Al Qaïda, ils se distinguent singulièrement de l'organisation d'Oussama Ben Laden, dans la mesure où le combat qu'ils mènent a pour seul but de créer un État islamique en lieu et place de la monarchie chérifienne, dont le roi Mohammed V est le commandeur des croyants. Il ne s'agit donc pas pour eux de participer à la stratégie de mondialisation du terrorisme djihadiste. Relevons aussi que l'un des leaders du Groupe islamique des combattants marocains, condamné à vingt ans d'emprisonnement par la justice marocaine pour son implication dans les attentats de Casablanca en 2003, était lui aussi installé dans la banlieue londonienne. Les deux grandes tendances de l'islam radical sur lesquelles nous reviendrons – l'une partisane d'un État islamique, l'autre du djihad international – ne poursuivent pas, à l'évidence, les mêmes objectifs. Elles peuvent même à l'occasion s'affronter très violemment. Mais il existe entre elles des passerelles, comme il en existe entre la plupart des organisations terroristes. Les attentats de Madrid ne paraissent pas imputables en propre à Al Qaïda en tant qu'organisation ; mais ils servent directement ses intérêts, dès lors qu'il s'agit pour elle, dans le cadre de sa stratégie globale, d'étendre le djihad des zones de conflits armés à d'autres pays où existe la revendication identitaire religieuse.

Pourquoi considérer dès lors que les attentats de Madrid sont imputables à Al Qaïda ?

Parce qu'on doit considérer que ceux qui s'inscrivent dans la ligne pure et dure des Groupes islamiques des combattants marocains n'ont aucun intérêt direct à frapper l'Espagne. Leur objectif est d'instaurer un État islamique au Maroc. Point barre. C'est précisément pour cette raison que les attentats de Madrid, bien que perpétrés par un groupe terroriste nationaliste, sont à mettre au compte d'Al Qaïda : ils constituent la mise en œuvre des prescriptions du « djihad mondialisé » tel qu'il a été édicté dans le fameux « rapport » de 1998. Donc, si les Groupes islamiques des combattants marocains sont passés à l'action en Espagne, c'est parce que, d'une part, les frontières entre les organisations terroristes nationalistes d'obédience islamique et la « superstructure » Al Qaïda sont poreuses, d'autre part, que cette dernière peut ponctuellement, en application du principe de réalité, apporter son concours à celles-là. C'est d'ailleurs cette grille de lecture qu'a adoptée la juridiction espagnole qui a condamné à des peines s'étageant de 3 ans à 42 924 ans de prison (en Espagne, les peines se cumulent pour chaque mort mais sont plafonnées à 40 ans) les vingt et une personnes qu'elle a déclaré coupables des attentats de Madrid, étant rappelé que les sept membres de la cellule qui ont posé les dix engins explosifs improvisés dans les trains et les gares se sont donné la mort avant l'intervention des forces de l'ordre le 3 avril 2004. Les attentats de Madrid sont la démonstration que la mouvance terroriste de l'islamisme radical a développé en de nombreux points du monde ses métastases. Il peut être souligné que dans la semaine précédant ces attentats de monstrueux attentats particulièrement meurtriers ont été perpétrés en Irak.

En Irak, savez-vous si des liens se sont établis entre Al Qaïda et d'autres organisations terroristes ?

L'année 2005 a en tout cas confirmé qu'Al Qaïda était présente en Irak. Comme d'autres organisations terroristes, elle a une propension marquée à évoluer dans les zones déstabilisées de la planète, dans les zones de guerre ouverte ou larvée. À ce titre, l'Irak est un abcès de fixation parmi d'autres, mais un abcès qui ne permet pas de circonscrire le phénomène terroriste et de le traiter. Au contraire, grâce à lui les germes de la violence prospèrent, noyés dans la brutalité généralisée. Ainsi l'Irak est-elle devenue, après la destruction de bon nombre de ses bases arrière en Afghanistan, un grand lieu de prosélytisme et de formation pour Al Qaïda et ses mouvements satellites. On sait par exemple que 20 % des djihadistes étrangers qui se battent en Irak sont des yéménites. Et l'on oublie trop souvent que si le président du Yémen, Ali Abdallah Saleh, a pris le soin de se rendre à Washington avec une grande célérité, dès après le 11 Septembre, c'est parce qu'il savait qu'après l'Afghanistan c'était son pays qui avait « vocation » à être, dans la continuité, bombardé voire peut-être vitrifié s'il ne donnait pas aux Américains de sérieux gages dans la lutte contre l'islamisme radical. Al Qaïda est aujourd'hui sur le point de reconquérir, dans la zone pakistano-afghane, le terrain qu'elle avait dû céder après l'intervention des États-Unis et de ses alliés en Afghanistan. Il se passe à l'heure actuelle, en Irak, ce qui s'est passé en Bosnie au moment de la guerre, à savoir l'implantation de camps dédiés à l'entraînement de terroristes. Cela s'était également passé ainsi en Tchétchénie. D'ailleurs, lorsqu'on évoque, à propos des « filières » terroristes, les filières tchétchènes, irakiennes, bosniaques..., cela désigne aussi bien des individus qui se sont battus dans ces pays et qui viennent en Europe occidentale pour le compte d'organisations terroristes que des personnes nées en Europe allant s'y former au combat et à la doctrine djihadiste.

On a vu votre hésitation à qualifier de terroristes des actes pourtant systématiquement présentés comme tels par les médias, en Irak. Expliquez-nous plus précisément pourquoi vous avez ces doutes ?

Le vocable « terrorisme » est sans cesse employé de manière globale, et parfois péremptoire, alors qu'il recouvre une multitude de situations, souvent très complexes, dans des pays fragilisés ou en guerre, dans lesquels évoluent des mafias, des djihadistes et également des mouvements de libération nationale. L'exemple de l'Irak est à cet égard parfaitement révélateur : après le rapide succès militaire des Américains et de leurs alliés, la violence n'a pas cessé, ni même décru, au contraire. Les attentats quotidiennement perpétrés en Irak, et singulièrement à Bagdad, sont-ils des actes de terrorisme ou la continuation de la guerre par d'autres moyens, une guerre qui ne veut pas dire son nom, une guerre que l'on ne veut pas nommer pour des raisons politiques ? Tous les actes d'extrême violence commis dans ce pays ont-ils forcément des sources communes, poursuivent-ils des visées identiques ? Rien n'est moins sûr. Un attentat peut y être commis par des Irakiens qui, par ce moyen, et surtout par la réitération de ce type d'actions, espèrent inciter les troupes de la coalition à se retirer du pays sous la pression de leurs opinions publiques ; tout comme il peut être le fait de membres de la mouvance Al Qaïda ou de mouvements affiliés qui défient ainsi l'autorité du « Grand Satan » dans le cadre de la lutte politico-religieuse contre les démocraties occidentales, et en premier lieu contre les États-Unis. Soit encore la reprise du conflit endémique opposant la majorité chiite, exclue du pouvoir sous Saddam Hussein, et les sunnites. Sans oublier les tensions avec les Kurdes... L'Irak dont il ne faut pas oublier qu'il s'agit d'une création britannique issue du premier conflit mondial est également une zone où l'Iran et l'Arabie Saoudite font assaut d'influence. La politique américaine en Irak a, de fait, bénéficié en premier lieu à l'Iran qui a été débarrassée de son principal ennemi, Saddam Hussein. La république islamique d'Iran a, dès ses origines, rêvé d'instaurer sa suprématie sur la région en s'appuyant sur le Hezbollah (chiite) au Liban mais aussi sur le Hamas et le Djihad islamique (sunnite) en Palestine. L'Arabie Saoudite, quant à elle, redoute l'éclatement de l'Irak qui se traduirait de fait par la disparition de la zone tampon la séparant de l'Iran, l'enclave sunnite reliant le Nord kurde et le Sud chiite risquant à l'évidence de devenir un terrain d'action privilégié pour Al Qaïda.

Sunnite et chiite : quel est l'origine de ces deux grandes familles de l'islam ?

85 % des musulmans sont sunnites, c'est-à-dire qu'ils acceptent comme fondement de leur foi la sunna, la tradition du prophète et de ses compagnons. Le chiisme est né quant à lui d'un désaccord sur la succession du prophète. Les adeptes de cette dissidence sont les partisans du quatrième prophète, Ali, qui a été déposé, en 661, par le fondateur de la dynastie des Omeyades. Sur les deux cent millions de chiites vivant dans le monde, soixante-deux millions se trouvent en Iran qui est le seul pays où le chiisme est religion d'État. Trente-trois millions vivent au Pakistan, trente et un millions en Inde. Les chiites sont majoritaires en Irak et constituent une forte minorité au Liban, au Yémen et au Koweït. Ils sont environ 15 % en Arabie Saoudite. La religion sunnite ne comporte pas de clergé. Le chiisme en comporte un qui est très hiérarchisé.

La radicalisation du chiisme en Iran s'est faite à l'intérieur du clergé. Il faut savoir que l'une des spécificités du chiisme au Moyen-Orient est qu'il est organisé à partir d'un clergé transnational dont le « siège » est basé en Irak. Le chiisme radical peut être analysé comme étant une sorte de synthèse entre l'islam et le marxisme. Même à l'époque du shah d'Iran, le chiisme était la religion d'État. La révolution islamique de 1979 qui a instauré le premier État islamique peut donc être assimilée à une révolution politique. Au demeurant, la constitution iranienne a créé la dignité de « guide de la révolution » qui est investi d'une double légitimité, politique et religieuse. Son titulaire est en quelque sorte un docteur de la loi chargé de restaurer la fusion, rompue après la période du prophète Mahomet, entre le politique et le religieux. En Iran, la loi est votée par le Parlement mais elle doit être conforme à la charia. Le conseil des gardiens est chargé de vérifier cette conformité. Il y a donc incontestablement dans ce régime-là une forme de prédominance de la logique politique sur la logique strictement religieuse qui préside aux destinées du fonctionnement des autres systèmes fondés sur l'islam.

Si l'on excepte la « guerre des ambassades » et les otages français retenus au Liban, épisodes sur lesquels nous reviendrons, la France a-t-elle été directement confrontée à la violence politique dont les racines pourraient être à rechercher dans la révolution iranienne de 1979 ?

Le 1er août 1980, un Boeing 737 d'Air France assurant la liaison Francfort-Paris et qui avait été détourné la veille dans l'espace aérien du grand-duché du Luxembourg s'est posé sur l'aéroport de Téhéran après avoir fait trois escales à Genève, à Beyrouth et à Larnaca-Chypre. Les trois pirates de l'air réclamaient la libération de cinq détenus iraniens emprisonnés à Paris pour avoir tenté d'assassiner le 18 juillet 1980 l'ancien Premier ministre iranien, Chapour Bakhtiar. Paris rejeta leurs exigences puis finalement les pirates de l'air libérèrent les passagers et les membres de l'équipage. Avant de se rendre aux autorités iraniennes, ils firent sauter par explosif le cockpit de l'appareil. Cette tentative criminelle avait été réalisée par un commando dirigé par le Libanais pro-iranien Anis Naccache, qui sera grâcié à l'occasion de la reprise des relations franco-iraniennes. Fin de l'acte un. Acte deux : le 6 août 1991, Chapour Bakhtiar fut assassiné, tout comme son secrétaire, à son domicile de Suresnes pourtant étroitement surveillé par la police du pays qui lui avait accordé l'asile politique depuis qu'il s'y était réfugié en 1979.

La cour d'assises de Paris spécialement composée condamnera l'Iranien Ali Rad Vakili à la réclusion criminelle à la perpétuité assortie d'une peine de sûreté de dix-huit ans pour ce double assassinat. Les deux autres membres du commando qui ont perpétré ce crime n'ont jamais été arrêtés. Un autre Iranien, Massoud Hendi, dont l'implication a été reconnue au titre de la complicité dans ce crime, a quant à lui écopé d'une peine de dix ans de réclusion assortie d'une peine de sûreté à hauteur des deux tiers. Les autorités de Téhéran mises en cause pendant l'enquête mais aussi pendant les débats se sont félicitées du verdict car la cour d'assises a acquitté l'Iranien Sarahadi, employé de l'ambassade d'Iran à Berne, qui était accusé d'avoir favorisé la fuite du commando de tueurs en Suisse. Dès lors était rompu le seul lien « institutionnel » entre le crime et l'État iranien.

L'Iran a toujours développé une stratégie régionale et une politique assez antiarabe sous couvert de défense du chiisme. Cela lui a permis d'exercer une influence directe et très importante sur la communauté chiite du Liban. Il ne fait guère de doute, pour ne pas dire aucun, que Téhéran a pu ainsi téléguider des opérations terroristes au Liban sans risquer de représailles contre son propre territoire. La politique des otages du milieu des années 1980 et les attentats contre la FINUL sont là pour illustrer le propos. Le double attentat du 23 octobre 1983 contre la FINUL à Beyrouth a révélé un axe chiite séparant le Moyen-Orient d'est en ouest : le chiisme est représenté au Liban par le mouvement Amal fondé en 1974 par l'imam Moussa Sadr, en Syrie par l'État lui-même investi par la minorité alaouite, en Irak par le mouvement Al-Dawa et en Iran par l'État lui-même. Il peut également être signalé à titre d'illustration que l'absence d'une totale solidarité entre l'Iran et le monde musulman s'est matérialisée par le fait que l'Iran a fermé les yeux sur le massacre des Frères musulmans en Syrie, a toléré que Khadafi fasse assassiner l'imam Moussa Sadr, s'est tue pendant l'invasion soviétique en Afghanistan. Bien entendu, il y a eu aussi la guerre entre l'Iran et l'Irak. En réalité, le fossé doctrinal qui sépare le chiisme iranien qui prône la révolution sociale et les sunnites fondamentalistes qui revendiquent le retour à la tradition est considérable.

Revenons à l'Irak : que sait-on au fond de ce qui se passe vraiment là-bas aujourd'hui, alors que semble y régner un chaos absolu ? Peut-on considérer, à la suite des analyses faites par Olivier Roy, qu'Al Qaïda a une action politique à y mener ? On peut en effet penser qu'il s'agit pour elle d'un terrain propice qui lui permettrait notamment de relier ses revendications, à la fois spécifiques et difficilement cernables, à la dimension politique plus « concrète » du nationalisme arabe auquel elle est toujours restée extérieure.

Je pense que le rôle qu'Al Qaïda joue en Irak tient principalement au fait qu'elle est devenue un symbole pour d'autres organisations armées. On peut la considérer comme une bannière, un drapeau idéologique. Je ne suis pas en train de dire qu'Al Qaïda n'agit pas directement sur le territoire irakien, mais je rappelle qu'il serait tout aussi réducteur de prétendre que tous les attentats perpétrés en Irak se font sous l'égide ou même avec la bénédiction de l'organisation. Il y a en Irak tous les ingrédients d'une vraie poudrière. On peut aussi penser que des intérêts se recoupent, au moins partiellement, et que tel groupe qui agit, mû par un sentiment nationaliste, peut avoir tout intérêt à se revendiquer d'Al Qaïda compte tenu de la symbolique de terreur qui s'y attache, sans que pour autant il partage son idéologie. Tout ce qui évolue dans la clandestinité – et le terrorisme évolue dans la clandestinité – est propice à ce genre de manipulations. Il faut donc être humble et lucide, et accepter de ne pas y voir encore très clair. Tout au plus peut-on souligner qu'Ahmed Al Kalaylah, alias Abou Moussad Al-Zarkaoui, formé dans les camps d'entraînement afghans de Ben Laden, tué par un missile américain en Irak le 7 juin 2006, présenté comme le chef d'Al Qaïda dans ce pays et réputé pour être le commanditaire de très nombreux attentats kamikazes et de multiples décapitations d'otages, n'était au départ que l'hôte, dans l'extrême nord-est du Kurdistan, du groupe islamiste Ansar Al-Islam, dont il avait finalement réussi à faire l'une des composantes de son réseau. Réseau qui comprenait aussi le Groupe de combat islamique libyen et le Mouvement islamique d'Ouzbékistan, qui peuvent être considérés comme des métastases du cancer terroriste. Et si Abou Moussad Al-Zarkaoui a fini par faire acte d'allégeance à Oussama Ben Laden le 19 octobre 2004, de profondes divergences existaient entre les deux hommes, le premier considérant légitime de tuer des musulmans, le second non. D'ailleurs, Al-Zarkaoui est considéré à juste titre comme ayant été le plus puissant détonateur de violences intracommunautaires en Irak pour y avoir initié de très nombreux attentats à la voiture piégée lesquels ont tué des centaines de chiites, majoritaires en Irak.

Vous parliez de but politique d'Al Qaïda, or les médias la présentent comme une organisation sans véritable objectif politique, ou qui a des objectifs tellement flous, « métaphysiques » disent certains, qu'on ne peut pas les comprendre. C'est peut-être d'ailleurs ce qui fait en partie la nature de la terreur qu'inspire cette organisation, et qui pourrait donc avoir été créée par le discours officiel. C'est en tout cas ce qu'on peut penser quand vous, au contraire, affirmez que les buts poursuivis par Al Qaïda sont clairement politiques. Pourriez-vous revenir là-dessus ?

Je vous réponds d'abord sur un plan général. Le terrorisme a précisément pour objet de susciter, outre la peur et la terreur, des réactions susceptibles de mettre en péril l'ordre démocratique, celui-là même qu'il considère comme illégitime. Les réponses au terrorisme sont en effet indissociables des mesures policières et judiciaires qui sont apportées par les États frappés par la violence terroriste. L'acte terroriste substitue *de facto* l'illégalité à la légalité. Ce n'est donc qu'apparemment que le terrorisme peut être considéré comme un renoncement au politique puisque ce renoncement-là est par définition politique : la contestation des règles régissant la société. De surcroît le terrorisme est souvent considéré comme un moyen de contraindre les autorités de l'État à négocier. Il est aussi un mode d'expression public. Il modifie le langage : le vol à main armée devient appropriation prolétarienne, le racket est appelé impôt révolutionnaire et l'assassinat dénommé exécution. Quant aux auteurs d'actes terroristes, ils sont prompts à endosser les habits de la victime ou du martyr, singulièrement lorsqu'ils sont interpellés puis condamnés. Mais même en liberté, ils s'efforcent de dépeindre leurs actions comme étant une légitime révolte face à la violence de l'ordre établi. Tout cela permet donc de dire que le terroriste fait de la politique en se substituant aux règles politiques.

Ensuite, pour ce qui est précisément d'Al Qaïda, je crois que la terreur qu'inspire cette organisation est en tout premier lieu liée au fait qu'elle est capable de commettre des attentats de grande envergure, et de façon très récurrente. S'il est vrai qu'on ne sait pas très précisément ce que veut cette organisation – toutes les thèses sont dans les livres et les journaux, et toutes sont un peu vraies, sans qu'aucune ne soit parfaitement exacte –, on ne saurait pour autant comme le font parfois les médias réduire Al Qaïda à une organisation volatile, décentralisée. C'est exact mais Al Qaïda s'est vu imposer cette situation suite à l'intervention des USA et de leurs alliés en Afghanistan. Elle n'a donc jamais recherché cette dispersion qui la caractérise actuellement. Quant à prétendre qu'Al Qaïda serait une sorte de « créature » des discours officiels, je crois qu'il faut demeurer sérieux, les attentats perpétrés par l'organisation démontrent hélas que celle-ci est bien plus redoutable que le pire des discours. On peut même dire sans se tromper que le fondement de cette organisation est l'islam dans sa forme la plus rétrograde tant en ce qui concerne l'organisation sociale qu'elle préconise que le statut de la femme qu'elle définit. Enfin la primauté du religieux sur le politique qui est le principal pilier de sa philosophie relève d'un véritable « credo »... éminemment politique. C'est cette conception de l'islam qu'Al Qaïda cherche à imposer aux différents États musulmans. Mais pour ce faire, il faut l'adhésion des peuples musulmans qui, jusqu'à présent, ont rejeté ce schéma d'organisation sociale et politique. Al Qaïda ne peut pas, par exemple, admettre la situation actuelle de l'Arabie Saoudite et sa politique extérieure ambivalente, dont l'un des axes consiste à soutenir plus ou moins fermement les États-Unis d'Amérique. L'Arabie Saoudite, on l'a déjà dit, est plongée dans un double jeu – avec d'un côté des relations commerciales avec les États-Unis et de l'autre un financement des organisations terroristes – dans l'espoir illusoire d'être épargné par les attentats. Mais depuis quelque temps, les princes saoudiens tentent également de lutter contre le terrorisme, parce qu'ils ont quand même le sentiment manifestement prémonitoire qu'ils seront les premiers à être emportés si la vague islamiste venait à se transformer en déferlante. Il faut aussi rappeler qu'en Égypte, avant même l'assassinat d'Anouar el-Sadate, se jouait déjà une lutte entre les fondamentalistes et le gouvernement. Et cette lutte-là était elle aussi « politico-religieuse ».

En d'autres termes, les contre-pouvoirs au fondamentalisme religieux ne sont pas nés à l'initiative des Américains mais ils ont vu le jour dans les pays mêmes où ils se développaient et qui en ont perçu les dangers. Dans ce registre-là, on peut citer l'exemple de la Tunisie et du Maroc, de certains pays de la corne de l'Afrique et de l'Algérie. Dire cela ne conduit nullement à nier que la nature des régimes autoritaires ou dictatoriaux en place dans ces pays peut partiellement expliquer l'émergence puis le développement en leur sein d'une opposition ancrée sur le fondamentalisme religieux... Et ce n'est aucunement absoudre ces régimes dont on sait qu'ils cherchent sans cesse, pour conserver leurs prérogatives, à manipuler et leurs oppositions et leurs opinions publiques, sans doute pour mieux masquer l'échec patent, à ce jour, du monde arabo-musulman caractérisé tant par l'absence de démocratie que par les faibles perfomances des systèmes économiques qui y ont été mis en place. En tout cas, quelle que soit sa puissance de frappe, Al Qaïda s'est révélée incapable à ce jour de fédérer les fondamentalismes musulmans, et encore moins les nationalismes arabes, pour abattre les régimes qui ne correspondent pas aux prescriptions du Coran tel qu'il est lu par les différentes variétés de « talibans ». D'ailleurs si Al Qaïda avait réussi ne serait-ce qu'à commencer à fédérer les nationalismes arabes, cela ferait longtemps que cette organisation serait implantée dans les contours du conflit israélo-palestinien. Ce qui n'est toujours pas, actuellement, véritablement le cas.

Comment expliquez-vous qu'Al Qaïda ait aussi peu fait parler d'elle en Palestine ?

Il faut bien constater qu'en Palestine Al Qaïda s'est vue concurrencée par l'activisme du Fatah (ou Fath) et par celui du Hamas. Et les situations de concurrence ne favorisent que rarement les entreprises hégémoniques. On peut affirmer que jusqu'à une période récente, le problème palestinien, même s'il était régulièrement invoqué dans la rhétorique de l'organisation terroriste, n'était pas la principale préoccupation d'Al Qaïda. Il y a quelque temps, au début de l'année 2006, le mouvement de la résistance islamique, le Hamas, qui par le passé a perpétré de multiples attentats meurtriers qui lui ont valu de figurer sur la liste des organisations terroristes établie par l'Union européenne et par les organisations internationales, a gagné les élections législatives. Ayman Al Zawahiri a vivement critiqué le Hamas à la fin de l'année 2006, non seulement parce que ce mouvement a reconnu l'autorité du président Mahmoud Abbas, mais aussi et surtout, serait-on tenté de dire, parce qu'il s'est engagé dans un processus électoral dans les Territoires. C'est une démonstration supplémentaire, s'il en était besoin, que pour Al Qaïda, seul le Djihad peut libérer la Palestine, et non les voies électorale et diplomatique. Et les critiques ainsi formulées par le numéro 2 d'Al Qaïda contre une organisation qui n'est pas spécialement modérée démontrent qu'Al Qaïda aspire peut-être à reprendre des mains de cette dernière le flambeau du combat pour la libération de la Palestine, pour inscrire le conflit dans le djihad mondialisé. Mais aussi que le Hamas s'efforce, notamment pour des raisons de stratégie internationale, de tenir à distance le mouvement d'Oussama Ben Laden. De plus, l'histoire a indissolublement lié le sort de l'État d'Israël à celui des Palestiniens qui, non seulement ont été exclus de leurs terres, mais encore ont été déchus de leurs droits par la communauté internationale qui pendant longtemps les a considérés comme des « réfugiés » alors qu'en réalité ils étaient devenus de véritables apatrides.

Pourriez-vous développer ce dernier point, car les conditions de la naissance de l'État d'Israël semblent encore aujourd'hui être à l'origine de la véritable poudrière qui perdure au Proche-Orient ?

Lorsque, le 14 mai 1948, David Ben Gourion a proclamé la naissance de l'État d'Israël, les Britanniques administraient la Palestine depuis trois décennies. Si en 1897, Théodor Herzl avait théorisé au Congrès de Bâle « l'État des juifs », c'était parce que, depuis 1882, les premiers groupes d'immigrés juifs étaient arrivés de Russie en Palestine suite aux pogroms dont ils étaient victimes dans leur pays. Ils avaient alors fondé les premières implantations agricoles modernes dans cette terre d'accueil. Il avait ensuite fallu attendre la dernière séquence du premier conflit mondial pour que le secrétaire d'État au Foreign Office, James Balfour, se déclare favorable, le 2 novembre 1917, à « la création d'un foyer national pour le peuple juif ». Depuis 1920, les juifs ont combattu pour créer leur État. La guerre 14-18 sanctionne la défaite de l'empire ottoman allié de l'Allemagne. La Palestine passe donc alors sous mandat britannique selon une résolution de la Société des nations (SDN). À cette époque-là, 560 000 musulmans et 50 000 juifs cohabitent en Palestine. Lorsque le Congrès arabe national palestinien rejette la déclaration de Balfour, un premier cycle de violences s'enclenche entre juifs et Palestiniens. Les Britanniques s'efforcent dès lors de freiner l'afflux des réfugiés juifs d'Europe chaque jour davantage victimes de l'antisémitisme qui sévit dans la vieille Europe. Non content d'affirmer que « la Palestine n'a pas la capacité d'absorber un nombre important d'immigrants », les Anglais font la constatation que « les Arabes ont été graduellement dépouillés de leurs terres ». En effet, le fonds national juif mis en place en 1929 à l'aide de capitaux internationaux a permis l'achat de terres en Palestine. Outre la clarté de leur perception, les Britanniques évitent dès cette époque par leur prise de position de s'attirer l'hostilité des pays arabes dont la collaboration leur est nécessaire pour s'assurer de leur approvisionnement en pétrole. En 1939, après quatre années de révolte arabe, les autorités britanniques publient un livre blanc qui limite à 75 000 le nombre des nouveaux immigrés.

Et alors que le deuxième conflit mondial a éclaté, David Ben Gourion négocie dès l'année 1942 l'achat de matériels de guerre à l'étranger pour équiper l'armée juive. Il est convaincu qu'Israël ne prendra pied au Proche-Orient que « par le feu et par le sang ». Le bras armé de l'agence juive, la Haganah, limitant ses actions à l'autodéfense, deux groupes beaucoup plus radicaux voient le jour : l'Irgoun mais aussi le groupe Stern du nom de son fondateur. Après l'assassinat d'Avraham Stern par les Britanniques, cette organisation prendra le nom de Lehi. Les deux chefs emblématiques de ces mouvances radicales qui vont perpétrer des actes de terrorisme, d'abord contre les Arabes ensuite contre les Britanniques, s'appellent Menahem Beguin et Yitzhak Shamir. Ils deviendront l'un et l'autre, quelques décennies plus tard, Premier ministre de l'État d'Israël et le premier nommé obtiendra même en 1978, avec le président égyptien Anouar el-Sadate, le prix Nobel de la paix après la conclusion des accords de paix de Camp David signés entre Israël et l'Égypte. Alors que la Seconde Guerre mondiale vient d'éclater, David Ben Gourion se positionne très clairement : « Nous aiderons les Britanniques dans la guerre comme s'il n'y avait pas de livre blanc et nous lutterons contre le livre blanc comme s'il n'y avait pas la guerre. » Et, effectivement, des milliers de juifs se battront contre les nazis avec les armées alliées. C'est d'ailleurs dans une action lancée par les Britanniques contre les milices françaises du gouvernement de Vichy au Liban le 7 juin 1941 que le jeune Moshe Dayan perdra un œil… Par contre, Avraham Stern, sans doute séduit par les premiers succès de l'Allemagne nazie, avait pour sa part envisagé de créer un État fasciste juif et à cette fin n'avait pas craint de nouer des contacts avec l'Italie de Benito Mussolini mais aussi avec des émissaires du IIIe Reich.

En dépit de l'extermination massive des juifs d'Europe, les Britanniques sont restés intransigeants sur leurs positions afin de limiter l'immigration en Palestine. Lorsqu'ils arraisonnaient les bateaux chargés de réfugiés, ils parquaient les nouveaux arrivants dans des camps dès leur arrivée en Palestine quand ils ne les déportaient pas vers l'île Maurice. Pour eux, il était hors de question que se crée un État juif qui, le prédisaient-ils, allait faire sauter « la poudrière du Proche-Orient ». Dès 1942, le représentant britannique chargé des colonies avait proposé à Ben Gourion de créer le futur État juif en Prusse-Orientale. Et trois ans plus tard, le secrétaire d'État britannique au Foreign Office, Ernest Bevin, n'avait pas craint de déclarer que « les juifs seraient bien employés à la reconstruction de la Pologne et de l'Allemagne ». Quant au représentant britannique à la commission des Nations unies, il avait pour sa part suggéré à l'URSS d'accueillir dans sa république autonome juive de Birobidjan les survivants de la Shoah qui voulaient gagner la Palestine dont les portes leur restaient fermées à la fin de la Seconde Guerre mondiale.

Dès la fin des hostilités mondiales, l'Irgoun et le groupe Stern multiplièrent les attentats en Palestine contre les Britanniques : le 22 juillet 1946, l'Irgoun fit sauter l'hôtel King David dans lequel étaient abrités les bureaux de l'administration britannique. On relèvera sur le site de cet attentat, prélude à une véritable guerre impitoyable entre juifs et Britanniques, 91 morts. Pour autant, ces derniers ne fléchirent point et continuèrent d'arraisonner les bateaux d'immigrants qui, de plus en plus nombreux, tentaient d'accoster sur les côtes de Palestine. C'est en 1947 que les Anglais vont perdre la partie, à moitié lâchés par leur allié traditionnel, les États-Unis de Truman. En juillet de cette année-là, un bateau à bord duquel ont pris place 4 554 anciens déportés juifs, hommes, femmes et enfants, appareille du port de Sète. Arrivé dans les eaux palestiniennes, le navire est arraisonné par les Britanniques qui débarquent ses occupants, au demeurant sans ménagement et les enferment dans des bateaux-prisons qui reprennent la mer, direction la France. Arrivés « à destination » à Port-de-Bouc, les réfugiés refusent l'asile que leur offre la France. Leur longue errance les conduit, contraints et forcés, sur la Baltique à Hambourg. Ils sont dès lors internés dans des camps probablement délimités par des fils de fer barbelés... Ce sont des militaires britanniques qui sont chargés, dans cette Allemagne vaincue, de les surveiller. Avec l'aide de la police allemande. Cette dernière information provoque un émoi considérable dans le monde entier et le 24 novembre 1947, à l'ONU, trente-trois pays se prononcent en faveur de la résolution 181 qui préconise la partition de la Palestine. Dès l'annonce de la décision de la communauté internationale, c'est l'explosion de violence qui pendant six mois va ensanglanter la Palestine dans une véritable guerre civile. De nombreux villages abritant des communautés palestiniennes ou juives sont attaqués. Le 9 avril 1948, les « troupes » de l'Irgoun et du groupe Stern attaquent le village de Deir Yassin mais se voient opposer une forte résistance. Les Israéliens plastiquent alors toutes les maisons du village, tuant femmes et enfants. Vingt-cinq combattants palestiniens sont quant à eux exécutés dans une carrière voisine. Ce massacre provoque un véritable mouvement de panique en Palestine : 700 000 Palestiniens fuient leur pays ou en sont chassés. Leur longue errance vient de commencer. Un texte de 1950 permettra de saisir les biens de tous les Palestiniens qui ont pris la fuite en 1948 lors de la guerre d'indépendance. C'est ce qu'on appelle « la loi des absents ». Et cette loi-là sera utilisée à grande échelle par l'État d'Israël.

Le 14 mai 1948, David Ben Gourion proclame la naissance de l'État d'Israël à l'occasion d'un discours prononcé à Tel Aviv. Dès le lendemain, commence la « guerre d'indépendance » qui va se dérouler du 15 mai 1948 au 20 juillet 1949 avec de courtes trêves. Les forces israéliennes comptent 30 000 hommes équipés avec des armes en provenance de Tchécoslovaquie. Mais cet effectif de départ va tripler au fil des mois grâce à l'apport des réfugiés juifs d'Europe qui affluent. Face au nouvel État, cinq armées, celles des cinq pays entrés en belligérance : l'Égypte, la Syrie, la Transjordanie, l'Irak et le Liban. Cette coalition prend l'initiative de l'attaque. Face à ces armées inexpérimentées, déjouant les pronostics de l'époque, les Israéliens parviennent à s'ouvrir un passage vers Jérusalem, mettent en déroute l'armée égyptienne du roi Farouk et pénètrent dans le désert du Sinaï. La nouvelle armée israélienne, Tsahal, à laquelle ont été intégrés les activistes de l'Irgoun et du Lehi suite à une décision de David Ben Gourion les sommant de rejoindre l'armée régulière, et ce sans condition, humilie véritablement leurs adversaires. Dans la poche de Falouja, les soldats égyptiens ruminent leur défaite. Parmi eux, un jeune officier. Il s'appelle Gamal Abdel Nasser. Ce conflit est celui qui, à ce jour, a fait le plus grand nombre de morts côté israélien : 6 000 dont 2 000 civils. Côté arabe, on déplore la mort de 15 000 personnes. Mais les grands vaincus de ce conflit, ce sont les Palestiniens. Ne disposant pas d'institutions étatiques propres, leur destin leur échappe dès la signature, au début de l'année 1949, des accords d'armistice signés entre Israël d'une part, l'Égypte, la Syrie et la Transjordanie d'autre part. Le territoire palestinien est alors partagé entre Israël et le royaume hachémite de Jordanie, lequel annexe la Cisjordanie. Quant aux Égyptiens, ils exercent leur tutelle sur l'enclave de Gaza. L'histoire de la longue errance du peuple palestinien a commencé.

En 1956, Gamal Abdel Nasser, qui préside désormais aux destinées de l'Égypte, décrète le blocus du golfe d'Akaba qui se trouve être le seul accès d'Israël à la mer. Mais c'est sans doute davantage la décision du Raïs de nationaliser le canal de Suez mais aussi l'aide apportée par l'Égypte au FLN, qui lutte, les armes à la main, pour l'indépendance de l'Algérie, qui explique que la France et la Grande-Bretagne se soient associées à Israël dans une opération destinée à ramener l'Égypte « dans le droit chemin », celui tracé par Israël et ses alliés occidentaux. Le 29 octobre 1956, le corps expéditionnaire franco-britannique saute sur Port-Saïd tandis que les troupes du général Moshe Dayan foncent à toute vitesse vers Suez. L'URSS et les États-Unis somment les belligérants occidentaux de suspendre leurs opérations. Ils s'exécutent mais l'opération n'est pas neutre pour Israël qui a réussi à envahir le Sinaï. C'est en 1956 également que Yasser Arafat, né à Jérusalem l'année de la grande révolte en 1929, crée les premiers noyaux de résistance du « Fath » en s'appuyant sur l'union des étudiants palestiniens. Au début des années 1960, le seul pays arabe qui acceptera d'accueillir les groupes armés du Fath pour leur permettre de s'entraîner sera l'Algérie devenue indépendante. Il faudra attendre 1963 pour qu'à l'occasion de la victoire du parti « Baath » en Syrie, Yasser Arafat et ses groupes puissent prendre pied sur un territoire limitrophe d'Israël. L'année suivante, lors du sommet arabe du Caire est créée l'Organisation de libération de la Palestine (OLP) dont il est prévu qu'elle sera financée et donc contrôlée par la Ligue arabe. À partir de l'année 1965, les groupes armés du Fath entreprennent des actes de sabotage en Israël. La riposte israélienne conduit les troupes de Tsahal à s'affronter aux troupes syriennes. La Syrie entraîne l'Égypte dans le conflit. C'est le début de la guerre des Six-Jours de juin 1967.

Moins de vingt ans après la création de l'État hébreux, le 14 mai 1967, Nasser regroupe ses troupes dans le Sinaï pour récupérer ses territoires désertiques. La belligérance n'est pas encore ouverte. Le 5 juin 1967, les Israéliens prennent l'initiative et leur aviation détruit au sol la quasi-totalité des appareils égyptiens. Faute d'appui aérien, les Égyptiens ne sont pas en mesure de contenir l'avance des blindés de Tsahal qui, en trois jours, arrivent à Charm el-Cheikh dans le sud du Sinaï. Le 7 juin, malgré les armées jordaniennes, Israël s'empare de Jérusalem. Quant aux Syriens, ils sont aussi vaincus par Tsahal et doivent abandonner à leur ennemi le plateau du Golan. Le bilan de cette guerre éclair en terme de conquêtes territoriales est édifiant : Israël occupe désormais au détriment de l'Égypte le Sinaï jusqu'au canal de Suez et la bande de Gaza, au détriment de la Syrie le plateau du Golan et, au détriment de la Jordanie, la Cisjordanie et Jérusalem Est. Ces conquêtes territoriales iront de pair avec une politique de sécurisation de la frontière israélienne qui se matérialisera par la construction de colonies de peuplement dans toutes les zones conquises. Cette politique-là sera explicitée en 1972 par le Premier ministre Golda Meir : « Tous les points de peuplement sont installés dans des régions que la majorité des membres du gouvernement voudrait voir sous souveraineté israélienne. » Vingt ans plus tard, en 1993, on estimait à 100 000 le nombre de colons juifs installés en Cisjordanie. Et en 2007, il y en avait 268 000 vivant dans 121 implantations sans compter 102 colonies dites « sauvages ». Et maintenant, il y a le mur. L'humiliation née de la guerre des six jours a laissé la voie libre aux fedayine de Yasser Arafat qui se sont implantés dans les camps de réfugiés en Syrie, en Jordanie et bien sûr au Sud Liban. Ce qui a permis, en février 1969, à Yasser Arafat d'être adoubé par la Ligue arabe et de présider aux destinées de l'OLP Le 17 septembre 1970, le roi Hussein de Jordanie a lancé ses troupes contre les bases palestiniennes implantées en Jordanie. Une semaine plus tard, Arafat était contraint de signer une trêve avec lui suite aux pressions exercées par les dirigeants arabes et en premier lieu par le président égyptien Nasser qui décédait deux jours plus tard.

Pour quelle raison la société internationale a-t-elle considéré et dénommé les Palestiniens des « réfugiés » ?

Parce que le droit international et la société internationale ne connaissent que les États. C'est la raison pour laquelle les Palestiniens ont longtemps été désignés sous l'appellation de « réfugiés ». La résolution 242 du Conseil de sécurité adoptée le 22 novembre 1967 exigeait le retrait des forces armées israéliennes des territoires occupés lors du dernier conflit. Mais elle ajoutait aussi qu'il était nécessaire « de réaliser un juste règlement du problème des réfugiés ». Israël s'est refusée à appliquer cette résolution qu'elle considérait comme un abandon sans contrepartie. C'est cette situation-là qui a favorisé la montée en puissance des attentats palestiniens dans les territoires occupés et dans les camps de réfugiés des pays limitrophes d'Israël puis en Israël ainsi qu'à l'étranger contre des Israéliens et des biens israéliens. Les attentats de Munich et de Lod, les prises d'otages, les détournements d'avions, d'une façon générale l'utilisation réfléchie de la violence, en dépit des condamnations de la communauté internationale, ont mondialisé le problème palestinien et lui ont finalement permis d'accéder à la société internationale. De plus, les représailles exercées par Israël contre les camps de réfugiés palestiniens dans les États qui les accueillaient ont mis les États arabes face à un choix impossible : il leur fallait soit renoncer à faire respecter leurs frontières, soit encore utiliser la force contre ces réfugiés-là. C'est ce que fit le roi Hussein de Jordanie, démontrant ainsi le caractère inassimilable des réfugiés palestiniens par les États arabes.

Y a-t-il d'autres exemples de peuples ou de minorités qui, à l'instar des Palestiniens, ont tenté d'obtenir par la violence politique la reconnaissance internationale ?

Oui, notamment aux Pays-Bas. Le 13 mars 1978, trois Moluquois, des ressortissants indonésiens, ont pris en otage 71 personnes dans les locaux de la préfecture d'Assen. Leur objectif était d'obtenir la libération de tous les activistes moluquois arrêtés lors de quatre opérations précédentes qui, en décembre 1975, avaient pris pour cible en Hollande un train et le consulat d'Indonésie puis, en mai 1977, un autre train et une école. Le résultat recherché de ces prises d'otages à répétition était, pour ceux qui les ont réalisées, de parvenir à la constitution d'un État moluquois indépendant de l'Indonésie. Mais qu'y pouvaient les Pays-Bas fort d'une communauté moluquoise de 36 000 âmes ? Rien, strictement rien.

C'est probablement l'exemple palestinien qui aussi a convaincu les Arméniens que la puissance d'un mouvement n'était pas nécessairement corrélée à sa présence sur un territoire déterminé. C'est d'ailleurs le concept qui a été formulé par Hagop Hagopian, l'un des fondateurs de l'Armée secrète arménienne de libération de l'Arménie (ASALA) : « Nous combattrons et nous conduirons notre peuple jusqu'à sa patrie. » En 1968, Hagopian est allé s'entraîner dans les camps palestiniens du FPLP. Mais l'ASALA s'est coupée de toute base populaire après l'attentat meurtrier perpétré en 1983 à l'aéroport d'Orly. Hagopian a été de surcroît dénoncé aux services secrets français par Abou Ayad, le numéro 2 du Fath dont il était jusqu'alors l'allié. Comme Abou Nidal, il a alors rendu ses « services » au plus offrant : les Syriens mais aussi certaines fractions iraniennes des Gardiens de la Révolution ont réservé une suite favorable à ses offres-là. Dès lors, il n'est pas étonnant que l'ASALA ait réclamé, en 1986, l'application de la sentence islamique contre « l'espion sioniste, Jean-Paul Kauffman ».

Revenons au conflit israélo-palestinien. Comment la légitimité du peuple palestinien et partant ses droits ont-ils finalement été reconnus ?

1973 : Anouar el-Sadate a remplacé Gamal Abdel Nasser au pouvoir en Égypte et Golda Meir dirige le gouvernement d'Israël. Le 6 octobre, jour férié du Kippour, les armées égyptiennes et syriennes attaquent Israël qui parvient à endiguer l'assaut, plus difficilement toutefois que lors du précédent conflit. Le 25 octobre, le Conseil de sécurité de l'ONU parvient à imposer un cessez-le-feu alors que le conflit menaçait de dégénérer en une crise est-ouest. Les opérations menées à compter du 6 octobre 1973 par les troupes égyptiennes et syriennes, les premières sur le canal de Suez et les secondes dans le Golan, correspondent à une stratégie moderne de la guerre limitée, destinée à modifier la situation politique qui était figée depuis 1967 par les refus constants opposés par Israël d'appliquer la résolution de l'ONU prescrivant l'évacuation des territoires arabes occupés depuis la guerre des Six-Jours.

Quatre ans plus tard, le président Sadate se rendra à Jérusalem. En septembre 1978, il signera avec le Premier ministre israélien Menahem Beguin les accords de paix de

Camp David. Et en 1981, il sera assassiné au Caire par des islamistes radicaux de la mouvance des Frères musulmans. C'est après la guerre d'octobre 1973 que Yasser Arafat est parvenu à imposer l'OLP comme l'unique représentant du peuple palestinien et en octobre 1974, l'assemblée générale des Nations unies lui accordera le droit de plaider la cause palestinienne. Cette plaidoirie interviendra le 13 novembre 1974 : toujours sans terre, les Palestiniens sont néanmoins à nouveau reconnus comme un peuple à part entière.

Au moment de la conférence des pays arabes qui s'est tenue à Rabat le 26 octobre 1974, si tous les pays de la ligue étaient unanimes pour condamner Israël, ils n'étaient pas tous pour autant décidés à soutenir les Palestiniens qui, aux yeux de certains pays, étaient considérés comme des révolutionnaires qui, à terme, pouvaient menacer l'organisation souvent quasi féodale de leur propre pays. Quant à la Jordanie, elle craignait que la reconnaissance des mouvements palestiniens aboutisse à la remise en cause de leur autorité sur certaines régions tombées sous sa tutelle. Pourtant la recommandation de Rabat penche pour la première fois dans le sens de la défense des intérêts palestiniens : « Tout territoire palestinien libéré par n'importe quel moyen de lutte doit revenir à son titulaire, le peuple palestinien, sous la direction de l'OLP... Le droit de ce peuple à l'établissement d'un pouvoir national indépendant sur toute partie du territoire libéré est reconnu. » Il était dès lors évident que la Jordanie, qui avait perdu à l'issue de la guerre des Six-Jours la Cisjordanie, devait renoncer à la récupérer si cette région venait à être libérée, et ce au profit du nouvel État palestinien en gestation. Les chefs arabes se sont donc entendus à Rabat en faveur de l'OLP contre le roi Hussein de Jordanie. Pour autant, le sort des Palestiniens n'allait guère s'améliorer et la situation au Proche-Orient va persister à engendrer des actes de terrorisme et autres assassinats en Europe et singulièrement à Paris qui allait devenir l'épicentre du terrorisme.

En août 1976, la guerre civile libanaise est entrée dans sa dernière année. Dans la banlieue est de Beyrouth à majorité chrétienne est implanté le camp de réfugiés palestiniens de Tall Zaatar. Les milices chrétiennes l'assiègent pendant cinquante-deux jours. Lorsque les chrétiens libanais parviennent à l'investir, ils massacrent 1 000 Palestiniens pendant que 15 000 autres sont évacués à Beyrouth Ouest, secteur à majorité musulmane. Le 20 mai 1978, trois terroristes palestiniens, qui manifestement s'apprêtent à rééditer le massacre de l'aéroport de Lod-Tel Aviv du 30 mai 1972 en ouvrant le feu sur des passagers sur le point d'embarquer à bord d'un appareil de la compagnie El Al à destination de la capitale israélienne, sont abattus à l'aéroport d'Orly lors d'une fusillade avec les forces de l'ordre. Cette tentative avortée est revendiquée par deux organisations inconnues, les Fils du Sud Liban et une organisation se réclamant de Mahmoud Ould Saleh, l'un des représentants de l'OLP à Paris, assassiné le 3 janvier 1977. Le 3 août 1978, Ezzedine Kalak, lui aussi représentant de l'OLP, est assassiné à Paris par deux individus qui sont interpellés et déclarent appartenir au Front du refus. Les services spéciaux irakiens sont mis en cause par l'OLP Dans la nuit du 12 au 13 août 1978, un immeuble occupé par plusieurs organisations palestiniennes à Beyrouth est détruit par un attentat : 170 morts. L'OLP impute cet attentat « aux services secrets sionistes et américains ».

De 1978 et jusqu'en 1982, à compter des accords de Camp David, Israël se retire progressivement du Sinaï mais occupe le Sud Liban. En outre, Jérusalem Est est annexé à l'État d'Israël le 30 juillet 1981 et les hauts plateaux du Golan connaissent le même sort en décembre 1981. En Égypte, la situation se tend. Du 2 au 4 septembre 1981, plus de 1 500 personnes sont arrêtées en Égypte dans les milieux intégrites musulmans et coptes. Elles sont soupçonnées d'être impliquées dans les affrontements confessionnels qui ont fait environ 70 morts au cours de la dernière année. Le président Sadate rappelle la mesure d'interdiction datant de 1954 à l'encontre des activités des Frères musulmans et, pour faire bonne mesure, annonce la destitution du pape Chenouda III, patriarche d'Alexandrie et chef de l'église copte orthodoxe d'Égypte. Un mois plus tard, le 6 octobre 1981, le président égyptien assiste à un défilé militaire commémorant la guerre d'octobre 1973 contre Israël. Quatre hommes sortis d'un véhicule militaire mitraillent la tribune présidentielle. Le président Sadate trouve la mort. Le chef du commando, un lieutenant de l'armée égyptienne, Khaled Ahmed Chawky el-Istanbouly est un proche du mouvement Takfir Wal Hijra. Le 6 octobre au soir, le vice-président Hosni Moubarak est désigné comme candidat à la succession du président Sadate. L'état d'urgence est décrété pour un an. Si le calme règne au Caire, c'est la liesse dans de nombreuses capitales arabes qui accueillent l'annonce de la mort du signataire des accords de Camp David avec Israël. Et le 6 octobre, en Haute-Égypte, à Assiout, un commando de cent Takfiris prend d'assaut des bâtiments publics et s'affrontent aux forces de sécurité. Bilan : 45 morts. Le 23 octobre, le président Moubarak, dans une interview à la presse, indique que l'objectif des terroristes qui ont assassiné Anouar el-Sadate était de déclencher une « révolution khomeyniste ». Et dans la foulée, des centaines d'extrémistes religieux ou réputés tels sont arrêtés. Auparavant, le 2 juin 1981, des extrémistes israéliens avaient commis une série d'attentats en Cisjordanie à Hébron et les maires de Ramallah et de Naplouse, tous deux représentants influents de la communauté palestinienne, avaient été gravement blessés par la déflagration de bombes placées sous leur voiture.

Dans la nuit du 19 au 20 juillet 1982, deux attentats sont commis à Paris contre des établissements bancaires israéliens et revendiqués par des groupes palestiniens. Et le 9 août 1982, deux hommes armés de pistolets-mitrailleurs ouvrent le feu après avoir lancé une grenade dans le restaurant israélite exploité par Jo Goldenberg dans le IVe arrondissement de Paris, rue des Rosiers. Six personnes trouvent la mort et bien d'autres sont blessées. Dans les jours qui suivent, plusieurs organisations juives critiquent violemment la politique française au Proche-Orient. Cet attentat non revendiqué, on le sait maintenant, est manifestement l'œuvre du groupe dissident palestinien d'Abou Nidal. Le maire de Paris Jacques Chirac devait déclarer au sujet de cet attentat : « Paris est devenu le champ clos de tous les terrorismes. » Mais l'on avait encore « rien » vu. Dès le lendemain, dans la nuit du 10 au 11 août, une bombe explosait rue de la Baume à Paris dans le VIIIe arrondissement devant un immeuble abritant une société d'important d'agrumes en provenance d'Israël. Encore les Palestiniens ? Non, cet attentat était revendiqué par Action directe qui, au cours des semaines précédentes, avait déjà perpétré divers attentats contre des intérêts israéliens. Et le même jour, un véhicule piégé explosait dans la capitale devant l'ambassade d'Irak faisant cinq blessés. Il était revendiqué par une organisation d'opposition chiite irakienne, le Mouvement de l'action islamique d'Irak, proche des autorités iraniennes. Le 23 juillet, Fadl Dani, directeur adjoint du bureau de l'OLP à Paris, mourait carbonisé dans sa voiture, victime d'un engin incendiaire. Vous imaginez la confusion et les difficultés des enquêteurs à sérier la « bonne piste ».

Comment le gouvernement français a-t-il réagi à la multiplication des attentats et autres assassinats dans la capitale ?

Le gouvernement de Pierre Mauroy annonça diverses mesures pour lutter contre le terrorisme. Il dissout le mouvement Action directe le 18 août 1982 et une semaine plus tard il nomma l'ancien chef du GIGN, Christian Prouteau, pour diriger une mission de coordination, d'information et d'action contre le terrorisme. La création d'un fichier central et informatisé de lutte contre le terrorisme fut annoncée. Si la dissolution d'Action directe n'a guère ému les membres de l'organisation terroriste française qui fit sauter dès le lendemain, 19 août, le journal *Minute* à Paris, par contre les résultats de la nouvelle structure dirigée par Christian Prouteau ne tardèrent pas : le 28 août 1982, un communiqué solennel de l'Élysée annonçait l'arrestation de trois activistes appartenant au « milieu du terrorisme international ». Succès éclatant ou propagande ? Les trois personnes arrêtées étaient membres de l'INLA, traduisez : Armée irlandaise nationale de libération. C'était le début des emmerdements et le commencement de la « célèbre » affaire des Irlandais de Vincennes qui, à travers ses péripéties judiciaires, devait rappeler que la véritable lutte contre le terrorisme ne s'accomode pas d'effets d'annonce et pas davantage de stratégies de bas étage.

L'année 1982 fut celle de « l'opération paix en Galilée » qui avait pour objectif de mettre un terme au harcèlement des villes et villages israéliens par les Palestiniens de l'OLP qui, depuis le Sud Liban, tiraient des katiouchas sur les kibboutz. Le 6 juin 1982, l'armée israélienne investit le Liban et les troupes de Yasser Arafat (15 000 hommes armés) quittent précipitamment Beyrouth pour se réfugier à Tripoli où elles sont rapidement expulsées par l'armée syrienne. Dans le bourbier libanais, l'armée israélienne va connaître les heures les moins glorieuses de son histoire. Son intervention à Beyrouth dégénère en guerre civile opposant réfugiés palestiniens aux membres des phalanges chrétiennes. Dans les camps de Sabra et de Chatila, les phalangistes libanais se livrent à un véritable massacre de réfugiés palestiniens. Le ministre israélien de la Défense, Ariel Sharon, en sera considéré comme le premier responsable. Il faut dire que Tsahal avait sa ligne de front à deux cents mètres de ces deux camps et qu'elle avait laissé s'infiltrer à travers ses lignes les phalangistes libanais. Cette opération de l'armée israélienne s'est achevée par l'arrivée à Beyrouth de la force internationale composée de militaires américains, français et italiens à compter du 21 août 1982 et par le départ de la capitale libanaise des forces de l'OLP mais aussi, dans la troisième semaine du mois d'août, des troupes syriennes, soit 40 000 hommes. Cette opération dont le but n'était donc pas de porter atteinte à l'intégrité territoriale du Liban a eu pour conséquence de rétablir la souveraineté libanaise sur une grande partie du pays du Cèdre. Les Palestiniens qui avaient trouvé refuge à Beyrouth, pour bon nombre membres de l'OLP ou du FPLP, ont été accueillis quant à eux dans huit pays arabes. L'occupation par l'armée israélienne des camps de réfugiés palestiniens à Beyrouth a permis la découverte de plus d'une centaine de dépôts et caches d'armes dont des armes dites légères qui composaient l'arsenal de tous les mouvements terroristes européens. Selon les estimations, ce sont 10 000 à 12 000 non-Palestiniens qui se sont formés aux disciplines de la guerre et du terrorisme dans les camps d'entraînement du Liban.

Le FPLP et l'OLP étaient-elles des organisations concurrentes ou un moyen pour la résistance palestinienne de brouiller les cartes ?

Le terrorisme pratiqué par l'Organisation de libération de la palestine (OLP) est de fait un substitut à la guérilla puisque les Palestiniens avaient été chassés de leurs terres et qu'ils ne pouvaient donc plus y combattre. Créée en 1964, l'OLP a regroupé les Palestiniens disséminés dans plusieurs pays arabes. Cette organisation présente donc la caractéristique d'avoir une dimension transnationale. Malgré le poids du Fath derrière Yasser Arafat, le Front populaire de libération de la Palestine (FPLP) dirigé par Georges Habache est parvenu à imposer sa radicalité extrême en 1970 en Jordanie puis cinq ans plus tard au Liban. C'est cette branche-là qui réalisera bon nombre de détournements d'avion à partir de 1968. Ce maximalisme qui s'est ainsi concrétisé était un moyen pour les extrémistes de l'extrémisme de contester l'autorité de Yasser Arafat, représentant d'une tendance plus « modérée » de la résistance palestinienne. Pendant la période 1971-1973, le Fath, principale organisation de l'OLP, s'est livré à une campagne d'attentats particulièrement sanglants sous couvert de l'organisation « Septembre Noir » qui a perpétré la tuerie de Munich en 1972 à l'occasion des Jeux olympiques. Cette campagne d'attentats se situe dans le prolongement de l'expulsion de l'OLP de Jordanie par le roi Hussein en septembre 1970. De fait, les auteurs des massacres de Munich et de Lod n'avaient pas quitté véritablement le giron de l'OLP, ce qui fait que, assez rapidement, Yasser Arafat est passé pour un virtuose du démenti. La situation était encore rendue plus complexe par l'apparition sur la scène de groupuscules plus ou moins dissidents : le FDPLP de Nayef Hawatmeh s'est signalé en mai 1974 par une prise d'otages particulièrement sanglante dans un établissement scolaire en Galilée. Dès les premières années de l'OLP et du FPLP Ahmed Djebril avait créé le FPLP-Commandement général qui a revendiqué l'explosion en plein vol d'un avion de la Swissair.

Le 7 octobre 1984, le paquebot *Achile Lauro* et ses 450 passagers en croisière furent détournés au large des côtes égyptiennes par un commando de quatre Palestiniens qui exigera au nom du Front de libération de la Palestine la libération d'une cinquantaine de Palestiniens détenus en Israël. Le 8 octobre, alors que le bateau voguait au large de la Syrie, un passager juif américain âgé de 69 ans, Léon Klinghoffer, tétraplégique, fut assassiné par les terroristes qui jetèrent ensuite son corps à la mer. L'OLP devait condamner cette opération.

Le 8 décembre 1987 débuta la première guerre des pierres connue sous le nom d'« Intifada ». Elle durera six ans dans les territoires que se disputent palestiniens et israéliens. De multiples attentats meurtriers seront perpétrés à Jérusalem ainsi qu'à Tel Aviv par l'OLP. Seule lueur d'espoir : en 1988, l'OLP proclamera unilatéralement la naissance d'un État palestinien mais s'abstiendra de revendiquer, comme par le passé, « l'élimination de la puissance sioniste et impérialiste ». Cette position n'eut pas l'heur de plaire à certaines franges de la mouvance palestinienne. Le 14 janvier 1991, le bras droit de Yasser Arafat, Salah Khalaf alias Abou Yad, chef de sécurité et de renseignement de l'OLP, fut assassiné avec deux autres dirigeants palestiniens en Tunisie à Carthage. L'auteur de ce triple crime se révéla être un transfuge du Fath-Conseil révolutionnaire, groupe dissident basé à Bagdad et dirigé par Abou Nidal qui était foncièrement hostile à Yasser Arafat. Le collaborateur de Salah Kahlaf, Atef Bsisou, sera quant à lui abattu à Paris le 8 juin 1992. Le Fatath-Conseil révolutionnaire revendiquera cet assassinat dès le lendemain avant de publier un démenti. Mis en cause, les services secrets israéliens, le Mossad, démentiront toute implication dans cet assassinat.

L'année 1993 est celle des accords d'Oslo et celle de la poignée de main échangée à Washington entre le leader de l'OLP, Yasser Arafat, et le Premier ministre israélien Yitzhak Rabin. Les accords d'Oslo semblent ouvrir une nouvelle ère, celle de l'autonomie palestinienne dans les territoires occupés. Manifestement, ces accords-là ne suscitent pas un enthousiasme débordant chez les extrémistes des deux bords. Premier ministre israélien depuis 1992, Yitzhak Rabin est assassiné le 4 novembre 1995 à Tel Aviv à l'issue d'une manifestation pour la paix par un jeune extrémiste israélien Yigal Amir qui est arrêté de suite. Il devait rapidement être établi que l'assassin, qui disait avoir reçu des instructions de Dieu pour tuer le Premier ministre, appartenait à un groupe d'extrême droite israélien sur lequel des rabbins extrémistes exerçaient leur influence. En 1995, à la suite des accords d'Oslo II, une partie des territoires occupés jusqu'alors par les Israéliens ont été placés sous administration palestinienne.

Vous ne croyez donc pas qu'Al Qaïda soit susceptible de rallier à elle les nationalismes arabes... Certains pensent pourtant qu'au fond le terrorisme religieux ne serait que la continuation, par des vecteurs symboliques et culturels, de revendications politiques existant depuis bien longtemps : la « mise à distance de l'Occident », ce qui constitue un lien possible entre les différents mouvements nationalistes arabes.

Un lien ne fait pas à lui seul une union. Je ne fais pas de géopolitique, je ne suis qu'un petit juge qui essaie simplement de réfléchir. Virtuellement, le risque existe qu'Al Qaïda parvienne à « se brancher » sur les nationalismes arabes. Sauf que ceux-ci sont de natures extrêmement diverses et ont même une tendance certaine à s'opposer les uns aux autres. Il faut se débarrasser d'une vision par trop occidentale de la situation : le monde musulman n'est pas monolithique. L'exemple palestinien est assez éclairant sur ce point : on voit bien la manière dont ce peuple a été rejeté par la communauté jordanienne, l'obligeant à une longue errance à travers différents États. Par conséquent, la fédération de tous les nationalismes arabes, même si Al Qaïda décidait de se battre en premier lieu pour des objectifs politiques, est, en l'état actuel des choses, un échec. Et puis le Maghreb n'est pas le Proche-Orient : la colonisation a en quelque sorte « détribalisé » l'Algérie, le Maroc et la Tunisie, trois pays qui ont été et restent au contact de l'influence occidentale et qui de surcroît sont religieusement globalement homogènes (il y a 30 millions de musulmans en Algérie, 28 millions au Maroc et 9 millions en Tunisie). Ce qui pour autant n'a empêché ni la contagion islamiste, ni l'autoritarisme politique, et pas davantage la violence politique, ainsi qu'en témoigne éloquemment le conflit algérien.

Cet ensemble de facteurs conduit probablement Al Qaïda à une politique de surenchère, en tout cas à une politique qui consiste à démontrer que le mouvement reste actif par la réitération ou l'inspiration d'attentats hautement symboliques : une série d'attentats visant les intérêts américains hors de chez eux, puis les Twin Towers le 11 Septembre, Madrid et enfin Londres ; mais pour autant, la démarche ne paraît pas à l'heure actuelle couronnée de succès. Cela étant dit, les organisations terroristes ont besoin d'un minimum d'espace et essaient de s'implanter territorialement. Et elles ne sont jamais aussi tranquilles – ce n'est qu'apparemment paradoxal – que dans les pays surmilitarisés en raison de l'existence d'un conflit ; c'est là en effet que l'on peut se procurer des armes, implanter des camps d'entraînement sans trop attirer l'attention des satellites espions et manipuler les esprits le plus facilement sans qu'une police d'État fourre son nez dans ces activités clandestines. Ainsi, Al Qaïda a longtemps formé ses troupes en Afghanistan avant de diversifier géographiquement ses implantations sous la pression des événements. Implantation ne signifie pas conquête, les réseaux terroristes du XXIe siècle sont déterritorialisés, la conquête d'une souveraineté nationale n'intéressant pas plus le Hezbollah au Liban qu'Al Qaïda.

Je voudrais continuer de vous interroger sur les objectifs politiques d'Al Qaïda : François Burgat, en s'attachant à une analyse historique et sociologique de l'islamisme dans les pays arabes, soutient la thèse que les formes religieuses prises depuis plusieurs décennies par la contestation de la domination et de l'exploitation occidentales sont la continuation par d'autres moyens d'une lutte politique visant à leur reconnaissance et leur autonomie. Comme le terrain proprement politique leur a été interdit – par les dictatures, soutenues par les pays occidentaux – les acteurs de cette lutte se sont « repliés » sur le terrain religieux, où ils ont été dans un premier temps autorisés à le faire, avant que les gouvernements arabes et occidentaux comprennent qu'ils avaient affaire à des revendications proprement politiques et dangereuses pour eux. Au Maghreb aussi, cette analyse semble très pertinente : quand le gouvernement algérien s'est retrouvé confronté, dans les années 1980, à une opposition extrêmement forte, via le FIS, il l'a rejetée du côté de l'irrationnel et du fanatisme, quand son action était avant tout liée à des revendications politiques. On peut dire, plus généralement, que c'est ainsi que l'idée d'un choc des civilisations a été récupérée par les États-Unis et d'autres pays occidentaux : la stigmatisation d'un islam essentiellement violent permettait de se trouver providentiellement un nouvel ennemi « universel » en même temps qu'elle offrait la possibilité de nier purement et simplement des revendications politiques mettant en danger leurs profits et leurs intérêts...

Certains voient en effet dans le terrorisme islamiste contemporain un combat anti-impérialiste, une forme nouvelle de terrorisme révolutionnaire, quand d'autres se contentent d'y voir une nouvelle forme de la violence politique à dimension messianique. L'Histoire peut nous éclairer. En un siècle, les combattants de l'islam, d'abord sous la direction du prophète, puis sous celle de ses successeurs (après 632), vont s'attacher et réussir à conquérir un véritable empire au fil de l'épée en dépit des luttes intestines et sanglantes qui vont opposer de façon récurrente ces candidats à la succession, les califes. Eux aussi vont s'efforcer de réaliser la symbiose du politique et du religieux, le califat. L'Iran, la Syrie, l'empire byzantin, la Palestine, l'Arménie, la Perse, l'Égypte, la Libye, la Tunisie, le Maroc, l'Algérie puis l'Espagne sont ainsi conquises. Un coup d'arrêt à cette expansion survient avec la défaite des Sarrasins à Poitiers en 732 face aux troupes de Charles Martel. Ce qui n'empêche pas les combattants de l'islam de poursuivre un siècle plus tard leur conquête des îles de Méditerranée : Chypre, la Crète, la Sardaigne, la Sicile et la Corse tombent dans leur giron dans la première partie du IXe siècle. À cette époque qui n'est pas encore, vous en conviendrez sans doute, caractérisée par une recherche effrénée du profit, par les dividendes mirifiques du pétrole et par le capitalisme boursier, l'islam s'est donc livré à une guerre de conquête qui va être justifiée par une interprétation belliciste des versets du Coran, ceux relatifs au djihad. Alors qu'à l'origine Mahomet en donnait une interprétation tolérante lorsqu'il cherchait à convaincre les chrétiens et les juifs de se convertir à l'islam.

Une fois cette conquête réalisée, le djihad a été réinterprété dans un sens nettement moins offensif, s'entendant dès lors comme le combat nécessaire que doit mener le croyant contre les infidèles susceptibles de remettre en cause les acquis de l'islam, mais aussi contre ses propres faiblesses. C'est à cette époque qu'a été élaborée la théorie des trois terres : l'islam étant l'unique véritable religion (un), il se doit de conquérir à terme le territoire des infidèles (deux). C'est le domaine de la guerre ou de la conversion. Cependant, la difficulté de cette mission peut imposer que des trêves ponctuelles soient signées avec les infidèles, à condition que ceux-ci ne remettent pas en cause la suprématie de l'islam et respectent un certain nombre d'interdits (trois). La fin du XIe et le XIIe siècles seront donc ceux des croisades de l'Occident chrétien, au demeurant divisé entre l'église de Rome et celle de Byzance, croisades qui sonnent à la fin du XIIe siècle, la fin de la présence chrétienne en Orient, et ce jusqu'à la colonisation européenne. Force est de constater au passage que la lutte contre les croisés est toujours présente dans la littérature et dans la culture de la mouvance djihadiste contemporaine.

La conquête coloniale a conduit à la fin du XIXe siècle bon nombre de théologiens musulmans à considérer que l'affaiblissement de leur communauté était la conséquence de l'amenuisement de la pratique religieuse et de la décadence des mœurs. En conséquence, ils préconisaient un réapprentissage strict de la loi des anciens. Ce précepte fondamental et fondamentaliste va se traduire par la naissance en Égypte du mouvement des Frères musulmans en 1928, association prosélyte qui devient rapidement un mouvement politique très structuré en appelant à la renaissance de l'« oumma », c'est-à-dire de la communauté des croyants, rejetant en cela toute option nationaliste. Son fondateur, Hassan Al Banna, décrivait dans les premières années qui ont suivi la création du mouvement les objectifs de ce dernier : « Vous êtes une âme nouvelle dans le cœur de cette nation pour lui donner la vie au moyen du Coran. Quand on vous demande ce que vous proposez, répondez que c'est l'islam... qui contient en lui le gouvernement et qui compte dans ses obligations la liberté. Si l'on vous dit que vous faites de la politique, répondez que l'islam ne connaît pas cette distinction... S'ils se dressent contre nous ou barrent la route à notre message, alors Dieu nous autorise à nous défendre contre leur injustice. »

La période de décolonisation après la Seconde Guerre mondiale va être caractérisée par l'essor dans le monde musulman des nationalismes dont les messages seront d'essence laïque. Et c'est l'échec de ceux-ci, souvent inspirés des principes marxistes-léninistes, qui va, me semble-t-il, permettre la montée en puissance des mouvements religieux fondamentalistes, que ce soit en Algérie, au Pakistan ou en Indonésie. Dans ce dernier pays qui compte aujourd'hui 185 millions de musulmans, en 1965, le général Suharto favorisera les mouvements fondamentalistes pour combattre l'influence communiste. Et ce qui s'est passé à la même époque en Asie du Sud-Est n'a pas été différent, et ce sous l'œil bienveillant des États-Unis. Quant aux régimes en place dans les pays musulmans « terrorisés » après 1979 par la révolution iranienne, ils se sont évertués, incapables de répondre aux revendications de leurs peuples, à tenter de diviser la mouvance islamiste en donnant des gages au courant fondamentaliste fortement ancré dans les classes bourgeoises les plus conservatrices. Ce qui a abouti à faire des plus déshérités des proies particulièrement vulnérables pour les partisans de l'islamisme djihadiste. C'est du moule des

Frères musulmans que sont issues les grandes figures de la mouvance islamiste radicale et violente tels le Palestinien Abdallah Azzam, qui a fédéré au Pakistan, pays comptant 140 millions de musulmans, l'armée des moudjahidin salafistes lors du Djihad contre les Soviétiques en Afghanistan, ou l'Égyptien Ayman Al Zawahiri devenu numéro 2 d'Al Qaïda. Progressivement, sous leur influence, le Djihad va devenir une obligation prépondérante de l'islam. L'analyse de François Burgat n'est donc pas foncièrement fausse, elle paraît simplement incomplète et réductrice. En tout cas, elle semble concerner à tout le moins la seule montée en puissance du terrorisme djihadiste à compter des années 1970. Mais c'est bien avant que les germes de la radicalisation aient été semés...

Qu'est-ce qui fait d'Al Qaïda une mouvance spécifique ? Est-ce un modèle d'organisation original, particulièrement solide ou novateur qui s'inscrirait en rupture par rapport aux organisations terroristes des décennies précédentes ? Il a été dit que le fait qu'elle n'ait pas d'enracinement territorial spécifique est à la fois sa force et sa faiblesse...

On sait aujourd'hui avec une quasi-certitude qu'en 1995 Al Qaïda était encore une organisation structurée de manière assez similaire à celle d'un certain nombre de groupes terroristes. D'après les spécialistes du renseignement, Al Qaïda était peu ou prou composée de la façon suivante : une direction centrale, appelée la choura, comprenant les principaux dirigeants de l'organisation ; un comité politique, qui délivrait les fatwas, c'est-à-dire les textes fondés sur des injonctions coraniques et transmis par les muftis vers les fidèles, assurant ainsi la diffusion de la pensée au nom de Dieu ; un comité militaire qui déterminait les cibles ; puis, comme au centre Leclerc ou chez Casino, une centrale d'achats pour les armes et pour s'assurer de la maîtrise de la technologie. L'organisation comportait aussi une sécurité interne, qui devait éviter les infiltrations et protéger les leaders, ainsi qu'un comité financier qui assurait la collecte des fonds par la dîme forcée, appelée la Zakat.

Cette organisation avait donc cours lorsque Al Qaïda n'était pas encore complètement sous les feux de l'actualité. Après septembre 2001, suite à l'intervention des États-Unis et d'un certain nombre de pays européens – dont la France – en Afghanistan, Al Qaïda a perdu bon nombre de ses bases arrière ; il semble malheureusement que, depuis quelques mois, elle soit parvenue à les reconstituer. Mais la structure initiale, celle du milieu des années 1990, s'est trouvée profondément modifiée : la volonté d'exporter la guerre sainte en dehors des zones de conflits ouverts a conduit Al Qaïda à être davantage un coordinateur de la pensée et un incitateur pour le passage à l'acte plutôt qu'une organisation structurée de type pyramidal qui décide, prend en charge, passe à l'acte et revendique. C'est donc effectivement à l'heure actuelle ce qui fait la force de ce mouvement, mais aussi sa toute relative faiblesse.

Les modèles d'intégration mis en cause... ou les catégorisations du terrorisme islamiste

L'été 2005 a été marqué par les premières attaques terroristes par des djihadistes contre la Grande-Bretagne. Que pensez-vous de l'analyse qui met en cause dans le phénomène terroriste contemporain les politiques d'intégration des démocraties occidentales ?

Les Anglais se sont étonnés que les attentats du 7 juillet 2005 à Londres aient été perpétrés par leurs compatriotes. Cela montre leur mauvaise perception du terrorisme fondamentaliste. Mais à leur décharge, il faut bien constater que jusqu'alors ils n'avaient été aux prises qu'avec les actions terroristes inscrites dans le conflit irlandais. L'étonnement des Britanniques aurait pourtant dû être moins grand, puisqu'ils ne pouvaient pas ne pas savoir que dix ans auparavant, en France, l'un des principaux acteurs de la campagne d'attentats de 1995, Khaled Kelkal, membre du réseau djihadiste de Chasse-sur-Rhône, et abattu par des gendarmes, était français. Au-delà du fait que cela témoigne du caractère global et de la force idéologique de ce type de terrorisme, cela montre aussi que le modèle d'intégration à la française ne met pas davantage à l'abri que le modèle « communautariste » anglo-saxon. En tout cas, il me semble faux de prétendre qu'un nouveau palier a été franchi parce que certains des acteurs du terrorisme islamiste sont issus des sociétés occidentales ; c'est une forme d'hypocrisie, ou d'incompréhension. Il n'est pas étonnant que la propagande des groupes armés islamistes parvienne à toucher des personnes vivant en France, en Angleterre, en Allemagne ou en Espagne... Le modèle français d'intégration, dont tout le monde sait qu'il ne fonctionne pas à la perfection, ne doit pas être le lieu de la critique ; c'est se tromper de cible. On fustige, et on les oppose, le système communautariste britannique et le système intégrationniste français, mais on oublie un peu vite que l'Espagne, qui est – faut-il le rappeler ? – un pays d'Europe, connaît les mêmes problèmes. D'autre part, le fait que les kamikazes frappent pour la première fois en Europe ne constitue pas non plus une nouveauté réellement significative. Cette forme d'action violente existe depuis longtemps dans la sphère du terrorisme religieux. Je conçois que cela suscite de la stupeur, mais s'y arrêter, se contenter de cet effet de sidération, c'est s'empêcher de comprendre ce qui est en train de se passer. Et ce qui est en train de se passer relève de la congruence entre un terrorisme islamiste très violent, qui existe depuis plusieurs décennies, et une forme d'idéologie mondialisée de l'islam. Le fait de se faire exploser avec sa bombe ne change pas fondamentalement la nature de l'acte terroriste. Il témoigne simplement de l'incroyable degré de fanatisme de certains activistes et, en amont, du caractère extrêmement performant de la propagande islamiste fondamentaliste. Je conteste par ailleurs tout type de discours qui prétend établir, une fois pour toutes, une responsabilité supérieure, celle de l'État. On se trompe lourdement si on se contente de stigmatiser les modes d'organisation des sociétés occidentales ou les modèles d'intégration, qu'ils soient français ou anglo-saxons.

Il y a aussi des Européens « de souche » convertis dans des mouvements extrémistes islamistes...

Il y a effectivement d'assez nombreux convertis issus de pays occidentaux, qui sont souvent parmi les éléments les plus radicaux. Une personne fraîchement convertie, à une religion ou à une idéologie, doit donner des gages. On le voit dans les organisations terroristes comme dans d'autres domaines de la vie. Ce sont des constatations que j'ai pu faire en Corse, à travers le comportement de certains mis en examen qui n'étaient corses « que » par alliance. Ils étaient souvent extrêmement radicaux dans les concepts de lutte qu'ils entendaient faire partager, alors que d'autres, corses de souche, sans renoncer pour autant ni à la lutte armée ni à leurs idées, étaient un peu moins caricaturaux dans leurs options. Beaucoup de ces convertis de fraîche date font preuve d'un radicalisme tellement exacerbé qu'ils en deviennent suspects d'être des « taupes » aux yeux mêmes des membres de l'organisation qu'ils viennent d'intégrer... Cette constatation-là, il m'a aussi été donné de la faire en 1995 et 1996 à l'occasion de l'instruction de l'affaire du réseau djihadiste dirigé par Mohammed Chalabi, dans lequel plusieurs jeunes Français de souche se sont révélés être les plus intégristes et les plus fanatiques bien que leur conversion à l'islam fût récente.

J'aimerais avoir votre point de vue sur l'analyse qu'a faite un conseiller du gouvernement américain sous Bill Clinton, Marc Sageman. Il prétend que, contrairement à une idée largement répandue, les terroristes sont des personnes acculturées, éduquées, souvent issues des classes moyennes... Est-ce quelque chose que vous constatez « sur le terrain » ?

En fait, cette analyse semble induire que nous nous sommes trompés et focalisés uniquement sur les pauvres d'origine maghrébine. Or, au milieu des années 1990, nous n'avions pas d'ennemi prédéterminé, nous avons simplement observé et compris d'où venaient les coups. Et quand nous avons démantelé des réseaux islamistes, nous nous sommes rendu compte que l'un d'entre eux était effectivement quasi exclusivement composé d'étudiants et de maîtres assistants, issus le plus souvent des filières scientifiques. C'était une structure basée à Lyon. Il est évident que si nous avions eu des présupposés, nous ne serions jamais tombés sur eux, ou alors trop tard. Cela étant, je pense que les terroristes issus des classes moyennes ou aisées restent une petite minorité et que la chair à canon se recrute encore principalement parmi les populations les plus pauvres. Cependant, cette minorité dispose d'un pouvoir de nuisance considérable. La Grande-Bretagne a récemment failli en faire les frais : la tentative d'attentat par explosif perpétrée à l'aéroport de Glasgow le lendemain des attentats avortés commis au centre de Londres le 29 juin 2007 a eu pour acteurs le médecin irakien Bilal Abdulla, qui exerçait son activité professionnelle depuis trois ans dans un hôpital de Glasgow et le médecin jordanien d'origine palestinienne Mohammed Aska, qui se spécialisait en neurologie dans les hôpitaux britanniques. Ces deux hommes avaient ce qu'on appelle dans le jargon « un profil lisse ». C'est dire la complexité de la mission qui incombe aux services de lutte antiterroriste qui sont notamment chargés d'établir ou de reconstituer ce qu'il est désormais convenu d'appeler la traçabilité d'un individu. Ils y parviennent parfois, et même assez souvent, mais pas à tout coup. L'enquête judiciaire, les instructions judiciaires, on ne le répétera jamais assez, constituent des exercices éminemment aléatoires. Entre des gens « installés » comme ces deux médecins dont tout l'entourage pensait qu'ils étaient là pour soigner leurs semblables et une bande de « copains » de quartier en mal de repères, en quête d'identité ou en recherche désespérée d'emploi et qui se montent la tête après consultation de sites Internet appelant à la violence, on le comprend, la tâche de dépistage est particulièrement ardue et vaste. C'est même un véritable défi. En dépit des efforts de ceux qui s'efforcent de brosser un portrait type du candidat terroriste, aucun système ne permettra de savoir à l'avance que tel individu sera recruté et passera à l'action armée... On est bien obligé de constater, malgré son passé de droit commun, que personne n'avait prévu la trajectoire de Khaled Kelkal. Ni davantage celles de Boualem Bensaïd, Richard Reid, Mohammed Atta, ou des kamikazes londoniens de l'été 2005. Seules la vigilance tous azimuts et l'efficacité des services de renseignements permettent de déjouer les projets criminels, et l'on comprend bien que forcément, on n'a pas dans cette discipline l'assurance de réussir à tout coup.

S'il est donc vrai que des personnes éduquées et acculturées, pour reprendre l'expression de M. Sageman, ont basculé dans le terrorisme, il convient de conserver présent à l'esprit que cette frange-là est numériquement faible. Car les terroristes recrutent plus généralement chez les délinquants. Parmi les plus hauts lieux de prosélytisme en France se trouvent les prisons. Les renseignements généraux français ont recensé en 2005, dans soixante-huit établissements pénitentiaires, environ cent soixante-quinze islamistes se livrant à des activités prosélytes, et parmi eux trente détenus incarcérés dans le cadre d'affaires terroristes, et une vingtaine déjà connus pour leurs engagements en faveur d'un islam radical. D'où la nécessité de porter l'effort vers la formation des imams intervenant en milieu carcéral afin de mettre un terme aux agissements des imams autoproclamés qui représentent un vecteur de contagion des idées extrémistes au sein de la population pénale, y compris chez les détenus de droit commun de confession musulmane. Et, toujours selon les mêmes sources, une vingtaine de mosquées sur les 1 600 que compte la France sont, en 2005, tombées sous le contrôle d'islamistes extrémistes. Entre vingt et quarante autres sont l'objet de vives tensions, théâtre de luttes d'influences entre différentes interprétations et tendances de l'islam. Ce ne sont évidemment pas les seuls lieux dans lesquels l'idéologie extrémiste est dispensée, mais les figures religieuses sont essentielles pour faire passer ce type de message. En

Espagne, la situation paraît encore plus préoccupante, puisque selon les services secrets hispaniques, ce sont 10 % des lieux de culte musulmans qui sont dirigés par des imams prêchant un discours de haine contre l'Occident, et parmi eux, six, à Barcelone et à Valence, sont aux mains d'un des courants les plus extrémistes du salafisme, la secte Takfir Wal Hijra. Comme il n'y a pas de modèle social qui puisse éviter à certains citoyens d'un État d'être fanatisés, il se trouvera toujours, sur les milliards d'êtres humains, un certain nombre d'entre eux qui céderont à cette dérive, pour des raisons psychologiques, ou parce qu'ils auront des revendications politiques, sociales ou religieuses, élevées au rang du fanatisme. Il est forcément du devoir de l'État de débusquer ceux qui se livrent à un tel prosélytisme et d'identifier ceux qui y ont cédé ou qui sont sur le point de le faire.

Vous me surprenez. Faire du terrorisme le résultat d'une « perversion » psychologique est très réducteur. Comment ne pas prendre en compte les données historico-sociales, les rapports historiques et contemporains d'exploitation et de domination, l'impérialisme occidental, les environnements culturels et idéologiques... ? C'est infiniment plus complexe...

Vous me comprenez mal. Dans l'appréhension du phénomène terroriste fondamentaliste contemporain, il est nécessaire et même indispensable de prendre en considération, sans exclusive, de nombreux éléments, ceux que vous citez mais également bien d'autres. La création d'Israël en 1948, c'est-à-dire d'un État fondé sur des bases théologiques, les conséquences de la décolonisation avec l'apparition d'un certain nombre de nouveaux États, comme par exemple le Cachemire, l'invasion soviétique en Afghanistan puis la chute du mur de Berlin, et plus récemment encore l'intervention américaine et britannique en Irak sans l'aval de l'ONU, pèsent tout aussi lourd dans l'histoire des pays musulmans que les fondements religieux. Les pays musulmans ne constituent pas un bloc monolithique compte tenu de leurs histoires et cultures différentes, pas plus que le monde chrétien n'est uniforme. Raison de plus, lorsqu'on aborde la « logique » terroriste, de ne pas en faire le résultat en quelque sorte « mécanique » de l'accumulation d'un certain nombre de facteurs sociaux, même si ces derniers peuvent objectivement être considérés comme favorisant le passage à l'acte violent. Il faut donc se méfier : prétendre que le vivier de recrutement du terrorisme fondamentaliste est la banlieue est approximatif et restrictif. Il est certain que le déracinement, l'inégalité, la perte du sentiment d'identité ne peuvent que favoriser les aveuglements d'un ordre ou d'un autre, et que toutes les aberrations produites par la société et les individus qui la composent peuvent avoir des répercussions dans l'inclination pour l'action terroriste. Mais le type d'analyse qui conduit à trouver une fois pour toutes et à chaque fois une explication ou des justifications au recours à l'hyperviolence, doit être à mon sens écarté. Ce qui fait qu'un individu « bascule » dans le terrorisme est la plupart du temps la résultante d'une conjonction de facteurs économiques, sociaux, psychologiques, et, dans le cas du fondamentalisme islamique, religieux. Dès lors, établir un profil du terroriste, outre les risques de stigmatisation déjà évoqués qu'entraîne une telle démarche, est un exercice extrêmement hasardeux et peu, pour ne pas dire pas du tout, productif en termes de recherche judiciaire. Laissons cela aux sociologues dont c'est le métier. Cela étant précisé, il n'est pas interdit de penser que certains terroristes passent à l'acte parce qu'ils ont une personnalité influençable et déséquilibrée. Il y a quelques années, en 2003, j'ai eu affaire à un jeune d'une vingtaine d'années qui, après avoir confectionné des explosifs à base de peroxyde d'azote dans sa cuisine, envisageait, au nom de son groupuscule tendance « Occident chrétien », de se faire sauter un vendredi lors de la prière à la grande mosquée de Paris afin de démontrer que les chrétiens aussi pouvaient faire don de leur vie pour une « cause divine ». Et dans ce cas-là, face à cette défaillance incontestable de l'instinct de conservation, qu'allez-vous me dire ? Que cela s'explique par la chute du Saint Empire romain germanique ? Par la mort atroce de Jeanne d'Arc ou les accords d'Évian ? Soit encore par la Saint-Barthélemy ? Avec un peu d'esprit de système on doit y parvenir...

Je comprends qu'il ne faille pas se focaliser sur certaines « catégories », c'est évidemment souhaitable ; parce que cela reviendrait à stigmatiser toutes celles et tous ceux qui en sont issus, qu'ils soient « terroristes » ou non ; parce qu'on en arrive vite à dresser un tableau ambigu des rapports entre terrorisme et immigration – ce qui est une erreur largement répandue dans laquelle se sont complu les médias et autres « experts ». Mais je suis frappé par l'évacuation systématique de la réflexion sur les causes pouvant expliquer la vivacité de l'islamisme et du djihadisme : les rapports d'exploitation qu'entretiennent systématiquement les pays occidentaux (leurs dirigeants, leurs industries...) envers les pays du reste du monde et la disqualification et l'étouffement de toute contestation proprement politique de leur « ordre ». Il me semble que c'est bien commode pour les pays visés, qui font ainsi l'économie d'une réflexion sur ce qui, chez eux, a pu motiver de telles haines, et qui rejettent du côté de la barbarie, d'une altérité radicale, ce qui devrait les amener à réfléchir sur leurs responsabilités. Cela dit, ce que vous dites ne correspond pas à la réalité des faits : l'immense majorité des attentats commis en France sont liés au terrorisme séparatiste et mafieux, alors que l'immense majorité des mises en examen sont liées au « terrorisme » islamiste. De plus, la plupart des « terroristes » effectivement condamnés le sont dans le cadre d'affaires de terrorisme séparatiste. Ce qui revient à dire que vous concentrez effectivement vos efforts, in-

consciemment ou non, sur certaines catégories, contribuant ainsi à en faire des catégories « dangereuses »...

J'ai connu certaines années où, dans les deux départements de la Corse, on comptabilisait plus de 600 attentats par explosif. Dont un peu moins de la moitié étaient revendiqués par des organisations terroristes. Et nous avons donc « concentré » nos efforts, et ce de façon tout à fait consciente, je l'avoue, sur un certain nombre d'insulaires. Forcément, serais-je tenté de vous dire. Et le FLNC nous a accusés de stigmatiser les Corses. Encore actuellement, chaque année voit la commission dans l'île de beauté de dizaines et de dizaines, et souvent de centaines, d'attentats. Heureusement qu'il n'y en a pas autant du fait de la mouvance islamiste à Paris et sur le territoire national. De nombreux activistes basques espagnols sont eux aussi arrêtés chaque année en France. Non pas parce qu'ils commettent des attentats, mais parce qu'ils sont membres d'une association de malfaiteurs qui a abondamment fait couler le sang en Espagne. Et qui parfois le font aussi sur le territoire français. Et qui rackette. Dans le cadre de la lutte contre les réseaux islamistes fondamentalistes, il y a un travail permanent qui consiste à tenter de les empêcher de passer à l'action. C'est vrai qu'on ne les laisse pas tranquilles. Est-ce une faute, comme vous semblez le penser ? Je crois tout le contraire. Et faire cela ce n'est pas stigmatiser qui que ce soit. Un jour s'il y a des Esquimaux dans les réseaux d'Al Qaïda, on arrêtera, soyez-en sûr, des Esquimaux. Simplement, à ce jour, on n'en a pas encore trouvé. Quant à votre affirmation selon laquelle « l'immense majorité » des mises en examen par les juges d'instruction de la section concerne le terrorisme islamiste, laissez-moi vous dire qu'elle est erronée. Et le lien que vous faites entre le nombre de mises en examen et la quantité d'attentats est tout aussi discutable. Voudriez-vous soutenir qu'il faudrait attendre une campagne d'attentats en France pour nous autoriser à interpeller les membres présumés des réseaux d'activistes ? Peut-être pas quand même... La réussite de la lutte judiciaire antiterroriste se mesure à l'aune des attentats potentiellement évités et non par de « belles » enquêtes réalisées après les attentats. Je ne pense donc nullement contribuer à faire de certaines catégories de la population, à l'occasion de mon travail, des catégories dangereuses. Même inconsciemment ! Au contraire, je m'efforce, comme mes collègues, de lutter avec les armes de la loi contre la dangerosité et la capacité de nuisance de certains individus. C'est mon métier, et je crois pouvoir dire qu'il s'exerce dans l'intérêt des autres. Quant à la réflexion sur les causes profondes du djihadisme et sur les politiques occidentales envers le reste du monde, il vous faudra pour l'aborder trouver un interlocuteur qualifié : un politique, un historien, voire un philosophe. Mieux, un sociologue ! Mais pas un juge...

Où croyez-vous que l'on doive chercher les causes des basculements dans une haine canalisée par l'idéologie, religieuse ou politique ?

Êtes-vous bien sûr que la haine que vous évoquez soit « canalisée » par des idéologies politiques ou religieuses. Certes, elles peuvent le faire, asseoir leur pouvoir de conviction sur des hommes ou des femmes en situation précaire, révoltés par leurs conditions de vie. Mais bien souvent les idéologies extrémistes ne se contentent pas de canaliser des haines préexistantes, elles les génèrent, les favorisent, en tout cas les décuplent au terme de discours enflammés, fanatiques, sectaires. Dès lors, l'éducation, les différentes institutions qui doivent apprendre à un homme à savoir raison garder sont au centre du défi qui nous est lancé. Il s'agit de faire comprendre aux enfants, et surtout aux adolescents, qui traversent des moments de grande fragilité, qu'il est nécessaire d'avoir un regard critique sur le monde qui les entoure, et donc sur les prêches enflammés de certains imams ou chefs de clan. Si l'éducation et l'enseignement sont administrés dans des conditions par trop aléatoires, parce qu'il y a un manque d'autorité, de connaissances, de savoir, de recul transmis, cela fragilise inévitablement les individus qui seront d'autant plus sensibles aux discours extrémistes et réducteurs. Il n'est pas inéluctable pour autant que l'on sombre dans l'extrémisme et le terrorisme si l'on est issu des classes sociales les plus précarisées.

Certainement, l'éducation est au cœur du problème, mais il est impossible de la découpler des conditions dans lesquelles elle peut s'effectuer. Les contextes sociaux et familiaux, dans toutes leurs complexités et interactions, sont des éléments déterminants dans l'accès à l'éducation. C'est pour cette raison que je pense que les « idéologies extrémistes » ne peuvent naître que sur des terrains qui leur sont « propices ». Dire, à l'inverse, que l'idéologie possède une force intrinsèque s'appliquant potentiellement à n'importe qui, dans n'importe quels contextes sociaux et historiques, revient à considérer, par exemple, que le fondamentalisme musulman n'est qu'affaire de choix, d'idées et d'idéaux, ou de manipulation, ce qui revient au même. C'est une analyse qui contribue fortement à l'amalgame actuel associant islamisme et terrorisme, analyse qui conforte une nouvelle forme de racisme : sous l'islam, ce sont les Arabes que l'on continue de stigmatiser ; mais c'est infiniment plus commode, car on peut ainsi se revendiquer de la lutte contre l'obscurantisme, voire des « Lumières »...

Pour ma part, dans l'exercice de mes fonctions, et même en dehors, je ne me revendique pas du siècle des Lumières et je ne suis pas chargé de combattre l'obscurantisme ; qu'il s'agisse de celui des autochtones ou de celui des allogènes ! Je m'efforce simplement de faire la lumière sur des faits de nature pénale afin de parvenir à l'identification de leurs auteurs. Le sens de ma mission me paraît clair. Le jour où apparaîtra une nouvelle race de juges d'instruction qui, dans leur quête de la vérité, intégreront des considérations philosophico-sociologiques sur fond de géopolitique, je crains que l'on n'aboutisse à un mélange des genres qui ne favorisera pas à coup sûr la clarté des enquêtes. Par contre, la diversité d'appréciation y gagnera, c'est sûr ! Chacun à sa place, serais-je tenté de dire, ce qui évitera au moins l'irruption dans les dossiers judiciaires d'une grande diversité d'opinions personnelles qui n'ont rien à y faire.

J'aimerais revenir, puisque vous avez évoqué Khaled Kelkal, sur les attentats de Paris de 1995 et 1996. On sait aujourd'hui avec certitude que les réseaux GIA étaient manipulés par le DRS algérien et que les attentats ont été organisés par le colonel Souamès – haut responsable du DRS déclaré décédé quelques mois après les attentats de Paris par les autorités algériennes. Les attentats auraient été destinés à « mettre en difficulté le gouvernement Juppé et à rendre intenable sa position nuancée sur le dossier algérien » et sa prise de distance, relative, avec le régime des généraux.

Pour ma part, je n'ai pas de certitudes aussi affirmées que les vôtres. En tout cas, elles sont moins tranchées. Ce que je connais par contre un peu, c'est cette histoire récente et tragique de l'Algérie. Le Front islamique du salut (FIS), créé en 1987 par Abassi Madani et Ali Belhaj, a été légalisé en 1989 ; il était financé pour l'essentiel par l'Arabie Saoudite. Il a subi l'influence des Frères musulmans égyptiens et voulait en quelque sorte reproduire en pays sunnite le modèle de la révolution chiite en Iran. Dès l'origine, deux courants ont coexisté au sein de cette organisation, les jézaristes (djézaristes ou algérianistes), qui voulaient limiter leur combat à la seule Algérie, et les salafistes, qui souhaitaient une internationalisation du conflit. Mais au sein de ces deux courants se trouvaient des extrémistes, partisans du Djihad, ils se réunissaient régulièrement, on pourrait dire de manière œcuménique, dans une mosquée d'Alger rebaptisée « Kaboul ». Ces radicaux avaient, pour les premiers, recruté leurs troupes chez les anciens membres du Mouvement islamique armé fondé en 1984 par un ancien moudjahid de la guerre d'indépendance et, pour les seconds, parmi les anciens vétérans afghans, dont un certain nombre de takfiris. C'est de ce groupe d'individus radicaux qui se préparent au Djihad, avant même l'interruption du processus électoral par le pouvoir au tout début de la décennie 1990, que naîtront les Groupes islamiques armés (GIA).

Rappeler cela n'est nullement éluder la responsabilité du gouvernement algérien qui, pris de court par le succès aux élections municipales du FIS qui enlève 55 % des mairies, dont celle d'Alger, va rapidement opter pour la solution répressive face aux démonstrations publiques de force du Front islamique du salut. C'est ainsi que le 30 juin 1991, Ali Beladj et Abassi Madani sont emprisonnés. Ali Beladj avait appelé les militants du FIS à stocker des armes dès le 21 juin 1991. Il faut quand même s'en souvenir. On connaît la suite. Le 5 juin, l'état de siège est décrété et le 6, un couvre-feu est imposé à Alger et dans trois départements du pays. Le FIS gagne ensuite le premier tour des élections législatives en obtenant 43 % des voix. Craignant une prise de pouvoir à l'iranienne, les généraux démissionnent en janvier 1992. Le président Chadli décrète alors l'état d'urgence pour un an dans tout le pays et annule les élections puis dissout le FIS en avril. Des milliers de sympathisants de l'organisation sont emprisonnés ou placés dans des centres de détention administrative. D'autres rejoignent la clandestinité et commettent, dans une situation fort confuse, des actes de terrorisme, des actes de délinquance, et il n'est pas à exclure qu'un certain nombre de ces actions violentes aient été le résultat de diverses manipulations du pouvoir des généraux. C'est dans cette situation, sur ce terrain, que le GIA va émerger au début de l'année 1993 et ne pas tarder, après des actions symboliques (assassinats de journalistes, de femmes non voilées), à « internationaliser » son combat. Après l'enlèvement d'un couple de Français en septembre 1993, le GIA ordonne à tous les étrangers de quitter l'Algérie. Après l'assassinat en octobre 1993 de deux géomètres français à Sidi Bel Abbes, ce sont deux cents étrangers, dont de nombreux ressortissants français, qui seront assassinés dans les mois suivants. Le 15 janvier 1994, une Française employée au consulat de France à Alger est assassinée. C'est le vingt-sixième étranger victime des Groupes islamiques armés (GIA) depuis le mois de septembre 1993. En février 1994, un journaliste et un libraire, tous deux français, subissent le même sort. Et le 28 février, c'est une lycéenne algérienne qui refusait de porter le voile qui est à son tour abattue. Le 8 mai 1994, ce sont deux religieux français qui sont assassinés dans la casbah à Alger et les GIA s'empressent de revendiquer ce double crime. Le 3 août 1994, trois gendarmes et deux fonctionnaires de l'ambassade de France trouvent la mort dans un attentat à Alger. Cette action porte à 57 dont 15 Français le nombre des victimes des GIA depuis le mois de septembre 1993.

Le 13 septembre 1994, le président de la République Liamine Zeroual fait élargir les chefs historiques de l'ex-FIS, Abassi Madani et Ali Belhadj, qui avaient été condamnés en juillet 1992 à une peine de douze ans de réclusion pour atteinte à la sûreté de l'État. Le 3 décembre 1994, le directeur du quotidien *Le Matin* est tué dans la banlieue d'Alger. L'attentat est revendiqué par les GIA C'est le vingt-quatrième journaliste assassiné depuis le mois de mai 1993. La montée en puissance de l'organisation salafiste et sa volonté d'internationaliser ses actions aboutissent à la prise d'otages du 24 décembre 1994 : ce jour-là, un commando islamiste prend le contrôle sur l'aéroport d'Alger d'un Airbus d'Air France qui s'apprêtait à décoller pour Paris. 227 passagers et membres d'équipage sont à bord. Deux passagers, un diplomate vietnamien et un policier algérien sont tués. La longue attente commence. Les pirates de l'air consentent à relâcher 63 passagers. Le 25 décembre expire le premier ultimatum fixé par le commando. Pour ponctuer la non-satisfaction de leur revendication, les terroristes assassinent un autre passager, un Français employé à l'ambassade de France à Alger. Le Premier ministre Édouard Balladur fait alors savoir au gouvernement algérien qu'il tient ce dernier pour responsable de la sécurité de la quarantaine de Français retenus en otage à bord de l'avion. Au fil des négociations avec les autorités algériennes, le gouvernement français finit par obtenir l'accord d'Alger pour le départ de l'Airbus. Le 26 décembre, l'avion atterrit sur l'aéroport de Marignane près de Marseille. De longues et vaines négociations s'engagent. Le GIGN est sur place. Des coups de feu sont tirés sur la tour de contrôle par les preneurs d'otages à l'expiration d'un nouvel ultimatum. Le GIGN donne l'assaut. Les quatre terroristes sont abattus, neuf gendarmes de l'unité d'élite sont blessés. Tous les passagers sont sains et saufs. Le GIA revendique l'opération et, le même jour, le gouvernement français annonce la suspension provisoire des liaisons maritimes et aériennes avec Alger. Dès le lendemain, 27 décembre 1994, quatre pères blancs, un belge et trois français, sont assassinés en grande Kabylie, à Tizi Ouzou, dans le presbytère de leur mission et là encore le GIA revendique.

Le 1er février 1995 débute le ramadan. De multiples attentats et assassinats sont perpétrés, certains visant des intellectuels. Le 11 février, un poste tunisien est attaqué à la frontière par les GIA qui présentent cette action comme un « message » adressé à leur voisin « qui opprime les islamistes ». Le 22 février 1995, l'armée réprime sans retenue la mutinerie qui avait éclaté la veille dans la prison de haute sécurité de Serkadji dans la périphérie d'Alger où sont détenus environ 650 islamistes dont plusieurs dirigeants de l'ex-FIS et des GIA mais aussi l'assassin présumé du président Mohamed Boudiaf. Lors de l'assaut, une centaine de prisonniers sont tués par les forces de l'ordre. Le 5 mai, ce sont cinq coopérants, deux français, un anglais, un tunisien et un canadien, qui sont assassinés par les GIA à Ghardaïa au sud d'Alger. Au cours de ce mois de mai, les GIA exécutent aussi de nombreux intellectuels algériens. Et le 3 juin 1995, au terme d'un procès qui n'a pas permis, c'est un euphémisme, d'apporter toutes les réponses aux interrogations, la cour criminelle d'Alger condamne à mort le sous-lieutenant Lembarek Boumaarafi, déclaré coupable et seul coupable de l'assassinat du président Mohammed Boudiaf en juin 1992. La famille de l'ancien président conteste la thèse officielle de l'acte isolé d'un fanatique religieux.

Les mois qui avaient précédé la prise d'otages de l'Airbus d'Air France sur l'aéroport d'Alger avaient vu les GIA rallier sous leur bannière toutes les structures combattantes d'Algérie, à l'exception notable de l'Armée islamique du salut, le bras armé du FIS qui a conservé son indépendance et a poursuivi des actions de guérilla contre les forces de sécurité. Les GIA, dont Djamel Zitouni a pris la tête en octobre 1994, se sont structurés en neuf régions et ses 20 000 « combattants » ont peu ou prou abandonné les actions contre la police et l'armée au profit d'une stratégie de terreur visant les populations civiles : faux barrages de police sur les routes suivis d'exécutions sanglantes, attentats à la voiture piégée dans les villes... En agissant de la sorte, les GIA ont administré aux populations civiles la preuve que la police, la gendarmerie et l'armée algérienne étaient incapables de les protéger. De là à penser que les autorités ne voulaient pas qu'elles le fussent, il y a un pas que certains n'hésitent pas à franchir. Les GIA ont par ailleurs bénéficié, suite à cette stratégie, de l'appui des réseaux de soutien aux maquis algériens basés en Europe, notamment de ceux implantés au Royaume-Uni, pays depuis lequel le quotidien *Al Ansar* diffusait sa propagande en faveur de l'organisation terroriste, mais aussi de ceux implantés en Italie (réseau

Lounici), en Belgique (réseau Zaoui), mais également en France (réseau Chalabi notamment).

Il était dès lors évident que la France allait être directement frappée d'abord parce qu'en raison de son passé colonial, elle était, et demeure encore parfois, le bouc émissaire idéal de toutes les difficultés rencontrées par l'Algérie depuis son indépendance. Sa place de premier partenaire économique de l'Algérie faisait aussi de la France, aux yeux des islamistes, l'alliée politique, et donc forcément selon eux l'alliée militaire du pouvoir algérien. Les opérations initiées sur le territoire français depuis l'automne 1993 pour démanteler les réseaux ne pouvaient pas non plus laisser les GIA sans réaction. L'importance de la population originaire du Maghreb en France, laquelle compte cinq millions de musulmans, faisait de notre pays une caisse de résonance idéale et formidable pour l'organisation terroriste. Objectivement, tous ces éléments ne pouvaient que conduire les pouvoirs publics français à tenter de démanteler les réseaux constitués en France et qui faisaient de notre pays une base arrière pour les combattants de l'autre côté de la méditerranée. L'histoire a démontré qu'en dépit des actions volontaristes engagées à la fin de l'année 1993, puis en 1994-1995, l'appareil de sécurité français n'est pas pour autant parvenu à éviter la campagne d'attentats qui a frappé notre pays durant l'été 1995. En voici le bilan : le 11 juillet 1995, l'imam Abdelbaki Sahraoui, porte-parole de l'ex-FIS en France, est assassiné dans sa mosquée du XVIIIe arrondissement de Paris par deux inconnus qui tuent une autre personne durant leur fuite. Deux semaines plus tard, le 25 juillet 1995, un attentat par explosif dévaste une rame de la ligne B du RER à la station Saint-Michel dans l'île de la Cité à Paris, faisant des dizaines de blessés et sept morts. Dès le 1er juillet 1995, *La Tribune*, un quotidien proche de certains cercles du pouvoir à Alger, avait évoqué comme possible la présence d'un commando islamiste en France susceptible de commettre des attentats... Le 17 août 1995, un engin explosif improvisé dissimulé dans une poubelle à l'angle de la rue de Friedland et de la place Charles-de-Gaulle, non loin de l'Arc de Triomphe, explose. Dix-sept personnes sont blessées, la plupart des touristes étrangers en villégiature à Paris. Cet attentat est revendiqué par le GIA Commandement général dans des termes identiques à la revendication parvenue le lendemain de l'attentat de Saint-Michel. Le 3 septembre 1995, un dysfonctionnement de la charge explosive abandonnée sur le marché du boulevard Richard-Lenoir dans le XIe arrondissement de Paris évite un bain de sang. On ne dénombre en effet que quelques blessés légers. Le 4 septembre, une bombe est découverte dans une sanisette place Charles-Vallin dans le XVe arrondissement de la capitale. Elle est désamorcée par les artificiers. Ces deux attentats de début septembre surviennent alors que va s'ouvrir à Bruxelles le procès de treize membres présumés des GIA parmi lesquels figure Ahmed Zaoui, considéré comme un des chefs des GIA en Europe. Le 13 septembre 1995, l'ex-FIS a condamné les attentats de Paris. Moins d'une semaine avant, le 7 septembre, l'explosion d'une voiture piégée abandonnée devant une école juive de Villeurbanne avait fait quatorze blessés.

Le 9 septembre 1995, la police révèle l'identité de Khaled Kelkal dont les empreintes digitales ont été retrouvées au mois d'août sur un engin explosif improvisé déposé sur la ligne ferroviaire du TGV entre Paris et Lyon. Le 27, la police découvre le campement de Khaled Kelkal qui se cachait dans les monts du Lyonnais près du col de Maleval. Lors de l'intervention, son compagnon de fuite, Karim Moussa est grièvement blessé à l'occasion de l'échange de coups de feu. Le surlendemain, Khaled Kelkal est abattu à Vaugneray dans le département du Rhône lors d'une fusillade avec les gendarmes. C'est le début d'une polémique, l'un de ces derniers ayant crié à l'un de ses collègues, alors que le fugitif avait déjà été touché mais qu'il avait toujours en possession son arme « finis-le, finis-le ». Le

6 octobre 1995, treize blessés légers sont dénombrés à la suite de la déflagration d'une charge explosive artisanale déposée dans une poubelle de l'avenue d'Italie dans le XIIIe arrondissement de Paris à hauteur de la station de métro Maison-Blanche. Cet attentat intervient précisément le jour des obsèques de Khaled Kelkal qui avait trouvé la mort à Vaugneray au lieu-dit « Maison Blanche ». Le lendemain, 7 octobre, un communiqué du GIA signé par Djamel Zitouni revendique les attentats perpétrés à Paris et en région lyonnaise depuis le 25 juillet. Le chef des GIA annonce en outre « des frappes militaires... au cœur même de la France et de ses grandes villes. » Par la même occasion, ce communiqué révèle l'existence d'un message adressé le 19 août 1995 au président de la République Jacques Chirac au terme duquel celui-ci était invité à se convertir à l'islam et à reconsidérer ses positions sur le dossier algérien. Le 17 octobre 1995, une nouvelle bonbonne de gaz explose dans une rame de métro sur la ligne C du RER entre les stations Musée-d'Orsay et Saint-Michel. Cinq personnes sont blessées grièvement.

Les 1er et 2 novembre 1995, de vastes opérations de police sont menées conjointement à Paris, Lyon et Lille. Six personnes sont interpellées et à Lille une bombe de la même facture que celles utilisées précédemment (bouteille de gaz, poudre noire, clous...) est découverte. L'enquête permettra d'établir qu'elle devait être placée sur un marché de la ville. Boualem Bensaïd est arrêté à Paris, et le 4 novembre, c'est le nommé Rachid Ramda alias Abou Farès qui est arrêté à Londres à la demande de la justice française. Il faudra presque dix ans pour que les autorités britanniques acceptent de l'extrader vers la France afin qu'il soit jugé.

Ce que l'histoire ne peut pas dire, c'est ce qui serait advenu si les pouvoirs publics étaient restés inertes en 1993-1994. Il y a cependant fort à parier que nous aurions été frappés de toute façon et que notre capacité de riposte aurait été fortement altérée, en tout cas insuffisamment réactive, faute de connaissance suffisante des réseaux. Et dans ces situations-là, plus on tarde à riposter, plus longtemps on reste exposé à la vindicte terroriste.

Et concernant Ali Touchent, taupe des services secrets algériens devenu responsable du GIA Europe, connu des services de police français depuis la première rafle des réseaux islamistes – l'opération Chrysanthème – comment expliquez-vous qu'il ait pu se réfugier en Algérie... avec l'aide des services secrets algériens ? En échange, les services secrets français aidaient à neutraliser les « vrais » terroristes...

Il faut peut-être se garder d'avoir, lors de l'approche de situations par définition particulièrement complexes et obscures, une vision par trop caricaturale ou partisane des choses. À vous entendre, on a parfois un peu l'impression que les services de renseignements français ont consacré l'essentiel de leur énergie à permettre l'exfiltration de vrais terroristes et à s'efforcer de confondre, au sens judiciaire du terme, les faux, les innocents qui avaient l'heur de déplaire aux autorités algériennes. Parlons clair : il est incontestable que la DGSE et la DST ont échangé avec les services secrets algériens des noms, des adresses d'activistes présumés. Dans quel but ? Dans celui unique, car telle est la mission de ces services, de tenter de préserver nos compatriotes en les mettant à l'abri de menées terroristes. Et je l'affirme une fois encore, les renseignements ainsi recueillis ont fait l'objet d'un traitement marqué du sceau d'une certaine prudence – compte tenu de leur origine et donc des risques de manipulation. Tout n'a pas été parfait, bien sûr, mais que fallait-il faire ? Rester les bras croisés face à la menace ? Laisser faire de la France le terrain de jeu des activistes, c'est-à-dire, en quelque sorte, une zone de non droit ? Ce qui a été entrepris ces années-là par les services de renseignements n'a pas fait de ceux-ci les complices du pouvoir des généraux algériens et de ses exactions. Les renseignements ainsi obtenus ont permis de lancer des opérations judiciaires qui les ont soit validés, soit infirmés. En d'autres termes, à un moment donné, la sanction tombe car il faut bien passer de la virtualité d'un renseignement à l'effectivité d'une preuve ou à son absence. Ce n'est que le 13 février 1998 que les services de sécurité algériens ont annoncé que le coordonateur présumé des attentats islamistes perpétrés à Paris en 1995, Ali Touchent alias « Tarek », était mort en Algérie en mai 1997. Les empreintes digitales envoyées par Alger aux services antiterroristes français ont confirmé l'information.

Et c'est précisément sur la problématique du renseignement et de son exploitation judiciaire que le système français a évolué à compter de 1986, lorsque le renseignement n'a plus été le monopole de l'exécutif, dès lors que les magistrats antiterroristes ont pu prendre un peu pied dans ce monde clos. En confiant à certains services de renseignements des missions judiciaires. Bien sûr, dans ce domaine, la naïveté n'est pas de mise. Je ne vais pas prétendre que le juge est toujours informé de tout, que les services de renseignements ne conservent pas en grande partie leur pré carré, qu'il n'y a jamais de rétention d'information, que tout est désormais parfait dans le meilleur des mondes judiciaires. Mais je note que les liens qui ont pu être noués entre les magistrats antiterroristes et les services de renseignements sont un vrai progrès, mieux, une garantie pour les enquêtes. Car, avec l'expérience, on s'aperçoit que si la puissante machine policière a parfois la tentation de « berner » le « petit juge », elle n'y parvient pas forcément à tout coup : la centralisation des procédures donne en effet à ce dernier des moyens de contrôle et des possibilités de recoupement qui sont loin d'être illusoires. Et puis la police, pas plus que les autres institutions, n'est monolithique. Un juge qui s'investit, qui reste au contact de ses enquêtes et des services de renseignements, finit par apprendre certaines choses qu'on a pu tenter de lui celer. Cette ébauche de « judiciarisation », forcément partielle des services de renseignements est d'ailleurs observée avec intérêt par les Anglo-Saxons qui, jusqu'à présent, ont quant à eux maintenu un cloisonnement parfaitement étanche entre le renseignement et son éventuelle exploitation judiciaire. C'est ce qu'ils appellent le « *Fire Wall* ». Mais le 11 Septembre a démontré les effets nocifs d'une trop grande étanchéité des systèmes de renseignement et de police judiciaire. Et l'on sait aussi à l'inverse les dangers que pourrait faire encourir à la démocratie un mélange des « genres ». Là encore, les solutions médianes, tempérées, même si idéologiquement ce sont les moins porteuses, sont probablement les plus adaptées à la situation.

Le terrorisme : un « objet » géopolitique ?

Les attentats contre des avions de ligne qui ont été déjoués au début du mois d'août 2006 en Grande-Bretagne peuvent-ils être une conséquence, au moins indirecte, du conflit entre Israël et le Hezbollah, implanté au Liban ? Ont-ils pu être fomentés par Al Qaïda ?

Deux semaines avant l'alerte de l'aéroport d'Heathrow et les décisions des autorités britanniques de suspendre tous les vols à cause des risques d'attentat contre des avions à destination des États-Unis, Ayman Al Zawahiri, le numéro 2 d'Al Qaïda, avait fait savoir par un communiqué que l'organisation ne resterait pas les bras croisés à la suite des événements du Liban. En général, cette organisation n'a pas pour habitude de lancer des menaces en l'air… Il appartient bien sûr à l'enquête en cours de déterminer si Al Qaïda est derrière ces tentatives criminelles. La tâche de la police est donc forcément compliquée par l'apparition de ce terrorisme endogène : il lui faut non seulement identifier les terroristes, mais aussi deviner quels nouveaux moyens ceux-ci vont mettre en œuvre. Après les attentats du 11 Septembre, qui ont permis de mettre en évidence la vulnérabilité des cockpits contre les intrusions d'hommes déterminés, même faiblement armés, les portes séparatives des cabines de pilotage ont été verrouillées et blindées, des agents de sécurité en civil ont été mêlés aux passagers sur les destinations sensibles, et les objets tranchants, même les couteaux de poche, ont été mis en soute. Désormais, ce sont les appareils électriques, qui contiennent des piles ou des batteries, et tous les liquides qui ont été interdits à bord. Et bien entendu certains ont invoqué la « tyrannie sécuritaire ».

Et à ceux-là, que répondez-vous ?

Que selon le vieil adage, nécessité fait parfois loi. Et qu'il faut s'adapter. Les terroristes ne détournent plus, comme au début des années 1970, les avions avec des armes de poing, mais avec des cutters, comme ce fut le cas le 11 Septembre. Ils n'utilisent plus des explosifs militaires pour les faire sauter car ces derniers sont détectables aux rayons X des portiques des aéroports. Apparemment, à Heathrow, les terroristes avaient pour ambition de confectionner, pendant le trajet, des explosifs à partir de substances liquides à mélanger. Et de les mettre à feu à l'aide d'un détonateur électrique dont l'énergie aurait été fournie par une simple pile d'un jeu électronique, d'un baladeur, d'un ordinateur portable. Alors, même s'il est vrai qu'interdire d'introduire en cabine de tels matériels ou des produits liquides est une atteinte aux libertés, elle me paraît de faible ampleur, en dépit de la gêne occasionnée, au regard du droit imprescriptible reconnu à chacun de rester en vie le plus longtemps possible... Et pour garantir ce droit, les États ne vont pas pouvoir se contenter de faire lire aux passagers, éventuellement par les hôtesses de l'air, la Déclaration des droits de l'homme et du citoyen au stade du préembarquement.

J'en reviens à Al Qaïda et au Liban. Les commandos de jeunes Anglais d'origine pakistanaise qui ont mené, à l'été 2005, les actions kamikazes du métro de Londres (et dans un autobus), qui ont fait cinquante-six morts et sept cents blessés, n'avaient pas de lien organique avec Al Qaïda, les enquêtes britanniques l'ont démontré. Comme elles ont permis d'établir que ces kamikazes qui paraissaient parfaitement insérés dans la société britannique étaient, tout comme ceux qui devaient perpétrer les attentats déjoués en août 2006, d'origine pakistanaise. Il y a 1,6 million de musulmans en Grande-Bretagne et 70 % d'entre eux sont originaires du sous-continent indien, essentiellement du Pakistan. Les anciennes possessions britanniques des contreforts du massif himalayen au Cachemire, sans oublier les zones tribales du Pakistan, dans lesquelles fleurissent les madrassas – les écoles coraniques –, sont particulièrement instables. Et cette instabilité est un facteur de risque au sein des sociétés occidentales qui ont accueilli sur leur sol, pas toujours par générosité, mais plutôt pour les besoins de leurs industries, les premières générations issues de ces pays et dont les enfants, compte tenu de leur déracinement et de l'absence d'avenir qui leur est offert, peuvent être plus sensibles que d'autres à la propagande émanant du pays de leurs parents ou de leurs grands-parents. Et de la même façon que l'intervention des troupes américaines, britanniques et de leurs alliés sur les rives de l'Euphrate à compter de 2003 a permis à Al Qaïda de « maximaliser » la portée de sa propagande, et par voie de conséquence de faciliter le recrutement de ses membres, la guerre menée au Liban en 2006 par Israël contre le Hezbollah risque à terme de favoriser une stratégie mondialiste à la façon d'Al Qaïda. Parce que le Hezbollah, créé par des chiites libanais, a toujours eu pour objectif déclaré l'extension de la révolution islamique iranienne et la création d'un État islamique au Liban en dépit de la structure multiconfessionnelle de la population de ce pays.

Considérez-vous que le Hezbollah soit, comme le soutiennent les États-Unis et Israël, une organisation terroriste, ou au contraire que son assise populaire, certaine, empêche que l'on puisse la qualifier ainsi ?

Le Hezbollah – parti de Dieu –, fondé en 1982 après l'invasion d'une grande partie du territoire libanais par l'armée israélienne, était incontestablement à ses débuts une organisation terroriste qui bénéficiait des soutiens financiers mais aussi logistiques de l'Iran des mollahs et de la Syrie. Et il n'était à cette époque que cela. Aujourd'hui, il est toujours considéré par les États-Unis et Israël comme un mouvement strictement terroriste. L'histoire démontre pourtant qu'il s'agit d'une organisation qui a sensiblement évolué et qui est désormais représentée tant au Parlement qu'au sein du gouvernement libanais. L'exemple du Liban nous fait toucher du doigt l'extrême complexité de la problématique terroriste : c'est maintenant il y a plus de trente ans, en 1975, qu'a débuté la guerre entre les chrétiens et les musulmans alliés des Palestiniens. En 1976, la Syrie a envahi le Liban. Deux années plus tard, en 1978, les troupes israéliennes se sont installées au Sud Liban. Jusque-là, ce sont des faits de guerre. Le 4 septembre 1981, l'ambassadeur de France au Liban, Louis Delamarre, était assassiné à Beyrouth. Là a débuté la spirale terroriste, puisqu'à l'évidence le diplomate français ne faisait pas la guerre... En commettant ce crime, ses auteurs cherchaient déjà à peser sur la politique étrangère de la France qui, de longue date, soutenait la minorité chrétienne du Liban. Moins d'un an plus tard, le 6 juin 1982, a commencé l'opération Paix en Galilée, qui a vu les Israéliens remonter du Sud Liban, où ils étaient installés depuis quatre ans, jusqu'à Beyrouth, pour y traquer les Palestiniens y ayant trouvé refuge. C'est de cette Paix en Galilée que va naître le Hezbollah, qui rassemblait avec le soutien de l'Iran les chiites libanais.

Et l'organisation ainsi créée n'a pas tardé à passer à l'action : le 18 avril 1983, un attentat à la voiture piégée contre l'ambassade des États-Unis à Beyrouth faisait dix-neuf morts. Le 23 octobre 1983, les soldats de la Force d'Interposition des Nations unies au Liban (FINUL) étaient à leur tour victimes d'attentat : au petit matin, un camion bourré d'explosif, 1,2 tonne de TNT, était précipité contre le quartier général des marines et soufflait le bâtiment, pourtant imposant : deux cent quarante et un morts. Moins de deux minutes plus tard, à cinq kilomètres de là, l'immeuble Le Drakkar, qui abritait le contingent français, connaissait le même sort. Même mode opératoire, avec trois cents kilos de TNT : cinquante-huit morts. Ces deux attentats simultanés ont été attribués à l'Amal islamique, organisation pro-iranienne dont le Hezbollah est issu. Il semblerait que ce double attentat perpétré contre la force multinationale déployée un an auparavant pour tenter de sauver le Liban n'était pas non plus sans relation avec la livraison de cinq avions Super Étendard à l'Irak, ennemi de l'Iran, ni avec la destruction des batteries antiaériennes syriennes un mois auparavant par un raid de l'aéronavale française durant la « guerre de la montagne ». Et derrière l'Iran et la Syrie se profilait encore à l'époque l'ombre des services secrets soviétiques.

Après le raid israélien du 5 janvier 1984 sur la ville de Baalbek dans la plaine de la Bekaa, fief du Hezbollah et des milices pro-iraniennes, qui fit une centaine de morts, a commencé avec l'enlèvement le 16 mars 1984 de William Buckley – le chef de la CIA à Beyrouth – qui décédera en captivité le 3 juin 1985 des suites des tortures qui lui ont été infligées, et une longue série de rapts d'Occidentaux. C'est ainsi qu'ont été enlevés au cours du mois de mars 1985 Terry Anderson, le chef du bureau de Beyrouth de l'agence Associated Press, puis les diplomates français Marcel Carton, vice-consul à Beyrouth, et Marcel Fontaine, attaché à l'ambassade de France à Beyrouth. Cette prise d'otages fut d'abord revendiquée par le Djihad islamique puis par de mystérieuses Brigades Kaybar. Cette action a par contre été condamnée par le mouvement chiite Amal qui a dénoncé une manœuvre visant à envenimer les relations entre la résistance nationale libanaise et Paris.

Le 22 mai 1985, c'était au tour des journalistes Jean-Paul Kauffmann et Michel Seurat de perdre leur liberté au Liban. Et, pour ce dernier, la vie, puisqu'il décédera au cours de sa captivité. À cette liste, il faudra ajouter les membres de l'équipe d'Antenne 2, Philippe Rochot et Jean-Louis Normandin, ainsi que Georges Hansen et Aurel Cornéa, enlevés quant à eux le 8 mars 1986, et un nouveau journaliste Roger Auque enlevé à Beyrouth Ouest le 13 janvier 1987. C'était l'époque de la diplomatie des otages conçue par les hezbollahs. En 1988, ce fut au tour de l'armée syrienne d'investir les quartiers chiites de Beyrouth. Il s'en est suivi des combats entre le Hezbollah et le mouvement chiite Amal, alors dirigé par Nebih Beni, qui, par la suite, deviendra président du Parlement libanais. En 1989 les accords de Taëf étaient signés et mettaient un terme à la guerre.

C'est en 1992, le 18 février, que Hassan Nasrallah a succédé à la tête du Hezbollah au cheik Abbas Al-Moussaoui, abattu deux jours avant par l'armée israélienne. Cette année-là, ce mouvement a fait son entrée au Parlement libanais, avec douze députés sur cent vingt-huit. Fin juillet 1993, en représailles à des tirs de roquettes, Israël menait un raid d'une semaine contre les implantations du Hezbollah au Liban. C'était l'opération Justice rendue. Le 11 avril 1996, une autre opération militaire, Raisins de la colère, tuait cent soixante-quinze personnes au Liban. Après ce que l'on ne pouvait qualifier de simples escarmouches, compte tenu de la lourdeur du bilan humain, le 24 mai 2000 Israël s'est retiré du Sud Liban, soit vingt-deux ans après avoir commencé de l'occuper. Et quatre ans plus tard, l'ONU adoptait au Conseil de sécurité la résolution 1559 exigeant le désarmement des milices libanaise et palestinienne. On sait qu'il y a loin de la coupe aux lèvres. Le 14 février 2005, l'ancien Premier ministre libanais Rafik Hariri, opposé à l'occupation militaire syrienne au Liban, était assassiné. Deux mois et demi plus tard, les dernières troupes syriennes quittaient le

Liban et le 19 juillet deux hezbollahs intégraient le gouvernement. C'était une première. Le 21 novembre 2006, c'était au tour du ministre Pierre Gemayel d'être exécuté. C'est dire que l'histoire du Liban, comme celle de la Palestine au demeurant, démontre qu'Al Qaïda ne constitue pas l'exclusif péril en ce début de IIIe millénaire. Et que par-delà les organisations terroristes il convient aussi de se soucier des terreaux qui les font prospérer : les oppositions ethniques, religieuses, les revendications territoriales, la misère... Et cette histoire-là permet de dire que le terrorisme, à l'instar de la guerre, est selon la formule paraphrasée et actualisée de Clausewitz, la continuation de la politique par d'autres moyens.

Pendant longtemps le Hezbollah s'est vanté d'être la seule milice libanaise à n'avoir jamais utilisé ses armes contre d'autres Libanais, les « armes de la résistance » étant exclusivement destinées à combattre Israël. Le 7 mai 2008, cette prétention qui relevait au demeurant de la fiction a fait long feu avec l'offensive des « Combattants du parti de Dieu » dans Beyrouth et l'occupation du secteur occidental de la capitale du pays du Cèdre, secteur à majorité sunnite. Le journal et la chaîne de télévision Courant du futur de Saad Hariri, chef de la coalition antisyrienne ont été investis et neutralisés. La maison de ce dernier a été frappée par un tir de roquette. Celle de son allié, le chef druze Walid Joumblatt, a été encerclée, la résidence officielle du Premier ministre et celle du Mufti, la plus haute autorité religieuse sunnite, ont subi le même sort. L'armée libanaise a laissé faire. Multi-confessionnelle, elle avait choisi l'abstention pour préserver son unité.

Ce qui se joue actuellement au Liban est en fait la remise en cause de l'accord signé en 1989 à Taëf qui avait mis un terme à la guerre civile libanaise. Cet accord avait l'aval de l'Arabie Saoudite et reprenait pour l'essentiel les dispositions du pacte de 1943 par lequel l'essentiel du pouvoir au

Liban était partagé entre chrétiens d'une part et musulmans sunnites d'autre part. Encore maintenant, tout recensement est interdit au Liban pour ne pas aggraver les problèmes ou pour ne pas les voir, c'est selon. Selon des estimations, le rapport démographique entre chiites et sunnites est plus favorable aux premiers nommés. Les chiites revendiquent donc une part accrue du pouvoir. Et ces divergences-là interviennent dans une région où l'Iran et son alliée la Syrie font assaut d'influence face au camp sunnite représenté par l'Arabie Saoudite et ses alliés pro-occidentaux, l'Égypte et la Jordanie. Le roi Abdallah de Jordanie a au demeurant exprimé ses craintes d'un arc chiite Syrie-Liban-Iran en passant par l'Irak déstabilisé par l'intervention américano-britannique. La puissance de frappe du Hezbollah sérieusement amenuisée par l'offensive d'Israël en 2006 n'a pas été détruite contrairement aux espérances de Tel Aviv. Et elle a été rapidement reconstituée grâce à la Syrie et à l'argent iranien.

Donc, vous envisagez que la politique de la France à l'égard du Liban est susceptible de conduire à un renforcement du péril terroriste ?

Oui, l'histoire contemporaine en apporte l'illustration. Le Liban est un pays multiconfessionnel, créé de toutes pièces par les pays occidentaux après la Seconde Guerre mondiale, qui a tenté de s'organiser en conséquence. Chiites et sunnites représentent à eux seuls 50 % de la population. Quant aux Druzes, ils trouvent leur origine dans une secte persécutée par les musulmans orthodoxes et ont dû se réfugier en Syrie en 1860. Après avoir massacré les maronites à la fin du XIXe siècle, ils s'en sont pris à eux une nouvelle fois pendant la guerre civile libanaise ayant déchiré le pays de 1975 à 1989, avant de s'opposer aux chiites. Enfin, les maronites, communauté majoritaire parmi les chrétiens, ont été persécutés par les Arabes et se sont rangés aux côtés des croisés de l'Église catholique romaine ; ils ont ainsi bénéficié de l'appui de la France. En 1943 fut signé le pacte national, prévoyant que les sièges du Parlement libanais devaient être répartis entre chrétiens et musulmans, le président de la République étant maronite, le Premier ministre sunnite et le président de l'Assemblée chiite. On sait les déchirements entre chiites et sunnites. Les situations libanaise et irakienne en apportent quasi-quotidiennement l'illustration. On sait peut-être moins que selon la charia un musulman ne peut être gouverné que par un autre musulman.

Le 1er septembre 1920, le haut commissaire de France, le général Gouraud, proclama, dans ses actuelles frontières, la République libanaise sous l'appellation d'État de « grand Liban ». La France avait en effet été nommée, à la fin de la grande guerre et partant depuis l'effondrement de l'empire ottoman, puissance mandataire de cette région. À l'époque, il avait été envisagé la création d'un « petit Liban » qui aurait regroupé les seuls foyers de peuplement chrétiens et druzes. C'est le concept de « grand Liban », association de communautés, qui avait été finalement retenu. L'indépendance du pays fut proclamée en 1943.

Le Liban a toujours été une terre d'accueil pour les réfugiés. Selon des estimations fluctuantes, ce sont environ 80 000 Palestiniens qui sont arrivés au Liban en 1948 après la création de l'État d'Israël. En 1975, ce nombre était évalué à environ 300 000 personnes. La situation libanaise s'est dégradée dans la seconde partie de la décennie 1960 lorsque la force militaire des Palestiniens est parvenue à égaler celle de l'armée régulière libanaise. En 1970, les Palestiniens furent chassés de Jordanie par le roi Hussein et un nouveau flot de réfugiés est arrivé au Liban. C'est à compter de cette période-là que les camps de réfugiés devinrent autonomes. Et ce qui conduisit Israël à intervenir périodiquement sur le territoire du Sud Liban et même parfois jusqu'à Beyrouth. On sait aussi qu'au milieu des années 1970 les Palestiniens et les milices chrétiennes se sont violemment affrontés, les phalanges chrétiennes exigeant la restauration de la souveraineté nationale libanaise sur tout le pays. Les heurts les plus violents opposant les deux communautés se déroulèrent du 13 au 22 avril 1975 et du 18 mai au 1er juin de la même année. La situation dégénéra en une quasi-guerre civile entre les deux grandes communautés libanaises, chrétienne et musulmane, laquelle s'était alliée aux Palestiniens, entre le 24 juin 1975 et le 2 juillet 1975. Un gouvernement de salut public fut alors mis en place et une trêve décrétée. Le 25 août, des affrontements violents reprirent sur le territoire libanais, notamment à Tripoli. Beyrouth s'embrasa une nouvelle fois le 17 septembre. À la fin de l'année 1975, on dénombrait plus de 10 000 morts et 35 000 blessés, sans compter les pertes et dégâts économiques considérables. À la fin de l'année 1976, après plus de dix-huit mois d'affrontement, le bilan s'établira à 50 000 morts.

En janvier 1976, les combattants chrétiens ont tenté de s'assurer le contrôle de Beyrouth Nord et de la région est de la capitale. La riposte palestinienne s'accompagna de l'entrée en lice des troupes syriennes qui, à l'initiative du président Hafez el-Assad, sont venues dégager les camps de réfugiés encerclés par les phalangistes libanais mais aussi éviter que les fedayin qui avaient pris à certains endroits l'avantage ne procèdent à des conquêtes territoriales. Manifestement la Syrie, par cette intervention, voulait parvenir à un nouvel équilibre au sein de l'OLP au détriment de Yasser Arafat, manifestement débordé en ces circonstances par ses propres troupes. À l'automne 1976, c'était 20 000 soldats syriens qui stationnaient au Liban. Au pouvoir depuis novembre 1970, le président Hafez el-Assad était parfaitement conscient que Damas avait son rôle à jouer avec Ryad et Le Caire dans le concert des luttes arabes. Le président syrien, après avoir soutenu la résistance palestinienne et appuyé la gauche libanaise, s'est opposé ensuite à eux. De la même façon, il s'est brouillé avec le président égyptien

Anouar el-Sadate. Dès lors son principal allié fut le roi Hussein de Jordanie qui voulait rompre l'isolement de son pays. L'intervention des troupes syriennes au Liban a donc fait basculer ce pays sous le contrôle de Damas. Les Palestiniens réfugiés dans le pays du Cèdre, tout en faisant preuve de méfiance à l'égard de la Syrie, mais ont néanmoins accepté un temps l'offre de commandement d'Hafez el Assad pendant l'intervention des troupes syriennes au Liban.

Le 17 mars 1977, dans une embuscade dans la montagne proche de Beyrouth, Kamal Joumblatt, chef de la communauté druze et leader du mouvement national libanais allié au mouvement palestinien, fut assassiné. En représailles, une centaine de chrétiens furent liquidés. Et inéluctablement, la France, alliée historique des chrétiens libanais, s'est retrouvée dans l'œil du cyclone.

Le 18 janvier 1982, le colonel Charles R. Ray, attaché militaire adjoint de l'ambassade des États-Unis à Paris, fut abattu devant son domicile dans le XVIe arrondissement de la capitale. Les Fractions armées révolutionnaires libanaise (FARL), jusqu'alors inconnues, revendiquèrent depuis Beyrouth cet assassinat ainsi qu'une tentative avortée perpétrée également à Paris le 12 novembre 1981 contre le chargé d'affaires américain en France Christian Chapman. Le 3 avril 1982, Yaakov Barsimantov, deuxième secrétaire de l'ambassade d'Israël à Paris, fut abattu de deux balles dans la tête tirées à bout portant par une jeune femme qui parvint à prendre la fuite. Cet assassinat en règle fut revendiqué par les FARL mais l'ambassadeur d'Israël à Paris mit en cause l'OLP en soulignant que ce crime était intervenu trois jours après le mitraillage du siège de la mission d'achat du ministère israélien de la Défense à Paris. Le 4 avril, le représentant de l'OLP à Paris, Ibrahim Souss, démentait l'implication de l'OLP. L'enquête permettra d'établir que l'arme utilisée pour tuer le diplomate Barsimentov avait déjà été utilisée pour assassiner, deux mois et demi plus tôt, le lieutenant-colonel Charles R. Ray. Le 15 avril 1982, Guy Cavalo, employé du consulat de France à Beyrouth, et son épouse furent assassinés à leur domicile dans la capitale libanaise. Le jour même aurait dû avoir lieu le procès des activistes Magdalena Kopp et Bruno Breguet dont le terroriste Carlos avait exigé en vain la libération au mois de mars.

Le 21 avril 1982, la chaîne de télévision française TF1 diffusa une émission mettant gravement en cause les services secrets syriens dans l'assassinat à Beyrouth le 4 septembre 1981 de l'ambassadeur de France Louis Delamarre. Cette émission fut diffusée en dépit des pressions exercées par le gouvernement syrien sur le gouvernement français. Le lendemain, 22 avril 1982, en début de matinée, une voiture piégée stationnée rue Marbeuf devant le siège parisien du journal libanais pro-irakien *Al Watan Al Arabi* explosait. Une passante trouva la mort et soixante autres personnes furent blessées. Ce journal était le premier qui avait accusé la Syrie d'être à l'origine de l'assassinat de notre ambassadeur. Au même moment, se déroulait à Paris le procès de Magdalena Kopp et de Bruno Bréguet.

Le 14 septembre 1982, Béchir Gemayel, élu président du Liban et qui devait prendre ses fonctions neuf jours plus tard, fut tué dans un attentat qui souffla le siège du parti phalangiste, occasionnant la mort de plusieurs dizaines de victimes. Le 21 septembre, le frère aîné du président assassiné fut élu à son tour à la magistrature suprême. Dès le 15 septembre 1982, quelques heures après l'annonce de l'assassinat, l'armée israélienne était entrée dans Beyrouth Ouest. En deux jours, elle avait pris le contrôle de la capitale du Liban et c'est le 18 septembre que la presse a révélé les massacres perpétrés dans les camps de Sabra et Chatila : l'armée israélienne avait autorisé les groupes dissidents des milices phalangistes à traverser ses lignes et les massacres eurent lieu environ deux cents mètres plus loin. Bilan : 1 500 morts selon les autorités, 5 000 à 7 000 selon Arafat. Le 22 septembre, à la Knesset, Menahem Begin fit entériner son refus de constituer une commission d'enquête sur ces massacres... Le 17 septembre, la voiture d'un diplomate israélien fit explosion dans le XVIIe arrondissement de Paris, rue Cardinet. Cinq blessés graves et 43 blessés plus légers furent relevés sur les lieux de ce nouvel attentat qui fut revendiqué par les FARL C'est précisément en 1982 qu'est né le Hezbollah, au lendemain de l'invasion du Liban par Israël.

Le 23 octobre 1983, deux attentats-suicides à l'aide de camions bourrés d'explosif détruisirent le quartier général des marines américains et une minute et vingt secondes plus tard le cantonnement de parachutistes français au Liban, le Drakkar. 241 morts côté américain, 58 côtés français.

Le 25 octobre 1984, le chef des FARL, Georges Ibrahim Abdallah fut arrêté à Lyon avec des faux papiers. Il sera condamné par le tribunal correctionnel de Lyon le 10 juillet 1986 pour association de malfaiteurs et détention d'armes et d'explosif et pour ses faux papiers à la peine de quatre ans d'emprisonnement ferme. Entre-temps, il avait été inculpé, au titre de la complicité, pour les assassinats perpétrés à Paris en 1982 contre l'attaché militaire américain Charles Ray et le diplomate israélien Barsimentov.

Le 3 février 1986, un engin explosif déflagrait dans la galerie marchande du Claridge aux Champs-Élysées et blessait sept personnes. Quelques heures plus tard, un autre engin infernal était désamorcé à temps par les artificiers au troisième étage de la tour Eiffel. Le 4 puis le 5 février, deux autres bombes sautaient, la première dans les sous-sols de la librairie Gibert Jeune place Saint-Michel à Paris (3 blessés) et la seconde au forum des Halles au magasin Fnac Sports (9 blessés). Tous ces attentats étaient revendiqués par un alors mystérieux « Comité de soutien aux prisonniers politiques arabes et du Proche-Orient » (CSPPA). Le 1er septembre 1986, un texte manuscrit parvenait à l'AFP. Il était à nouveau signé du CSPPA et réclamait la libération sans condition de trois terroristes détenus en France, à savoir le chef des FARL, Georges Ibrahim Abdallah, le pro-iranien Anis Naccache et l'Arménien Varoujan Gabidjian (le 15 juillet 1983, sept personnes avaient été tuées et cinquante-cinq blessées lors de l'attentat perpétré à l'aéroport d'Orly par l'Armée secrète arménienne pour la libération de l'Arménie (ASALA). Faute d'obtenir satisfaction auprès du gouvernement français, les organisations terroristes impliquées dans ces attentats avaient fait l'union sacrée sous l'égide du Comité de soutien aux prisonniers politiques Arabes (CSPPA), organisation proche du Hezbollah.

La police considéra rapidement que ce mouvement, nouvellement apparu sur la scène, était en fait une résurgence des FARL dont le chef Georges Ibrahim Abdallah était détenu dans les prisons françaises. Le 4 septembre 1986, aux environs de 18 h 30, un engin explosif improvisé était découvert dans le RER assurant la liaison Saint-Germain-en-Laye-Boissy-Saint-Léger à la station Gare-de-Lyon à Paris. Le détonateur avait dysfonctionné. Cette tentative d'attentat était revendiquée depuis Beyrouth par le CSPPA qui menaçait les autorités françaises de poursuivre leurs actions. Et ce qui était ainsi annoncé arriva. Le 8 septembre 1986, une personne trouvait la mort et dix-huit autres étaient blessées par l'explosion, vers 19 heures, d'un engin explosif déposé dans le bureau de poste situé au rez-de-chaussée de l'hôtel de ville de Paris. Le 12 septembre, il était 12 h 30 lorsqu'une bombe explosa à la cafétéria du magasin Casino au deuxième étage du centre commercial des Quatre-Temps dans le quartier de la Défense. Bilan : 41 blessés. Cet attentat-là ainsi que celui contre la poste de l'hôtel de ville furent revendiqués par le CSPPA qui multiplia alors les communiqués menaçants mais aussi par une organisation jusqu'alors inconnue les Partisans du droit et de la liberté (PDL). Le 14 septembre 1986, peu avant 17 h 30, un nouvel engin explosif déflagrait dans les sous-sols du pub Renault aux Champs-Élysées, tuant un maître d'hôtel de l'établissement et deux gardiens de la paix qui avaient transporté au sous-sol le colis suspect qu'ils avaient découvert dans le pub et qui avait été abandonné par un client. Le lendemain 15 septembre, peu avant 14 heures, une personne trouvait la mort et cinquante et une autres étaient blessées lors de l'explosion d'une charge déposée dans la salle de délivrance des permis de conduire au rez-de-chaussée de la préfecture de police dans l'île de la Cité à Paris. Le 16 septembre 1986, le ministère de l'Intérieur annonçait qu'une prime d'un million de francs serait offerte à toute personne susceptible de fournir de véritables renseignements sur les auteurs de l'ensemble de ces actions criminelles et les photos des frères de Georges Ibrahim Abdallah étaient affichées dans les rues de Paris. Et le lendemain encore, 17 septembre, à 17 h 25, on « recomptait » les morts et les blessés : cinq corps sans vie et cinquante-trois blessés étaient relevés rue de Rennes à Paris. Deux blessés succomberont ensuite en raison de la gravité de leurs blessures. Un engin explosif déposé dans une poubelle devant le magasin Tati venait de déflagrer.

Il y a un quart de siècle, entre 1981 et 1984, ce sont donc cinq diplomates américains ou israéliens qui ont fait l'objet d'assassinats ou de tentatives d'assassinat sur le territoire français par les Fractions armées révolutionnaires libanaises (FARL), dont le chef était Georges Ibrahim Abdallah. Ce dernier a été condamné en 1987 à la réclusion criminelle à perpétuité par la cour d'assises de Paris pour avoir été le complice des assassinats de l'Américain Charles Robert Ray et de l'Israélien Yacov Barsimentov en 1982 et de la tentative d'assassinat en 1984 du consul américain de Strasbourg, Robert Onan Homme. La commission de ces crimes sur le territoire français ne pouvait pas laisser les pouvoirs publics indifférents. Idem pour les attentats.

Quelles ont été les réponses du gouvernement français à ces vagues d'attentats ?

Elle a été politique et judiciaire. Politique car la France n'a pas cédé aux exigences des terroristes, même si lors du procès de Georges Ibrahim Abdallah, l'avocat général n'a réclamé qu'une peine minimum, dix ans de réclusion criminelle. Peu importe, la justice, à travers son jury populaire, a tenu bon et l'a condamné à la réclusion criminelle perpétuelle. Et le 14 avril 1992, les auteurs des attentats de Paris de 1985-1986, Fouad Ali Saleh, Omar Agnaou, Hassan Aroua et Abdelhamid Badaoui ont été condamnés à la réclusion criminelle à perpétuité, ainsi que l'avaient été une semaine auparavant cinq autres individus, mais cette fois par contumace faute d'avoir été interpellés. Et l'on doit ces résultats en grande partie à la pugnacité de mon collègue Gilles Boulouque, qui à l'époque – souvenez-vous de l'épisode « Gordji » de l'ambassade d'Iran – n'a guère été épargné par les médias, prompts à le dépeindre comme une marionnette à la solde du pouvoir. Forcément, il travaillait à la « section » antiterroriste ! Rien ne change d'ailleurs véritablement sur ce point si on lit certaines gazettes et les problématiques réductrices et souvent caricaturales qui y sont développées.

Bilan législatif de cette douloureuse période : la création en 1986 d'une unité judiciaire – siège et parquet –, spécialisée dans la lutte antiterroriste, et d'une législation – c'est-à-dire d'un outil – adaptée au péril. Sans oublier, à l'initiative des victimes et grâce notamment à l'énergie de Mme Françoise Rudetzki, la naissance de l'association SOS Attentats (le 24 janvier 1986 et qui vient de s'autodissoudre en septembre 2008), puis celle, le 9 septembre 1986, du fonds de garantie chargé d'indemniser les victimes d'actes de terrorisme. Et enfin, le 23 janvier 1990, l'obtention par les victimes d'attentats terroristes du statut de victimes civiles de guerre.

Revenons sur le procès de Georges Ibrahim Abdallah : il comporte des zones d'ombre : des armes ont été retrouvées dans un appartement loué à son nom peu avant qu'il soit jugé. Ces éléments de « preuve » ont par la suite été contestés et Abdallah est resté en prison...

Lorsqu'un procès, singulièrement de cette complexité, est dépourvu de la moindre zone d'ombre, certains affirment péremptoirement qu'il a été « fabriqué » de toutes pièces au stade de l'enquête. Et lorsqu'il en comporte, les mêmes sous-entendent que tout cela est très douteux et pour faire bonne mesure survalorisent la portée de ces zones d'ombre. Pour ma part, j'observe que Georges Ibrahim Abdallah a été jugé coupable par une cour d'assises des crimes qui lui étaient reprochés et qui lui sont désormais définitivement imputés. C'est la vérité judiciaire, et en l'espèce cette vérité-là est sans doute très proche de la vérité tout court.

D'autre part, vous évoquiez l'affaire Gordji : si le juge Boulouque fut décrit à l'époque comme un pantin aux mains du pouvoir, c'est parce que le gouvernement voulait négocier la libération des otages français en Iran. Cela pose tout de même la question de l'indépendance des juges, en tout cas de leur marge de manœuvre dans les affaires de terrorisme lorsque les intérêts politiques et judiciaires semblent contradictoires. Même si, au final, on le sait maintenant, le dossier du juge était vide et qu'il n'avait rien contre Gordji.

Wahid Gordji, homme très proche de l'ayatollah Khomeyni, était officiellement traducteur à l'ambassade d'Iran à Paris. En réalité, il était sans aucun doute bien plus que cela, et à ce titre surveillé par la DST. Lors d'une perquisition effectuée à son domicile parisien, il avait été découvert une documentation relative aux otages français alors détenus au Liban par le Hezbollah, lequel avait agi sur les instructions de l'Iran. En ce début d'année 1986, quelques semaines après les attentats qui ont encore ensanglanté Paris en février, des négociations secrètes ont été entreprises entre Paris et Téhéran pour tenter d'obtenir la libération de nos otages, les

Iraniens réclamant le remboursement de la dette Eurodif contractée à l'époque du Shah, mais aussi la libération d'Anis Naccache, qui avait tenté d'assassiner en région parisienne le dernier Premier ministre du Shah, Chapour Bakthiar, opération au cours de laquelle deux hommes, dont un policier, avaient trouvé la mort. Le fait que le juge, le regretté Gilles Boulouque, se soit interrogé sur le rôle éventuel de Wahid Gordji, sachant qu'Anis Naccache était lui aussi un homme du premier cercle de Khomeini, et que manifestement les attentats perpétrés à Paris avaient pour objet de peser sur la politique française au Moyen-Orient et singulièrement au Liban, n'a rien d'extravagant. Le juge d'instruction n'est pas un devin, c'est un enquêteur judiciaire qui explore des pistes. Et cet exercice pouvait le conduire et l'a conduit à faire des choix qui n'étaient pas forcément toujours du goût du ministère des Affaires étrangères. Mais peut-on feindre de s'étonner que dans un régime de séparation des pouvoirs, des impératifs antagonistes puissent opposer ici et là la justice à l'exécutif. L'intrication des impératifs diplomatiques et judiciaires est une réalité incontournable dans ce type d'affaires.

Le 10 mars 1987, le président François Mitterrand, à l'occasion d'une traditionnelle rencontre avec la presse diplomatique nationale, devait déclarer à propos des otages français retenus au Liban : « Je ne veux pas échanger un assassin contre un innocent ; on ne peut pas traiter avec le terrorisme ou avec ses délégués. » Deux jours plus tard, l'Organisation de la justice révolutionnaire (OJR) rendait public à Beyrouth un communiqué dans lequel elle menaçait d'exécuter sous quarante-huit heures Jean-Louis Normandin, un membre de l'équipe d'Antenne 2 qui était retenu en otage depuis plus d'un an, si le Premier ministre du gouvernement de cohabitation, Jacques Chirac, ne clarifiait pas rapidement les propos du président de la République. Aucune clarification n'est bien sûr intervenue et, après quelques soubresauts et divers autres chantages, les otages du Liban furent finalement libérés environ une année plus tard. Y a-t-il eu des contreparties ? Sans doute. Même ma naïveté comporte des limites.

Le 30 novembre 1987, sur l'aéroport de Karachi au Pakistan, Français et Iraniens procédèrent à l'échange du consul de France à Téhéran contre l'interprète de l'ambassade d'Iran, Wahid Gordji, après que la veille ceux-ci aient répondu aux convocations respectives des justices iranienne et française qui, l'une et l'autre, n'ont retenu aucune charge contre eux. Ce fut la fin de la « guerre des ambassades ». Les relations diplomatiques franco-iraniennes rompues le 17 juillet 1987 pendant l'affaire Gordji seront rétablies le 16 juin 1988. Dans les jours qui suivirent cet échange, Washington et Londres reprochèrent à Paris d'avoir manqué à la solidarité occidentale face au terrorisme en négociant avec l'Iran. Et pendant ce temps-là, la société Luchaire vendait ses obus et ses armes en dépit de l'embargo frappant l'Iran dans ce domaine. Le 16 juin 1989, la justice française chargée de cette affaire de violation de l'embargo rendra un non-lieu qui suscitera de sérieux remous au sein de la magistrature.

Sept mois auparavant, le 21 mars 1987, à Paris, six ressortissants tunisiens et deux français avaient été interpellés dans le prolongement d'un renseignement fourni par les services du contre-espionnage ouest-allemand aux autorités françaises. Une cache d'armes et d'explosifs avait été découverte. Ces sept personnes parmi lesquelles se trouvait une femme étaient liées au Hezbollah pro-iranien, l'enquête confiée à Gilles Boulouque le démontrera. Ce groupe était dirigé par deux des interpellés, Fouad Ali Saleh et par Mohamed Mouhajer. Les 20 et 28 avril 1987, d'autres arrestations furent opérées et permirent à la police d'acquérir la conviction que le réseau ainsi démantelé était celui qui avait assuré la logistique des attentats perpétrés à Paris en septembre 1986 et imputés à l'époque aux FARL La cour d'assises de Paris spécialement composée condamnera le pro-iranien Fouad Ali Saleh, membre du Hezbollah, à la réclusion criminelle à perpétuité assortie d'une mesure de sûreté de dix-huit ans pour avoir commandité les quinze attentats qui ont fait treize morts et trois cents blessés à Paris entre le 7 décembre 1985 et le 17 septembre 1986. Les auteurs principaux de ces crimes terroristes n'ont pu être interpellés, et notamment Habib Haider alias Bassam qui fut condamné par contumace à la peine maximale. Pendant son procès devant la cour d'assises de Paris qui s'est achevé le 9 mars 1990, Fouad Ali Saleh s'est singularisé en lançant à de multiples reprises des imprécations particulièrement violentes contre l'Occident. À cette même époque, depuis le 31 janvier 1990, la communauté chrétienne se déchirait en une guerre fratricide, de violents combats opposant l'armée du général Michel Aoun aux milices des forces libanaises de Samir Geagea. Le 11 octobre 1990, après un blocus de deux semaines autour du réduit chrétien de Beyrouth, la Syrie a envoyé plusieurs milliers de soldats, avec l'aval des autorités libanaises légales, pour renforcer les positions tenues par l'armée régulière du général Émile Lahoud. Le 13 octobre, l'offensive fut lancée et les troupes du général Aoun furent vaincues. Le général Aoun se réfugia à l'ambassade de France à Beyrouth et Paris lui accorda l'asile politique.

Gilles Boulouque, au moment de ce qu'il est convenu d'appeler « l'affaire des ambassades », en 1987, s'est donc retrouvé au centre d'un bras de fer diplomatique dont il ne possédait pas, tant s'en faut, toutes les données. Cela faisait-il de lui un pantin ? Certainement pas. Au contraire, je pense qu'il a fait preuve d'un incontestable courage lorsqu'il a accepté, constatant que ses soupçons à l'égard de Gordji n'avaient pas été, lors de la poursuite de l'enquête, étayés par des éléments suffisamment probants, de faire en sorte que Wahid Gordji devienne en quelque sorte la monnaie, en tout cas l'une des monnaies d'échange des otages français détenus au Liban. Est-ce donc céder à la raison d'État pour un juge que de contribuer à sa façon à l'échange entre un individu soupçonné d'être impliqué dans une campagne d'attentats à tort, et en tout état de cause sans preuve, et nos concitoyens retenus en otages ? Je dirais pour ma part que c'est simplement faire preuve de raison tout court. Que n'aurait-on pas dit si Gilles Boulouque, du haut de son impérium de juge, dans sa bulle, avait fait capoter l'opportunité qui s'offrait aux autorités françaises de sortir de cette crise majeure ? Certes, la mise en scène du départ de Wahid Gordji dès la fin de son audition par le juge, alors même que les moteurs de l'avion chauffaient sur le tarmac, a été un véritable désastre. Mais Gilles Boulouque, pas plus que la justice, n'était responsable de ces modalités... Tout le monde conserve en mémoire le cruel dessin du talentueux Plantu à la une du *Monde*, où l'on voit le juge demander à son passager au comptoir d'Air France pour le vol Paris-Téhéran : « Fumeur ou non fumeur ? » Cela fut le début de la fin pour Gilles Boulouque, mis par la suite en examen pour violation du secret de l'instruction sur plainte du terroriste Fouad Ali Saleh. On connaît la tragédie qui a finalement ponctué cette « affaire ». Mais avant de se donner la mort à la fin de l'année 1990, Gilles Boulouque avait pu assister au débat télévisé du printemps 1988 entre les deux candidats à l'élection présidentielle : François Mitterrand, le président sortant, et Jacques Chirac, son Premier ministre depuis 1986 qui « dans les yeux, je vous le dis – dans les yeux je le conteste » ont jugé l'un et l'autre ne pas avoir su, ou si peu, de la réalité de cette ténébreuse affaire. Mensonge d'État ? Dysfonctionnement majeur ? Qui se pose véritablement la question aujourd'hui ? Peu de monde. Et l'histoire retiendra probablement et à tort, dans un raccourci, que la justice antiterroriste a cédé à la raison d'État. Parce que c'est plus court, plus parlant et plus porteur. Comme tous les slogans.

Quel état des lieux peut-on dresser du terrorisme fondamentaliste musulman aujourd'hui ? Avez-vous une idée précise des conflits et des différences d'interprétation qui les opposent ?

Parmi les djihadistes, je le rappelle, il existe deux camps opposés : d'un côté, ceux qui essaient de faire en sorte que le pays dont ils sont originaires devienne un État islamique ; de l'autre, ceux qui luttent pour le djihad international. On comprend tout de suite, à travers l'énumération des attentats qu'Al Qaïda a revendiqués, que cette organisation n'avait pas pour préoccupation exclusive ni même première l'établissement d'un État islamique en Arabie Saoudite, pays de naissance d'Oussama Ben Laden. Si cela avait été le cas, il y aurait eu là-bas davantage d'attentats. Les salafistes qui se réclament des Frères musulmans égyptiens tentent à travers le monde de promouvoir une certaine conception de l'islam selon le constat suivant : la grandeur de l'islam est dans son passé ; il n'a cessé, depuis, de perdre de son influence. Il faut donc s'employer à le restaurer. Pour tout salafiste, un État qui n'est pas fondé sur les règles islamiques traditionnelles, sur le système de normativité islamique, la charia, est nocif. Il doit donc être combattu. Le salafisme se définit comme un courant néofondamentaliste de l'islam, héritier de la pensée wahhabite d'Arabie Saoudite, très rigoriste. Parmi les groupes de la mouvance salafiste, on peut citer Al-hijra-wa-takfir (exil et expiation) et le Tabligh (prédication) qui sont des organisations particulièrement intégristes combattant avec virulence toute forme de modernité et considérant les démocraties occidentales comme athées, impies, sans foi ni loi. Ils préconisent en quelque sorte pour les pays musulmans le « grand bond en arrière »... Et une organisation sociale fondée sur une véritable police de la pensée et de la moralité.

Des luttes d'influence ont eu lieu en Angleterre en 2002 entre les deux principales factions de la mouvance islamique, notamment à la mosquée de Finsbury Park où ceux qui avaient des revendications nationalistes rejetaient les « internationalistes », c'est-à-dire les plus radicaux d'entre eux. Et ce sont ces derniers, les djihadistes, qui se sont finalement imposés, déclenchant la réaction des Britanniques qui ont fait en sorte que les plus modérés reprennent la main. Cette dispersion, cet éparpillement des mouvances constituent indubitablement une aggravation de la menace, contre laquelle il devient beaucoup plus difficile de lutter. Ce sont comme des ruisseaux qui finissent, lorsqu'ils se rejoignent, par former un fleuve. Si l'on tient le fleuve et que l'on met un barrage efficace pour réguler le débit, faute de pouvoir le tarir, on s'en sort. Mais cela n'est possible que tant que l'on a affaire à des organisations conçues sur le mode léniniste, au sein desquelles tant que le feu vert n'est pas donné à l'échelon décisionnel, les subordonnés ne prennent pas d'initiatives intempestives. Par contre, lorsque l'on a affaire à des organisations éclatées, atomisées, il est beaucoup plus difficile de trouver des parades efficaces. Or c'est précisément ce qui se passe à l'heure actuelle avec le terrorisme « franchisé » d'Al Qaïda, l'« enseigne » et ses multiples « succursales » jouissant d'une très grande autonomie de gestion et de décision de passer à l'acte.

J'ai déjà évoqué aussi le bras de fer qui a opposé en Algérie au sein de la mouvance islamiste les djézaristes et les salafistes ainsi que le succès de ces derniers qui a conduit à l'externalisation du conflit et à la campagne des attentats de Paris à compter de l'été 1995, campagne meurtrière à l'initiative de laquelle on trouve Djamel Zitouni. Celui-ci a été assassiné en 1996. C'est alors qu'une autre tendance du GIA, animée par Hassan Hattab, s'est peu à peu imposée sous l'appellation de Groupe salafiste pour la prédication et le combat (GSPC). C'est cette organisation-là qui s'est rebaptisée en 2007 Al Qaïda au Maghreb islamique (AQMI). Ayman Al Zawahiri, dans un message vidéo diffusé le

11 septembre 2006, a confirmé que le Groupe salafiste pour la prédication et le combat avait intégré les rangs d'Al Qaïda-Al Djihad et lui a, en quelque sorte, assigné sa mission : « cette union bénie sera un os dans la gorge des croisés américains et français ainsi que leurs alliés et fera naître la peur dans le cœur des traîtres et des fils mécréants de France. » Ce message explicite du numéro deux d'Al Qaïda dénonce une fois de plus la loi interdisant le port du voile dans les établissements scolaires, mais évoque aussi la situation au Liban en condamnant les pays qui sont favorables au déploiement de la force d'interposition de l'ONU. Et bien entendu ceux qui, comme la France, y participent. Les GSPC qui sont implantés en France, en Italie et en Allemagne – les procédures instruites à Paris au milieu des années 1990 l'ont démontré – sont initiés depuis l'Algérie et ont trouvé désormais de nouveaux territoires où s'implanter : en Mauritanie, au Mali et au Niger notamment. Ici aussi la menace s'étend comme en témoignent les événements violents intervenus en 2007, au Maroc d'abord (où le 11 mars 2007 ont été déjoués à Casablanca une série d'attentats programmés par la Groupe islamiste combattant marocain) puis en Algérie où, contrairement aux déclarations par trop optimistes du ministre de l'Intérieur et du Premier ministre algériens, la victoire contre le terrorisme est loin d'être à portée de main. Certes les services de sécurité algériens ont obtenu au cours des quatre derniers mois de l'année 2007 de vrais succès, en neutralisant des têtes de la branche d'Al Qaïda au Maghreb islamique et en obtenant en octobre 2007 la reddition de l'émir Hassan Hattab, le fondateur des GSPC. Pour autant, la violence politique n'a pas véritablement décru ces derniers mois comme en attestent les attaques kamikazes revendiquées par Abou Mohammed Salah, le porte-parole de l'organisation terroriste, attaques perpétrées le 11 avril 2007 contre un commissariat de police et le palais du gouvernement à Alger (trente-trois morts et deux cent vingt blessés), le 11 juillet 2007 contre la caserne de Lakhdaria

(dix militaires tués), le 8 septembre 2007 contre une caserne en Kabylie (trente morts et quarante blessés) et enfin le 11 décembre 2007 à Alger contre la Cour suprême et contre le Haut Commissariat aux réfugiés de l'ONU (plus de soixante morts).

Au début des années 2000, Oussama Ben Laden avait envoyé un de ses émissaires yéménites en Algérie auprès de l'émir Hassan Hattab afin de convaincre ce dernier de faire du Sahara sa base de repli. C'est ainsi que dans le désert se sont nouées entre les membres du Groupe salafiste pour la prédication et le combat (GSPC) des alliances ponctuelles avec les contrebandiers (cigarettes, drogues, armes, voitures volées, trafic d'immigrants clandestins) qui pullulent dans la région mais aussi avec les tribus touaregs qui ont rapidement monnayé leur connaissance du terrain. Ces activistes-là se sont implantés dans une large zone inhospitalière du Sahara donnant accès au Mali, à l'Algérie et en Mauritanie. Le 24 décembre 2007, quatre touristes français ont été assassinés au sud de la Mauritanie, un cinquième étant laissé pour mort sur le terrain. Quelques jours plus tard, un véhicule de l'armée mauritanienne est tombé dans une embuscade au cours de laquelle quatre soldats ont trouvé la mort et ont été dépouillés de leurs armes. Le commando était venu du Mali. Or c'est précisément du Mali qu'en juin 2005 un commando des GSPC avait attaqué un poste militaire au nord du pays et tué quinze soldats. C'est dans cette région qu'à la fin des années 1990 les islamistes algériens étaient venus se mettre au vert et qu'ils avaient « importé » leur idéologie du wahhabisme.

En résumé, on peut donc dire qu'au sein de la mouvance islamiste sont nées des organisations dont l'objectif est de promouvoir sur le plan international un djihad violent, dirigé principalement contre les États-Unis mais aussi contre les démocraties occidentales. Et que c'est véritablement à partir de 1996 que la menace est devenue plus éclatée, protéiforme et mondialisée. Et cette menace fut d'autant moins anticipée que sa perception dans l'opinion publique est restée faible. Les réseaux de ce nouveau type ont parfois été, pour des raisons d'opportunité politique, catalogués en banditisme ou gangstero-terrorisme. Tel fut le cas lors de l'affaire de Roubaix, en 1996, à laquelle prit part Lionel Dumont, qui était allé se former aux disciplines militaires lors du conflit en ex-Yougoslavie.

Il est tout de même étonnant qu'à aucun moment vous n'évoquiez, à propos de ce passé algérien, la possibilité que, peut-être, ce pourrait être le gouvernement algérien, via ses services secrets, qui serait le commanditaire des massacres de civils soutenant le FIS (soutien que l'on peut aisément comprendre quand on a comme gouvernement un régime corrompu, exploiteur et violent), des attentats en France de 1995 et 1996, qui aurait fait infiltrer, via Djamel Zitouni, les GIA, avant de faire éradiquer les groupes armés « concurrents » dans les maquis... On sait aujourd'hui avec une quasi-certitude que Djamel Zitouni, présenté à l'époque comme l'archétype de « l'intégriste sanguinaire », était une taupe, tout comme Ali Touchent, réputé être son bras droit, organisateur des attentats de 1995. L'ancien magistrat Alain Marsaud, ex-chef du Service central de lutte antiterroriste de 1986 à 1989, a déclaré : « Plus on avance dans les réseaux Khelkal et plus on trouve des Algériens des services officiels. » Quant à Jean Lebeschu, ex-officier des Renseignements généraux, il a dit de Ali Touchent : « Pour moi, c'est un agent. » Enfin, on connaît aussi un peu mieux l'histoire du « fameux » GSPC, qui se serait rallié dernièrement à Al Qaïda : son soi-disant ex-n°2, El Para, était un membre des services secrets algériens ; rappelez-vous cette belle, et récente, histoire : capturé par des rebelles tchadiens, El Para était devenu une « patate chaude » dont personne ne voulait, alors même qu'il était censé être l'un des terroristes les plus recherchés au monde. Finalement, sous la pression média-

tique, suscitée par les rebelles tchadiens interloqués, le gouvernement algérien l'a discrètement récupéré, puis jugé... par contumace, en prétendant ne pas savoir où il était passé ! Et tout cela avec la complicité, plus ou moins forcée, du gouvernement français qui recolonise en « douceur » l'Algérie, en s'appuyant sur la dictature des généraux et de Bouteflika. On peut donc, au moins, légitimement douter que le GSPC soit devenu Al Qaïda pour le Maghreb islamique... et vous soumettre l'hypothèse suivante, dans laquelle il ne faut pas voir une quelconque théorie du complot : le terrorisme est aussi l'univers de la manipulation, des États et des services secrets : sans nier qu'il soit possible qu'un certain nombre d'attentats soient le fruit de groupuscules authentiquement fanatiques, il est tout aussi possible qu'un certain nombre d'entre eux soient le résultat de ce qu'on pourrait appeler une « diplomatie du sous-sol »...

Lorsqu'on tente d'analyser une situation, on peut – vous le faites d'ailleurs et c'est votre droit – partir d'une analyse globale intégrant un certain nombre de postulats. Le vôtre me paraît évident : c'est le gouvernement des généraux algériens qui a manipulé les GIA en commanditant les massacres de civils, mais aussi la campagne d'attentats à Paris en 1995 ; et le gouvernement français s'est rendu complice de ces crimes abominables par le biais de ses services secrets notamment, en apportant son soutien au régime des généraux afin de « recoloniser en douceur » l'Algérie. Pour ce qui me concerne, je préfère m'attacher aux faits. Et ces faits, que disent-ils ? D'abord que Djamel Zitouni a pris la tête du GIA en octobre 1994 à la mort du chef de l'organisation Cherif Gousmi. Et à cette époque-là, à l'exception notoire du bras armé du FIS – tiens donc ! la paisible organisation politique en avait donc un –, l'Armée islamique du salut, toutes les structures combattantes d'Algérie avaient déjà rejoint le GIA – les GIA devrait-on dire –, l'organisation terroriste étant parvenue dans les mois précédents à les fédérer dans la perspective du Djihad, c'est-à-dire de l'internationalisation du conflit. Les conséquences de cette évolution stratégique – laquelle a été engagée bien avant la prise du pouvoir par Djamel Zitouni –, nous les connaissons : ce sont, le 24 décembre 1994, la prise en otage des 272 passagers de l'Airbus d'Air France sur l'aéroport d'Alger, l'assassinat de trois d'entre eux par les terroristes, et le détournement de l'avion, puis, à l'été 1995, la campagne d'attentats sur le sol français. Cette dernière a été précédée le 11 juillet 1995 de l'assassinat dans la mosquée de la rue Myrha à Paris de l'imam Abdelbaki Sahraoui, l'un des membres fondateurs du FIS qui, à l'occasion de ses prêches, ne manquait pas de dénoncer les dérives des GIA, mais aussi l'action clandestine de cette organisation sur le sol français. Toutes ces actions ont donc été réalisées alors que Djamel Zitouni était à la tête des GIA, mais je soutiens qu'elles étaient en germe dans la stratégie du mouvement dès le début de l'année 1994.

C'est à la fin de l'année suivante que le pouvoir de Djamel Zitouni a atteint son paroxysme. Les forces de sécurité algérienne étaient incapables de s'opposer à sa tyrannie sanglante sur le sol algérien. Il bénéficiait de plus du soutien de la mouvance djihadiste internationale depuis qu'il avait montré qu'il était capable de frapper les « impies » sur leurs propres terres, en l'espèce la France, ce qui lui assurait aussi en Europe l'appui d'une nouvelle génération de sympathisants. Et c'est à ce moment-là qu'il se lança dans des purges sanglantes au sein de sa propre organisation en commençant par les vétérans afghans susceptibles de lui faire de l'ombre. Zitouni était en effet le premier émir des GIA qui n'avait pas combattu les Soviétiques en Afghanistan. Le 27 mars 1996, Zitouni revendiquera l'enlèvement des sept moines français de Tibhirine, lesquels seront décapités quelques semaines après. En juillet 1996, Djamel Zitouni sera à son tour éliminé par des islamistes djézaristes, laissant à son successeur Antar Zouabri une organisation en proie à de fortes dissidences que ce dernier tentera de masquer par un accroissement des massacres de populations civiles. Antar Zouabri sera abattu par les forces de sécurité en novembre 2002. Parmi ceux qui ont tenté de s'imposer ensuite à la tête des GIA, on peut encore citer Hassan Hattab, qui avait régné sur le secteur de la grande Kabylie après le démantèlement de ses réseaux en Europe (Abdel Mechat en Allemagne et Omar Saïki en France) à l'époque de la Coupe du monde de football en 1998 et qui a rebaptisé son organisation en lui donnant le nom de Groupe salafiste pour la prédication et le combat (GSPC).

Quelles conclusions en tirer ? Que probablement le pouvoir algérien avait pris conscience depuis les émeutes d'Alger, que la majorité des partisans du FIS n'étaient pas des intégristes, mais des citoyens exprimant la volonté d'en finir avec un régime dans lequel le FLN avait confisqué le pouvoir et s'était octroyé privilèges et prébendes. En cela, à l'origine, la poussée islamiste en Algérie était en premier lieu une crise sociale à laquelle le pouvoir ne pouvait apporter aucune solution, sauf à perdre ses privilèges, ce que manifestement il ne voulait pas. Dès lors, il s'est attaché à diviser l'opposition qui s'était rassemblée autour d'un thème fortement mobilisateur : l'islam. Cette politique-là, alors même qu'aucun véritable projet économique, politique ou social n'était avancé pour tenter de sortir de l'impasse, est sans doute éminemment condamnable dès lors qu'elle a abouti en fait à « surfer » sur la vague terroriste plutôt qu'à la combattre avec constance. Je ne suis pas en mesure de dire si l'inaction de la gendarmerie algérienne cantonnée dans ses casernes était le fruit d'un calcul du pouvoir ou le résultat de la déficience de l'appareil sécuritaire algérien. Certes, le résultat fut le même : les populations civiles étaient exposées aux grands massacres, notamment en 1997 et 1998 ; néanmoins, ce n'est, d'un point de vue moral, pas tout à fait pareil. Et ce sont les tueurs des GIA qui les ont perpétrés, pas l'armée, à laquelle on peut en effet reprocher un manque de réactivité, voire sa passivité. Cette véritable tragédie, qui s'est soldée par environ 150 000 morts en huit ans de guerre civile, a ramené l'Algérie au point de départ du conflit : lorsque le président Bouteflika a proposé en 1999 la « concorde civile », ceux qui l'ont acceptée sont les djézaristes fortement implantés dans les classes moyennes de la société. Et ceux qui l'ont rejetée sont les salafistes. Le projet du FIS de faire coexister ces deux mondes est donc mort, à supposer qu'il ne fût pas mort-né...

Le projet de concorde civile initié après son élection du 15 avril 1999 par le président algérien Abdelaziz Bouteflika s'est heurté à la persistance endémique de la violence dont étaient victimes les populations civiles de souche rurale qui étaient sollicitées par les deux camps en belligérance, les islamistes d'une part et l'armée d'autre part. Au demeurant, en 1997, de nombreux villages avaient été rasés dont certains étaient situés à une vingtaine de kilomètres d'Alger. Le conflit entre 1992 et 2000 aurait fait environ 200 000 morts et la responsabilité des services de sécurité algériens dans la disparition de milliers de personnes a été maintes fois évoquée. Un jeune officier algérien, Habib Souaïda, a écrit un livre publié en 2001 intitulé *La Sale Guerre* qui constitue un témoignage accablant sur l'implication de l'armée algérienne dans de nombreux meurtres. Après avoir souligné que les véritables détenteurs du pouvoir en Algérie étaient les généraux, il a incriminé les forces spéciales de l'armée appelées par l'auteur « société nationale de formation des terroristes » comme étant largement responsables de la violence islamiste sévissant dans le pays. Et il a relaté que certains escadrons de la mort revêtaient des tenues islamistes avant d'aller perpétrer leurs massacres. Le soulèvement en Kabylie en juin 2001 a constitué un tournant important dans la crise algérienne. Les manifestants qui défilaient pour protester contre les massacres avaient pour principal slogan « pouvoir assassin ». Ce peuple, las de la guerre, trouvait une véritable icône en la personne du chanteur populaire, le kabyle Lounès Matoub, qui avait été assassiné le 25 juin 1998 près de Tizi Ouzou par les GIA. Il avait déjà été enlevé en septembre 1994 et il s'était engagé tant contre l'intégrisme religieux que contre la politique d'arabisation du gouvernement.

Un dernier mot sur l'attitude de la France. On peut bien sûr critiquer la politique de notre pays pendant cette période douloureuse, souligner le poids représenté par les contrats de gaz et les contrats d'armement avec notre ancienne colonie. On peut aussi s'étonner du lâche « désintérêt » manifesté par les pouvoirs publics qui se sont durant de bien trop longues années abstenus d'ouvrir une information judiciaire suite à l'enlèvement puis à la décapitation des moines de Tibhirine, tant et si bien qu'à ce jour la question demeure posée : qui sont les assassins des religieux, le GIA qui a revendiqué l'action, ou les services algériens pour faire pression sur la politique française jugée trop tiède à l'égard du pouvoir algérien ? Toutes ces interrogations, et bien d'autres, sont légitimes et je crois qu'à ce jour personne n'est en mesure d'y apporter une réponse tranchée, compte tenu des nombreuses zones d'ombre qui subsistent. Sauf bien sûr les idéologues d'un bord ou d'un autre. L'univers du terrorisme est bien sûr celui de la manipulation. Pour autant, les lâchetés et calculs d'un État confronté à l'embrasement d'un pays auquel nous relient des attaches historiques fortes ne font pas de lui un complice de la terreur. Enfin, si les mots ont encore un sens…

A-t-on une idée de la manière dont les réseaux djihadistes se sont développés de par le monde ?

Ces réseaux se sont développés en toile d'araignée, de manière horizontale, sans schéma préétabli, mais le point d'ancrage de cette mouvance a été la zone pakistano-afghane. Les terroristes issus de leurs rangs ont combattu dans les zones de belligérance ouvertes, comme la Tchétchénie, ou se sont immergés au sein de structures clandestines en Europe ou en Amérique du Nord. C'est l'arrestation d'Ahmed Ressam aux États-Unis en décembre 1999 qui a révélé aux services américains la réalité de la menace. Ce dernier avait suivi des stages d'entraînement militaire en Afghanistan. Il avait des liens avec la mouvance Ben Laden et avait projeté de commettre un attentat sur le sol américain à l'occasion du passage au IIIe millénaire. Cet avertissement n'a pas suffi à améliorer le faible niveau de conscience de la menace terroriste aux États-Unis, qui n'avaient plus été frappés sur leur sol depuis 1993, au World Trade Center, et qui persistaient à vivre avec un sentiment d'invulnérabilité. Le nom d'Ahmed Ressam était déjà apparu, en France, dans la procédure relative à la fusillade intervenue en 1996 à Roubaix, et au cours de laquelle des fondamentalistes s'étaient fait exploser avec leur engin au moment où les policiers du RAID avaient donné l'assaut.

Que sait-on aujourd'hui des implantations de camps d'entraînement d'Al Qaïda ?

Les camps d'entraînement consacrés à la formation et aux techniques terroristes en Afghanistan jusqu'à l'intervention des Américains et de leurs alliés n'existent plus sous leur forme initiale. Il s'agissait alors de structures relativement importantes repérées par les satellites américains. Elles ont été remplacées par des structures plus modestes qui se sont implantées dans les pays où règne le désordre, et dans leurs mégalopoles difficilement contrôlables. Au Pakistan, à la frontière afghane, près d'Islamabad, des « centres de formation terroriste » se sont implantés dans les dépendances de certaines madrassas, les écoles coraniques. L'ex-Président pakistanais avait estimé qu'environ cinq cents à six cents djihadistes étrangers s'étaient ainsi implantés dans les zones tribales du Pakistan, pays dans lequel ils pouvaient compter sur le soutien de plusieurs dizaines de milliers de fondamentalistes. De fait, les 11 000 écoles coraniques implantées dans cette région sont fréquentées par plus d'un million d'étudiants, ce qui laisse à penser que l'estimation de Pervez Musharraf était sans doute bien faible au regard de la réalité de la situation de ce pays peuplé de 156 millions d'habitants dont 97 % sont des musulmans. L'Asie du Sud-Est, les Philippines, la Somalie, le Yémen, les gorges de Pankissi en Géorgie, à proximité immédiate de la Tchétchénie, « abritent » également ce type de centres. Il y en a bien sûr aussi en Irak. Et ce n'est sans doute pas par hasard que les États-Unis ont organisé dans le courant de l'année 2005 des manœuvres militaires dans les confins du Sahara, mais par crainte de voir des camps djihadistes s'implanter dans cette région désertique.

Donc, après les filières bosniaques, tchétchènes, algériennes, afghanes, voici venu le temps du Groupe islamiste combattant marocain, d'Al Qaïda au Maghreb islamique et des filières irakiennes, mais peut-être aussi cachemiries : le 11 juillet 2006, des trains et le métro de Bombay ont été la cible d'attentats qui ont occasionné la mort de cent soixante-trois personnes et fait de très nombreux blessés. Il semble acquis que ces attentats étaient l'œuvre d'islamistes cachemiris basés au Pakistan, mais opérant sur le territoire indien, et luttant pour le rattachement du Cachemire au Pakistan. Sans oublier qu'au Bangladesh, pays de cent quarante millions d'habitants dont 90 % sont de confession musulmane, le groupe djihadiste Jamaatul Mujahideen, qui réclame bien sûr l'application de la loi coranique (la charia) a fait exploser le 17 août 2005, pour démontrer sa puissance, quatre cent trente-quatre bombes artisanales de faible puissance en une demi-heure, essentiellement contre des bâtiments administratifs et des palais de justice. Et que dans le cours du mois de novembre 2005, ils ont tué des juges en déposant des bombes contre le tribunal de Jhalakathi, puis, dans les semaines qui ont suivi, ont assassiné vingt personnes à l'occasion d'attentats kamikazes. Et le fait que le 29 mai 2006, l'émir de ce mouvement, Abdin Rhaman et son adjoint Siddipïl Islam, aient été condamnés à mort avec cinq autres personnes, ne change rien là non plus à ce film qui s'annonce particulièrement noir.

L'assassinat de « Massoud l'Afghan » est-il directement lié, via Al Qaïda, aux attentats du 11 septembre 2001 ?

À défaut d'en apporter la preuve irréfutable, on ne peut s'empêcher de le penser. Le commandant Massoud, constatant que l'Occident restait sourd à ses mises en garde, est venu en Europe en avril 2001 pour y délivrer une fois de plus son message : « Mon message à Bush est le suivant : si la paix n'est pas rétablie en Afghanistan, s'il n'aide pas le peuple afghan, il est certain que le problème de l'Afghanistan affectera aussi les États-Unis et beaucoup d'autres pays. » Massoud fut assassiné par deux musulmans tombés dans l'extrémisme religieux qui, de Tunis à Bruxelles, puis au « Londonistan », ont fini par se retrouver dans des camps d'entraînement d'Al Qaïda en Afghanistan. Un parcours qui ressemble étrangement à celui des fanatiques formatés par l'organisation terroriste combattue par l'Alliance du Nord. Ben Laden n'était pas naïf au point d'imaginer que les États-Unis allaient rester sans réaction après le 11 Septembre. Et il ne pouvait que deviner où la première puissance mondiale allait frapper : en Afghanistan, là même où il avait implanté son organisation. Il ne pouvait pas non plus oublier que l'Alliance du Nord, dirigée par Massoud, avait combattu les talibans. Dès lors, l'assassinat de ce dernier devait, aux yeux de Ben Laden, s'accompagner d'une désorganisation des forces de l'Alliance du Nord et priver les Américains de l'aide qu'elles étaient susceptibles de leur apporter, notamment par leur parfaite connaissance du terrain. On sait aujourd'hui que les prévisions du chef d'Al Qaïda se sont révélées fausses puisque les compagnons de Massoud ont survécu, à cette époque cruciale, à leur chef, et sont parvenus à chasser, provisoirement seulement, les talibans. Mais ce qu'il faut sans doute retenir de cette période-là, c'est l'autisme occidental. Quand Massoud, à l'occasion de son voyage en Europe, moins de cinq mois avant le 11 Septembre, est venu en France, il ne fut reçu ni par Jacques Chirac, alors président de la République, ni par le Premier ministre de l'époque, Lionel Jospin, et pas davantage par le ministre des Affaires étrangères de la France. Seule l'Assemblée nationale l'a accueilli, puis le Parlement européen. « Courage, fuyons... » En tout cas, le « Lion du Panjshir » a croisé sur sa route européenne beaucoup d'autruches. Et sans doute beaucoup de pseudo-experts.

C'est-à-dire ?

Le terrorisme contemporain a suscité l'émergence d'une nouvelle corporation, celle des experts de la lutte antiterroriste. Bien évidemment, il y a de véritables spécialistes du phénomène. Ceux-là ne sont pas difficiles à reconnaître. Parmi ces derniers, Gérard Chaliand, auteur d'un ouvrage de référence (*Histoire du terrorisme de l'Antiquité à Al-Qaïda*), a fort opportunément dénoncé les « vendeurs d'angoisse » et constaté que si le terrorisme tuait beaucoup de gens, il en faisait vivre quelques autres. Face à la complexité des choses et à la difficulté d'obtenir en dehors des sources officielles, sujettes à la propagande, des renseignements fiables sur un monde éminemment clandestin, ils font preuve d'une humilité qui les honore, préférant le raisonnement sur le mode interrogatif aux affirmations sentencieuses d'autres « spécialistes » qui en certaines occasions participent à la « société du bluff et du spectacle » dénoncée à maintes reprises par Christophe de Ponfilly qui, lui, a pris des risques en Afghanistan au moment de la guerre contre les Soviétiques pour connaître la réalité de la situation afin de pouvoir honnêtement informer les autres.

Vous étiez l'un des amis de Christophe de Ponfilly. Que vous a-t-il dit de ses expériences afghanes et de la tournure que prenaient les événements dans ce pays après 2001 ?

Christophe de Ponfilly était effectivement l'un de mes amis. Un « ami de trente mois » environ puisque je ne l'ai connu que sur le tard, au milieu de l'année 2003. Il a décidé de nous quitter au mois de mai 2006, fatigué de la laideur du monde contre laquelle il a sans cesse combattu avec sa caméra. Notamment en Afghanistan où il a longuement côtoyé le commandant Massoud pour faire connaître son combat et sa légitimité. Christophe de Ponfilly était un fin connaisseur de la complexité de la société afghane, de ses tensions ethniques. Lui savait que l'Alliance du Nord était une appellation des propagandistes pakistanais destinée à faire germer les graines de la discorde ethnique en Afghanistan et que le commandant Massoud avait baptisé son union antitalibane le Front uni pour le salut de l'Afghanistan, qui regroupait ethnies du Nord et ethnies du Sud. Il était agacé lorsque de pseudo-spécialistes de la société afghane parlaient des burkas des femmes, terme pakistanais, et non des tchadris. Plus profondément, il était révolté contre la propension de certains, distinguant tout juste un Pachtoune d'un Tadjik, à s'ériger en véritable connaisseur d'une réalité si complexe avec une aussi remarquable célérité, le temps d'un passage à la télévision. Alors que ses propres documentaires étaient diffusés en deuxième, voire en troisième partie de soirée, et connaissaient une audience confidentielle. D'ailleurs, le documentaire de Christophe de Ponfilly, *Massoud l'Afghan*, diffusé en 1998, connut à peine un succès d'estime au moment de sa sortie. Avant d'être salué, encensé, à juste titre d'ailleurs, et rediffusé à une heure de grande audience après le 11 septembre 2001 ! Christophe de Ponfilly m'a raconté qu'en 1998 Bernard-Henri Lévy s'était rendu quelques jours dans le Panjshir avec Gilles Hertzog après avoir vu son film. Ils avaient en la circonstance fait la connaissance du commandant Massoud. Après l'assassinat de Massoud, Bernard-Henri Lévy est allé déposer une plaque sur la tombe du commandant : « Au commandant Massoud, à l'ami de la France. Ses amis de 20 ans : Bernard-Henri Lévy, Gilles Hertzog. » Christophe de Ponfilly, qui avait aidé BHL à prendre contact avec Massoud en 1998, avait fait part, suite à cette mystification, de son indignation au philosophe dans une lettre ouverte adressée à ce dernier. Mais jamais publiée, tous les grands titres de la presse quotidienne française s'y étant refusés. Pourtant, cette lettre écrite en 2002, dont je conserve précieusement un exemplaire, faisait la part du feu et reconnaissait à Bernard-Henri Lévy certains talents et un incontestable courage. Mais sans doute dépeignait-elle trop bien notre réalité politico-médiatique et son cortège de chroniqueurs empressés et trop pressés : « Dans la France républicaine sortie troublée des récentes élections (NDE : les présidentielles de 2002), il faudra que les hommes politiques choisissent avec plus de soin leurs experts. Dans le cas contraire, nous resterons dans une société de bluff et de spectacle aux lendemains incertains et dangereux. » À méditer… Lorsqu'il est revenu au début de l'année 2006 d'Afghanistan où il était allé tourner le film tiré de son livre *L'Étoile du soldat*, Christophe de Ponfilly a dit à ses amis la déception qui avait été la sienne de voir ce pays qu'il aimait s'éloigner des valeurs qui avaient été siennes une vingtaine d'années auparavant.

Le Pakistan, allié des États-Unis, et l'Afghanistan qui a donné l'hospitalité à Oussama Ben Laden et à Al Qaïda sont-ils des frères ennemis ou des frères de sang ?

La population de l'Afghanistan est une mosaïque d'ethnies. La communauté la plus importante est constituée par les Pachtounes qui représentent 38 % de la population. Elle est suivie de peu par les Tadjiks qui représentent quant à eux 34 % de la population. Suivent ensuite les Hazaras (10 %) et les Ouzbeks (6 %). À ceux-là, il faut ajouter diverses tribus hindoues, turkmènes, baloutches, sikhs, etc. La population afghane est musulmane : 80 % de sunnites pour 20 % de chiites. On comprend mieux la proximité de ce pays avec le Pakistan lorsque l'on sait que ce dernier pays est également composé de différentes communautés telles que les Pendjabis, les Sindhis, les Baloutches mais aussi et surtout les Pachtounes. 77 % des musulmans pakistanais sont sunnites et 20 % sont chiites.

C'est le 27 décembre 1979 que les troupes soviétiques, 80 000 hommes, envahirent l'Afghanistan. À la cessation des hostilités, dix ans plus tard, on évaluera à 1,5 million le nombre de morts de ce conflit. Dès l'invasion soviétique, le commandant Ahmad Shah Massoud a pris la tête d'un mouvement de résistance mêlant paysans et religieux. Né dans la vallée du Panshir en 1953, il avait fait ses études à Kaboul au lycée français puis à l'école polytechnique. Il voulait embrasser la carrière d'architecte. Lorsqu'en 1973 le roi Zhaer fut renversé, Massoud, profondément anticommuniste, se mit à militer pour lutter contre les marxistes au sein de la mouvance de la jeunesse musulmane qui deviendra la « Jamiat-I-Islami ». Et c'est après le coup d'état du 27 avril 1978 fomenté par le Parti communiste afghan acquis à Moscou que Massoud prendra les armes. Moins de cinq ans après l'invasion de l'Afghanistan par les troupes de l'Armée rouge, la vallée du Panshir fut rasée par l'aviation soviétique. Mais les moudjahidin qui avaient eu le temps de faire évacuer les populations civiles se réfugièrent dans des grottes dans la montagne puis entreprirent de mettre en œuvre une véritable stratégie de harcèlement. Après une trêve tactique mais mal comprise à l'époque signée avec les Soviétiques en 1985, Massoud, qui avait organisé le Conseil du Nord, prélude à l'Alliance du Nord, rompit la trêve. Lorsqu'en février 1989 l'armée soviétique abandonna le terrain, le combat « politique » n'était pas pour autant achevé : il faudra en effet attendre 1992 pour que le règne du président Najibullah mis en place par Moscou s'effondre. À la tête de ses troupes, Massoud entra dans Kaboul le 29 avril 1992. Il devint ministre de la Défense du gouvernement Rabbani. À cette époque-là, une erreur fut commise puisque les Pachtounes furent exclus des postes de responsabilité du nouveau pouvoir. L'anarchie gagna rapidement le pays qui était miné par des conflits internes, essentiellement ethniques : les Tadjiks d'Ahmed Shah Massoud, les Ouzbeks de Rashid Deston, les Hazaras chiites organisés dans le parti Wahdat et le Hezb-I-Islami de Gulbuddin Hekmatyar, lequel recrutait essentiellement parmi les patchounes, se déchirèrent entre eux. Massoud dut faire face à l'opposition de ces groupes et dès le mois de mai 1992, Gulbuddin Hekmatyar, véritable cheval de Troie des Pakistanais longtemps armé par la CIA, fit bombarder Kaboul. Mais il ne faisait plus l'unanimité puisque les Saoudiens et les Américains qui coordonnaient leur action avec les services pakistanais depuis l'invasion soviétique de 1979 se méfiaient désormais de lui puisqu'il avait soutenu en 1990 Saddam Hussein lors de la première guerre du Golfe et qu'il s'était révélé être notoirement lié aux milieux radicaux islamistes du Moyen-Orient.

En novembre 1994, les talibans s'emparèrent de la ville de Kandahar et rétablirent l'ordre dans tous le sud du pays, imposant la charia et procédant à l'élimination physique des petits chefs de guerre devenus la plupart du temps des bandits de grand chemin. Partout où ils contrôlaient la situation, ils exigèrent et obtinrent, la plupart du temps sans combat, la reddition et le désarmement immédiat des groupes armés. C'est ainsi que leur progression fut rapide, et dans toutes les zones pachtounes elle ne rencontra aucune opposition véritable. En septembre 1995, ils prirent le contrôle de tout l'Ouest afghan puis rentrèrent dans Kaboul, le 25 septembre, la capitale ayant été évacuée par les troupes de Massoud qui se replia chez lui, dans la haute vallée du Panshir où il devait subir le harcèlement de talibans.

Le 24 mai 1997, les « étudiants en religion », autrement dit les talibans, s'emparèrent de la ville de Mazar-I-Charif dans le nord du pays. À la guerre civile centrée sur Kaboul jusqu'en 1995, succéda une guerre de mouvements avec son lot de trahisons et de ralliements. Pour lutter contre les talibans, les Tadjiks dirigés par Massoud, les Ouzbeks commandés par le général Doston et les chiites hazaras s'unirent au sein d'une coalition théoriquement dirigée par le président Rabbani mais dont l'homme fort était le commandant Massoud. À ce moment-là, l'Iran, la Russie, l'Ouzbékistan et l'Inde soutinrent sans cependant trop s'investir la coalition du Nord, inquiets de la montée fondamentaliste sunnite à leurs frontières tandis que le Pakistan et l'Arabie Saoudite se rangèrent ouvertement dans le camp des talibans avec l'approbation discrète des États-Unis.

En avril 2001, Massoud s'est rendu en Europe pour tenter d'alerter l'Occident sur les dangers imminents que des groupuscules arabes alliés à des Pakistanais faisaient courir au monde occidental. Il fut reçu au Parlement européen puis il trouva la mort dans un attentat kamikaze à la bombe perpétré par deux faux journalistes le 9 septembre 2001 qui, pour mieux l'approcher, avaient obtenu de lui la réalisation d'une interview. Le Lion était mort… Le Lion du Panshir.

L'accession vers le pouvoir des talibans dans les années 1994-1996 est la résultante d'une véritable polarisation ethnique provoquée par la guerre contre les Soviétiques. Exclus des leviers du pouvoir après la prise de Kaboul en 1992, les Pachtounes ont fait alliance dès 1994 avec les talibans, lesquels ont toujours bénéficié du soutien du Pakistan. Lorsque chassé du Soudan, Oussama Ben Laden est revenu en Afghanistan au début de l'année 1996, il s'est attaché à structurer son organisation. Bien qu'il ait déjà été suspecté d'être à l'origine du premier attentat perpétré contre le World Trade Center à Manhattan en février 1993, il n'est devenu aux yeux des Américains « l'ennemi public numéro un » qu'après les attentats perpétrés en août 1998 contre les ambassades US au Kenya et en Tanzanie.

Le père d'Oussama Ben Laden, d'origine yéménite, était devenu un magnat du bâtiment en Arabie Saoudite et il s'était mis au service de la dynastie saoudienne. Oussama Ben Laden contestait alors les options de celle-ci et ne se privait pas de le faire savoir. Dès lors, il s'est rendu fréquemment au Pakistan et c'est dès 1980 qu'il s'est « installé » en Afghanistan, participant à la guerre contre les Soviétiques en collectant des fonds mais aussi en recrutant des hommes. C'est en 1992 qu'il fut expulsé de son pays natal, l'Arabie Saoudite, et déchu de sa nationalité. Il se rendit alors au Soudan, pays qui venait de passer sous le contrôle du Front national islamique. Quatre ans plus tard, en 1996, il dû quitter ce pays à la demande des autorités locales et il regagna alors l'Afghanistan alors que les talibans s'emparaient de Kaboul. De 1996 à 1998, il s'est attaché à faire nouer des alliances avec les talibans dirigés par le mollah Omar, lequel s'est fait proclamer « commandeur des croyants ». Ce titre religieux rend pratiquement impossible toute possibilité de compromis politique car partisan d'une stricte application de la charia et d'un puritanisme particulièrement strict, seule l'allégeance est pour lui envisageable. En échange de l'asile qui lui était offert et de la possibilité qu'il avait d'implanter dans ce pays des camps d'entraînement, Oussama Ben Laden fournissait aux talibans des armes et de l'argent. À compter de 1998, Ben Laden qui a pris le contrôle total des camps de moudjahidin, structure ses réseaux dans la perspective, au demeurant imminente, de l'internationalisation de la lutte. Après les attentats de Nairobi et de Dar es-Salaam, Washington va prendre enfin conscience du danger représenté par l'alliance entre Oussama Ben Laden et les talibans. Mais on le sait maintenant, il était déjà trop tard.

Dès le 13 septembre 2001, le chef suprême des talibans au pouvoir en Afghanistan, Mollah Mohammad Omar, nia la responsabilité d'Oussama Ben Laden dans les attentats du 11 septembre. Le 13 septembre, le Pakistan promettait aux États-Unis « une coopération sans limite contre le terrorisme ». Le 22 septembre 2001, les Émirats arabes unis rompirent leurs relations diplomatiques avec Kaboul. Ils furent imités le 25 septembre par l'Arabie Saoudite. Le 30 septembre, les talibans refusèrent de livrer Ben Laden en estimant qu'il n'y avait pas de preuve de son implication dans les attentats contre les tours jumelles.

C'est le 7 octobre 2001 que débutèrent les bombardements américano-britanniques sur l'Afghanistan à partir d'une base aérienne d'Ouzbékistan. Ce jour-là, la chaîne de télévision qatarie *Al Jazira* diffusa une vidéo d'Oussama Ben Laden qui approuvait les attentats du 11 septembre sans en revendiquer la responsabilité. Il en appelait en outre au djihad : « L'Amérique ne connaîtra plus jamais la sécurité avant que la Palestine ne la connaisse et que toutes les armées occidentales athées ne quittent les terres saintes. » Seuls l'Irak, le Vietnam et l'Iran se déclarèrent hostiles aux frappes américano-britanniques. Certains se demandent aujourd'hui, avec le recul, si le déploiement de la puissance américaine n'a pas eu pour effet de disperser l'ennemi et donc de le rendre beaucoup plus difficile à combattre.

Les talibans sont originaires du sud de l'Afghanistan et principalement de la ceinture tribale pachtoune. Ils ont été formés dans les écoles religieuses du pays, les madrassas, et la plupart du temps poursuivaient leurs études religieuses au Pakistan, également en zone pachtoune dans des madrassas contrôlées par le parti pakistanais Jamiat Ulema Islami. Durant la guerre contre les Soviétiques, les talibans avaient transformé leurs écoles religieuses en bases militaires mais ce n'est qu'en 1994 qu'ils transformeront leur mouvement en mouvement politique. Cette transformation a plusieurs causes : l'aspiration au retour à l'ordre des Afghans après une période anarchique, la recherche par les Pachtounes d'une représentation politique après leur exclusion des postes de responsabilité par Massoud en 1992 et, bien sûr, le soutien pakistanais dont ils ont bénéficié. Sans oublier le soutien des compagnies pétrolières américaines soucieuses d'établir un corridor sous contrôle entre le Pakistan et les nouvelles républiques d'Asie centrale qui venaient d'accéder à l'indépendance. La compagnie pétrolière américaine Unocal avait en effet un projet de gazoduc reliant le Turkménistan au Pakistan à travers l'ouest de l'Afghanistan. Elle a versé des fonds aux talibans et exercé des pressions sur le gouvernement américain pour que celui-ci reconnaisse le régime taliban après le départ du commandant Massoud de Kaboul. Au départ d'ailleurs, le département d'État n'y était pas hostile mais la politique suivie en Afghanistan à l'égard des femmes, contraintes de porter le tchadri (voile intégral avec un grillage devant les yeux), l'interdiction qui leur était faite de travailler et plus généralement la conception de la société (prières obligatoires sur la voie publique, interdiction de la plupart des sports et de la musique) a conduit les autorités américaines à ne pas donner suite aux propositions des pétroliers du pays. Les talibans demeurent financés à l'heure actuelle pour l'essentiel par la monarchie saoudienne même s'ils ne sont pas wahhabites. Au demeurant, l'Arabie Saoudite mais aussi le Pakistan se sont empressés de reconnaître le régime taliban dès la prise éphémère par ceux-ci de Mazar-I-Charif.

Bon nombre de ces experts, ou pseudo-experts, mettent en relief les faiblesses des démocraties occidentales dans leur lutte contre le terrorisme. Partagez-vous leur avis ?

Nous sommes dans un pays de liberté d'expression. Chacun peut donc donner son avis sur la question. Même s'il n'est pas toujours autorisé. Il est vrai que le terrorisme et ses manifestations suscitent parfois une véritable logorrhée déclinée le plus souvent sur le mode affirmatif et péremptoire. Certains de ces experts semblent partir du postulat selon lequel moins on en sait, plus on en parle. Ce sont souvent les mêmes qui, au terme de démonstrations implacables, prédisaient il y a encore une bonne vingtaine d'années que le totalitarisme soviétique finirait par laminer les démocraties occidentales, stigmatisées pour leur faiblesse. Je me souviens avoir lu dans une gazette ou un hebdomadaire, peu après les attentats de Londres en 2005, que l'on avait affaire à des « kamikazes professionnels ». Sont-ils plus redoutables que les kamikazes amateurs ? Seuls ces experts-là le savent. En tout cas leur espérance de vie est identique ! Et lesdits experts calculeront peut-être un jour le retour sur investissement espéré sur l'embauche par une organisation terroriste d'un kamikaze professionnel par rapport à un intermittent. Mais, heureusement, il existe aussi de vrais professionnels de l'analyse du phénomène terroriste. Ils sont, je le répète, faciles à reconnaître. Ce sont les plus prudents dans leur expression. Et ceux-là ne prônent pas forcément une restriction tous azimuths des libertés publiques pour combattre ce fléau.

Quel bilan peut-on tirer de l'intervention occidentale en Afghanistan, sept ans après ?

Lorsque le 11 septembre 2001 les attentats terroristes ont frappé les États-Unis, Ben Laden était l'hôte du régime taliban en Afghanistan. Les talibans, les Américains les connaissaient, et même bien puisqu'ils les avaient eux-mêmes armés lors du conflit soviéto-afghan, à compter de 1979, pour contrecarrer les volontés hégémoniques de leur ennemi de l'époque, l'URSS. Et moins d'un mois plus tard, le 7 octobre, ont débuté les premiers bombardements américains sur l'Afghanistan. Le régime des talibans est tombé à la mi-novembre et le 22 décembre 2001 Hamid Karzaï est devenu le président de la République islamique d'Afghanistan. En août 2003, l'OTAN a pris le commandement de la Force internationale d'assistance à la sécurité en afghanistan (ISAF). L'Organisation du traité de l'Atlantique Nord (OTAN), alliance des États d'Amérique du Nord et de l'Europe, a été créée le 4 avril 1949. Son rôle est de sauvegarder la liberté et la sécurité de ses membres par des moyens politiques et militaires. Il s'agissait là de sa première mission en dehors de la région euro-atlantique. En juin 2008, on recensait 47 000 soldats sous mandat de l'OTAN en Afghanistan.

Parallèlement, les États-Unis ont exercé des pressions considérables sur le Pakistan et son président, Pervez Musharraf, afin que ce pays coopère avec les forces occidentales pour lutter contre le terrorisme... À peine de voir leur pays vitrifié, en tout cas promis à un retour à l'âge de pierre, à en croire les récentes déclarations du Président pakistanais relatant les menaces de son homologue américain. À l'automne 2006, les 80 000 soldats pakistanais qui luttaient contre les talibans dans la région du Waziristan, située dans les zones tribales proches de la frontière afghane, ont jeté l'éponge et regagné leur casernement avec la bénédiction des notables pachtounes qui se sont engagés, promesse de Gascon, à interdire les mouvements transfrontaliers. En résumé, près de sept ans après l'intervention américaine en Afghanistan, près de la moitié du pays est à nouveau en guerre, les talibans ont à nouveau pignon sur rue et multiplient les attaques contre la coalition occidentale qui relèvent désormais plus de la guerre que d'une stratégie de harcèlement. Et il est loin d'être exclu que cette situation soit générée par les militaires pakistanais soucieux de voir s'installer à Kaboul un gouvernement ami : un axe Islamabad-Kaboul qui rappelle simplement celui mis en place pendant la guerre soviéto-afghane, lorsque les services secrets pakistanais soutenus par les États-Unis ont armé les talibans luttant contre l'occupation soviétique, et le même qui a fonctionné en 1989 après le départ de l'Armée rouge, lorsque l'Afghanistan a sombré dans la guerre civile. Il n'est guère besoin d'être devin pour affirmer que l'ex-général et désormais ex-président Musharraf a fait de la corde raide en s'impliquant effectivement dans la lutte contre Al Qaïda, tout en se gardant bien de croiser le fer avec les fondamentalistes pakistanais, notamment pour éviter l'éclatement de son armée. Pendant ce temps-là, l'Afghanistan bénéficiait d'une aide internationale par habitant huit fois moindre que celle dont avait bénéficié la Bosnie, sombre dans la corruption et est redevenu depuis deux ans le premier producteur mondial d'opium puisque le pays produit annuellement plus de 6 000 tonnes de cette drogue, soit 90 % de la consommation de la planète. L'insurrection des talibans a fait, en 2007, 8 000 morts dont 230 militaires étrangers. Les talibans ont commis cette année-là 160 attentats-suicides. Le bilan n'est donc guère brillant.

Vous pensez donc que les forces armées de la coalition auraient dû s'abstenir d'intervenir là-bas, comme en Irak ?

Non, les deux problématiques étaient différentes. Celle qui a présidé à l'intervention américaine en Irak est parfaitement connue : affirmer contre l'évidence que le régime de Saddam Hussein détenait des armes de destruction massive et qu'il s'apprêtait à les remettre à des organisations terroristes, rappel de l'incontestable nature dictatoriale du régime irakien et pieux silence sur les ressources pétrolières du pays. Point n'est donc besoin de s'y attarder. Par contre, la « problématique afghane » était de toute autre nature : les États-Unis venaient d'être frappés à la fin de l'été 2001 sur leur continent, de manière hautement symbolique, par une organisation terroriste hébergée en Afghanistan. La riposte était donc légitime. Simplement, les États-Unis et leurs alliés auraient été mieux avisés d'écouter avec un peu d'attention le message d'Ahmed Shah Massoud, assassiné le 9 septembre 2001 par deux faux journalistes kamikazes. Deux jours plus tard, le message du commandant Massoud devenait prophétie... Pour ce qui est de la situation actuelle, il paraît légitime de s'interroger sur le maintien de notre présence là-bas près de sept ans après le 11 Septembre. Pour autant, ceux qui pensent que la corruption qui sévit dans ce pays ainsi que les progrès par trop lents de l'armée afghane en dépit des efforts de formation consentis par la Force internationale d'assistance à la sécurité (ISAF) de l'ONU, tout comme le regain de vitalité des talibans, devraient inciter les forces de la coalition à quitter ce pays ne disent pas quelles seraient les dramatiques conséquences de la rupture de cette ligne de front dans la guerre menée contre Al Qaïda. Elles sont pourtant aisément prévisibles : non seulement l'Afghanistan sombrerait à nouveau, en tout cas un peu plus, dans la guerre civile mais encore son voisin, le Pakistan, serait encore davantage déstabilisé. Après l'assassinat fin décembre 2007 de Benazir Bhutto, ce pays, puissance nucléaire dont l'armée de 600 000 hommes, et plus encore les services de renseignements sont traversés par divers courants dont certains sont proches des fondamentalistes, n'a certainement pas besoin de cela. L'attentat sanglant perpétré le 20 septembre 2008 contre l'hôtel Marriott à Islamabad est encore venu, s'il n'en était besoin, le rappeler.

Autant dire donc que le retrait des troupes françaises en Afghanistan n'est probablement pas pour demain. Le virage sur l'aile, sur cette question, du président de la République Nicolas Sarkozy, à la fin de l'année 2007, l'annonçait. Et effectivement, en mars 2008, depuis Londres où il était en voyage officiel, le président Sarkozy a annoncé que la France allait envoyer 1 000 hommes supplémentaires en Afghanistan. On s'interrogeait à l'époque si l'affectation, dans le cadre de l'OTAN, de ces renforts était synonyme d'un changement de stratégie sur le terrain ou si l'armée française resterait cantonnée à son rôle de supplétif, symbole d'un rapprochement avec les États-Unis. Les récentes pertes du contingent français, le 18 août 2008, dans une embuscade revendiquée par Gulbuddin Hekmatyar, ont relancé le débat. À ce jour, il paraît prématuré de dire en quel sens il sera tranché dans les prochains mois. S'il l'est...

Les troupes de l'Alliance engagées dans « l'épicentre du terrorisme » représentent trente-sept pays. Les efforts ainsi consentis ne se sont pas traduits par des résultats à la hauteur des espérances : Ben Laden court toujours, la culture du pavot est plus que jamais florissante et les attentats contre les forces alliées se multiplient. Il faut dire que les États-Unis après l'intervention initiale de l'OTAN en Afghanistan ont rapidement concentré l'essentiel de leurs moyens et recentré leur action sur l'Irak. On perçoit bien à l'heure actuelle les résultats de cette politique-là qui a consisté pour la Maison Blanche à courir « deux lièvres » à la fois.

À la fin de la première décennie de ce nouveau siècle, la stratégie des talibans a permis la reconquête à leur profit de nouveaux territoires afghans en profitant du caractère confus et non décisionnel de la situation politique américaine dans l'attente de la nouvelle élection présidentielle aux États-Unis. Des centaines de combattants sont en train d'arriver en Afghanistan en provenance d'Irak. Il s'agit d'Arabes, de Pakistanais, de Cachemeries et des ressortissants de pays d'asie centrale. Autant dire que les talibans n'éprouvent aucune difficulté pour trouver des combattants. Et comme ils peuvent compter sur la manne de la drogue, il y a peu de chance de voir ce mouvement s'affaiblir. En général, les guérillas s'éteignent parce qu'elles manquent d'hommes ou de moyens, voire les deux. Au contraire, les victimes civiles des bombardements occidentaux ne font que renforcer le prestige des talibans. Le problème afghan n'a pas été réglé quand il aurait pu l'être après l'intervention militaire d'octobre 2001. Mais les États-Unis, je le souligne une fois encore, ont dispersé leurs forces en allant s'engager sur un autre front, celui du bourbier irakien.

Le cas des séparatismes nationaux

Les séparatismes nationaux occupent également une partie de l'emploi du temps des magistrats antiterroristes. Vous vous occupez personnellement plus spécifiquement de la Corse, où une partie de l'activité terroriste a, semble-t-il, décliné pendant un temps avant de connaître un nouvel accès de fièvre, notamment depuis la condamnation, le 13 décembre 2007, d'Yvan Colonna.

Ma collaboration avec la Sous-Direction antiterroriste, anciennement DNAT, cheville ouvrière d'un certain nombre d'arrestations en Corse, est de bonne qualité. Ce service travaille, de concert avec la direction régionale de police judiciaire d'Ajaccio et son antenne de Bastia, à partir des renseignements préparatoires des Renseignements généraux et des observations faites par le RAID sur le terrain. J'utilise aussi les services de la section des recherches de la gendarmerie d'Ajaccio et de son détachement bastiais. Et ce travail-là, de longue haleine, marqué du sceau de la constance, finit par payer, la vague d'arrestations de la fin avril 2008 des auteurs d'attentats dont certains avaient été commis par des moyens particulièrement dangereux est là pour en attester. Pub ! Mais si les mouvements terroristes sont affaiblis, les causes sont tout autant à rechercher du côté des Corses eux-mêmes que de l'efficacité de la répression policière et de son corollaire, l'action judiciaire. L'engouement pour la

« cause » n'est plus celui qu'avaient suscité en leur temps les pères fondateurs du FLNC : les gens se sont en effet aperçus progressivement que derrière les revendications nationalistes se cachaient aussi et même bien souvent des affairistes qui tiraient argument de leur lutte pour s'en mettre plein les poches et des racketeurs de bas étage. Lorsqu'il n'y a pas d'intérêt vital en jeu, le terrorisme se révèle être une stratégie d'usure, visant à éprouver l'adversaire, en l'espèce l'État français. Mais si les nationalistes ont, à l'appui de leur revendication identitaire, en permanence dénoncé le clientélisme de la classe politique et le clanisme qui sévit dans l'île, à bien y regarder, on peut considérer que désormais le FLNC est devenu un clanisme de substitution.

Le déclin, quand même relatif, de la violence politique en Corse a aussi des causes plus directement politiques : depuis l'automne 1996, époque de l'attentat contre la mairie de Bordeaux, aux destinées de laquelle présidait à l'époque Alain Juppé, qui était aussi Premier ministre, il a été décidé qu'on ne discuterait plus avec les terroristes corses, contrairement à ce qui se passait depuis la fin des années 1980. À cette dernière époque, la police avait reçu pour instructions d'y aller « doucement », pour ne pas dire ne pas y aller du tout. Les policiers étaient devenus les greffiers de l'insécurité : ils dénombraient les attentats et les cadavres ; le « service minimum » cher aux gouvernements de la République, y compris pendant la guerre fratricide ayant opposé les deux principales factions de la mouvance en 1995 et jusqu'à l'été 1996. À partir de l'automne 1996, il a fallu tout reconstruire, y compris les archives et la documentation policières, qui n'étaient plus véritablement tenues bien qu'elles soient l'une des premières sources de renseignements dans ces affaires. La fin de cette singulière forme de bienveillance n'a pas empêché l'assassinat du préfet Érignac, le 6 février 1998 à Ajaccio. Puis, à l'automne 1999, débuta le processus de Matignon, avec des réunions médiatisées de représentants élus de la mouvance nationaliste et de représentants du gouvernement de la République, et parallèlement, de manière occulte, par le biais de l'organisation maçonnique du Grand Orient, des négociations avec de pseudo-représentants de la société civile, dont on s'est aperçu que certains d'entre eux étaient à l'origine du double attentat d'Ajaccio, le 25 novembre 1999, qui avait visé la DDE et l'URSSAF, où l'on était passé tout près de la catastrophe, puisque ces actions avaient été perpétrées en plein jour. Quand cela fut révélé, les ardeurs des plus fervents partisans du processus de Matignon ont été quelque peu refroidies. Quoi qu'il en soit, cela fait donc maintenant plus de douze ans qu'il existe une continuité dans la politique de l'État qui n'a pas été viciée à la base par des lois d'amnistie successives, comme celle qu'on a connue en 1981, après la première élection de François Mitterrand. Cette loi d'amnistie avait permis de remettre en liberté des gens d'Action directe (qui n'avaient pas encore tué), et aux terroristes du FLNC qui en ont bénéficié de retourner au « front ». Puis en 1983, une nouvelle loi d'amnistie a été adoptée pour les Corses, à la suite du vote des lois de décentralisation, lesquelles portaient statut particulier de l'île ; et en 1989, rebelote, une nouvelle amnistie est intervenue.

Le début des années 1990 est également connu pour avoir été le théâtre de négociations clandestines entre le gouvernement et les différentes factions nationalistes. Cette succession de politiques alternatives et contradictoires ne permettait plus aux enquêtes judiciaires de progresser. Les flics étaient écœurés, refusant évidemment de prendre le moindre risque, sachant que des types qui encouraient vingt ou trente ans restaient en prison quelques mois, et ressortaient auréolés du statut de héros de la cause. Puis ils retournaient, sans délai, au Front... de libération nationale de la Corse. Aujourd'hui, le risque prévu par la loi pénale est avéré, et il peut se chiffrer en des années et des années de réclusion criminelle, les terroristes sont jugés, il n'y a pas d'amnistie, pas de discussions clandestines avec les clandestins... À ce que je sache en tout cas car dans ce domaine la prudence s'impose toujours, l'expérience prouve si nécessaire que les juges sont en la matière toujours les derniers informés. Alors, que le problème corse ne puisse se résoudre par la seule répression et ait des implications plus directement politiques est évident ; mais en ce qui concerne le respect des lois de la République, c'est bien sûr à la justice de s'en charger. Cette constance dans l'action répressive que je viens d'évoquer explique en grande partie que le terrorisme corse soit aujourd'hui affaibli. Les figures symboliques sont tombées les unes après les autres ; soit par l'action conjuguée des services de police et de la justice, soit encore sous les balles de tueurs. Cela fonctionne donc, mais pas encore à la hauteur des moyens mis sur le terrain, et beaucoup de choses restent à faire. Disons, pour faire court, qu'il y a eu plus de condamnations entre 1998 et 2007 qu'entre 1976, année de création du FLNC, et 1998. Pour autant, la vigilance demeure de rigueur. La procédure relative à l'assassinat du préfet Claude Érignac l'a démontré : c'est alors que le mouvement nationaliste était affaibli au milieu des années 1990 par la guerre fratricide qui l'avait déchiré qu'a évolué à bas bruit la dérive brigadiste qui a conduit les éléments les plus extrémistes de ladite mouvance à concevoir puis à réaliser l'assassinat de Claude Érignac le 6 février 1998 à Ajaccio.

Le « cessez-le-feu » permanent annoncé par l'ETA le 22 mars 2006, à l'instar de l'accord de paix conclu entre l'IRA et le gouvernement anglais, et qui a ouvert la voie du partage du pouvoir à Belfast, n'est-il pas le précurseur d'une nouvelle donne, d'une nouvelle vision des organisations séparatistes, et ce en dépit de la rupture de cette trêve à la suite de l'attentat perpétré par l'ETA contre l'aéroport de Madrid qui a fait deux morts le 30 décembre 2006 ?

Rien ne semble l'indiquer. S'il est vrai que le dernier attentat mortel perpétré en Espagne par l'ETA datait jusqu'alors du 30 mai 2003 – une bombe placée sous un véhicule de police ayant tué deux fonctionnaires – il ne faut pas oublier que la précédente trêve décrétée par l'organisation terroriste en septembre 1998 n'avait tenu que quelques mois, à l'instar de celle-ci, et qu'ensuite de nouveaux assassinats avaient été perpétrés par les clandestins. Rien ne dit que les chefs de l'organisation parviendront à tenir leurs troupes. Rien ne dit non plus que n'apparaîtront pas des dissidences regroupant les éléments les plus radicaux. L'assassinat de deux fonctionnaires de police espagnols à Cap-Breton le 1er décembre 2007 n'incite pas, à cet égard, à l'optimisme. L'IRA a été confrontée au problème après la « cessation complète » des opérations militaires en août 1994. Ce qui n'a pas empêché la création de la RIRA (l'IRA véritable) ni l'attentat meurtrier d'Omagh en août 1998.

De fait, le processus de paix engagé à la mi-mai 2006 par le gouvernement Zapatero et l'ETA s'est trouvé en phase d'agonie dès le mois de décembre 2006 après que l'organisation terroriste eut remis en cause au cours de ce mois-là le « cessez-le-feu permanent » qu'elle avait annoncé en mars 2006. L'ETA, qui observait sa troisième trêve depuis 1989, n'était pas à une contradiction près : ayant perpétré l'attentat par explosif contre l'aéroport de Madrid-Barajas qui a occasionné la mort de deux immigrés équatoriens, l'organisation séparatiste affirma que cette action aux conséquences mortelles ne remettait pas, selon elle, le cessez-le-feu en vigueur. Tout est donc une question de définition...

L'examen des trêves décrétées par l'ETA est l'illustration même de l'opportunisme très politique de l'organisation clandestine. Le 30 janvier 1981, l'ETA militaire avait revendiqué l'enlèvement de José Maria Ryan, un ingénieur responsable des travaux d'une centrale nucléaire implantée près de Bilbao. Le 6 février, la police découvrit son corps. Cet assassinat généra une grève générale de protestation qui, le 9 février, paralysa tout le Pays basque. Mais la situation ne devait pas tarder à se retourner : le 13 février 1981, les Espagnols apprirent le décès, à la prison madrilène de Carabanchel, de José Arregui Izaguirre, arrêté huit jours plus tôt et manifestement décédé des suites des mauvais traitements qui lui avaient été infligés par la police. Outre une grève organisée au Pays basque espagnol, cette fois en soutien des séparatistes, il faut noter que l'événement se traduisit par l'arrestation de cinq policiers, ce qui entraîna un véritable raidissement de l'institution policière. Nombreux sont les fonctionnaires de police qui proposèrent alors leur démission. Ce fut une aubaine pour l'ETA politico-militaire qui, le 20 février 1981, enleva les consuls honoraires d'Autriche, du Salvador et de l'Uruguay puis réclamèrent une amnistie et l'épuration de la police espagnole. Le 23 février, Leopoldo Calvo Stello, désigné par le roi le 10 février 1981 comme chef du gouvernement, se présenta devant les Cortes pour tenter d'obtenir l'investiture du Parlement. À 18 heures, le scrutin fut interrompu à la suite de l'irruption, sous la conduite du lieutenant-colonel Antonio Tejelo, de 150 gardes civils dans le Parlement espagnol. Les ministres et les députés présents furent retenus prisonniers toute la nuit. Le 24 février, à 1 heure du matin, le roi Juan Carlos parvint à reprendre la situation en main en isolant au sein de l'armée les deux généraux instigateurs de la conspiration. Ces derniers furent arrêtés et à midi les insurgés remirent leur reddition. Le 28 février, les trois consuls séquestrés par l'ETA furent libérés et l'organisation terroriste annonça la suspension « sans condition et pour une durée indéterminée » de la lutte armée.

Dans la nuit du 16 au 17 janvier 1982, non loin de Saragosse, les forces de police sont parvenues à délivrer le docteur Julio Iglesias, le père du chanteur, qui avait été enlevé depuis le 29 décembre 1981 par l'ETA militaire qui le séquestrait depuis et qui réclamait en échange de sa libération une rançon de deux millions de dollars. Dans un communiqué faisant suite à ce succès policier, l'ETA politico-militaire précisait que cet enlèvement avait été réalisé pour obtenir des fonds mais qu'il ne rompait pas la trêve décrétée le 28 février 1981. Manifestement, la trêve n'empêchait pas l'ETA de prévoir l'avenir et à cette fin elle profitait de la cessation provisoire des hostilités pour reconstituer sa trésorerie. À l'évidence, elle en avait besoin car, à la suite des renseignements obtenus auprès des ravisseurs interpellés lors de la libération du docteur Iglesias, la police avait mis la main dans la banlieue de Bilbao sur un stock de cinq tonnes d'armes. Cette trêve ne dura qu'un temps puisque le 4 octobre 1982, le général Lago Roman qui commandait les divisions blindées fut assassiné à Madrid pendant la visite du pape dans la capitale espagnole. Dès le lendemain, l'ETA revendiqua son crime.

Les années 1988 et 1989 furent marquées par des négociations officielles entre le gouvernement espagnol et l'ETA qui devaient aboutir à l'obtention d'une trêve de quatre mois début 1989. Cette trêve, elle aussi, a sans doute été l'occasion pour l'ETA de se régénérer car l'intégration croissante de l'Espagne dans la Communauté économique européenne avait eu pour conséquence une amélioration et un accroissement de la coopération policière avec la France, laquelle avait mobilisé sa police contre l'organisation clandestine au Pays basque français. En outre, à cette époque, il y a 550 détenus basques dans les prisons espagnoles et les activistes basques en exil en République dominicaine, à Cuba, au Cap-Vert et surtout en Algérie se trouvaient alors en proie à des difficultés croissantes.

Autre exemple : le 17 septembre 1998, un communiqué de l'ETA annonçait une trêve « unilatérale » et pour la première fois « illimitée ». L'organisation séparatiste réaffirmait poursuivre son objectif de souveraineté pour « les trois provinces qui composent le Pays basque espagnol plus la Navarre et le Pays basque français ». Le 4 novembre 1998, le chef du gouvernement, José María Aznar, prenant acte de la consolidation de la trêve décrétée par l'ETA au mois de septembre, autorisait son gouvernement à prendre « des contacts directs avec l'entourage de l'ETA... dans la transparence ». Le 28 décembre 1999, l'ETA annonçait sa « décision de réactiver l'utilisation de la lutte armée ». L'organisation terroriste justifiait son geste par l'attitude de la France et de l'Espagne « qui continuent leur domination, leur occupation et leurs actions répressives ». L'ETA évoquait également, pour justifier sa décision de recourir à nouveau à la lutte armée, la rupture d'un pacte secret qu'elle aurait conclu durant l'été 1998 avec le Parti national basque (PNV), pacte selon lequel ce parti, qui gouvernait la communauté du Pays basque, s'était engagé à « rompre avec les forces ennemies » et à contribuer à la « construction nationaliste basque ». Le PNV a réfuté les accusations d'ETA.

Et la conception du « dialogue » d'ETA ne paraît guère s'être assouplie ces derniers temps. Le 4 juin 2007, dans un nouveau communiqué, l'ETA a dénoncé « le fascisme de Zapatero qui enlève les droits aux partis et aux citoyens », entendant ainsi stigmatiser la décision du gouvernement socialiste qui avait interdit la présence aux élections municipales de Batasuna, la vitrine légale de l'ETA En effet, le 17 avril 2003, le Tribunal suprême d'Espagne avait dissous ce mouvement qui, dès le mois de mai suivant, avait été inscrit par les États-Unis sur la liste des organisations terroristes, suivis en cela par l'Union européenne en juin 2003. Comme bien des organisations terroristes, l'organisation séparatiste basque a une curieuse conception des trêves. En réalité, les organisations qui font de la violence politique leur fonds de commerce les décrètent lorsque cela les arrange, notamment pour se réorganiser lorsqu'elles sont affaiblies. Au demeurant, dès l'été 2006, les violences urbaines (*kale borroka*) avaient repris au Pays basque espagnol et en Navarre et la collecte de l'« impôt révolutionnaire », c'est-à-dire le racket, n'avait nullement diminué d'intensité.

Quelle explication pouvez-vous avancer à la pérennité du combat des Basques pour obtenir leur indépendance ?

Pour comprendre la dimension de l'activisme basque, il faut prendre en considération ses racines nationalistes exprimées dès 1952 par le groupe d'études fondé par des étudiants de Bilbao, le groupe Ekin, qui, à travers ses préoccupations culturelles, indiquait déjà sans ambiguïté que l'ennemi n'était pas le franquisme mais l'Espagne. C'est en 1959 que Euskadi Ta Askatuna (ETA) qui signifie « Euskadi et liberté » a été créée. Il s'agit d'une organisation d'inspiration marxiste-léniniste qui d'emblée s'est dotée d'une branche militaire. Très rapidement, les marxistes de l'organisation furent suspectés d'« espagnolisme », c'est-à-dire de pactiser avec les mouvements marxistes espagnols, et furent expulsés en 1966. Et dans les dix années suivantes, les mêmes spasmes se produiront à plusieurs reprises, avec toujours la même issue : la victoire des nationalistes les plus radicaux, partisans absolus de la lutte armée. À partir de 1968 les Etarras vont utiliser l'explosif comme « mode d'expression ». La répression organisée par le régime franquiste laissa l'organisation séparatiste quasiment exsangue au tout début des années 1970. Mais celle-ci sera paradoxalement sauvée par les outrances de la répression et plus précisément par la condamnation à mort en décembre 1970, à Burgos, de plusieurs membres de l'ETA. La remontée en puissance de l'organisation sera illustrée trois ans plus tard, le 20 décembre 1973, par l'assassinat de l'ami et l'éminence grise du Caudillo, l'amiral Luis Carrero Blanco, qui présidait alors aux destinées du gouvernement espagnol depuis le 8 juin 1973. Jusque-là, le général Franco avait cumulé les fonctions de chef de l'État et de chef du gouvernement. Le 9 janvier 1974, le conseil de guerre de Barcelone condamnait à mort par le supplice du garrot un jeune homme de 26 ans, Salvador Puig Antich, membre de la mouvance libertaire, accusé d'un vol à main armée perpétré contre une banque en mars 1972 et d'avoir tué un policier lors de son arrestation en septembre de la même année. Escalade de la violence, moins d'un an plus tard, le 13 septembre 1974, un premier attentat « aveugle » faisait douze morts dans un café de Madrid. Mais le mois suivant, une scission intervenait au sein du mouvement clandestin entre les politico-militaires et les militaires. Seule la seconde branche, mieux à même de supporter les contingences de la clandestinité, survivra à la répression féroce du régime.

Après la mort de Franco en 1975, l'Euskadi, c'est-à-dire le Pays basque espagnol, qui regroupe dans le nord de l'Espagne les provinces basques d'Alava, de Biscaye et de Guipuzcoa, a obtenu pour ses deux millions d'habitants la reconnaissance de l'euskera comme langue officielle. Elle avait été interdite sous la dictature franquiste. Le drapeau basque a été légalisé. En 1977, une amnistie générale fut décrétée et en 1978, la Constitution espagnole a reconnu et assuré de sa protection les « droits historiques » des territoires autonomes. C'est le 17 février 1978 que le Pays basque espagnol, qui avait accédé quelques mois auparavant, le 26 novembre 1977, à un statut de pré-autonomie, a formé son premier gouvernement autonome. Son conseil général, installé à Vitoria, avait pour tâche d'élaborer le statut d'autonomie. En dépit de cette avancée, l'ETA fit savoir qu'elle subordonnait son abandon de la lutte armée à la triple condition de l'obtention d'une amnistie totale, à l'« expulsion » des forces de police espagnole du Pays basque et à la reconnaissance de la souveraineté nationale. C'est le 31 octobre 1978 que le Parlement espagnol réuni en congrès adopta le projet de Constitution qui devait ensuite être soumis ensuite à référendum. Enfin, la poursuite du processus politique a abouti en 1979 à l'adoption du statut de Guernica qui a doté le Pays basque espagnol (une des régions les plus riches d'Espagne, il faut le souligner) d'un Parlement et d'un gouvernement autonomes. Ces acquis n'ont pas empêché les assassinats perpétrés par l'ETA de passer de dix-sept en 1976 à soixante-dix-huit en 1979 et à quatre-vingt-seize en 1980, ni le racket de se développer, l'ETA ayant radicalisé ses actions pour faire échec à la politique de réforme d'Adolfo Suarez.

Dans une sorte de situation à l'italienne, le 1er février 1980, six gardes civils trouvèrent la mort dans une embuscade que leur avait tendue l'ETA tandis que le même jour l'extrême droite revendiquait l'assassinat de deux militants d'extrême gauche. Le 8 février, un militaire et un policier furent assassinés et deux jours plus tard, de violents affrontements qui se traduisirent par un mort opposèrent des extrémistes de gauche et de droite à Madrid. Le 20 février 1980, l'assassinat d'un militaire à San Sebastian portait à trente et un le nombre des victimes du terrorisme depuis le début de l'année.

L'Espagne ne connut pas de répit en 1981. Le 4 mai de cette année-là, le général Andres Gonzalez Suso ainsi qu'un policier étaient tués à Madrid tandis que deux gardes civils étaient assassinés à Barcelone. Rapidement, le ministre de l'Intérieur espagnol faisait savoir qu'il imputait ces crimes aux Groupes de résistance anti-fascistes du premier octobre (GRAPO). Le 7 mai, le chef de la maison du roi d'Espagne Joaquin De Valenzuela était grièvement blessé par un engin explosif lancé sur sa voiture dans le centre ville de Madrid. Les trois militaires qui l'escortaient étaient tués et l'ETA militaire ne tardait pas à revendiquer cette action. Quatre jours plus tard, le chef du gouvernement espagnol annonçait la création d'un tribunal spécial dédié à la lutte antiterroriste. Le 14 mai, deux gardes civils étaient tués et un autre grièvement blessé lors d'un attentat par explosif à Lemma. Pour ne pas être en reste, le 23 mai, un commando qui se réclamait de l'extrême droite et qui exigeait la libération du lieutenant-colonel Tejelo, l'auteur du pustch manqué du 23 février, prenait en otage en plein centre de Barcelone deux cents personnes au siège d'une banque. Le commando réclamait également un avion pour se rendre en Argentine. Le lendemain, les groupes spéciaux de la police espagnole (GEO) parvenaient à libérer les otages.

C'est sous le gouvernement socialiste de Felipe Gonzalez que la lutte antiterroriste a complètement dérapé, entre 1983 et 1986, avec les Etarras assassinés par les Groupes antiterroristes de libération (GAL), alors qu'à la même époque le Pays basque français était encore sanctuarisé, les services de police français n'apportant qu'à compter de 1984 un concours véritable à la lutte de leurs homologues hispaniques contre le terrorisme sanglant de l'ETA. L'organisation clandestine s'opposait depuis 1985 au statut d'autonomie adopté en 1979 par plus de 94 % de l'électorat basque, même si l'abstention avoisinait les 41 %. Le 19 décembre 1983, un réfugié espagnol, membre présumé de l'ETA, tombait sous les balles d'un commando de plusieurs tueurs à Bayonne. Un groupe jusqu'alors inconnu, les Groupes antiterroristes de libération, revendiquera cet assassinat, tout comme il revendiquera celui perpétré contre un autre Etarra à Saint-Jean-de-Luz le 28 décembre 1983. Ces deux crimes étaient témoins de l'intrusion de commandos des GAL sur le territoire français. Cela ne faisait que commencer. Le 23 mars 1984, les GAL assassinaient à Biarritz un Basque espagnol réfugié en France. C'était le beau-frère d'un des chefs présumés de l'ETA Cinq jours plus tard, le ministère de l'Intérieur français interdisait de séjour les réfugiés basques espagnols dans les neuf départements du sud-ouest de la France. Et six mois plus tard, le 23 septembre 1984, le gouvernement français acceptera, pour la première fois, d'extrader vers l'Espagne trois séparatistes basques détenus en France. C'était la fin de la sanctuarisation du territoire français. Le 25 septembre 1985, quatre réfugiés basques espagnols étaient assassinés à la sortie d'un bar de Bayonne par les GAL qui revendiquèrent l'action criminelle dès le lendemain. Cette action portait à quinze le nombre d'actions meurtrières perpétrées au Pays basque français depuis décembre 1983 par ce mouvement qui semblait bénéficier de la sympathie et même de l'assistance de certains membres de la police espagnole.

C'est à partir de 1985 que l'organisation clandestine ETA multiplia les attentats à la voiture piégée. La violence ne fit que prospérer jusqu'au bain de sang du 19 juin 1987 : l'explosion d'une voiture piégée abandonnée dans le sous-sol d'un supermarché de la banlieue de Barcelone occasionnait la mort de dix-huit personnes et faisait trente blessés. Le 21 juin, l'ETA militaire assumait la responsabilité de cet attentat en le qualifiant de « grave erreur ». L'organisation terroriste affirmait que désormais, elle veillerait « au caractère sélectif de ses actions ». Le 11 décembre 1987, une voiture piégée faisait explosion devant la caserne de la garde civile à Saragosse. Ainsi qu'elle s'y était engagée, l'ETA avait manifestement veillé au « caractère sélectif » de cette action puisque, parmi les onze morts, on relevait les corps de cinq enfants. Cette prétendue « sélectivité » n'empêchait pas l'ETA de tuer de nouveaux enfants : le 29 mai 1991, l'organisation clandestine faisait sauter une voiture piégée contre la caserne des gardes civils de Vic, localité située à une soixantaine de kilomètres de Barcelone, ville qui organisait en 1992 les Jeux olympiques d'été. Une épreuve des JO devait au demeurant se dérouler à Vic. Cet attentat fut analysé comme étant une menace de l'ETA sur le déroulement des jeux. Toujours aussi « sélective » dans le choix de ces cibles, l'ETA ne put qu'enregistrer le bilan affligeant de cette nouvelle action criminelle : parmi les neuf morts recensés, on dénombra trois fillettes. Deux jours plus tard, le commando « Barcelone » de l'ETA était démantelé à l'occasion d'une opération de commando de la police au cours de laquelle deux activistes furent tués. Manifestement, cela ne découragea pas les « vocations » puisque, au cours des trois premiers mois de l'année 1992, l'ETA parvint à assassiner dix-huit personnes.

L'ETA est certainement une des organisations terroristes qui a le plus frappé la représentation politique et les élus de tout bord, témoignant ainsi de son souverain mépris pour le suffrage universel. Le 19 avril 1995, le président du Parti populaire (PP) et chef de l'opposition conservatrice, José María Aznar, échappa à un attentat à la voiture piégée à Madrid. Cette action illustrait la volonté d'ETA de procéder à des actions plus spectaculaires que l'assassinat de membres des forces de l'ordre. Au demeurant, en janvier 1995, un dirigeant local du Parti populaire candidat à la mairie de San Sebastian avait été assassiné. Il convient de souligner que ces actions terroristes s'inscrivaient dans le prolongement du rebondissement en décembre 1994 de l'affaire des GAL qui a vu certains membres de la police et le gouvernement socialiste gravement compromis et impliqués dans cette structure dite antiterroriste mais en réalité terroriste. C'est le 18 avril 1995 que le juge Baltasar Garzón renverra devant la justice quatorze policiers et responsables de la sécurité et parmi eux l'ancien ministre Rafael Vera qui avait été incarcéré depuis le mois de février 1995. Le 6 février 1996, Fernando Mugica, ancien responsable du Parti socialiste ouvrier espagnol, ami personnel de Felipe Gonzalez et ancien avocat, fut assassiné à San Sebastian. Le 14 février 1996, deux jours après l'ouverture officielle de la campagne électorale, l'ancien président du Conseil constitutionnel espagnol, Tomas y Valiente, proche des socialistes, fut assassiné à son tour à Madrid.

Le 10 juillet 1997, l'ETA revendiqua l'enlèvement d'un conseiller municipal d'Ermua en Biscaye, Miguel Angel Blanco Garrido, membre du Parti populaire au pouvoir. L'ETA exigeait en échange de la libération de son otage le regroupement au Pays basque de 600 basques détenus dans les prisons du royaume. L'ultimatum avait été fixé au 12 juillet 1997. Le 1er juillet, la police espagnole avait retrouvé et libéré un gardien de prison, enlevé dix-huit mois auparavant pour les mêmes raisons. L'ETA n'ayant pas obtenu satisfaction, elle a annoncé froidement le 12 juillet

1997 l'exécution d'Angel Blanco Garrido. À la suite de quoi, les partis basques modérés ont décidé de rompre tout contact avec Herri Batasuna. Le 9 janvier 1998, le conseiller municipal de Zarauz au Pays basque espagnol, membre du Parti populaire, José Ignacio Irurete Goyena, trouva la mort dans un attentat à la voiture piégée. Changement de mode opératoire, le 30 janvier 1998, un conseiller municipal de Séville, Alberto Jimenez Beceril, ainsi que son épouse furent tués par balle dans la capitale andalouse. Le 6 mai 1998, un conseiller municipal conservateur de Pampelune, Tomas Caballero, fut à son tour assassiné. Le 22 février 2000, le secrétaire général du Parti socialiste de la province d'Alava au Pays basque espagnol, Fernando Buesa Blanco, fut tué ainsi que son garde du corps par l'explosion d'une voiture piégée à Vitoria. Alors que le 7 août 2000, quatre membres de l'ETA avaient trouvé la mort à Bilbao dans l'explosion de leur voiture qui recelait des explosifs mais aussi des armes, le lendemain, un entrepreneur basque connu pour ses positions en faveur d'un règlement négocié du conflit trouvait la mort dans un attentat à la voiture piégée à Madrid. Ce mois sanglant qui avait vu d'autres assassinats de militaires et de policiers se termina par l'assassinat le 29 août d'un conseiller municipal de Zumarraga au Pays basque, Manuel Indiano Azaustre, membre du Parti populaire au pouvoir. Il était le douzième mort depuis la rupture de la trêve, rupture annoncée en décembre 1999. Le 9 octobre 2000, le procureur du tribunal supérieur d'Andalousie, Luis Portero, tombait sous les balles des tueurs de l'ETA à Grenade et le 21 octobre 2000, 150 000 personnes défilaient à Bilbao pour dénoncer la violence de l'ETA. En cette occasion, le chef du gouvernement basque, Juan José Ibarrexte, dont l'attitude ambiguë à l'égard de l'ETA avait été maintes fois dénoncée, déclarait que l'organisation séparatiste basque « ne produit que de la barbarie ». Sans doute pour ponctuer les propos de ce responsable politique, l'un des chefs de service de la prison de Vitoria trouvait la mort dans l'explosion de sa voiture le même jour. Le 20 mars 2001, c'est le conseiller municipal socialiste de Lasarte qui fut assassiné au Pays basque espagnol. Et la liste macabre n'était pas achevée : le 6 mai 2001, c'était le responsable en Aragon du Parti populaire au pouvoir qui était abattu à Saragosse. Il était le trentième mort imputable à l'ETA depuis la rupture de la trêve de 1999. Trop, c'est trop. 400 000 personnes protestèrent en manifestant dès le lendemain contre cette intolérable violence. Et le 13 mai 2001, les électeurs du Pays basque espagnol, à l'occasion du scrutin régional, donnèrent la victoire aux modérés du PNV sur la branche politique de l'ETA Euskal Herritarok. Sans doute l'ETA a-t-elle considéré que ces électeurs-là avaient été manipulés par la presse puisque le 24 mai, l'administrateur du quotiden *El Diaro Vasco*, Santiago Oleaga, fut assassiné par un commando de l'ETA à San Sebastian. Et le 14 août 2001, jour de l'entrée en fonction du nouveau gouvernement basque, l'ETA frappa à nouveau : un conseiller municipal de Navarre proche du Parti populaire au pouvoir à Madrid, José Javier Mugica Astivia, ainsi que le responsable de la police autonome basque Michel Uribe furent assassinés.

Les deux précédentes tentatives de discussion des gouvernements espagnols avec l'ETA en 1989 (Felipe Gonzalez) et 1998 (José María Aznar) se sont donc soldées par des échecs, notamment parce que les indépendantistes basques considèrent que l'Euskadi ne représente qu'une partie de la « terre des Basques », l'Euskal Herria qui, selon leurs revendications, inclut la région autonome espagnole de Navarre et les provinces basques françaises du Lalourd, de la Soule et de Basse-Navarre. L'histoire de l'ETA démontre donc que les mouvements indépendantistes ne sauraient se satisfaire de compétences administratives, législatives, économiques, touristiques et en matière de police, telles que celles obtenues au fil du temps par l'Euskadi, et que leur vraie revendication est l'indépendance. Cela ne peut donc qu'interpeller les responsables gouvernementaux français, qui n'ont pu manquer de remarquer que l'ETA, dans son communiqué du 22 mars 2006 annonçant une nouvelle trêve, insistait sur la nécessité d'un changement politique en Euskal Herria. C'est-à-dire que l'organisation clandestine formulait ses exigences à l'égard non seulement des autorités espagnoles, mais aussi françaises.

En conclusion, le terme de « cessez-le-feu permanent », déjà utilisé par l'IRA lors des accords de paix du « vendredi saint » en avril 1998, ne devait pas et n'a pas été de nature à entraver une baisse de la vigilance des services espagnols et français de lutte antiterroriste, qui depuis peu ont affiné leurs dispositifs par la mise en place d'équipes mixtes d'enquête. L'attentat perpétré le 30 décembre 2006 dans le parking du terminal T4 de l'aéroport de Barajas de Madrid est venu rappeler la singulière conception que l'ETA se fait des trêves. Cet attentat a été commis à l'aide d'un véhicule volé en France dont le propriétaire avait été séquestré pendant trois jours par les terroristes. Rien ne disait en mars 2006 que l'ETA avait véritablement renoncé à l'« impôt révolutionnaire ». Au contraire, dans les semaines qui ont suivi l'attentat du 30 décembre 2006, des centaines d'entrepreneurs basques espagnols ont reçu des courriers de l'organisation terroriste les enjoignant de payer l'« impôt révolutionnaire ». Comme quoi, il n'y a pas que les services fiscaux qui ont de la suite dans les idées ! Le journal économique espagnol *La Gaceta* a estimé que l'ETA avait, grâce au racket dont sont essentiellement victimes les entrepreneurs du Pays basque espagnol, perçu entre 1978 et 2004 environ cent vingt millions d'euros. Il est bon de se souvenir aussi qu'il aura fallu pratiquement huit ans après les accords de paix pour que les militants de l'Armée républicaine irlandaise déposent les armes, ce qui n'a pas empêché des irréductibles d'attaquer des banques de Belfast et de se livrer à des expéditions punitives contre les « traîtres ». La loi du silence qui a sévi en Irlande et qui sévit encore en Corse n'épargne pas le Pays basque espagnol : lorsqu'en 2001 le footballeur Bixente Lizarazu a reçu des menaces de mort de l'organisation clandestine basque pour le contraindre à apporter sa « contribution financière » à l'ETA, aucun des joueurs de la Real Sociedad de San Sebastian, ni aucun des joueurs de l'Athletic Bilbao (où Lizarazu a joué plusieurs années) ne s'est publiquement solidarisé avec lui. Sans doute étaient-ils « intimidés »...

L'ETA bénéficie, malgré ses dérives vers l'hyperviolence, de la sympathie et du soutien d'une partie du peuple basque. Cela n'apparente-t-il pas leur lutte à une guérilla plutôt qu'à du terrorisme, terme qui disqualifie complètement sa dimension populaire ? Cela semble en tout cas avoir été le cas pendant de longues années...

Il est vrai qu'originellement l'ETA a lutté contre l'Espagne franquiste et l'on peut considérer que son combat était alors légitime. Dans sa préface au livre *Le Procès de Burgos* écrit par Gisèle Halimi, Jean-Paul Sartre a rapporté les propos que lui avait tenus un nationaliste basque : « Nous avons l'horrible chance du franquisme. » Depuis la fin de la dictature, le Pays basque espagnol est devenu la région la plus autonome d'Europe, percevant ses propres impôts, disposant de ses propres forces de police... La langue basque y est pratiquée et enseignée. Il convient donc peut-être aujourd'hui de considérer les activistes de l'ETA simplement comme des assassins patentés. La guérilla a comme caractéristique de ne s'en prendre que très peu aux populations civiles, même s'il y a inévitablement des dérapages ; elle privilégie des cibles symboliques – représentants de l'État, juges, flics... – et militaires, bref, tout ce qui participe de l'appareil répressif et du service de l'État. De plus, les pays où sévit une guérilla sont pour la plupart sous la domination d'une puissance étrangère, avec une présence militaire officielle ou occulte. Autant de conditions qui favorisent les sentiments d'insurrection populaire. Mais ce ne sont pas des méthodes de guérilla que d'aller abattre d'une balle dans le dos quelques conseillers municipaux qui ont simplement le tort de ne pas partager l'opinion minoritaire. Le fait de ne pas accepter la liberté de la presse, le fait de ne pas accepter la liberté de l'enseignement, montre qu'il s'agit d'autre chose que de la guérilla. Quant au fait de viser les élus du peuple, il me semble qu'il traduit un mépris souverain du suffrage universel. D'autres méthodes qu'ils utilisent les rapprochent bien davantage des modalités d'action du terrorisme : ils font par exemple sauter des voitures piégées, commettent des attentats meurtriers... Le Pays basque espagnol, j'y insiste une fois encore, est pourtant la région d'Europe la plus autonome, l'État espagnol reversant une partie des impôts au Pays basque, dont le gouvernement perçoit et reverse la quote-part qui revient à l'État central ; la langue basque est également très privilégiée dans le système d'enseignement et un certain nombre de prérogatives étatiques lui sont déléguées par le pouvoir central. Pourtant, depuis le début de la décennie, on continue d'y assassiner et de racketter, d'enlever, de déposer des bombes et d'attaquer des dépôts d'explosifs. Il s'agit sans aucun doute de terrorisme, la guérilla, elle, s'en prend à l'armée, à la police, pas aux professeurs d'université.

Si le terrorisme basque a survécu, c'est parce qu'il s'appuie sur des revendications ethniques. C'est le seul mouvement terroriste de type marxiste-léniniste qui ait survécu, parce qu'il avait cette revendication régionaliste ; raison pour laquelle le terrorisme corse a également survécu pendant trente ans, bien qu'il n'ait jamais été organisé sur une base marxiste-léniniste, totalement antinomique avec son mode de fonctionnement traditionnel. L'autre entité historique terroriste à avoir survécu pendant plusieurs décennies est l'IRA, organisée, elle, sur la base de revendications à la fois ethniques et religieuses, c'est-à-dire identitaires. Surtout, elle a dû faire face à l'armée anglaise, basée en Irlande du Nord comme une armée d'occupation. Les éléments qui expliquent que certains groupes terroristes ont survécu au laminage des années 1980 sont d'ordre ethnique ou religieux, beaucoup plus que directement politique.

Vous venez d'évoquer le conflit d'Irlande du Nord. S'agissait-il d'un conflit religieux ou d'un conflit « civil » ayant pris ses racines dans le terreau de l'inégalité sociale entre protestants et catholiques de la province de l'Ulster ?

Avant de répondre à votre interrogation, je crois utile de rappeler dans ses grandes lignes l'histoire de ce conflit qui a ensanglanté pendant un quart de siècle non seulement la province d'Ulster mais aussi la république d'Irlande et la Grande-Bretagne. Et ce, d'autant plus que souvent le processus de paix irlandais est présenté comme « modèle » de solution pacifique qu'il conviendrait de suivre pour apaiser la situation en Corse ou encore au Pays basque espagnol. J'ignore s'il s'agit d'une « méthodologie » adaptée à ces contentieux-là. Par contre, il me semble évident que beaucoup de ceux qui revendiquent un « processus de paix à l'irlandaise » ignorent ou feignent d'ignorer l'extrême brutalité qui a caractérisé ce très long conflit. Depuis la partition de l'Irlande en 1921 qui a soldé la guerre d'indépendance commencée en 1916 et qui s'était traduite par la proclamation au sud d'un État libre et au nord par le maintien des six comtés à majorité protestante au sein du Royaume-Uni, l'IRA n'a jamais renoncé à son but, la réunification de l'île, et n'a jamais durablement déposé les armes. La série d'attentats et de meurtres commis en 1940 puis en 1954 est là pour le rappeler. Elle s'était scindée en deux organisations, l'IRA officielle, organisation politique de sensibilité marxiste, et l'IRA provisoire, organisation nationaliste et militaire.

Londonderry, 5 octobre 1968 : des manifestants non violents sont molestés par la police d'Irlande du Nord. Les scènes de violence se déroulent sous l'œil des caméras de télévision ; le scandale des « ghettos blancs » vient d'éclater. Le gouvernement unioniste s'efforce de circonscrire l'incendie en promettant des réformes. Mais il est déjà bien tard, trop tard. À la suite des désordres urbains et des premiers attentats à l'explosif qui sont perpétrés par les extrémistes protestants de l'Ulster Volunteer Force (UVF), le gouvernement nord-irlandais fait un choix qui ne va pas tarder à se révéler peu judicieux : il fait appel aux territoriaux recrutés parmi les extrémistes les plus durs de la communauté protestante, les B-Specials. L'été 1969 est donc celui de l'explosion. À Londonderry, le ghetto catholique s'organise en camp retranché et parvient à repousser les assauts des B-Specials tandis qu'à Belfast 150 immeubles de la communauté catholique sont incendiés. À l'occasion de ces troubles, trois personnes sont tuées et trois cents autres blessées. Face à cette situation, le gouvernement travailliste britannique dirigé par Harold Wilson décide de faire de l'armée anglaise une force d'interposition entre les belligérants des deux communautés. Il faut se souvenir qu'à cette époque-là, les premiers soldats britanniques ont été accueillis dans les ghettos catholiques comme des libérateurs. Ce ne fut pas le cas dans le camp des extrémistes protestants qui se sont rapidement violemment opposés à l'armée britannique suite à la dissolution des B-Specials. Un an plus tard, dans le courant de l'été 1970, le conflit a changé de nature. Aux émeutes populaires initiales va succéder une véritable guérilla urbaine. En état de coma dépassé ou presque, l'Armée républicaine irlandaise, l'IRA (Irish Republican Army), va trouver là l'occasion de se régénérer.

Dès la fin du printemps 1970, alors que les conservateurs étaient sortis vainqueurs des élections britanniques et qu'Edward Heath avait été nommé au 10, Downing Street, l'IRA provisoire avait organisé et s'était investie dans la défense des quartiers catholiques qui étaient l'objet, sporadiquement, d'attaques de la part d'extrémistes protestants. La force d'interposition britannique a comptabilisé ses premiers morts au printemps 1971. Le cycle provocation-répression était enclenché et les autorités britanniques rétablirent la procédure d'internement administratif sans procès. Le 9 août 1971, selon cette procédure, près de 350 catholiques nord-irlandais furent interpellés et internés dans des camps. À la fin de l'année, leur nombre s'élèvera à 1 500. Bien évidemment, la communauté catholique n'a pas accepté ces méthodes-là qui faisaient d'elle le principal bouc émissaire de la violence. Et ce fut inéluctablement l'escalade. En guise de riposte, pour le seul mois d'août 1971, plus d'une centaine d'attentats par explosif furent perpétrés en Irlande du Nord par l'IRA provisoire. Et le sang coula : à la fin de l'année 1971, on recensait 114 morts dont 73 civils qui tous avaient été tués pendant les quatre derniers mois de l'année.

Sur le plan politique en Grande-Bretagne, les choses n'avaient guère évolué : alors qu'il était encore Premier ministre, Harold Wilson avait en août 1969 proclamé « l'égalité de traitement pour tous les citoyens de la province d'Irlande du Nord ». Devenu chef de l'opposition, après la défaite travailliste, il lançait l'idée le 25 novembre 1971 depuis son banc de l'opposition du Parlement de Westminster que la réunification de l'Irlande dans le cadre du Commonwealth était à terme l'unique solution du conflit en Ulster. En dépit d'un accueil favorable de cette motion par la majorité conservatrice, aucune décision politique ayant des conséquences concrètes ne fut prise. Et la violence reprit : le 30 janvier 1972, des parachutistes britanniques ouvraient le feu sur des manifestants désarmés à Londonderry : 13 morts et 14 blessés. En réaction, l'ambassade britannique de Dublin était incendiée par une foule en colère et l'IRA officielle perpétrait à son tour un attentat à la voiture piégée sur le territoire britannique, contre le mess militaire d'Adelshot, faisant 6 morts, 5 jeunes femmes et un aumônier catholique. C'est donc dans un incontestable climat d'anglophobie que le gouvernement conservateur d'Edward Heath a arrêté sa décision de prendre directement en main, à compter du 24 mars 1972, l'administration de la province d'Ulster dont le Parlement, le Stormont, fut suspendu. Le parlement de Belfast était devenu, au fil du temps, depuis le traité de partage de 1921 signé entre Londres et Dublin, le garant de paix des intérêts de la communauté protestante en raison de la particularité d'un système électoral prenant en considération les titres de propriété des citoyens. Le suffrage était devenu quasiment censitaire et de surcroît la population de l'Ulster était composée de deux tiers de protestants pour un tiers de catholiques.

Après un éphémère cessez-le-feu décrété par les deux branches de l'IRA à la fin du printemps 1972, la violence politique a repris, d'abord du côté protestant où les milices de Ulster Defence Association (UDA) ont barricadé les rues pour défendre les quartiers loyalistes. Cette communauté protestante redoutait alors que l'égalité des droits proclamée par Harold Wilson ne devienne, par le biais de la contestation institutionnelle, la brèche par laquelle la réunification irlandaise s'engagerait. Or ils n'en voulaient pas, contrairement aux catholiques qui eux aussi faisaient parler la poudre : le 21 juillet 1972, 16 morts et 130 blessés furent relevés sur le site de vingt-deux attentats par explosif à Belfast. En réaction, l'armée anglaise investissait les bastions catholiques. Il faut reconnaître que les Britanniques s'étaient efforcés, tant bien que mal, de promouvoir une politique équilibrée, reconnaissant d'un côté la dimension irlandaise du conflit, ce qui suscitait l'approbation des catholiques, et de l'autre en promettant quelques mois plus tard, en mars 1973, l'organisation d'un référendum sur la frontière, ce qui rassurait le camp protestant. Lorsque le chef militaire de l'IRA provisoire, David O'Connell, commémora à Belfast avec ses troupes le 22 mai 1973 l'anniversaire du soulèvement de Pâques 1916, on dénombrait déjà, depuis la reprise des hostilités en 1969, la perte de 802 vies humaines dont 184 soldats britanniques.

L'exécutif interconfessionnel mis en place allait, quant à lui, sombrer en 1974 avec de nouvelles exactions particulièrement violentes commises par les loyalistes protestants qui perpétrèrent de multiples crimes particulièrement cruels, voire sadiques, sur des ressortissants de la communauté catholique. Les loyalistes dont la tendance la plus dure était incarnée par William Craig et le pasteur Ian Paisley lancèrent le 16 mai 1974 par le biais du conseil des travailleurs de l'Ulster (Ulster Workers Council), qui regroupait l'essentiel des syndicats ouvriers de la mouvance protestante, un mot d'ordre de grève dont le but était éminemment politique : il s'agissait de contester le partage du pouvoir avec la communauté catholique. Dans le jour qui suivit l'annonce de cette grève qui durera trois semaines, trois voitures piégées explosèrent à Dublin : 31 morts et 150 blessés. Il s'est agi là de l'action la plus meurtrière commise en république d'Irlande depuis 1916. Est-ce pour cela que l'IRA démentira, pour cette fois, être impliquée dans la commission de cette triple action criminelle ? Trois jours après le bain de sang, le 20 mai 1974, l'état d'urgence fut proclamé à Belfast et quelques jours plus tard, les troupes britanniques tentèrent de casser la grève en investissant les dépôts de carburant à Belfast et à Londonderry. La réaction des loyalistes ne se fit pas attendre, une grève générale fut proclamée. La province d'Ulster devint le théâtre de la violence quotidienne, violences policières, violences militaires d'une armée qui se battait contre un ennemi invisible, violences carcérales...

Aux assassinats sectaires de catholiques, l'IRA répondit à sa façon : ce fut la boucherie de Birmingham, 19 morts et 170 blessés furent relevés après que l'IRA eut fait sauter deux bombes dans deux débits de boissons le 21 novembre 1974. Les attentats se multiplièrent à Belfast, à Bristol mais aussi à Londres. Le cessez-le-feu proclamé par l'IRA le

21 décembre 1974 fut rompu le 16 janvier 1975, les paramilitaires catholiques et protestants en profitant pour régler leurs comptes. Le Parlement de Westminster adopta à la suite des derniers événements une législation antiterroriste, renforça le contrôle aux frontières, accrut les pouvoirs de la police et proclama l'IRA « hors la loi ». Dans le prolongement des accords de Sunningdale, le gouvernement de Dublin fit inscrire à l'ordre du jour du Parlement irlandais le Criminal Law Juridiction Bill qui donna compétence aux juridictions de la république d'Irlande pour juger les auteurs de crimes commis en Ulster. Ces violences synalagmatiques sonnèrent le glas des accords auxquels était parvenue le 6 décembre 1973 la conférence tripartite de Sunningdale, lesquels devaient aboutir à la mise en place d'un conseil de l'Irlande pour favoriser la coopération économique entre la république d'Irlande d'une part et l'Ulster d'autre part.

À partir de l'année 1976, le Mouvement des femmes pour la paix va tenter de s'opposer à cette dérive sanglante. Sans succès. L'année de la sécheresse ne parvint pas à tarir les ruisseaux de sang : le 5 janvier 1976, dans le comté d'Armagh, 10 ouvriers protestants perdirent la vie dans une embuscade organisée par l'IRA, manifestement pour venger 5 catholiques exécutés la veille dans la même région. Depuis le 1er janvier, on dénombrait ainsi 18 morts alors même que l'IRA observait de fait une trêve depuis onze mois. Réaction instantanée de Londres, 600 militaires supplémentaires furent envoyés en Ulster, ce qui porta à 15 000 le contingent britannique en Irlande du Nord. À la mi-février 1976, plusieurs attentats furent commis en république d'Irlande, dans la province de l'Ulster et à Londres. 11 morts et 33 blessés de plus. Cette nouvelle poussée de fièvre faisait suite au décès, après soixante-cinq jours de grève de la faim, le 2 février 1976, d'un membre de l'IRA, Franck Stagg, détenu dans les prisons britanniques. En septembre 1976, à trois reprises, des manifestations furent organisées tant en Ulster qu'en république d'Irlande par le Mouvement des femmes pour la paix, organisation à la tête de laquelle on trouvait la protestante Mairead Corrigan et la catholique Betty Williams. Plusieurs dizaines de milliers de personnes défilèrent dans les rues de Dublin et de Belfast. Ce qui n'empêcha pas Marie Drumm, la pasionaria du Sinn Fein, la représentation politique de l'IRA provisoire, de traiter les deux dirigeantes pacifistes de « brebis geignardes ». Les deux femmes furent en outre menacées de mort.

L'année 1977 a été marquée par une accalmie relative sur le front des hostilités. Mais les apparences peuvent se révéler trompeuses. En novembre 1977, cinq tonnes d'armes en provenance de l'Organisation de libération de la Palestine (OLP) à destination de l'IRA furent interceptées en Belgique. Le 17 février 1978, l'IRA commettait un attentat particulièrement sanglant dans un restaurant de la périphérie de Belfast : 12 civils protestants tués et 23 autres blessés. Mais d'après l'organisation clandestine, ce bilan n'était pas à mettre à son passif mais à celui de la police irlandaise qui, selon elle, n'avait pas réagi avec suffisamment de célérité après l'avertissement téléphonique anonyme qui lui avait été adressé. Dans le même temps, on apprenait que l'IRA avait reçu de nouvelles livraisons d'armes de l'OLP. Le 27 août 1979, l'oncle de la reine Élisabeth et dernier vice-roi des Indes, lord Louis Mountbatten, trouvait la mort avec trois de ses proches dans l'explosion de son bateau au large des côtes irlandaises. Le même jour, un convoi militaire était pulvérisé par l'explosion d'une bombe à une cinquantaine de kilomètres de Belfast. Dix-huit soldats britanniques étaient tués. L'IRA provisoire qui revendiquait ces deux attentats célébrait ainsi dans le sang le dixième anniversaire de l'intervention britannique.

L'année 1981 fut caractérisée par un interminable et mortel bras de fer entre le gouvernement britannique dirigé par Margaret Thatcher, la « dame de fer », qui était devenue

« locataire » du 10, Downing Street le 4 mai 1979 et qui le restera sans interruption jusqu'au 28 novembre 1990, et l'IRA L'internement administratif, c'est-à-dire l'internement sans procès, rétabli dans la précipitation le 9 août 1971 et maintenu avec quelques correctifs jusqu'à la fin de l'année 1971, a été l'occasion de nombreuses manifestations à l'extérieur du camp d'internement de Long Kesh près de Lisburn, non loin de Belfast. Mais ce mouvement de protestation devait également gagner l'intérieur de l'enceinte. Le sort des détenus condamnés est devenu ensuite une pomme de discorde. À la suite d'une grève de la faim orchestrée par Billy McKee, un des chefs de l'IRA provisoire, le secrétaire d'État britannique pour l'Irlande du Nord avait fini par accepter, en juin 1972, d'octroyer à ces prisonniers irlandais un statut particulier, le Special Category Status, dès lors que ceux-ci purgeaient des peines de plus de neuf mois. Ces condamnés-là n'étaient pas astreints au travail pénal, pouvaient recevoir visites et colis et étaient libres de porter leurs vêtements civils. Petit à petit, ils sont parvenus à se doter d'une organisation qui n'était pas sans rappeler celle des prisonniers de guerre et partant ils pouvaient négocier presque d'égal à égal avec l'administration pénitentiaire. De plus, lors de leurs regroupements, ils organisaient des séances d'endoctrinement mais aussi d'entraînement quasi militaire. En 1976, on dénombrait presque 1 500 de ces « détenus spéciaux ».

C'est le 1er mars 1976 que ce statut spécial fut supprimé ; à compter de cette date, il n'y avait donc plus que des prisonniers de droit commun enfermés dans des cellules individuelles, astreints au travail pénitentiaire et porteurs du droguet carcéral. En septembre 1976, à la prison de Maze construite dans l'enceinte du camp de Long Kesh, les détenus de l'IRA organisèrent leur mouvement de protestation : ils refusèrent de porter l'uniforme pénitentiaire et de s'acquitter du travail pénal. Ils vécurent donc nus dans leurs cellules et la nuit venue, ils dormaient sur leurs paillasses sous une simple couverture de très médiocre qualité. Les photos de ces hommes nus firent la une des journaux. Les accusations de mauvais traitements, la saisine de la Cour européenne des droits de l'homme qui en 1978 assimilera les « interrogatoires en profondeur » auxquels les détenus étaient soumis par la police à des traitements inhumains et dégradants, se heurteront à l'intransigeance britannique. En avril 1978, les prisonniers entreprirent une grève de l'hygiène. Non seulement ils refusèrent de se laver et de se raser mais ils s'alimentèrent a minima avant de maculer les murs de leurs cellules de leurs excréments. Rapidement, trois des blocs de la prison dans lesquels les détenus républicains irlandais étaient regroupés furent transformés en infâme cloaque. Cette manifestation de désespoir n'entama nullement la détermination des autorités britanniques qui y virent un chantage inacceptable. L'escalade put donc se poursuivre. Le 27 octobre 1980, sept prisonniers républicains entamèrent une grève de la faim pour appuyer leurs revendications : le droit de porter leurs propres vêtements, l'exemption du travail pénitentiaire, l'autorisation de recevoir des colis et des visites hebdomadaires, le rétablissement des remises de peine et la liberté de réunion. Cette grève de la faim trouva son terme le 18 décembre 1980, les détenus faisant état de promesses faites par l'administration de satisfaire au moins en partie leurs revendications.

Ces promesses, réelles ou supposées, ne furent nullement tenues et le 1er mars 1981, l'un des chefs de file de l'IRA, Bobby Sands, entama un jeûne complet. Dans le même mois, trois autres détenus l'imitèrent. Ce fut le début d'une période de 217 jours au cours de laquelle dix détenus de la prison de Maze décéderont au cours d'une longue agonie volontaire : sept membres de l'IRA provisoire et trois membres de l'Irish National Liberation Army, fraction d'extrême gauche du mouvement républicain irlandais, responsable de l'assassinat, en plein Westminster, d'Airey Neave, bras droit de Margaret Thatcher. Le 10 avril 1981, à la faveur d'une élection partielle dans une circonscription de l'Ulster, profitant de la neutralité « bienveillante » du parti catholique modéré, l'IRA parvint à faire élire à la Chambre des communes Bobby Sands. Mais le sort du nouveau parlementaire ne s'améliora pas pour autant. Le 5 mai 1981, il décédait à la prison de Maze au terme de son soixante-sixième jour de grève de la faim. À cette occasion, Margaret Thatcher réaffirma son refus catégorique d'accorder un statut politique « aux prisonniers terroristes de l'IRA ». Le 1er août 1981, de graves émeutes se produisirent à Belfast à l'annonce de la mort d'un quatrième gréviste de la faim, Kevin Lynch. À Long Kesh, le 2 août 1981, ce fut au tour de Kiran Doherty de mourir de dénutrition puis le 8 août celui de Thomas McElwee. Le 12 août 1981, Francis Hughes succombait après cinquante-neuf jours de grève de la faim. Le 19 août, cinq soldats britanniques trouvaient la mort dans un attentat près de Newry, la ville natale de Raymond McCreesh, un détenu républicain gréviste de la faim qui mourut le lendemain. Le 20 août, ce fut le tour de Michael Devine et le lendemain celui de Patsy O'Hara. Le macabre scénario se poursuivit inéluctablement. Dès la parution du désormais rituel communiqué « le détenu Y s'est donné la mort en refusant toute nourriture et aide médicale pendant X jours », un communiqué républicain annonçait qu'un autre détenu s'était désigné pour le remplacer. La suite est connue : obsèques « à l'irlandaise », triple salve d'honneur. Alors que l'été 1981 avait vu plus de vingt villes de Grande-Bretagne être la proie de violents affrontements raciaux, Margaret Thatcher, dans la tourmente, ne lâcha pas pour autant du lest sur le front irlandais puisque le 7 août, en pleine hécatombe des détenus républicains, elle rejeta sans ambiguïté la proposition du comité de soutien aux grévistes de la faim qui demandait au gouvernement britannique de « faire la moitié du chemin » et qui prenait la précaution d'affirmer qu'il n'exigeait pas un traitement préférentiel pour ceux-ci par rapport aux autres prisonniers. Elle se montra également hermétique aux démarches de son homologue irlandais Garret Fitzgerald qui s'efforçait d'obtenir du gouvernement britannique un assouplissement de sa position en faisant valoir que cette crise ne servait en définitive que les intérêts de l'IRA, tant en Irlande qu'à l'étranger.

Manifestement, Margaret Thatcher est sortie victorieuse de ce macabre bras de fer puisque le 3 octobre 1981, après que des familles de détenus eurent demandé, ce qu'aucune d'entre elles n'avait osé faire jusqu'alors, l'alimentation de force des prisonniers membres de leur parenté et que quelques grévistes de la faim eurent renoncé d'eux-mêmes, les détenus républicains de la prison de Maze ont annoncé la suspension « pour des raisons tactiques » du mouvement de grève de la faim qui a donc provoqué la mort entre le 5 mai 1981 et le 20 août 1981 de dix des leurs. Trois jours plus tard, le secrétaire d'État pour l'Irlande du Nord annonçait une réforme du régime carcéral en Ulster : trois des revendications des grévistes, dont le port de vêtements civils, étaient accordées. L'incontestable victoire de Margaret Thatcher dans sa politique du « tout ou rien » n'a pas fait pour autant de l'IRA une vaincue. Au contraire, l'Armée républicaine irlandaise est parvenue grâce au sacrifice de ses membres à susciter une vague d'anglophobie sans précédent. Elle a en outre, à cette époque, pu recruter de très nombreux activistes et collecté plus de 250 000 dollars auprès de la communauté irlandaise, dans l'île mais aussi aux États-Unis et en Europe. De surcroît, la « cause » a été en quelque sorte sanctifiée par le martyre. L'organisation terroriste a même pu à cette époque faire oublier quelle était sa véritable nature et son peu de souci de faire respecter, même a minima, les prescriptions humanitaires dès lors qu'il s'agissait d'en faire bénéficier ses ennemis. À compter de la mort de Bobby Sands et jusqu'à la fin de l'année 1981, c'est-à-dire sur une période de sept mois, ce ne seront pas moins de quarante personnes qui seront exécutées par des commandos républicains, dans des conditions parfois ignobles comme le jeune policier John Proctor qui a été froidement assassiné en septembre 1981 alors qu'il venait de quitter la maternité où il avait été visiter sa femme qui venait d'accoucher. Lui et les trente-neuf autres victimes de ce terrorisme-là n'ont pas eu droit, contrairement aux grévistes de la faim de l'IRA, ni aux apitoiements de la conscience universelle ni à la commisération des médias.

Qui de l'IRA ou des protestants a tiré les bénéfices de cette issue tragique ? Et ce bras de fer remporté par la « dame de fer » a-t-il eu pour conséquence une modification de la « donne politique » ?

Les vrais perdants de ce conflit ont été les modérés des deux bords. Les choses ont donc repris leur cours... Le 10 octobre 1981, une voiture piégée explosait à Londres, faisant un mort et quarante blessés. Le 17 octobre, c'était la voiture du commandant des Royal Marines, le général Pringle, qui sautait, le blessant grièvement. Dans le même mois, était en outre perpétré, dans le centre de Londres, un attentat contre un car dans lequel se trouvaient des Irish Guards. Cette poursuite des attentats de l'IRA avait manifestement pour but de tenter de saborder le rapprochement entre Londres et Dublin. En 1982, le terrorisme irlandais redoubla d'intensité et sema la mort et la terreur à Londres tandis qu'en Ulster, c'étaient les supplétifs de l'Ulster Defense Regiment (UDR) qui constituèrent la cible de prédilection des commandos de l'IRA Le 20 juillet 1982, deux bombes explosaient l'une à Hyde Park au moment de la relève de la garde à cheval, l'autre dans un kiosque à musique où la fanfare d'un régiment basé en Ulster donnait un concert : dix morts et cinquante blessés. Et bien sûr les chevaux. Le 14 novembre 1982, c'était le député unioniste Robert Bradfort qui était assassiné. La fin de l'année suivante fut également sanglante : le 4 novembre 1983, une bombe explosait dans un institut universitaire de Belfast tuant deux policiers et blessant trente-neuf personnes. Le même jour, un engin explosif improvisé dévastait un bar fréquenté par des policiers à Strabane et blessait treize personnes. Alors qu'une semaine auparavant le Sinn Fein, vitrine légale de l'IRA provisoire, renouvelait sa direction lors de son congrès à Dublin et portait à sa tête le député de Belfast Gerry Adams, le 20 novembre 1983, trois morts et sept blessés furent relevés après une fusillade dans un temple protestant de Darkley dans le comté d'Armagh. L'IRA a condamné cet attentat « indéniablement sectaire » qui fut revendiqué par un groupe inconnu intitulé « Forces catholiques de réaction ».

L'année 1984 a été celle de l'accalmie sauf sur le front social puisque la grève des mineurs en Grande-Bretagne se poursuivit. Elle durera une année complète sans que les revendications formulées soient un tant soit peu satisfaites. Mais dès le début de l'année 1985, l'IRA parut décidée à reprendre ses criminelles activités en Irlande du Nord : le 28 février 1985, le commissariat central de Newry près de la frontière avec la république d'Irlande était attaqué au mortier. Bilan, neuf morts et trente-sept blessés. Le même jour, un soldat de l'Ulster Defence Regiment était tué et deux autres grièvement blessés par l'explosion d'une voiture piégée. À la fin de l'année 1985, le 15 novembre, un accord était signé entre les Britanniques et les Irlandais du Sud après des négociations secrètes qui s'étaient déroulées pendant les dix-huit mois écoulés. Au mois de mai 1987, le bilan des attentats et autres assassinats perpétrés depuis le début de cette année-là faisait état de trente morts. Le 25 avril 1987, l'un des plus hauts magistrats de l'Ulster, sir Maurice Gibson, et son épouse trouvaient à leur tour la mort dans un attentat. Le 8 mai 1987, un commando de l'IRA attaquait le commissariat de police à Loughgall dans le comté d'Armagh. Les forces de police, probablement prévenues de l'action, firent tomber les terroristes dans un guet-apens ; dans la fusillade, neuf personnes furent tuées, un passant et huit membres de l'IRA À l'occasion des obsèques des « huit fusillés de Loughgall », des incidents éclatèrent en Ulster et le 21 mai 1987, un capitaine de l'armée britannique fut abattu par l'IRA dans le comté de Tyrone. Enfin le 8 novembre 1987, quelques instants avant le début d'une cérémonie organisée à la mémoire des soldats britanniques tombés lors des deux conflits mondiaux, une bombe placée près du monument aux morts d'Enniskillen en Ulster explosa et tua onze personnes. Soixante-trois autres furent blessées. Il s'agissait uniquement de civils protestants. Le lendemain, l'IRA revendiqua l'attentat mais affirma le regretter, « une erreur technique » ayant fait sauter la bombe prématurément. Un peu plus d'une semaine avant, le 30 octobre 1987, près de l'île de Batz, au large des côtes bretonnes, un imposant chargement d'armes en provenance de la Libye destiné à l'IRA avait été saisi à bord d'un caboteur arraisonné par les douanes françaises.

Année 1988. Le 6 mars, des agents des forces spéciales britanniques abattaient à Gibraltar trois activistes de l'IRA, deux hommes et une femme, qui préparaient un attentat à la voiture piégée. L'enquête démontra rapidement que ces personnes n'étaient pas armées et l'IRA affirma donc qu'il s'agissait d'une exécution sommaire. Le 16 mars, à l'occasion des obsèques de ces trois personnes à Belfast, un protestant, semble-t-il isolé, lança des grenades et tira sur la foule : trois morts, soixante blessés. Il fallut donc organiser de nouvelles obsèques. Elles eurent lieu le 19 à Belfast. Deux soldats britanniques en civil se trouvaient là par hasard, sur le passage du cortège funéraire. Hélas pour eux, ils furent reconnus, lynchés par la foule et finalement achevés par arme à feu. Le 1er mai 1988, l'IRA exportait sa violence : deux attentats quasi simultanés étaient perpétrés aux Pays-Bas dans deux villages proches de la frontière ouest-allemande. Ils occasionnèrent la mort de trois personnes et firent en outre quatre blessés dont deux grièvement. Il s'agissait de militaires britanniques basés en RFA qui étaient en permission en

Hollande. Le 15 juin 1988, une nouvelle bombe explosait dans la petite ville de garnison Lisburn, au sud de Belfast. Cette ville se trouvait être le siège du quartier général britannique en Irlande du Nord. Cet attentat tua six soldats et blessa dix civils qui étaient venus assister ou participer à un marathon. Le 1er août 1988, un engin explosif déflagrait dans une caserne de Londres, faisant un mort et neuf blessés. Cet attentat fut immédiatement revendiqué par l'IRA. Il était le premier commis sur le sol britannique depuis celui auquel Margaret Thatcher avait échappé en 1984 à Brighton. Les 2 et 3 août, trois attentats firent trois morts et vingt-quatre blessés en Ulster. Et le 4, un commando de l'organisation clandestine tua deux artisans qui travaillaient pour les forces de sécurité. Le 5 août 1988, l'IRA frappa sur le continent en faisant exploser un engin explosif improvisé dans une caserne britannique en République fédérale d'Allemagne à Ratingen près de Düsseldorf. Trois soldats britanniques et une employée allemande furent blessés. Le 12 août, un soldat britannique affecté en RFA fut assassiné à Ostende alors qu'il partait en congés. Dans la nuit du 19 au 20 août 1988, un car militaire sauta sur une mine près d'Omagh dans le comté de Tyrone. Huit permissionnaires furent tués et vingt-huit autres blessés. De multiples attentats furent en outre commis en Ulster les 23 et 24 août. Le 30 août, ce fut la riposte : trois membres de l'IRA furent abattus par des membres des troupes d'élite antiterroristes de l'armée britannique (SAS) près d'Omagh, à quelques kilomètres du lieu de l'attentat perpétré dix jours auparavant contre le car militaire. Enfin, le 31 août 1988, on releva deux nouveaux morts et un blessé supplémentaires lors d'un attentat commis à Londonderry. En cette fin d'été 1988, soixante-quinze personnes avaient trouvé la mort depuis le début de l'année à cause de la violence politique.

22 septembre 1989 : pour commémorer le vingtième anniversaire de la présence des troupes britanniques en Ulster,

l'IRA fait ce qu'elle sait faire, tuer. L'explosion d'une bombe déposée dans l'école de la fanfare des Royal Marines dans le Kent fait dix morts et vingt-deux blessés. L'année suivante, le 25 juin 1990, une autre bombe dévaste un établissement londonien fréquenté par des députés conservateurs, le Carlton Club. Moins d'un mois plus tard, le 20 juillet, c'est la Bourse de Londres qui est la cible d'un attentat qui ne fait pas de victime, l'IRA ayant pris le soin d'adresser avant l'explosion un coup de téléphone anonyme aux services de police. Par contre, le 30 juillet, un député conservateur est tué par la déflagration d'une bombe placée sous sa voiture. À cette époque-là, l'IRA semble donc décidée à frapper désormais des objectifs civils. Le 7 février 1991, un obus de mortier est tiré contre le 10, Downing Street. À Noël 1991, des bombes sont placées dans les gares londoniennes tandis que l'Ulster connaît un regain de violence comparable à celui du début des années 1970. Enfin, le 10 janvier 1992, une bombe explose à quelques centaines de mètres de la résidence du Premier ministre britannique John Major. Comme ces derniers temps, l'IRA avait prévenu la police de l'imminence de l'attentat. Ce sont les derniers soubresauts d'une lutte sanglante qui a meurtri l'Irlande mais aussi le Royaume-Uni pendant près d'un quart de siècle.

Dans quelles conditions le processus de paix a-t-il pu voir le jour après un tel bain de sang ?

Le 31 août 1994, l'IRA a annoncé un cessez-le-feu qu'elle a qualifié de complet, permanent et immédiat afin de « faire avancer le processus démocratique de paix ». On n'osait plus y croire et ce d'autant plus que le 24 juillet 1994, la branche politique de l'IRA, le Sinn Fein, avait rejeté les termes de la déclaration anglo-irlandaise dite de « Downing Street », laquelle avait été signée par les Premiers ministres John Major et Albert Reynolds en décembre 1993. Des négociations secrètes avaient été entreprises depuis l'année 1993 par

Londres et les républicains par le biais des milieux catholiques irlandais. Ces négociations avaient été encouragées par le président américain Bill Clinton. L'annonce du cessez-le-feu par l'IRA était bien accueillie par les catholiques tandis que les protestants restaient sur la réserve. Gerry Adams, le président du Sinn Fein, rappelait en la circonstance que le retrait des troupes britanniques d'Ulster et la réunification de l'Irlande autour de Dublin demeuraient toujours les objectifs intangibles du mouvement républicain. Dès le 1er septembre 1994, les milices protestantes commettaient de nouveaux assassinats. Mais quelques semaines plus tard, les milices loyalistes décrétaient à leur tour « la cessation universelle des hostilités opérationnelles ». Tout ne fut pas pour autant simple. Ni immédiat. Le 9 février 1996, un attentat était perpétré dans le sous-sol d'un immeuble du quartier d'affaires londonien Canary Wharf, faisant deux morts. Une heure auparavant, l'IRA avait annoncé dans un communiqué la fin du cessez-le-feu unilatéral décrété en août 1994. Gerry Adams devait se contenter d'exprimer sa tristesse. Laquelle semblait signifier que des ultras de son mouvement ne s'étaient pas résignés à déposer les armes. On les retrouvera sous la dénomination d'IRA véritable (RIRA), organisation qui finira par sombrer dans la délinquance et la criminalité de droit commun. Finalement, il faudra attendre le 7 août 2003 pour que la cour antiterroriste de Dublin condamne à vingt ans d'emprisonnement pour direction d'une organisation terroriste l'un des principaux dirigeants de l'IRA véritable, Michael McKevitt.

Suite à cet attentat du début février 1996, les gouvernements de Londres et Dublin avaient décidé de suspendre les contacts qu'ils avaient noués, au niveau ministériel, avec le Sinn Fein jusqu'au rétablissement de la trêve. Le processus de paix s'était enlisé encore un peu plus depuis la publication en janvier du rapport d'une commission installée en décembre 1995 et présidée par le sénateur américain George Mitchell. Cette commission était chargée de résoudre le problème posé par le refus de l'IRA de désarmer ses combattants avant le début des négociations. Le regain de tension s'est traduit le 15 février 1996 par le dépôt d'une bombe de l'IRA dans une cabine téléphonique du centre de Londres que la police est parvenue à désamorcer. Trois jours plus tard, un poseur de bombe de l'IRA a trouvé la mort par l'explosion prématurée d'un engin infernal qu'il transportait dans un autobus. Il fallut encore attendre jusqu'au 28 février 1997 l'annonce par le Premier ministre John Major de la conclusion d'un compromis sur la relance du processus de paix.

La réélection de Bill Clinton à la présidence des États-Unis le 5 novembre 1996 et l'éclatant succès électoral de Tony Blair aux élections législatives en Grande-Bretagne le 1er mai 1997 sont deux éléments qui ont permis la résolution d'un problème pourtant réputé insoluble, en finir avec la véritable guerre civile irlandaise. Petit à petit, les cartes ont été redistribuées. Conforté par le bon score qu'il avait réalisé aux élections locales et générales à la fin mai 1997, le Sinn Fein a convaincu l'IRA d'annoncer la restauration « sans équivoque » de son cessez-le-feu d'août 1994. Ce qui fut fait le 19 juillet 1997. Suite à cela, le Sinn Fein était admis aux négociations multipartites du château de Stormont. Le 10 avril 1998, un vendredi saint, après une session plénière marathon de trente-six heures et l'intervention personnelle de Bill Clinton pour rapprocher les points de vue, un accord de paix, Agreement Reached in the Multi-Party Negotiation, était signé à l'arraché. Par cet accord, l'autodétermination prenait le pas sur la souveraineté et le Government of Ireland Act britannique de 1920 était abrogé. L'Irlande du Nord continuait de faire partie du Royaume-Uni parce que c'était le vœu de la majorité de la population.

Et le 10 mai 1998, la conférence nationale du Sinn Fein finissait par approuver à une forte majorité l'accord de paix en Irlande du Nord conclu dans le courant du mois d'avril. Le 22 mai 1998, les électeurs d'Irlande du Nord se sont prononcés par référendum à 71 % en faveur de l'accord de paix avec un taux de participation électorale de 81 %. Les nationalistes ont fait massivement campagne en faveur du « oui » et parmi les principaux partis d'Irlande du Nord, seul le Parti démocratique d'Ulster (Democratic Unimist Party) du fondamentaliste protestant, le loyaliste Ian Paisley, a appelé à voter « non ». Le même jour, 94,4 % des électeurs de la république d'Irlande ont approuvé, eux aussi par référendum, l'amendement constitutionnel prévu par l'accord de paix, amendement qui supprimait toute revendication de Dublin sur l'Irlande du Nord. Les grandes marches organisées durant l'été 1998 par les opposants au traité de paix, les orangistes, soumirent encore le processus à rude épreuve mais la mort de trois enfants catholiques brûlés vifs dans l'incendie criminel de leur maison à Ballymoney le 12 juillet 1998 a déconsidéré définitivement la cause orangiste. De la même façon, l'intransigeance des républicains irréductibles faisait aussi l'objet d'une vive réaction de rejet après l'attentat perpétré par l'IRA véritable (ou authentique) à Omagh le 15 août 1998, action terroriste qui fit vingt-neuf morts et deux cents blessés, cette fois équitablement répartis entre catholiques et protestants.

3 600 morts et près de 40 000 blessés, les loyalistes étant responsables du tiers de ce triste bilan et l'IRA du solde si l'on excepte les personnes tuées par l'armée britannique, tel est le sinistre bilan de ces trois décennies de violence. Le 16 novembre 1989, quatre mois après la mise en révision de l'accord d'avril 1988, faute de compromis pour former un gouvernement autonome d'Irlande du Nord, les principaux partis protestants et catholiques de la province d'Ulster ont néanmoins eu la sagesse d'approuver le plan présenté par le médiateur américain George Mitchell afin de relancer le processus de paix. Ce plan prévoyait la désignation d'un

émissaire de l'IRA nommé par cette organisation auprès de la commission internationale chargée de veiller au désarmement des milices républicaines et loyalistes, ce désarmement constituant la principale pierre d'achoppement de l'application de l'accord du printemps 1998. David Trimble, le Premier ministre unioniste, élu depuis le 1er juillet 1998, devait former un gouvernement comprenant deux ministres issus du Sinn Fein sur un total de dix. Il était prévu que le désarmement de l'IRA devait commencer sept semaines plus tard et s'achever en mai 2000. C'est ce compromis que David Trimble est parvenu à faire adopter le 27 novembre 1999 par sa propre formation, le parti unioniste d'Ulster. Mais ce compromis élaboré par George Mitchell n'a recueilli que 58 % des suffrages. Le 29 novembre 1999, David Trimble a formé son gouvernement au sein duquel, comme quoi il ne faut jamais désespérer de rien, l'un des anciens chefs de l'IRA, Martin McGuiness, a obtenu un portefeuille ministériel. Celui de l'éducation... Et le 2 décembre 1999, le gouvernement britannique a transféré au gouvernement de Belfast les pouvoirs d'administration de la province d'Ulster qui était directement exercés par Londres depuis un quart de siècle.

Le 1er juillet 2001, David Trimble, Premier ministre de la province semi-autonome d'Irlande du Nord, donnait sa démission ainsi qu'il avait menacé de le faire parce que l'IRA n'avait pas engagé son désarmement à cette date comme lui en faisaient l'obligation les accords de paix de 1998. Cette démission entraînait celle du numéro deux du gouvernement de la province d'Ulster, Seamus Mallon. Douze jours plus tard, des violences éclataient une fois encore à Belfast à l'occasion du défilé de 100 000 orangistes qui commémoraient la victoire des protestants sur les catholiques à la bataille de Boyne... en 1690 ! Des émeutes s'ensuivaient. Dans un premier temps, le Sinn Fein faisait la sourde oreille. En tout cas, il n'appelait nullement l'IRA à respecter les accords de 1998. Au contraire, la vitrine politique de l'organisation paramilitaire demandait la démilitarisation de l'Irlande du Nord et la réforme de la police locale composée à 90 % de protestants. Il fallut attendre le 22 octobre 2001 pour que le chef du Sinn Fein, Gerry Adams, demande pour la première fois à l'Armée républicaine irlandaise d'effectuer « un geste significatif sur la question des armes ». Et le lendemain, l'IRA fit savoir qu'elle avait commencé son désarmement en présence d'inspecteurs de la Commission internationale indépendante sur le désarmement. Il faut dire que la position de l'organisation avait été un peu plus affaiblie par l'arrestation de trois de ses membres en Colombie durant le mois d'août 2001 : ceux-ci étaient soupçonnés d'entraîner les FARC. Et puis, il y avait eu le 11 Septembre… Dès l'annonce ainsi faite, David Trimble a repris ses fonctions. Sept ans plus tard, à la fin mai 2008, le pasteur Ian Paisley a quitté son poste de *First Minister* d'Irlande du Nord après avoir dirigé, comme les institutions l'y obligeaient, un gouvernement de coalition avec le Sinn Fein, vitrine politique de l'IRA. Et son second n'était autre que Martin McGuiness. D'après les comptes-rendus de presse, les deux hommes s'étaient entendus « comme larrons en foire » dans l'exercice de leurs responsabilités. Il était temps !

Manifestement le conflit irlandais a donc été le creuset de différents ferments de violence : la partition de 1916 a suscité la revendication de l'IRA en faveur d'une réunification du pays ; les disparités sociales entre la communauté protestante et la communauté catholique ont été à l'origine pour une grande part de l'explosion de 1969 ; lorsque les différences de religion viennent « pimenter » un cocktail déjà aussi explosif, on peut être assuré que les choses vont encore dégénérer plus gravement et accentuer le fanatisme des franges les plus extrémistes de chaque bord. L'un des fondateurs et dirigeants de l'IRA qui, au demeurant, fut assassiné par les siens, n'avait-il pas déclaré qu'il « préférait l'extinction de la race irlandaise à l'humiliation d'un compromis raisonnable » ?

Revenons-en à la revendication identitaire, celle qui en Bretagne se manifeste par une certaine vigueur et se traduit épisodiquement par quelques poussées de fièvre : en septembre 2005, Patrick Le Lay, alors PDG de TF1, a affirmé lors d'une interview donnée au magazine Bretons *qu'il n'était pas « français mais breton ». Vous avez été en charge des procédures concernant les attentats perpétrés à la fin des années 1990 par l'Armée révolutionnaire bretonne (ARB) : que vous inspire cette déclaration d'un dirigeant d'entreprise très médiatique qui n'a pas fait mystère d'avoir embauché un « terroriste » breton, condamné à ce titre, dans une chaîne régionale, TV Breizh, une filiale de TF1 ?*

Un grand étonnement. Car depuis octobre 2004, j'étais persuadé qu'il était citoyen américain, au moins d'adoption ! Souvenez-vous qu'alors il avait défini ainsi les ambitions de la chaîne qu'il dirigeait alors : « Ce que nous vendons à Coca-Cola, c'est du temps de cerveau disponible. » Il aurait pu ajouter que lesdits cerveaux étaient préalablement lessivés par certains programmes d'une rare indigence que sa chaîne diffuse. Hélas, elle n'est pas la seule... Chacun est, bien entendu, au nord comme au sud, à l'est comme à l'ouest, sans oublier bien sûr le centre, parfaitement libre de défendre ses racines. Et aussi d'embaucher, dans une entreprise privée, qui il veut, même avec des antécédents judiciaires. Et même, bien que l'idée n'ait pas effleuré M. Le Lay, semble-t-il, d'aider la famille de la jeune Laurence Turbec, décédée le 19 avril 2000 dans l'attentat du McDonald de Quévert. Pas plus que M. Le Lay je ne suis opposé aux démarches de réinsertion, surtout au sein d'une chaîne de télévision identitaire ayant à l'origine – c'est-à-dire il y a une petite dizaine d'années – comme programme « la Bretagne, la celtitude et la mer ». Une grosse demi-douzaine d'années plus tard, TV Breizh, après avoir plafonné à 0,1 %, est parvenu à 1,8 % de parts d'audience grâce à la programmation massive de feuilletons américains dont je dois avouer que j'ignore s'ils sont ou seront « doublés » en langue bretonne. En celte ou en gallo ? Je l'ignore. *Hawaï police d'État* en celte, ça doit décoiffer ! Mais ce que je sais, c'est que lors de la création de TV Breizh, TF1 s'est associé avec Rupert Murdoch, le magnat britannique de la presse le plus francophobe qu'on puisse imaginer, avec le grand démocrate Silvio Berlusconi et avec François Pinault. Alors, de grâce...

Lors de cette interview, Patrick Le Lay a aussi accusé la France de génocide culturel de la langue bretonne et expliqué de facto que cela expliquait les réactions violentes, qu'il dit réprouver, des autonomistes bretons, tout en insistant sur la noblesse de leur cause... En fait, il s'agit pour lui de faire du profit, peu importent les moyens.

Ce qui est bien avec Patrick Le Lay, c'est qu'on a l'embarras du choix devant le florilège de ses citations. Lors de l'inauguration de TV Breizh, il pérorait : « Il n'y a rien de pire que d'être empêché de parler la langue de son père, c'est une mutilation de la personnalité. Comment peut-on exprimer ses émotions pleinement dans une langue qui n'est pas la sienne ? (...) On n'a pas le droit de tuer une langue. Surtout quand c'est une langue plus ancienne que la langue dominante. Sinon, c'est du terrorisme intellectuel. » Ce langage, que ne renierait nullement le FLNC en Corse, est le credo de tous les militants nationalistes dans quelque région qu'ils se trouvent. Pourtant, on sait très bien qu'environ 80 % des parents qui scolarisent leurs enfants dans les écoles Diwan ne parlent pas un traître mot de breton. Patrick Le Lay, j'en reviens à sa déclaration, a précisément affirmé : « Je ne suis pas français, je suis breton, je suis un nationaliste breton. » Dont acte. Et donc, c'est forcément l'abominable État jacobin qui a empêché Patrick Le Lay d'apprendre puis de pratiquer la langue bretonne, me direz-vous. Que nenni. Patrick Le Lay concède que sa mère ne parlait pas un mot de breton, et son père pas davantage. Le problème remonterait donc à son grand-père. Vous suivez ? Non, parce qu'en réalité, M. Le Lay admet que s'il n'a jamais pu apprendre le breton en dépit des efforts méritoires qu'il a déployés, c'est parce qu'il n'est pas doué pour les langues. Qu'il a un « problème d'oreille ». Et d'ajouter : « Si je me mettais deux mois à fond avec toutes les bases que j'ai, je parlerais breton couramment. » Puis de conclure : « Mais comme c'est un truc d'intellectuel, ce n'est pas grave. » Tout commentaire à ce stade paraît superflu. Sauf un : la disparition de la langue bretonne, c'est, selon M. Le Lay, du terrorisme intellectuel et sa pratique, un truc d'intellectuel. Cette rhétorique, comme toute rhétorique nationaliste, est hermétique et imperméable à la contradiction. Mieux, elle semble, aux yeux de certains, fédératrice, puisque le nationalisme breton, dont les racines historiques se trouvent à l'extrême droite, a fini par trouver une forme de légitimité à gauche dans le cadre d'un projet d'une Europe des ethnies. La lecture du pertinent ouvrage de Françoise Morvan, *Le Monde comme si. Nationalisme et dérive identitaire en Bretagne*, en apporte la démonstration, notamment à travers une étude parue au printemps 1998 dans la revue *Golias*, étude consacrée à un institut « bretonnant », l'institut de Locarn : « Inauguré par Yvon Bourges et l'archiduc Otto de Habsbourg, béni par Dom Le Gall, père-abbé de l'abbaye bénédictine voisine de Kernogan, l'institut de Locarn rassemble chercheurs, enseignants, spécialistes du marketing et chefs d'entreprise au sein d'un "collège stratégique"» où des journalistes en vue côtoient des experts de la défense européenne et du renseignement économique. Son but : préparer l'avènement du troisième millénaire en le fondant sur des régions historiques – la Bretagne, la Flandre, la Bavière, la Catalogne… – dont on aura préalablement renforcé l'intégration économique et spirituelle. Volontairement ambigu, ce credo qui vise à "transformer la Bretagne en dragon intra-européen" a réussi à fédérer sous une même bannière nationaliste bretonne, lobbies patronaux régionalistes et partisans de la nouvelle évangélisation. Implicitement mais violemment antirépublicaine, leur thèse repose sur une vision ethno-différentialiste de l'histoire qui voit dans la compétition économique une guerre de culture... »

Vers de nouvelles formes de terrorisme ?

Quelle évolution du terrorisme peut-on redouter dans un avenir plus ou moins proche ? Pensez-vous par exemple qu'il puisse être fait usage des « bombes sales », nucléaires, bactériologiques... ?

Vous connaissez la formule : « le pire n'est jamais sûr ». Encore convient-il de se préparer à toutes les éventualités, car ce n'est pas la barrière de la morale qui empêchera que cela arrive. La surenchère inhérente au terrorisme – montrer qu'on existe malgré les coups reçus, qu'on a la possibilité de « faire plus fort » – oblige à considérer qu'en l'état actuel des choses, c'est une hypothèse qui ne saurait être négligée. Dès lors, il faut adapter son dispositif. C'est ce qu'ont fait la France et bon nombre de pays occidentaux. Ce travail consiste à élaborer des méthodes d'intervention et à constituer des équipes de secours adéquates, pour pouvoir agir le plus efficacement possible au cas où cela se produirait. Il faut par exemple anticiper le problème de la contamination ou de la radiation des équipes de secours, des pompiers et de la police. Si un attentat a lieu aujourd'hui dans le métro, ce ne seront plus les médecins ou les ambulanciers qui iront les premiers sur les lieux, mais les services spécialisés équipés de combinaisons ad hoc. Des mesures détectant la radioactivité, les gaz générés par l'explosion seront réalisés dans un premier temps, avant toute autre intervention. Quant aux attentats bactériologiques, ils seront encore plus dangereux car il sera difficile d'avoir des résultats instantanés des analyses opérées. Et cela induira forcément un changement d'échelle sur la grille de la terreur et de la panique qui risquent de s'ensuivre. Jusqu'à présent, les techniques employées par les terroristes n'avaient pas fondamentalement évolué et les bombes du métro parisien en 1995 étaient des bombes artisanales, proches dans leur conception des bombes à clous de la fin du XIXe siècle chères à Ravachol ou à Vaillant. Même les attentats du 11 Septembre, bien que leur mode opératoire ne soit plus tout à fait traditionnel, ne constituent pas une réelle innovation. Ils ont en fait combiné deux « techniques » ayant déjà fait leurs preuves : celle des camions-suicides de Beyrouth en 1983, mais avec la capacité de destruction d'avions de ligne remplis de carburant, et celle qui consiste à porter la guerre dans le camp ennemi, inaugurée par l'organisation des Tigres tamouls au Sri Lanka.

Le stade ultérieur, que l'on peut donc raisonnablement redouter, sera marqué par l'utilisation de ce qu'on appelle les bombes sales, qu'elles soient chimiques, bactériologiques, ou contenant des matières fissiles. Elles frapperont des victimes de manière très différente, dans des temps différents... Les secours devront prendre d'énormes précautions, voire différer leurs interventions... Il est en tout cas fort probable, aussi, que les hommes politiques viendront moins fréquemment sur les lieux des attentats : je me souviens en particulier de l'attentat à Saint-Michel le 25 juillet 1995 où « tout le monde » était venu piétiner les alentours immédiats de la station RER, les membres du gouvernement, le maire de Paris... Toujours est-il que l'hypothèse d'un emploi de ces nouvelles armes ne relève pas du simple fantasme. Au mieux ressortirait-elle de la propagande terroriste : en 1998, Oussama Ben Laden a en effet déclaré : « Nous ne considérons pas comme un crime d'essayer d'obtenir des armes nucléaires, chimiques, biologiques ; notre terre est occupée par les Israéliens et les forces américaines, nous avons le droit de la libérer... » Le terrorisme nucléaire, particulièrement redouté après l'effondrement en 1989 du bloc soviétique, n'a pas connu le « succès » que certains experts lui prédisaient car, qu'il s'agisse de plutonium, de césium ou d'uranium enrichi, leur mise en œuvre en quantité suffisante nécessite de gigantesques moyens que seul un État peut réunir. Pour autant, on sait parfaitement que des trafics de matière fissile ont lieu dans les anciens pays du bloc de l'Est.

L'arme chimique semble hélas plus facile à utiliser dans une démarche terroriste. Après la Première Guerre mondiale, en 1925, un traité international a interdit « l'emploi à la guerre de gaz asphyxiants, toxiques ou similaires, ainsi que de tous liquides, matières ou procédés analogues qui ont été à juste titre condamnés par l'opinion générale du monde civilisé ». Ce traité prévu pour la guerre entre États ne prohibait pas la fabrication de telles armes mais seulement leur emploi... Après la Seconde Guerre mondiale et pendant de nombreuses décennies, c'est la problématique de l'arme nucléaire qui s'est révélée prépondérante. L'hégémonie de l'arme atomique a provoqué, dans de nombreux pays qui ne la possédaient pas, deux types de réaction : celle consistant à récuser le concept de base des traités de non-prolifération et à essayer de se la procurer (l'Inde et le Pakistan, la Corée du Nord par exemple, et désormais l'Iran) ; celle consistant à revendiquer le droit à la fabrication de « bombes atomiques du pauvre », c'est-à-dire les armes chimiques bactériologiques.

Pendant toute la décennie 1980, les pays du Moyen-Orient ont massivement fabriqué ou acquis un stock considérable d'armes chimiques et bactériologiques. À cette même époque, l'URSS avait une énorme supériorité en ce domaine sur les États-Unis. Il a fallu attendre l'arrivée au pouvoir de Mikhaïl Gorbatchev pour que fût cassée la dynamique de la course aux armements chimiques entre l'Est et l'Ouest. Mais la problématique n'était déjà plus celle mettant aux prises les anciens adversaires de la guerre froide, elle est devenue celle de la prolifération dans l'hémisphère Sud. Rappelons pour mémoire l'utilisation massive de gaz lors de la guerre entre l'Iran et l'Irak, puis pour exterminer les populations kurdes irakiennes en 1987 et 1988. Ce n'est qu'en janvier 1993 avec le traité de Paris contre les armes chimiques qu'ont été interdits non seulement leur emploi, mais aussi leur détention et leur fabrication. Ce traité a ordonné la destruction de stocks existants et le contrôle de ce désarmement par un organisme indépendant dans un délai de dix ans à compter du mois d'avril 1997. Mais ce texte a été conçu avant tout contre un éventuel usage de ces substances chimiques dans le cadre d'une guerre, c'est-à-dire à grande échelle. Rien n'a été prévu contre le terrorisme, qui a pu acquérir les produits précurseurs en petite quantité, et ce d'autant plus aisément que la chute de l'URSS a laissé « vacants », dans les différentes républiques ex-soviétiques, de gigantesques stocks pour lesquels les risques de dissémination, notamment liés au pouvoir dont y disposent les mafias, ne sont pas virtuels. Et que le coût de leur destruction est hors de portée des finances publiques desdits pays.

Le danger de voir de telles substances tomber entre les mains de terroristes est encore accru par le fait que la technologie nécessaire à la fabrication de ce type de gaz n'est pas d'une complexité folle et que, contrairement à la maîtrise du nucléaire, nombreux sont les chimistes capables de la mettre en œuvre. Sans oublier qu'ils peuvent être produits à peu de coût. Et la palette est vaste : entre les divers agents létaux qui provoquent la mort de ceux qui les respirent ou qui les touchent (ypérite, gaz moutarde et autres vésicants qui brûlent la peau et les muqueuses, le chlore et le phosgène, et autres suffocants qui occasionnent œdèmes du poumon, troubles circulatoires et rénaux, l'acide cyanhydrique, le chlorure de cyanogène et autres poisons sanguins, sans oublier le tabun, le soman et les produits V, c'est-à-dire les neurotoxiques qui bloquent le système neurovégétatif), les terroristes n'ont que l'embarras du choix... de la mort et des souffrances de leurs victimes. J'allais oublier le gaz sarin, utilisé pendant le second conflit mondial, mais aussi au Japon, il y a treize ans, par les membres d'une secte. Le 20 mars 1995, en effet, seize colis contenant du gaz sarin furent déposés sur trois lignes du métro de Tokyo : 10 morts et 5 000 intoxiqués. Très rapidement les soupçons s'orientèrent vers la secte Aum Shinri-Kyo, laquelle était impliquée dans plusieurs affaires criminelles de séquestration. L'année précédente déjà, en juin, 7 personnes qui étaient en conflit avec la secte avaient été tuées à la suite de l'inhalation de ce gaz mortel à Matsumoto. Et en juillet 1994, des émanations toxiques avaient été perçues à proximité d'un des centres de la secte près de la capitale nippone. Lorsque le 22 mars 1995, la police a investi les différents locaux et pied-à-terre de la secte, elle y a découvert des adeptes en état de dénutrition mais aussi d'importantes quantités de produits chimiques entrant dans la composition du gaz sarin. Le gourou Shoko Asahara avait pris la fuite. Et le 30 mars 1995, le chef de la police nationale en charge des activités de la secte était grièvement blessé par balle à Tokyo...

La problématique, globalement identique, est encore plus complexe dans le domaine de la biologie. Les experts en terrorisme biologique ou bactériologique retiennent en priorité cinq agents pathogènes susceptibles de provoquer des dégâts considérables : la variole, maladie très virulente et hautement contagieuse, et jugée éradiquée il y a une trentaine d'années (ce qui a conduit à l'arrêt des campagnes de vaccination) et qui en cas d'épidémie entraînera un taux de mortalité d'environ 30 % et de graves séquelles chez les survivants ; la peste, dont la bactérie peut être diffusée par aérosol et dont la variante pulmonaire est la plus contagieuse. Comme avec la variole, le taux de mortalité prévisible généré par cette maladie ancrée en profondeur dans l'inconscient collectif est très élevé ; l'agent de la tularémie, qui génère la fièvre du lapin et dont le taux de mortalité est évalué à 35 % ; les toxines botuliques, qui sont des protéines sécrétées par des bactéries anaérobies et qui constituent le plus puissant des poisons : dispersées dans l'atmosphère ou introduites dans des circuits d'eau potable, leurs effets seraient ravageurs ; enfin, le bacille de la maladie du charbon, autrement nommé anthrax, qui, inhalé, entraîne en quelques jours des septicémies mortelles. Dans les semaines qui ont suivi le 11 Septembre, au mois d'octobre 2001, cinq personnes sont décédées après avoir inhalé des spores de l'anthrax disséminées dans des lettres qui, au total, ont infecté vingt-huit personnes. Malgré les mille agents du FBI mobilisés sur cette enquête, celle-ci n'a pas abouti. Les soupçons initiaux se sont d'abord portés sur Al Qaïda, puis vers l'Irak, au vu des manuscrits contenus dans les enveloppes : « Mort à l'Amérique, mort à Israël, Allah est grand », le tout rédigé dans un anglais approximatif. Puis l'enquête s'est orientée vers la piste du terrorisme intérieur, les groupes d'extrême droite américains, dont l'un avait fait sauter le 19 avril 1995 un bâtiment du centre ville d'Oklahoma City qui abritait des services fédéraux et une crèche. On dénombra sur le site de l'attentat 168 morts et 2 disparus. L'irruption du terrorisme au cœur de l'Amérique profonde suscita une émotion considérable dans le pays. Cet attentat était alors le plus meurtrier de l'histoire du pays. Il survint, jour pour jour, deux ans après l'attaque au Texas du camp retranché de Waco par le FBI, action au cours de laquelle 86 adeptes de la secte de Waco avaient trouvé la mort. Le 20 avril 1995, un suspect fut arrêté : c'était un ancien soldat proche d'une milice paramilitaire qui avait voulu venger les Davidiens de Waco. L'enquête permit de révéler l'importance aux États-Unis de la mouvance d'extrême droite antifédérale dont certains représentants sont des terroristes en puissance. Le 2 juin 1997, le jury du tribunal fédéral de Denver jugea Timothy McVeigh coupable de cet attentat meurtrier. Et le 13 juin 1997, le juge le condamna à la peine de mort.

L'épisode post-11 Septembre de l'anthrax a démontré que même si la fabrication de cette substance nécessite une parfaite maîtrise de la microbiologie, son utilisation à des fins terroristes n'est pas que théorique. D'une manière générale, les souches qui peuvent être utilisées dans le cadre du terrorisme bactériologique sont les mêmes que celles qu'utilisent la médecine et l'industrie pharmaceutique. Leur commerce est licite, les installations qui les produisent sont nombreuses et la liberté du commerce, tout comme la nécessité de protéger le secret des recherches et la propriété industrielle, rendent très difficile le contrôle de ces productions. Et, cruelle ironie de l'histoire contemporaine, ce sont les États-Unis qui, le 25 juillet 2001, ont fait échouer à Genève la négociation d'un traité qui visait à rendre efficace la convention de 1972 sur l'interdiction des armes biologiques en lui adjoignant un processus de vérification et de contrôle. L'aversion des États-Unis pour toute législation internationale intrusive qui aboutit à donner à un organisme extérieur le droit de regard sur leurs recherches et leurs industries, le même que celui s'exerçant sur les pays signataires de la convention, est malheureusement de notoriété publique.

SECONDE PARTIE

De la lutte à la guerre antiterroriste

La mise en place, en France, d'un système de lutte antiterroriste centralisé

La précocité de l'intervention des services chargés de la lutte antiterroriste en France, à compter de 1993, signifie-t-elle que le gouvernement français a eu conscience avant ses homologues occidentaux de la tournure que prenait le terrorisme djihadiste ?

D'abord, bien évidemment, on ne savait pas tout. Tant s'en faut. Les acteurs de la lutte antiterroriste tentent de comprendre, d'apprendre, de décrypter, afin de pouvoir mieux anticiper. Mais, par définition, la clandestinité qui s'attache à l'activité terroriste ne rend pas les choses aisées. Ce qui est dit là est une vérité d'évidence, mais elle me paraît devoir être rappelée : il n'y a pas de super-flics, de super-espions, ni de super-juges qui savent tout avant les autres ; il n'y a que des gens qui travaillent pour parvenir à déjouer les projets terroristes. En conséquence, lorsqu'en 1993 le gouvernement de cohabitation a décidé de ne plus fermer les yeux sur certains trafics et sur certaines actions qui se déroulaient en France, avec pour toile de fond le conflit algérien, il a pris une décision politique ; qui sans doute aurait pu être prise au moins une bonne année auparavant par le gouvernement socialiste, informé de ce qui se passait sur le sol français et bien sûr, aussi, de la situation en

Algérie. Pour autant, au milieu des années 1990, la France n'était pas le seul pays qui commençait à prendre conscience de la montée en puissance de cette mouvance terroriste. Tout comme les bouleversements liés à la chute du communisme qui ont certainement été à l'époque sous-évalués – ce qui ne signifie pas que personne ne les avait pris en considération –, il n'est pas sûr que le monde occidental ait bien mesuré l'ampleur du phénomène et la nature nouvelle du terrorisme auquel nous allions être confrontés. Il faut rappeler qu'en 1995, lorsque la France a subi la violence terroriste, c'est malheureusement le choix des égoïsmes nationaux qui a prédominé lorsqu'il s'est agi de donner une cohérence à la lutte sur le plan européen. Sans doute, les autres pays occidentaux ont-ils peu ou prou considéré qu'il était inéluctable, à défaut d'être « normal », que cela arrive en France, ce pays empêtré dans sa complexe histoire postcoloniale marquée par ses liens forts avec l'Algérie. Toujours est-il qu'on ne pouvait ignorer, à cette époque, qu'outre l'Algérie, le Maroc, la Tunisie et certains pays d'Afrique étaient travaillés par des tendances djihadistes. Au Maroc, par exemple, la fin du règne d'Hassan II fut marquée par une répression extrêmement violente de l'extrémisme musulman. Bref, tout cela constituait un faisceau d'indicateurs, de signes, qui permettaient de comprendre que le terrorisme était au moins en train de changer d'échelle.

Quels événements ont pu favoriser cette prise de conscience ?

En fait, on peut considérer que le terrorisme fondamentaliste est venu battre les côtes des démocraties occidentales comme une marée montante. La première vague correspond à la période 1993-1995, avec les Groupes islamistes armés algériens (GIA) dont certains membres avaient été formés dans les camps afghans. Elle se manifeste bien sûr sur le territoire algérien, mais aussi par la campagne d'attentats de

Paris au cours de l'été 1995, et peut-être, car l'enquête n'a pas abouti à ce jour, par l'attentat meurtrier perpétré à Paris le 3 décembre 1996 contre le RER à la station Port-Royal à l'aide d'une bombe de fabrication artisanale qui fit quatre morts et de nombreux blessés. Un peu avant Noël 1996, les GIA diffusèrent un communiqué dans lequel ils menaçaient de poursuivre « dans la voie des tueries et des massacres » si Paris ne cessait pas « tout soutien » au régime algérien, ne versait pas « un tribut » en échange de la vie des Français résidant en Algérie et ne favorisait pas la libération de l'ancien chef des GIA Abu Adlan Abdelhaq Layada détenu en Algérie. Certains ont vu dans ce texte une revendication implicite de l'attentat de Port-Royal. Pourtant, les GIA, comme toutes les organisations terroristes, savent en général être parfaitement explicites lorsqu'elles décident de communiquer.

La deuxième vague correspond aux années 1996 et 1997. C'est à cette époque-là que les services spécialisés français ont constaté l'internationalisation du terrorisme islamiste qui, bien évidemment, était antérieure. Et c'est dans la prise en compte de l'évolution du terrorisme international qu'il faut interpréter l'extradition en France, à la demande des autorités judiciaires spécialisées dans la lutte antiterroriste, de Fateh Kamel, arrêté en Jordanie. Fateh Kamel était lié à Ahmed Ressam, un Algérien de 37 ans membre d'Al Qaïda qui sera interpellé au mois de décembre 1999 aux États-Unis, alors qu'il débarquait du ferry en provenance du Canada, avec dans sa voiture des détonateurs et 59 kilos d'explosif qui devaient servir à perpétrer un attentat contre l'aéroport de Los Angeles, à l'occasion du passage à l'an 2000. Le « Millenium Bomber », nom qui lui a été donné par la presse américaine, a dans un premier temps aidé la justice américaine en lui fournissant des renseignements sur les camps d'entraînement d'Al Qaïda implantés en Afghanistan. Les risques encourus par la France du fait de la persistance du conflit fratricide algérien n'ont pas disparu après l'arrestation des auteurs de certains des attentats perpétrés à Paris durant l'été 1995. Le 26 mai 1998, le réseau logistique de l'« émir » Hassan Hattab, un des chefs dissidents des GIA, était démantelé à Paris, deux semaines avant le début de la Coupe du monde en France, événement dont la médiatisation exceptionnelle pouvait servir de formidable caisse de résonance pour la propagande djihadiste en cas d'attentat. Le chef de ce réseau, Omar Imad Saiki, fut condamné en 2000 à quatre ans d'emprisonnement pour son implication dans cette association de malfaiteurs ayant pour but de préparer des actes de terrorisme.

La troisième vague fut un raz-de-marée. Elle a frappé le 11 septembre 2001 aux États-Unis. Mais elle s'est aussi manifestée à travers l'action de groupes plus ou moins autonomes qui ont commis des attentats meurtriers, notamment à Karachi, à Djerba, à Bali. En France, dès le 21 septembre 2001, le réseau animé par le ressortissant franco-algérien Djamel Beghal a été démantelé avant d'avoir pu mener à bien son projet d'attentats contre des intérêts américains sur le sol français. Djamel Beghal fut condamné à Paris le 17 mai 2005 à dix ans d'emprisonnement. Le 26 novembre 2001, ce fut au tour du Français d'origine tunisienne, Adel Tebourski, d'être interpellé dans le cadre de la procédure relative au réseau de soutien au kamikaze Dahmane Abd El Sattar, qui, avec un complice, avait assassiné le 9 septembre 2001, deux jours avant le 11, le commandant Ahmed Shah Massoud. Adel Tebourski fut condamné le 17 mai 2005 à six années d'emprisonnement pour association de malfaiteurs en relation avec une entreprise terroriste. Le 4 février 2002 puis le 25 novembre 2002 furent respectivement interpellés, avec huit autres personnes, le ressortissant algérien Yacine Akhnouche et le Franco-Algérien Slimane Khalfaoui, liés au groupe de Francfort qui avait tenté de perpétrer des attentats à Strasbourg contre la cathédrale de la ville et le marché de Noël, à la fin de l'année 2000, ce qui leur vaudra d'être condamnés à Paris le 16 décembre 2004, le premier à dix ans et le second à huit ans de prison. Le 12 juin 2002, deux Français et un Pakistanais étaient à leur tour interpellés sur le territoire national pour avoir fait partie du réseau de soutien logistique à Richard Reid. Les premiers seront condamnés le 16 juin 2005 à des peines de trois à cinq ans de prison. Richard Reid, ressortissant britannique, employé dans une mosquée de Brixton, sera condamné le 30 janvier 2003 à Boston à la prison à vie pour avoir tenté de mettre à feu un engin explosif improvisé, monté dans ses chaussures, dans le vol Paris-Miami le 22 décembre 2001 à bord duquel 197 personnes avaient pris place. À la fin de l'année 2002, les 16 et 24 décembre, deux coups de filet contre les filières tchétchènes, susceptibles de perpétrer des attentats à Paris contre des intérêts russes, ont abouti à la mise en examen de neuf personnes. Trois d'entre elles avaient été « formées » dans des camps d'entraînement en Géorgie. Je pourrais compléter cette liste, là aussi non exhaustive, et devenir suspect aux yeux de mes lecteurs de poursuivre un dessein propagandiste en faveur de mes collègues de la section antiterroriste qui se sont attelés à cette tâche. Mais ce rappel des principales interventions judiciaires me paraît de nature à démontrer d'une part, quoi qu'en disent les contempteurs de l'institution, que la spécialisation des magistrats en charge de la lutte antiterroriste, et bien sûr en amont, des services de police, est utile, payante, nécessaire, et pour tout dire indispensable, et d'autre part que la mondialisation du péril n'est pas un fantasme.

La quatrième vague, celle à laquelle nous sommes actuellement confrontés, est la conséquence de la guerre en Irak. Les djihadistes qui se forment là-bas reviennent au Maghreb et en Europe... À suivre... Avec toute la vigilance nécessaire. Tout comme celle que requiert l'évolution de la situation en Afghanistan.

La France est donc une cible de longue date du terrorisme. Est-ce cela qui explique la spécificité du dispositif de lutte antiterroriste qui y a été mis en place ?

Il faut en effet rappeler que la France est le pays d'Europe occidentale qui a été le plus souvent frappé par une grande variété de terrorismes. Par conséquent, notre pays a dû et su développer, dans le domaine de la lutte antiterroriste, une forme de « culture ». Et cette culture est forcément diversifiée car nous avons été confrontés à de multiples formes de terrorisme : terrorisme révolutionnaire d'Action directe, terrorisme poursuivant des visées séparatistes ou autonomistes (corse, basque et breton), terrorisme international des États qui emploient au besoin des mercenaires entre 1982 et 1986, terrorisme lié à la guerre fratricide en Algérie. En un mot comme en cent, il a fallu s'adapter. Et puis, en Europe, c'est également en France qu'ont eu lieu les premières exactions du terrorisme islamiste.

Pour autant, si le fait d'avoir des institutions rodées à la lutte antiterroriste constitue une condition nécessaire à l'efficacité de celle-ci, cela n'a pas suffi à nous faire entendre en temps utile. J'ai déjà évoqué les difficultés de la coopération internationale avec nos voisins européens après les attentats de Paris en 1995. Parlons donc maintenant de l'opinion publique française : je me souviens que lorsque, à la section antiterroriste, nous avons été confrontés aux menées des Groupes salafistes pour la prédication et le combat (GSPC) ainsi qu'à celles du Takfir Wal Hijra, mouvement extrémiste sunnite d'origine égyptienne, qui avait implanté des réseaux en France dès 1997, on a prétendu – simplement parce que ces mots étaient nouveaux – qu'il ne s'agissait là que de propagande, la dernière trouvaille de mon ex-collègue Jean-Louis Bruguière pour se rendre intéressant. Hélas non ! De même, quand une opération judiciaire a été organisée en région parisienne par les services antiterroristes avant la Coupe du monde de 1998, cela a fait hurler dans certaines chaumières. Bien sûr, on ne pouvait pas savoir à ce moment-là que quatre des personnes arrêtées en ces circonstances seraient retrouvées fin 2001 en Afghanistan : l'une, morte de misère physiologique dans les montagnes afghanes, les trois autres capturées par les Américains et envoyées à Guantanamo. Mais cela veut dire au moins que les renseignements dont nous disposions sur eux à l'époque n'étaient pas complètement frelatés. Leur peine exécutée, bon nombre de ceux qui avaient été interpellés au printemps 1998 ont pris la direction de l'Afghanistan. Et cette fois, sans stage d'archéologie à la clé.

Comment s'est mis en place le dispositif judiciaire, policier et législatif de lutte contre le terrorisme ?

Pour comprendre la manière dont le corpus législatif relatif à ce domaine a été élaboré, il ne paraît pas inutile de se reporter à une trentaine d'années en arrière. Au niveau européen d'abord, c'est le 27 janvier 1977 que, pour la première fois, une convention européenne pour la répression du terrorisme a été signée par divers États de la Communauté. Elle faisait suite aux attentats commis à la fin des années 1960 puis au début des années 1970, notamment celui perpétré contre la délégation israélienne aux Jeux olympiques de Munich de 1972. C'était l'époque des premiers détournements d'avions et des assassinats d'otages, qui ont durablement frappé les imaginations des gens de ma génération. Et pour cause... En 1950, on dénombrait sept détournements d'aéronefs dans toute l'histoire de l'aviation. La seule année 1967, on en recensa soixante-sept. Les premiers détournements d'avions des années 1960 avaient au demeurant un but essentiellement spectaculaire. Les « pirates de l'air » ne menaçaient pas véritablement les passagers. Quant aux membres de l'équipage, ils étaient simplement menacés pour les besoins de l'opération mais il ne leur était pas fait de mal. Nombreux sont les passagers des lignes aériennes de Floride qui ont ainsi pu faire du tourisme gratuit à Cuba. Fidel Castro encaissait les dividendes des frais de « toucher » des appareils ainsi détournés ; ensuite, il organisait pour les passagers des avions des visites, elles aussi gratuites, de La Havane en affrétant des autobus. Puis malheureusement les temps changèrent. À Rome, cinq Palestiniens incendièrent un avion de la Pan Am détourné sur la ville éternelle. Bilan, trente et un brûlés vifs.

Sur le plan du terrorisme national, dans un registre moins sanglant mais néanmoins préoccupant, l'année 1976, soit un an avant l'adoption de la première convention européenne de lutte contre le terrorisme, avait vu la création en Corse du FLNC, qui ponctuait ses revendications par la commission de nombreux attentats et avait rapidement entrepris, sous couvert d'impôt révolutionnaire, de racketter particuliers et entrepreneurs. L'ETA, pour sa part, ne considérait pas la mort de Franco comme une donnée suffisante pour cesser de se livrer en Espagne à de multiples attentats et assassinats : à cette époque, la politique de la France concernant les implantations dans le Sud-Ouest des terroristes basques n'était pas à la franche collaboration avec l'ancienne dictature hispanique, également confrontée aux agissements du terrorisme révolutionnaire incarné par les Groupes antifascistes du premier octobre, et aux prises avec celui d'Iparretarak. Sans oublier peu de temps après le contre-terrorisme des GAL, qui n'était qu'une autre forme de terrorisme.

L'histoire de la coopération franco-espagnole dans la lutte contre le terrorisme basque ne fut pas un long fleuve tranquille. L'installation de la démocratie en Espagne mais aussi le renforcement de l'État espagnol aux dépens des nationalistes régionaux a engendré aux deux extrêmes de l'échiquier politique de vives réactions. L'ETA qui à la fin 1998 revendiquait le meurtre d'une trentaine de policiers exigeait le départ « des forces d'occupation ». Le Parti national basque (PNV) s'efforçait quant à lui d'isoler le terrorisme et dénonçait la violence politique en organisant à la fin octobre 1978 une manifestation silencieuse qui réunissait dans les rues de Bilbao 40 000 personnes. C'était la première fois que ce parti, qui préconisait pourtant l'abstention au référendum sur le statut d'autonomie du Pays basque espagnol, prenait publiquement position contre les activistes qui, vingt ans auparavant, avaient quitté ses rangs pour créer l'ETA L'extrême droite n'était pas en reste : elle mobilisait ses troupes contre « le terrorisme et ses complices ». Et les capacités des néofascistes de provoquer l'adhésion populaire se révélèrent incontestables : le 3 novembre 1978, à l'appel de Fueza Nueva, 300 000 personnes défilèrent dans les rues en scandant des slogans hostiles au gouvernement et en criant « Armée, le peuple est avec toi ». Le 10 novembre marqua la riposte des démocrates. À l'appel de la presque totalité des partis politiques et des syndicats qui appelaient à dénoncer le terrorisme, plusieurs centaines de milliers de manifestants défilaient dans les villes, dans toute l'Espagne. Le 16 novembre 1978, un complot militaire fut déjoué. Ce rappel des événements conduit à constater l'extrême précarité de la situation politique en Espagne dans les années qui ont suivi la mort de Franco. À cette époque-là, pourtant, la France était encore loin d'avoir fait le choix de coopérer avec la police et la justice espagnoles, sans doute en raison de leurs rôles durant la dictature. Mais cette situation-là ne pouvait que favoriser l'ETA qui, dans cette situation troublée, poursuivait ses exactions contre les forces de l'ordre et abattait un juge du Tribunal suprême. Le 3 janvier 1979, c'était le gouverneur militaire de Madrid, le général Constantino Ortin Gil qui était assassiné en plein centre de la capitale par l'ETA. La veille, l'organisation terroriste avait tué à San Sebastian l'adjoint du gouverneur militaire de la province. Le 4 janvier 1979, à l'occasion des obsèques du gouverneur militaire de Madrid, des manifestations d'hostilité se faisaient jour et le retour de l'armée au pouvoir était réclamé. Le 9 janvier 1979, c'était un juge madrilène qui tombait à son tour sous les balles de l'ETA, portant le macabre bilan depuis le début de l'année à cinq morts. Finalement, le 30 janvier 1979, le ministère des Affaires étrangères français, prenant acte de la démocratisation du régime espagnol, annonçait la suppression du statut de réfugié politique pour les Espagnols vivant en France, concrétisant ainsi l'engagement pris par le président de la République Valéry Giscard d'Estaing lors de son voyage officiel à Madrid le 30 juin 1978.

Tous les problèmes n'étaient pas pour autant encore réglés. Le 2 juillet 1981, Leopoldo Calvo Sotelo, chef du gouvernement espagnol, rendait visite à Paris au président François Mitterrand qui le recevait en présence du Premier ministre Pierre Mauroy et du ministre des Relations extérieures Claude Cheysson. Bien sûr, au rang des thèmes de la rencontre, figurait la lutte contre le terrorisme au Pays basque. Le principe d'une visite du ministre de l'Intérieur, Gaston Deferre, à Madrid était retenu. Celle-ci était fixée au 21 juillet 1981. Patatras. Le 18 juillet, le *Nouvel Observateur* publiait une interview du ministre de l'Intérieur français et en substance l'une de ses pétitions de principe : « Extrader est contraire à toutes les traditions de la France, surtout quand il s'agit, comme là, d'un combat politique. » Le lendemain, le voyage de Gaston Deferre en Espagne était ajourné. Le ministre s'est finalement rendu à Madrid le 29 juillet 1981 pour s'y déclarer prêt à appuyer la lutte antiterroriste, notamment en renforçant les contrôles frontaliers mais « en respectant les principes des droits de l'homme auxquels le gouvernement français est fondamentalement attaché... »

Il a fallu attendre le 15 juin 1987 pour que le Conseil des ministres français décrète la dissolution d'Iparretarak (« ceux du Nord »). Cette organisation terroriste basque française avait commis depuis 1973 une soixantaine d'attentats dont le premier avait été perpétré à Banca dans les Pyrénées-Atlantiques le 11 décembre 1973. Son chef Philippe Bidart était alors toujours en fuite. Il sera finalement arrêté au Boucau dans la nuit du 19 au 20 février 1988 par le GIGN

Il ne faut pas oublier non plus les attentats perpétrés par

Action directe, qui n'avait pas encore, à l'aube des années 1980, décidé de faire couler le sang, alors qu'en République fédérale d'Allemagne la Rote Armee Fraktion, communément appelée la bande à Baader, et en Italie les Brigades rouges, faisaient déjà œuvre de leur malfaisance et de leur propension sanguinaire. Sans davantage oublier que dans la péninsule italienne, des groupuscules d'extrême droite s'apprêtaient à semer la mort par des attentats aussi aveugles que meurtriers, comme par exemple à la gare de Bologne en 1980. La Belgique subissait quant à elle les exactions des Cellules combattantes communistes (CCC) dont l'un des principaux responsables, Pierre Carette, fut interpellé le 16 décembre 1985 à Namur alors que son organisation avait revendiqué vingt-sept attentats perpétrés au cours des douze mois précédents. Les années 1970 furent aussi celles où le Front de libération de la Bretagne (FLB) faisait preuve d'un activisme incontestable et arrosait ses « succès », non pas avec la boisson américaine chère à Patrick Le Lay, mais avec des produits manifestement encore plus toxiques, le chouchen par exemple. Voilà pour le contexte.

En 1981, en exécution de son programme, François Mitterrand dissolvait la Cour de sûreté de l'État, juridiction d'exception portée sur les fonts baptismaux par la Constitution de 1958. Cette juridiction, comme d'autres, par exemple les tribunaux permanents des forces armées, supprimés à la même époque, n'était pas illégale puisque créée par la loi. Mais elle était dorénavant, en tout cas aux yeux de la gauche, considérée comme illégitime. Quant à la droite, revenue au pouvoir de 1986 à 1988, puis de 1993 à 1997, et depuis 2002, force est de constater qu'elle n'a pris aucune initiative pour la rétablir. Et, objectivement, elle n'en a pas eu la tentation. Toujours est-il qu'à compter de 1981, il n'existait plus de juridiction spécifique appelée à connaître des procédures de terrorisme et des atteintes à la sûreté de l'État. Ce furent donc des juges de droit commun, pour l'essentiel ceux du tribunal de grande instance de Paris, mais aussi les magistrats exerçant leur métier dans les ressorts des cours d'appel de Bastia et de Bordeaux, qui eurent à connaître ce type de contentieux de 1981 à 1986. C'est le parquet de Paris, les juges d'instruction de Paris et les magistrats du siège de la cour d'appel de Paris, qui ont donc été confrontés – compétence territoriale oblige – à la campagne d'attentats perpétrés dans la capitale en 1982, actions terroristes commises pour peser sur la politique étrangère de la France, au Proche-Orient et singulièrement au Liban. Paris n'avait plus été frappé par des actions de ce type depuis le début des années 1960, à proximité des accords d'Évian, par l'activisme désespéré de l'Organisation de l'armée secrète (OAS).

En 1985 et 1986, comme trois-quatre ans auparavant, toujours pour peser sur la diplomatie française, de nouveaux attentats ont été commis à Paris. À l'initiative de l'exécutif, le législateur s'est alors posé la question de savoir si l'outil judiciaire en place – à savoir des juges de droit commun qui s'occupaient d'affaires de terrorisme parmi d'autres contentieux – était suffisant pour faire face de manière efficace aux menaces internes et externes. On connaît la réponse. Elle tient en quelques chiffres si l'on veut bien se souvenir qu'entre 1975 et 1986 il y eut sur le territoire national, tous types de terrorisme confondus, plus de six mille attentats – la plupart d'entre eux n'ayant fait aucune victime. Mais on ne saurait pour autant oublier que les attentats revendiqués par le Comité de soutien aux prisonniers arabes, proche du Hezbollah avaient provoqué la mort de onze personnes et fait deux cent soixante blessés ; et qu'après 1981 les assassinats perpétrés par l'organisation terroriste Action directe sont venus compléter la sanglante rubrique ; et que les Corses hésitaient moins désormais à assassiner. Et que l'ETA avait les mains couvertes de sang. Et que... Et que...

Et donc, que se passe-t-il en 1986 ? Quels questionnements ont présidé à la mise en place d'un nouveau dispositif ?

En 1986, le législateur fut d'abord confronté à un problème de définition : chargé d'édicter la loi, il lui appartenait de trouver une définition juridique du terrorisme. Une première possibilité revenait à incriminer le terrorisme en le définissant par l'acte. Cette option, qui consiste à créer une incrimination spécifique, a d'ailleurs été retenue par certains pays qui ont ainsi tenté de définir précisément l'acte de terrorisme. Du coup, le fait de poser une bombe devient, quelles que soient les circonstances, un acte de terrorisme. Ce choix semble être de loin le plus dangereux, parce qu'il n'offre au juge que peu de marge d'interprétation, sauf à disqualifier les faits – c'est-à-dire à oublier lors de l'analyse des faits l'utilisation d'un moyen incriminé comme terroriste. Un peu à l'instar de ce qui se fait lors d'une correctionnalisation, lorsque le juge oublie délibérément une circonstance aggravante pour éviter d'envoyer la personne poursuivie devant une cour d'assises au profit d'une juridiction correctionnelle. Outre la complexité qu'il y a à définir avec précision l'acte terroriste, cette option, écartée par le législateur français, est donc à mon sens, beaucoup plus ambiguë et perverse que ne l'est le système finalement retenu par la France.

En 1986, le code incriminait encore d'une manière générale les atteintes à la sûreté de l'État et à l'intégrité physique du territoire. Puis le législateur, au fil du temps, a pris son code pénal ; il en a tourné les pages, listé un certain nombre d'infractions existantes de droit commun et a prévu qu'elles puissent être définies comme des actes de terrorisme par un mobile spécifique, celui consistant à « troubler gravement l'ordre public par l'intimidation ou la terreur dans le but d'imposer ses vues ». La définition de l'acte terroriste autonome fut posée par le nouveau code pénal de 1992 qui prit donc en compte les moyens utilisés, ainsi que la recherche d'un mobile. En conséquence, l'article 706-16 du code de procédure pénale, qui prévoit la spécificité terroriste, énumère les diverses atteintes aux biens et aux personnes qui correspondent aux activités les plus fréquentes des terroristes, mais aussi l'association de malfaiteurs, qui existait déjà dans le domaine du droit commun et qui en est le support.

Au fil du temps, suivant en cela l'évolution qu'ont connue les autres domaines de la délinquance et de la criminalité, la liste des infractions prévues et réprimées par le code pénal, ès qualités d'actions terroristes, a été étendue. Au départ, cette liste comportait les atteintes volontaires à la vie : le meurtre, l'assassinat, l'empoisonnement, qui, relevant initialement du droit commun mais associés à un mobile spécifique – imposer ses vues par l'intimidation ou la terreur –, vont désormais être qualifiés de crimes terroristes. À condition bien sûr, pour l'accusation, de rapporter la preuve que l'action criminelle s'est déroulée dans cette perspective et tendait à cette fin. Se sont ensuite ajoutés à la liste les atteintes à l'intégrité physique ou morale des individus, les actes de torture, les actes de barbarie, les violences d'une manière générale, les menaces, enlèvements et séquestrations. Mais aussi les détournements d'avions, de navires et de tout autre moyen de locomotion, les vols, avec toutes leurs éventuelles circonstances aggravantes, les extorsions de fonds... En d'autres termes, tous ces faits caractéristiques d'une activité criminelle ou délictuelle, dès lors qu'ils sont perpétrés dans une perspective terroriste, sont désormais qualifiés ès qualités et justiciables de la juridiction spécialisée. Ces crimes et ces délits ont vu en outre leurs pénalités aggravées parce que, ainsi qualifiés, ils ne se situent plus au niveau individuel (ou collectif, comme dans les associations de malfaiteurs de droit commun), mais mettent en cause les fondements de la société pour poursuivre un but illégitime et illégal et l'imposer par la violence, c'est-à-dire par des voies éminemment non démocratiques.

À côté des incriminations préexistantes qui viennent d'être énumérées, le législateur a également été amené, au fil du temps, à compléter le dispositif. Par exemple, l'article 421-2 du code pénal définit pour la première fois une infraction qui ne se réfère pas à une incrimination déjà existante. Il s'agit de l'introduction dans l'atmosphère, le sol, le sous-sol ou dans les eaux, dans les aliments ou les composants alimentaires, d'une substance de nature à nuire à l'homme, à l'espèce animale ou au milieu végétal, dès lors que ces agissements sont en relation avec une entreprise terroriste. Il y a donc forcément un ajustement permanent du code pénal aux pratiques criminelles, rendu nécessaire par la spécificité du régime de légalité des délits et des peines, selon le principe de Beccaria, édicté par l'article 8 de la Déclaration des droits de l'homme et du citoyen de 1789. J'achève l'énumération des actes de terrorisme réprouvés par le code pénal français : la production, la vente ou l'exportation, l'acquisition, la détention, le transport ou le port illégitimes de substances explosives ou d'engins fabriqués à l'aide desdites substances sont également des actes terroristes incriminés par le code pénal dès lors qu'ils sont en relation avec une entreprise terroriste. Tout comme la détention, le port et le transport d'armes et les infractions relatives à la fabrication, à la détention, au stockage, à l'acquisition et à la cession d'armes biologiques ou à base de toxines. Cette dernière catégorie d'infractions résulte d'un ajout de la loi qui montre que celle-ci évolue pour s'adapter aux nouvelles techniques. Idem pour les infractions de blanchiment d'argent, ainsi que les délits d'initiés. Enfin, constitue un acte de terrorisme le fait de « participer à un mouvement formé ou à une entente établie en vue de la préparation, caractérisée par un ou plusieurs faits matériels, d'un des actes mentionnés » ci-dessus. Il s'agit de l'incrimination d'association de malfaiteurs, c'est-à-dire une entente dont il appartiendra au juge de déterminer qu'elle a été constituée, qu'elle fonctionne, et ce dans le but de préparer des actes de terrorisme. Il était en effet indispensable de prévoir, avant le passage à l'acte, c'est-à-dire avant que l'acte terroriste n'ait été commis, que ceux qui étaient en train de le préparer dans le cadre d'une telle association, puissent être poursuivis et mis, selon la formule consacrée, hors d'état de nuire. Il en va de l'intérêt de la société et de celui des victimes potentielles, des cibles, que la justice et la police judiciaire interviennent avant que l'irréparable ne soit commis. Je fais d'ailleurs observer que l'incrimination d'association de malfaiteurs n'est pas une création de la législation spécifique à la lutte antiterroriste puisque cette infraction a été créée en droit commun pour lutter contre la délinquance et la criminalité organisées, contre les bandes de malfaiteurs et les mafias de tout poil.

Le nouveau code pénal élaboré dans le contexte historique susévoqué a donc choisi de définir le terrorisme par le mobile. Il s'agit à mon sens, je me permets d'insister, du moins mauvais des systèmes, bien que je comprenne que certains aient des arguments contraires à faire valoir. À condition que ceux-ci ne procèdent pas de la caricature ou du militantisme politique et de son discours forcément réducteur. Que ces protestataires aient argué du fait que ces lois étaient par trop imprécises et qu'en conséquence elles laissaient place à l'arbitraire, on peut toujours en discuter, s'agissant de savoir si les possibilités d'interprétation – ce qui est quand même, soit dit en passant, l'office du juge – conduisent forcément à l'arbitraire. Mais ces opposants ont aussi soutenu que le dispositif de centralisation des poursuites, de l'instruction et du jugement des affaires terroristes mis en place en 1986 méconnaissait le principe de légalité des délits et des peines, érigé en règle constitutionnelle. Comme il existe en France un Conseil constitutionnel, la loi a été examinée et le grief rejeté le 30 septembre 1986. De plus, la Cour de cassation a elle aussi été amenée à se prononcer à l'occasion de certaines procédures et a validé le dispositif.

Qu'un vif débat ait eu lieu au moment de la discussion d'une loi aussi lourde de conséquences est très important. Chaque mot, en effet, a un sens précis mais comporte aussi ses limites. On trouve par exemple plusieurs fois dans le code pénal le mot « entreprise », qu'il est nécessaire de définir le plus rigoureusement possible. Au début, on disait qu'il y avait une entreprise lorsqu'il y avait existence d'un dessein élaboré, d'un plan concerté et des efforts coordonnés destinés à atteindre un objectif prédéterminé, l'élaboration d'un plan d'action, le rassemblement des moyens matériels pour sa mise en œuvre et la mise en place d'un dispositif de repli. On peut maintenant considérer que, pour ce qui concerne l'entreprise terroriste, cela correspond toujours à ce découpage formulé, pour des raisons de précision, de manière un peu scolaire. Bien évidemment, à l'époque des kamikazes, la mise en place d'un dispositif de repli n'a plus de sens, et on peut dès lors considérer que l'existence d'un tel dispositif ne saurait plus être une condition nécessaire, si tant est qu'il l'ait jamais été, à la définition d'une entreprise terroriste. À travers cet exemple, on perçoit que le droit n'est pas quelque chose de figé, et que la jurisprudence, c'est-à-dire les décisions des cours et des tribunaux, ne saurait l'être davantage. Le droit n'est évidemment pas une discipline complètement inerte et imperméable aux évolutions de la société, des techniques et des mentalités. La loi dit aussi que l'entreprise terroriste peut être individuelle ou collective : cela permet d'incriminer les activités d'un groupe mais également l'acte isolé d'un fanatique.

Le terrorisme peut donc être défini au regard de la terreur et de l'intimidation que veulent imposer des organisations de malfaiteurs professionnels, mais aussi et surtout en fonction des atteintes aux fondements des règles sur lesquelles repose la démocratie, c'est-à-dire par le mobile de l'action illégale. En effet, les mafias sont des organisations de malfaiteurs qui peuvent imposer, au moins en certains points du territoire ou sur certaines populations ou groupes de personnes, l'intimidation ou la terreur, dans des buts parfaitement criminels d'appropriation de biens, de contrôle d'un quartier ou d'une ville... Mais elles n'agissent pas pour renverser un régime politique ; au contraire, elles s'y adaptent et œuvrent dans son ombre, corrompant au besoin ses décideurs. Il est bien connu que dans certains quartiers apparemment difficiles règne une forme d'ordre imposé par quelques chefs de bande, qui ont tout intérêt à limiter au maximum la présence policière, forcément nuisible à leurs activités. La même observation peut être faite dans certaines zones où l'ordre règne du fait de l'intervention de fondamentalistes qui, eux aussi, ont besoin de tranquillité et de l'ombre pour faire prospérer leurs entreprises prosélytes. En un mot comme en cent, cela revient à constater que si l'ordre public doit être sauvegardé par la force publique, il ne doit l'être que par elle seule, et non pas par des interventions intéressées d'individus ou de groupes quelconques. Oublier cela, ce serait pactiser, je le dis bien qu'étant un partisan acharné de la laïcité, avec le diable. Et ce dans l'espoir éphémère d'un gain politique à courte vue.

Évoquons maintenant plus précisément la structure judiciaire antiterroriste française.

Lorsqu'en 1986 le législateur français a éprouvé le besoin de se doter d'un outil de lutte spécifique contre le terrorisme, au niveau judiciaire, il pouvait s'appuyer sur l'exemple de la police : il existait déjà, au niveau policier, des services centralisés : la 6e division de police judiciaire, devenue par la suite la DNAT (Division nationale antiterroriste), puis SDAT (Sous-Direction antiterroriste) de la DCPJ (Direction centrale de la police judiciaire). On s'est aperçu en 1986 qu'il n'était plus possible de continuer à faire instruire les affaires de terrorisme en fonction du bon vouloir des poseurs de bombes. Une bombe explosait dans le ressort de Bastia, c'était instruit à Bastia, une autre explosait à Marseille, c'était instruit à Marseille… Face aux formes diversifiées et omniprésentes du terrorisme, la centralisation de la connaissance est apparue indispensable. Elle devait nous permettre une meilleure connaissance des réseaux, et donc, en en mesurant mieux les évolutions, de nous donner des outils pour anticiper les actions terroristes. Il a donc été décidé que les poursuites, l'instruction et le jugement seraient également centralisés à Paris. La centralisation des poursuites signifie que le parquet de Paris poursuit toutes les infractions de terrorisme, avec la particularité d'avoir une compétence concurrente avec les parquets locaux, également compétents quand l'acte a été commis dans leur ressort. Pour un attentat à Bastia, le parquet de Bastia peut se saisir, comme celui de Paris. Cela entraîne parfois quelques « disputes », quelques tiraillements, aucune prééminence n'ayant été prévue par les textes. Ce problème ne se pose qu'avec les contentieux nationaux relatifs aux séparatismes régionaux ou à l'indépendantisme, jamais avec le fondamentalisme islamique. De fait, dès le moment où la qualification terroriste est retenue, le parquet qui intervient est celui de Paris, l'instruction est confiée aux juges d'instruction parisiens spécialisés, et le jugement est rendu par une juridiction parisienne. Évidemment, jusqu'au bout, du stade de l'instruction à celui du jugement, le juge peut opter pour la déclaration d'incompétence et considérer que l'affaire qui lui est soumise n'est pas terroriste. Cela étant précisé, pour les affaires de terrorisme, la compétence est donc nationale, contrairement à celle d'un juge d'instruction de Bourges, qui n'est compétent que pour le ressort du tribunal de Bourges. Un juge d'instruction antiterroriste peut faire des actes de procédure à Nice, Bayonne, à Carcassonne, à Montpellier ou à Verdun. Idem pour les magistrats antiterroristes du parquet de Paris. L'objectif est donc de regrouper la connaissance, les procédures et le renseignement entre les mains de ceux qui sont censés en faire un usage aussi performant que possible.

Cela constitue l'architecture essentielle de la lutte antiterroriste en France. 1986 marque une rupture radicale avec ce qui avait existé jusqu'en 1981 : la cour de Sûreté de l'État. Cette cour – qui continue de nous valoir le sobriquet de « juridiction d'exception » – obéissait à des principes procéduraux différents de ceux du droit commun, et cette juridiction-là était composée de militaires qui ont souvent été amenés à juger des civils. Or notre code de procédure pénale est le même que celui de tous les juges d'instruction. Les seules spécificités introduites par le législateur dans le code de procédure pénale – l'allongement du délai de garde à vue et la possibilité de réaliser nuitamment des perquisitions – existaient déjà dans la lutte contre les trafics de produits stupéfiants (pour la garde à vue) et dans le domaine de la lutte contre les établissements de jeux clandestins (pour les perquisitions nocturnes). Mais, surtout, la réforme de 1986 a permis au juge, en créant cet outil, de mettre *de facto* un pied au sein des services de renseignements, ce qui est vital lorsque l'on a en charge de telles enquêtes.

Quels sont vos rapports avec le parquet et la police antiterroristes ? Le rapport de la Fédération internationale des droits de l'homme (FIDH) avance par exemple que la section antiterroriste « suit systématiquement les raisonnements de la 6e DCPJ. Et pour ne pas désavouer ses collègues, les juges du fond passeraient l'éponge en prononçant des peines couvrant la préventive ». J'ai tout simplement envie de vous demander si c'est vrai et ce que vous en pensez.

Je vous réponds que cette accusation est ridicule. Allez demander à la SDAT si ce sont eux ou les juges qui déterminent la marche à suivre et le tempo. Et n'oubliez pas que chaque fois qu'une décision d'une formation de jugement ne valide pas l'analyse faite au stade de l'instruction, ceux qui affirment habituellement, sans aucune preuve bien sûr, que les juges sont aux ordres, s'extasient soudainement devant le « désaveu » ou le camouflet administré aux juges d'instruction antiterroristes. C'est un peu facile non ? Et surtout contradictoire ! Après le grand soir, qui tarde manifestement, on nous serine avec le grand complot politico-judiciaire. Je pense qu'en réalité ce rapport auquel vous faites référence était bien plus une publication militante qu'un outil d'analyse dont le sérieux n'était pas la qualité dominante. Pour avoir reçu il y a quelques années avec mes collègues juges d'instruction les rédacteurs de ce rapport, je conserve le souvenir que ceux-ci, un Italien et deux Anglo-Saxons je crois, n'étaient pas très au fait de l'architecture procédurale française, de ses grandes lignes et de ses poutres maîtresses. La rigueur qu'ils exigent de nous et dont ils déplorent unilatéralement l'absence aurait dû les conduire à ne pas dénaturer complètement le système procédural dans lequel nous évoluons, même si leurs idées à son égard étaient préconçues. Mais cela fut loin d'être le cas. Lorsque les juges d'instruction antiterroristes ont demandé, suite à la publication de ce rapport, un droit de réponse dans la presse, seul *Le Figaro* a accepté de le publier... Comme quoi le débat contradictoire trouve parfois ses limites ailleurs que dans les bureaux de la galerie Saint-Éloi. Et le rapport publié en cette année 2008 par Human Rights Watch qui reprend, peu ou prou, les mêmes griefs que ceux énumérés dans le travail de la FIDH ne me paraît être qu'un piètre copier-coller de celui-ci.

Après 1986, des modifications législatives sont intervenues, mais de manière très ponctuelle. À titre d'exemple, on peut rappeler qu'en 2002, à l'occasion de la campagne électorale pour les élections présidentielles, le problème de la sécurité s'est retrouvé au centre des débats. Le gouvernement Jospin a pris un certain nombre de dispositions dans le cadre des lois sur la sécurité quotidienne, ce qui permet d'affirmer que, globalement, même si la gauche est moins prompte à accorder des spécificités procédurales, elle le fait tout autant que la droite. Évidemment, quelle que soit l'ampleur de l'ajustement procédural, il y a toujours des hauts cris et des récriminations. Mais ce qui est plus étonnant, me semble-t-il, c'est que ceux qui stigmatisent les dangers de la lutte antiterroriste sont aussi ceux qui exigent que la justice se spécialise davantage dans le cadre de la lutte contre la délinquance en col blanc. Laquelle est, au passage, abusivement qualifiée de « criminalité » en col blanc, parce que les infractions en matière économique et financière, à de très rares exceptions près, sont des délits, et non des crimes. Ces positions sont à mon sens contradictoires : la spécialisation serait indispensable pour lutter contre la « classe dominante » qui certes manie des sommes d'argent considérables, mais en matière de lutte antiterroriste tout juge d'instruction aurait la science infuse et serait donc capable d'instruire sans autre forme de procès ce type de procédures. Je crois au contraire que dans ce domaine, comme dans d'autres, le travail et l'expérience sont les seuls garants de la réussite. On ne peut instruire avec efficience que si l'on connaît les réseaux, ce qui demande beaucoup de temps et de travail. De plus, une vision centralisée des problèmes liés aux différents attentats perpétrés, avec des interlocuteurs formés dans des services spécialisés, a le mérite de créer les conditions d'une cohérence en termes de politique judiciaire. De 1986 à 1995, la « fameuse » quatorzième section n'était composée que de trois juges d'instruction. Je n'ai moi-même été nommé qu'après l'attentat de Saint-Michel du 25 juillet 1995. Pendant neuf ans, les trois juges de la section ont donc dû faire face en même temps au terrorisme islamiste, qui commençait à prendre de l'ampleur, à l'ETA, au FLNC, à l'Armée révolutionnaire bretonne, à quelques émanations de terrorisme révolutionnaire, aux Arméniens de lSALAA, à quelques Kurdes du PKK qui avaient monté des réseaux en France, notamment pour racketter. Et ensuite il a fallu attendre la mi-2003 pour que cet effectif soit porté à cinq. Aujourd'hui, nous sommes huit. C'est Byzance !

Mais l'évocation du dispositif procédural ne serait pas complète sans les juridictions de jugement. Pour l'incrimination d'association de malfaiteurs, la juridiction compétente est le tribunal correctionnel. Ce sont trois chambres du tribunal correctionnel de Paris qui s'occupent de ces procédures à tour de rôle. Pour les cours d'assises, rien n'avait été spécialement prévu dans la législation initiale de 1986 : elles devaient être traditionnellement composées de jurés populaires. Le 3 novembre 1986, Régis Schleicher et les frères Halfen, Claude et Nicolas, tous membres d'Action directe, comparaissaient devant la cour d'assises de Paris pour répondre de la fusillade du 31 mai 1983, avenue Trudaine à Paris, au cours de laquelle deux policiers avaient trouvé la mort. Dès le début du procès, Régis Schleicher annonça la couleur : « Que ceux qui siègent ici, magistrats ou jurés, sachent qu'ils s'exposeront aux rigueurs de la justice prolétarienne. » Le 8 novembre, un juré déclara forfait. Comme c'était le cinquième depuis le début du procès, celui-ci fut reporté. Il faut dire que l'ambiance était extrêmement tendue car, outre les menaces de mort implicitement formulées, les injures, notamment à caractère antisémite, pleuvaient. Être juré est un exercice extrêmement difficile à vivre, éprouvant, demandant une implication psychologique et morale importante.

Dès le 20 novembre 1986, le Parlement adopta une loi étendant les effets de la loi du 9 septembre 1986 relative à la lutte antiterroriste : les cours d'assises appelées à connaître des affaires de terrorisme seraient désormais uniquement composées de magistrats professionnels. Ceux-ci composent la collégialité au premier degré des assises, mais aussi au deuxième degré depuis que sont entrées en vigueur les dispositions de la loi Guigou sur la présomption d'innocence qui a prévu l'appel des décisions de cours d'assises. Voilà comment on en est arrivé à cette cour d'assises spécialement composée, qui a longtemps servi d'argument pour dénoncer la spécificité procédurale du dispositif antiterroriste, bien qu'on la retrouve désormais dans les affaires de criminalité organisée ou de trafic de stupéfiants en bande organisée notamment.

Un nouveau procès fut organisé le 3 juin 1987. Dès la première audience, Régis Schleicher fit savoir son refus d'y assister. Il fut condamné le 13 juin 1987 à la réclusion criminelle à perpétuité. Nicolas Halfen fut quant à lui condamné à dix ans de réclusion et son frère Claude acquitté. S'il y a donc bien une certaine spécificité de la lutte antiterroriste sur le plan judiciaire, force est de constater que nous la partageons avec d'autres magistrats intervenant dans bien d'autres domaines. Quant à la spécialisation, elle n'est pas davantage un monopole de la lutte antiterroriste. Outre le domaine économique et financier, celui de la santé publique et de la criminalité organisée le sont devenus, tout comme l'est celui de la délinquance des mineurs depuis 1945. En un mot comme en cent, le simple fait d'être spécialisé dans un type de contentieux ne fait pas de ce « spécialiste »-là un juge aux ordres.

Justice et législation antiterroristes : des armes de poids ?

Commençons par un point central, et en apparence simple, de la définition légale du terrorisme, celui d'« ordre public ». C'est en réalité un concept d'une grande opacité, forcément difficile à manier pour un juge : peuvent être reconnues comme troublant l'ordre public de nombreuses actions ou manifestations politiques...

Bien sûr que l'ordre public peut être troublé plus ou moins par certaines manifestations publiques. Mais la loi pénale, s'agissant de terrorisme, a pris le soin de préciser que le trouble à l'ordre public doit être grave et de fait durable, ce qui, je le concède, relève de l'appréciation des juges. Et surtout, l'atteinte grave occasionnée à l'ordre public, qui est le but recherché par les fauteurs de troubles, doit être générée par l'intimidation ou la terreur. Les manifestants qui protestent contre la politique du gouvernement, les grévistes qui exigent la satisfaction d'une revendication sociale et qui pour ce faire se déploient sur la voie publique ne cherchent pas à intimider la population et pas davantage à la terroriser. Même s'ils sont de la SNCF ! Ils exercent une liberté publique reconnue constitutionnellement : le droit de manifester. Contrairement aux activistes violents, qui cherchent, eux, à intimider et à semer la terreur pour faire prévaloir leurs vues qui, par définition, sont minoritaires. Car dans le cas contraire ils n'auraient pas besoin de le faire : ils auraient accédé au pouvoir.

La décision de qualifier des organisations de « terroristes » et de les dissoudre émane du pouvoir exécutif qui en dresse la liste. Là encore, on peut se méfier de l'arbitraire présidant à l'établissement de ces listes. Ce sont des prérogatives qui peuvent s'avérer dangereuses : une organisation politique peut soudainement être considérée comme terroriste ; il peut être décidé de renvoyer à l'obscurité ceux dont on estime qu'ils n'ont pas « voix au chapitre », ceux qui seraient les barbares de notre temps, sa face sombre et comme étrangère, radicalement « autre »...

Comme vous le soulignez, certaines organisations sont décrétées terroristes et leur dissolution ne peut être prononcée que par décret pris en Conseil des ministres. Ce qui n'est quand même pas rien. Je vois difficilement quelque gouvernement que ce soit organiser un référendum – voire, par les temps qui courent, « d'initiative populaire », après organisation de « débats participatifs » – afin de déterminer si telle organisation clandestine ou telle autre doit ou non être dissoute parce qu'elle s'exprime par des attentats et des crimes de sang. Et si c'est une organisation politique qui s'exprime par ces moyens, je ne vois vraiment pas pourquoi elle ne serait pas dissoute. Le qualificatif « politique » n'est quand même pas un blanc-seing qui justifie tout. Le FLNC, qui a été juridiquement dissous le 5 janvier 1983, se revendiquait être une organisation politico-militaire. Au passage je note que lorsque le terrorisme se fait instrument de la lutte politique en affirmant des objectifs précis, sa dimension militaire est soumise au politique. Mais bien souvent, ce sont en fait les appareils militaires des organisations clandestines qui prennent le pas sur le commandement politique. Je ne vois pas au nom de quel principe de telles organisations ne seraient pas dissoutes. Pareil pour l'OAS qui, un peu plus de deux décennies auparavant, a connu le même sort. Chacun peut, selon ses convictions politiques, « préférer » l'une ou l'autre de ces organisations clandestines. Mais dès lors que l'une et l'autre ont choisi en leur temps d'intimider et de terroriser les citoyens français par les méthodes violentes que la loi réprouve, j'affirme qu'on ne peut, si l'on a vraiment la volonté de condamner le terrorisme et de le combattre, dire que tel terrorisme est acceptable et que tel autre ne l'est pas. Les deux doivent être éradiqués par les moyens de droit. Point.

Revenons-en aux critiques formulées à l'encontre de la justice antiterroriste. Celles-ci sont souvent basées sur des faits précis qui peuvent être considérés comme des dérapages de l'institution... Il ne s'agit pas d'une critique coupée de toute réalité. Se sont vus ainsi critiquer le procès Chalabi, qui n'a vu qu'une toute petite partie des inculpés finalement condamnés, et plus généralement, ce que nous évoquions en première partie de ces entretiens, la distorsion considérable entre, d'une part, les attentats effectivement commis (principalement liés au terrorisme séparatiste) et les inculpés, la majorité d'entre eux l'étant pour des affaires liées au terrorisme islamiste, et d'autre part entre les inculpés pour affaires de terrorisme islamiste et les condamnations effectivement décidées, une toute petite partie des inculpés étant finalement condamnés. Il y a là comme les symptômes d'une justice arbitraire. Qu'avez-vous à dire pour votre défense ?

Vous insistez, alors je me dois de vous répéter que les statistiques dont vous faites état sont fausses. Au cours de tous les procès qui ont lieu, le point de départ est le même. On nous accuse d'être des juges aux ordres, centralisés, spécialisés, coincés dans notre bunker... Je crois, au contraire de ce que vous avancez, qu'il y a une critique idéologique de l'institution, qui se nourrit bien sûr des insuffisances de tel ou tel dossier. Mais l'insuffisance qualitative de la recherche de la preuve n'est pas l'apanage des juges antiterroristes. L'affaire du petit Grégory n'était pas une procédure terroriste. Pour le syndicat de la magistrature, celui des avocats de France et la Ligue des droits de l'homme, dont le discours est relayé par toute une partie de la presse de gauche, c'est la structure qui est en cause. C'est un a priori. C'est leur droit de penser cela, mais cela reste un a priori. Et certains disent même que la Cour de sûreté de l'État valait bien mieux que la section antiterroriste. Pourtant, j'ai conservé le souvenir des critiques acerbes formulées à l'époque contre cette « juridiction d'exception ». On ne peut donc qu'en tirer la conclusion que si le terrorisme nourrit des fantasmes et suscite des querelles idéologiques, les uns et les autres n'épargnent pas les acteurs de la lutte antiterroriste.

Il est bien sûr possible d'avoir sur des dossiers précis des divergences d'interprétation. Dans l'affaire Chalabi, cinquante et une personnes interpellées n'ont pas été condamnées pour des faits de terrorisme, mais elles étaient trafiquants ou utilisateurs de faux papiers ou avaient commis d'autres délits. Pour elles, la qualification de terroriste a été jugée inadaptée, mais il est difficile de prétendre qu'elles vivaient dans le strict respect des lois en vigueur. La justice antiterroriste a au demeurant tiré les conséquences qui s'imposaient et les opérations massives qui avaient caractérisé cette affaire (cent soixante-seize interpellations en deux vagues le 8 novembre 1994 et le 20 juin 1995) n'ont plus été renouvelées. Et c'est heureux ! On peut effectivement reprocher à Jean-Louis Bruguière et à moi-même, en charge du dossier, de n'avoir ordonné que trente-quatre non-lieux, et par voie de conséquence d'avoir ordonné le renvoi de cent trente-huit personnes devant la juridiction correctionnelle et de ne pas avoir été suffisamment rigoureux dans l'appréciation des charges. Encore convient-il de signaler que le juge d'instruction, dans son ordonnance de renvoi, statue sur des charges (sont-elles suffisantes pour faire juger le prévenu) et que le tribunal, lui, évalue la valeur probante de celles-ci, ce qui n'est pas le même exercice. Mais on ne peut pas soutenir comme le font certaines critiques que l'ensemble de l'appareil judiciaire spécialisé, parquet, juge d'instruction et juge du siège, est inféodé au pouvoir politique, aux ordres de celui-ci, soumis à la raison d'État, et d'autre part et contradictoirement monter en épingle les divergences d'appréciation qui peuvent exister entre un juge d'instruction qui évalue l'ampleur des charges recueillies à l'issue d'une procédure d'instruction contre un mis en examen, et une juridiction de jugement qui statue sur la suffisance des preuves de culpabilité rapportées lors du débat public, l'audience, par le ministère public. Car si les juges de la formation de jugement étaient aux ordres, il n'y aurait aucune divergence. Donc la connivence dont sont soupçonnés magistrats instructeurs et juges correctionnels ou la cour d'assises relève du fantasme ou de la manipulation.

De toute façon, les juges d'instruction antiterroriste ont parfaitement conscience de la fragilité de leur « statut » auprès des médias, c'est-à-dire auprès de ceux qui s'adressent à – et peu ou prou formatent – l'opinion publique. S'ils sont suivis par la juridiction de jugement, les soupçons de connivence et de corporatisme vont être agités. Et s'ils ne le sont pas, ils seront forcément désavoués. Dans cette dialectique, vous ne disposez d'aucune échappatoire : lorsque les activistes Jean Castela et Vincent Andriuzzi ont été condamnés au début de l'été 2003 par la cour d'assises de Paris spécialement composée (par des magistrats professionnels), cela signifie donc, avec cette grille de lecture partisane, que les juges qui ont été amenés à se prononcer pour la culpabilité de ces deux enseignants, ès qualités de commanditaires de l'assassinat du préfet Claude Érignac à Ajaccio le 6 février 1998, et sur la peine de trente ans de réclusion criminelle qui leur a été infligée, étaient des complices, au besoin circonvenus par leurs collègues magistrats instructeurs qui ont instruit l'affaire, d'une justice aveugle et aux ordres. Et avec cette même grille de lecture, la cour d'assises toujours spécialement composée qui a rejugé en appel ces deux individus en février 2006 et ne les a plus condamnés qu'à dix et huit ans de réclusion criminelle pour avoir été des membres actifs du FLNC et avoir perpétré une série d'attentats sur le continent, à Mende, Nice et Paris, durant l'année 1994 mais les a acquittés dans la complicité de l'assassinat du préfet Érignac, a forcément désavoué les juges d'instruction dont le dossier aurait été d'un vide sidéral... Désaveu, complicité : vous admettrez peut-être que cette problématique binaire est un peu simpliste. Si l'appréciation des éléments de conviction était invariable d'une juridiction à l'autre, on pourrait faire l'économie de la procédure d'appel. Et même s'en tenir au sens de l'ordonnance de règlement du juge d'instruction. Cela, tout le monde le sait, mais certains feignent de l'ignorer. Parce que ça les arrange.

Le risque est important de voir condamner des innocents...

Le risque de condamner des innocents est inhérent à l'existence d'une justice rendue par des hommes. Qui ne sont pas infaillibles. Seuls les camelots sont susceptibles de nous vendre une justice infaillible. Dire cela n'est pas revendiquer le droit à l'erreur, c'est simplement faire preuve d'un minimum d'humilité. Et puis si les implications d'un système sont mauvaises, c'est bien le système lui-même qui doit être condamné. Et la justice humaine sera alors condamnée sans coup férir ! À cette aune-là, le système de la justice financière, qui a failli un certain nombre de fois, doit l'être, celui de la justice des mineurs, idem, celui de la justice criminelle qui a échoué elle aussi en maintes circonstances également. Est-ce qu'il y a plus d'erreurs judiciaires produites par la « quatorzième section » ou moins ? Je soutiens que proportionnellement il y en a moins en raison du contrôle permanent exercé par les juges sur l'activité de la police judiciaire. Un combat idéologique est mené contre l'institution, au nom de grands principes et d'idées parfaitement généreuses. Quand le débat public a lieu à l'audience, ce qui n'est pas toujours le cas parce que ceux qui y sont confrontés récusent parfois jusqu'à l'existence même de la justice, c'est souvent pour essayer de le récupérer à des fins idéologiques. La propagande atteint les prétoires où il n'est pas rare que nous entendions : « Supprimez-nous ces huit juges-là qui sont des juges aux ordres. » Faut-il souligner qu'il y a un paradoxe certain à nous voir à la fois aux ordres et formant par ailleurs un « état dans l'état », comme il est souvent dit ? Telle est à peu près l'ossature des discours parfois assassins auxquels nous sommes amenés à faire face, avec, l'âge aidant, un peu de philosophie.

La définition du code pénal français est-elle opératoire, précise, efficace pour un juge d'instruction ? Elle s'appuie sur la notion de moyens mis au service d'une intentionnalité politique définissant elle-même les cadres d'une entreprise, mais elle n'est pas si claire. En effet, la distinction mériterait d'être établie avec la guérilla, ou même avec certains types de guerre « conventionnelle », pour plusieurs raisons, à commencer par le fait qu'une guérilla, outre qu'elle utilise des armes et des techniques souvent différentes, s'appuie généralement sur un sentiment insurrectionnel populaire. Par exemple, les paysans du Chiapas sont désignés comme des terroristes par le gouvernement mexicain, pour discréditer leur mouvement et lui porter les stigmates de l'illégitimité.

Il faut se garder de trop demander à la loi. L'exigence du citoyen au regard de la norme est que celle-ci soit suffisamment précise pour ne pas laisser place à une trop grande interprétation, laquelle pourrait être source d'arbitraire. Nous sommes dans un pays de droit écrit qui consacre la valeur de la loi. Dans le domaine répressif, la philosophie du système est celle de Beccaria : le principe de légalité des délits et des peines. C'est-à-dire que toute infraction, pour pouvoir être réprimée, doit être définie dans ses éléments constitutifs, matériels et intellectuels, et la peine maximale encourue déterminée dans son quantum. Cela implique la non-rétroactivité des lois pénales : on ne peut pas vous reprocher d'avoir fait hier ce qui n'est interdit que depuis aujourd'hui. Et comme nous ne sommes pas dans un régime totalitaire, tout ce qui n'est pas expressément interdit par la loi pénale est autorisé. La loi doit, sous peine de sanction, être respectée. Pour autant, elle ne saurait être sacralisée et pas davantage appliquée de manière mécanique par les juges. C'est certes faire le pari de l'intelligence et, sans doute, de l'humanité de ceux qui sont chargés de l'appliquer... Là, je vous sens inquiet ! Ce rappel des principes vaut bien évidemment pour le législateur, qui fait la loi, et pour le juge, dont elle constitue l'outil de travail et qui est chargé, dans le cadre de la séparation des pouvoirs, de l'appliquer. Et cela vaut pour l'ensemble des règles prises en la forme législative qui régissent la vie de notre société, et la vie en société. Y compris pour les dispositions relatives à la répression des actes de terrorisme. La clef de voûte du système français de lutte antiterroriste, qui est aussi répressif que préventif (dans le sens où son objectif est de démanteler les réseaux avant qu'ils ne passent à l'action), c'est l'association de malfaiteurs en relation avec une entreprise terroriste ; une incrimination dont tous les pays d'Europe ne sont pas dotés. Et il y a un certain nombre d'actions terroristes qui n'ont pas eu lieu parce que les organisations qui devaient les perpétrer ont été neutralisées, totalement ou partiellement. Même si le nombre d'attentats ainsi évités est sans doute moindre que d'aucuns ne le soutiennent.

On ne peut s'empêcher de penser que la notion d'intentionnalité – contenue dans la définition de l'association de malfaiteurs en relation avec une entreprise terroriste – laisse d'une part une très large place à l'interprétation, et pose ainsi la question de l'arbitraire, mais aussi qu'elle aboutit au fait que des personnes puissent être qualifiées de terroristes alors même qu'aucun acte n'a été commis...

Le fait qu'aucun acte n'ait été commis n'est pas propre à la législation antiterroriste : c'est une problématique que l'on retrouve dans le domaine du droit commun avec l'association de malfaiteurs classique. Quand on lutte contre les mafias, c'est aussi en utilisant le délit d'association de malfaiteurs. L'enjeu est simple et primordial dans les affaires de terrorisme : intervenir en amont en démontrant qu'un projet criminel est en train de mûrir, intervenir avant le passage à l'acte en essayant de neutraliser leurs auteurs potentiels et de les incriminer pour avoir fait partie de cette organisation qui poursuivait un but, tantôt crapuleux – et c'est alors une association de malfaiteurs de droit commun – tantôt politique – et c'est une association de malfaiteurs liée au terrorisme. Effectivement, dès le moment où l'on anticipe l'intervention et que l'on ne se contente pas d'attendre que l'irréparable soit commis – le meurtre ou l'attentat –, c'est un peu plus hasardeux et difficile. Il faut savoir aussi que la définition de la tentative – parce que tout cela s'inscrit dans un ensemble de règles de droit préexistantes – est en France l'une des plus restrictives, si ce n'est la plus restrictive, de tous les pays d'Europe. Une tentative, pour être punissable, doit être matérialisée par un commencement d'exécution et une absence de désistement volontaire. Cela veut dire qu'une personne arrêtée dans la rue avec une bombe sur elle, à condition toutefois qu'elle n'ait pas « allumé la mèche », ne pourra pas être incriminée au titre d'une tentative d'attentat par explosif, puisqu'elle aura la possibilité de déclarer qu'elle était sur le point de se rétracter. Sauf à établir qu'il était prévu qu'elle aille la déposer à tel endroit ou à tel autre, ce qui la plupart du temps est strictement impossible à prouver. Et en conséquence, seules des poursuites pour infractions à la législation sur les explosifs pourraient être engagées. Bref, je crois sincèrement que si l'incrimination d'association de malfaiteurs n'avait pas existé, certaines situations auraient pu s'avérer catastrophiques.

La lutte judiciaire contre le terrorisme est en quelque sorte une course contre la montre pendant laquelle, paradoxalement, on ne doit pas aller trop vite pour s'assurer que l'on dispose de suffisamment d'éléments de preuve pour confondre les membres de l'organisation terroriste. Tout en sachant que l'embrigadement idéologique empêche d'espérer que, peut-être, ils pourraient mettre un terme à leurs agissements criminels. Pratiquement, on essaie d'intervenir avant qu'ils agissent une première fois, même s'ils parviennent souvent à passer entre les mailles du filet. Quoi qu'il en soit, interpeller avant une infraction est toujours mieux qu'après, et interpeller après la deuxième ou la troisième est mieux qu'après la cinquième ou la sixième. Et cela, seule l'incrimination d'association de malfaiteurs en relation avec une entreprise terroriste le permet. À tous ceux qui font des vocalises sur ce thème, je ne poserai qu'une seule question : que proposez-vous à la place ?

L'incrimination d'association de malfaiteurs permet donc d'inverser le cours normal de l'administration de la preuve, en s'appuyant sur la notion d'intentionnalité, et elle ne vous semble pas de nature à créer des dérapages. On peut tout de même y déceler la base d'un nouvel ordre juridique dans lequel la règle est modulable. Il faudrait par exemple mieux définir l'intentionnalité en question...

L'incrimination d'association de malfaiteurs, contrairement à ce que vous soutenez, ne permet nullement d'inverser la charge de l'administration de la preuve. Il appartient, d'abord au juge d'instruction qui enquête, puis aux juges de la juridiction de jugement, de s'assurer avant d'entrer en voie de condamnation qu'il existe au dossier des éléments de conviction suffisamment convaincants pour que soit établie d'une part l'existence de l'association ou de l'entente formée entre des malfaiteurs, et d'autre part la finalité qu'elle poursuivait. Et, bien sûr, il faut établir qu'Untel et Untel en faisaient partie, adhéraient au projet, au dessein arrêté. Par exemple, dans le domaine du droit commun, que Pierre et Paul, qui étaient en relations constantes, projetaient d'attaquer un fourgon de transport de fonds, que le premier avait acheté à cette fin un lance-roquette et que le second avait fait des repérages des tournées effectuées par les convoyeurs, et que leur complice Jean-Louis, travaillant dans un établissement bancaire desservi par la tournée, leur avait indiqué le jour où les sommes transférées depuis ou vers la banque étaient les plus conséquentes. Où voyez-vous dans cela une règle de droit entièrement modulable et un renversement de la charge de la preuve ? Et vous ne trouverez pas davantage ce que vous redoutez dans l'association de malfaiteurs ayant pour objet de préparer des actes de terrorisme. La condamnation sera subordonnée à la démonstration que l'entente illicite formée l'avait été dans le dessein de commettre des actes de terrorisme. Et pour le prouver, l'enquête devra établir à partir des perquisitions, des saisies, des expertises de pièces à conviction, des témoignages, des auditions, des interrogatoires, des écoutes téléphoniques, de l'exploitation des factures détaillées des téléphones portables, ainsi que des surveillances physiques, qui était en relation avec qui et quel était le projet criminel en gestation : lorsqu'on achète des kalachnikovs, des explosifs, que l'on repère des cibles et que l'on retrouve ici et là de la littérature appelant à la violence, des écrits menaçants destinés aux victimes du racket, et ce sous le timbre d'une organisation clandestine, eh bien, croyez-moi, la messe est dite.

Je veux bien admettre que la justice, y compris la justice antiterroriste, doit encore gagner en rigueur et en qualité dans l'administration de la preuve. C'est même incontestable. Mais je tiens aussi à rappeler, une fois encore, que la définition que donne la loi française de la tentative punissable est une des plus restrictives de l'ensemble de celles que l'on trouve dans l'ensemble des autres pays d'Europe. Et qu'il nous faut donc un outil pour tenter de prévenir la commission des infractions les plus graves. Alors, sauf à attendre que le fourgon des convoyeurs soit dans la ligne de mire du lance-roquette ou que le terroriste ait déjà allumé la mèche de son engin explosif improvisé, il faut bien essayer d'intervenir en amont, dans des conditions de sécurité pour la population et les services de police que n'offrent pas les interventions en flagrant délit. On peut considérer que si les terroristes, qui voulaient frapper à la fin de l'année 2000 le marché de Noël et la cathédrale à Strasbourg, avaient installé leur « siège » et leur logistique en Allemagne, à Francfort, c'est parce qu'ils avaient considéré que les risques de se faire repérer en Allemagne étaient inférieurs à ceux encourus sur le territoire français compte tenu de la politique de lutte antiterroriste menée depuis de longues années dans notre pays et des outils mis à sa disposition par le législateur ; et en tout premier lieu l'incrimination de l'association de malfaiteurs en relation avec une entreprise terroriste.

Il me semble aussi important de rappeler que la loi est une norme abstraite, impersonnelle, ayant vocation à embrasser des situations diverses, parce qu'on s'est rapidement rendu compte que les lois trop précises – en ce sens qu'elles prévoient trop de détails – qui visent des circonstances particulières, des catégories particulières, sont dangereuses. En effet, elles peuvent viser une catégorie déterminée de la population – ce qui est discriminatoire – et si elles se perdent dans les détails au détriment du principal, elles sont rapidement dépassées par l'évolution des techniques, des mœurs... Et si la loi définit un cadre trop strict, dès le moment où une toute petite parcelle des éléments manque pour administrer une preuve, le mis en examen échappe à la sanction qu'il devrait recevoir. Cela ne laisse plus de place à l'esprit de la loi, mais seulement à une conception purement mécaniste de la norme générale. L'équilibre auquel il faut parvenir est délicat, car une norme trop imprécise laisse quant à elle une latitude sans doute trop importante au juge ; et de là, il n'y a effectivement qu'un pas qui peut mener à l'arbitraire. La loi sur le terrorisme me paraît être un compromis honorable en évitant les écueils qui viennent d'être évoqués. Le législateur, dans sa définition des actes de terrorisme, n'a retenu que les crimes et délits opérationnels pour le terroriste et il ne s'agit pas, dans la majorité des cas, d'infractions de peu de gravité. De surcroît, pour « bénéficier » de la qualification terroriste, les crimes et délits de droit commun doivent avoir été intentionnellement commis dans le cadre d'une entente réalisée en vue de la commission de ces actes de terrorisme, lesquels se manifestent par l'utilisation de l'intimidation ou de la terreur.

Dans ce domaine comme dans bien d'autres, il existe forcément un problème de marge et de frontière. On pourrait par exemple considérer que les agissements de la Brise de mer en Corse, une organisation de type mafieux qui intimide et suscite la terreur par des assassinats, si possible au grand jour et avec une extrême violence, cherche à imposer ses vues. Mais s'il est vrai que si ces mafieux-là peuvent intimider, voire terroriser, des vues ils n'en n'ont pas ; en dehors de celles qui consistent à accumuler un maximum d'argent, en tuant, en rackettant... Je sais qu'aujourd'hui, même des *traders* particulièrement téméraires peuvent se voir traiter de « terroristes » par leur propre patron. Mais enfin, il faut savoir raison garder : c'est précisément dans cet interstice que se fait l'interprétation de la loi afin d'empêcher de criminaliser sous le vocable de terroriste des actes que la loi réprouve mais qui ne sont pas perpétrés dans une perspective politique antidémocratique, et parmi eux un certain nombre de revendications sociales qui dégénèrent en violence.

Cela implique donc d'être en mesure de reconnaître l'intention, et introduit une dimension subjective importante dans la qualification de l'acte. Qu'en pensez-vous ?

Je pense d'abord que je me méfie beaucoup de la notion d'objectivité. Celle autoproclamée de certains journalistes ou analystes. Et puis certaines phrases me reviennent, du genre « l'allié objectif de la bourgeoisie et du patronat ». On sait ce qu'il est advenu des partis et régimes politiques qui utilisaient cette dialectique-là, cette rhétorique-là. Je dis ensuite que forcément l'administration de la justice comporte une dimension subjective, puisque l'on juge des hommes et des actes, donc des situations forcément complexes. Sans subjectivité, il n'y a pas de circonstance atténuante, il n'y a qu'une application mécanique de la loi et d'un « tarif » prédéterminé. Les hommes ne sont pas des matériaux et les juges ne sont ni des robots, ni des distributeurs automatiques de peines. Enfin, pas encore... Je vois mal comment on pourrait faire l'économie de la question suivante : l'auteur des faits savait-il ou non qu'il agissait pour le compte d'une entreprise terroriste au moment où il a commis l'acte répréhensible ? La norme édictée par la loi a donc pour objet d'éviter que ne soient condamnés en qualité de terroristes des idiots qui auraient été abusés par le commanditaire. Elle permet d'écarter de la sphère terroriste, au stade de la répression, ceux qui ont été complètement manipulés et qui ont prêté involontairement et en méconnaissance de cause la main à une entreprise de ce type.

Nous revenons au problème que nous abordions en début d'entretien. Celui que pose la définition et l'usage du mot « terrorisme ». Il laisse en effet la porte ouverte à bien des fantasmes et des manipulations, d'où l'importance qu'il y a à tenter d'en définir une acception plus précise ; définition qui prend un sens « vital » – puisqu'il s'agit pour la justice de mettre des gens en prison pour des durées extrêmement longues ou, dans certains pays, de leur appliquer la peine de mort. Il y a une vraie nécessité d'être précis là où les médias s'autorisent toutes les approximations et toutes les dérives. Sans parler des États qui, faute d'une définition juridique universellement reconnue, peuvent jouer avec la dimension morale de ce terme...

D'abord, je partage l'idée que le terrorisme peut être une source de fantasmes, et même que le fantasme lui est en quelque sorte consubstantiel : la peur, et a fortiori la terreur, suscitent le fantasme. Et c'est en effet précisément l'objet des entreprises terroristes que de viser à obtenir la satisfaction d'un certain nombre de revendications ou d'imposer leurs vues, qu'elles soient idéologiques ou religieuses, par la terreur ou l'intimidation selon les termes utilisés par le code pénal français : en accréditant par la commission d'actions violentes aveugles ou ciblées la thèse selon laquelle l'organisation clandestine peut frapper qui elle veut, où elle veut et quand elle le veut. Même, et je dirais surtout, si elle n'en a pas la capacité, car l'essentiel dans le rapport de forces ainsi noué n'est pas toujours ce qui est mais ce que l'opinion publique, en définitive, croit.

Mais pour répondre précisément à votre question et éviter les approximations que vous évoquez, on ne saurait faire l'économie préalable d'une brève analyse sémantique des termes qui posent le problème : imposer, c'est l'inverse de faire partager ou de tenter de le faire ; le terme est clair : « je n'essaie pas de convaincre, je décide que mon idée est supérieure à toutes les autres, je n'accepte pas qu'on lui apporte la contradiction, en conséquence de quoi les autres doivent y souscrire. De gré ou de force... Bref, je me soucie comme d'une guigne des valeurs démocratiques. Mieux, je m'assois dessus, et ce d'autant plus aisément que mon aveuglement me conduit à penser que j'ai raison, seul et contre tous, et que j'agis éventuellement, en tout cas je le proclame, pour le bien de l'humanité telle que je la conçois selon mes croyances politiques ou religieuses ». La terreur est généralement associée à un préjudice physique – attentats à la bombe, assassinats ciblés ou aveugles... – et l'intimidation est davantage conçue comme une arme psychologique – recherche d'un climat d'insécurité, par exemple. L'intimidation dans la démarche terroriste consiste à faire pression sur une société ou des individus donnés, soit pour les convaincre d'adhérer à une thèse, à une idéologie, soit pour les forcer à ne pas résister ou, *a minima*, à ne pas se mettre si peu que ce soit en travers des chemins de l'entreprise terroriste. Le terrorisme révolutionnaire tel que l'ont connu certains pays européens à la fin des années 1970 et au début des années 1980 faisait quant à lui le pari d'un soulèvement populaire contre l'État qui, ne pouvant empêcher la commission d'actions terroristes, administrait la démonstration de son incapacité à protéger les citoyens, non seulement contre les affres du capitalisme, cela va sans dire, mais aussi contre la violence physique. Mais dans un cas comme dans l'autre, cette double dimension du terrorisme, par l'ampleur des réactions qu'il cherche à susciter, compte tenu des moyens utilisés, nourrit donc indéniablement le fantasme des populations qui en sont les victimes. Mais l'on sait aussi que pour parvenir à intimider, il faut généralement, préalablement, faire la démonstration de sa capacité de nuisance en passant à l'acte, à l'acte criminel. Et si possible de la façon la plus spectaculaire. Car, bien évidemment, il faut que cela se sache. Ensuite, et seulement ensuite, on peut véritablement intimider. Donc soumettre, annihiler, puis exiger, racketter, contraindre, imposer.

Dès lors, la manipulation évoquée dans votre questionnement émane en premier lieu, et à l'évidence, des terroristes eux-mêmes. Il faut quand même le rappeler. Mais il est vrai aussi que, de manière réactive et parfois non délibérée, les médias peuvent être partie prenante de la manipulation originelle. Le terroriste, à travers les actions violentes qu'il commet, poursuit un double objectif : populariser les thèmes de sa lutte d'une part, intimider voire terroriser d'autre part. Il faut donc que lesdites actions trouvent un écho dans l'opinion publique. Et les images sont en général bien plus parlantes que les mots. La place de la télévision, qui retransmet en quasi-temps réel les images des attentats, est donc un vecteur de diffusion de l'horreur de toute première importance. Elle ne peut, pas plus que les autres médias, faire l'impasse sur cette violence, qui de surcroît se manifeste la plupart du temps sur la voie publique, c'est-à-dire au vu et au su de tout le monde. Personne au demeurant n'exige des médias de faire fi de leur liberté – oh combien nécessaire en démocratie ! – d'informer. Mais le débat, et il existe incontestablement au sein des rédactions, est de déterminer la place accordée à ce type d'événement, la façon dont on le présente, la complaisance dont certains peuvent parfois faire preuve à l'égard de la violence dite politique (en Corse et au Pays basque espagnol notamment). Et également de répondre à la question récurrente : « faut-il tout montrer ? » La réponse est connue : c'est « non ». D'ailleurs, les médias occidentaux en général s'abstiennent de montrer les scènes de décapitation d'otages en Irak ou ailleurs. Le risque d'instrumentalisation des médias par les organisations terroristes est prégnant. Le terrorisme implique toujours la présence d'un tiers incontournable pour que la propagande puisse s'exprimer. Le lendemain de l'assassinat de Georges Besse, tous les journaux publiaient en première page la photo du corps ensanglanté de la victime. Peu ou prou, c'est ce qui se reproduira le lendemain de l'assassinat du préfet Érignac en Corse le 6 février 1998, la bâche en plastique en plus. Un photographe dont j'ai malheureusement oublié le nom qui s'était rendu sur les lieux dès après l'assassinat de Georges Besse a remarquablement résumé la problématique journalistique dans le domaine du terrorisme : « Avant même sa publication les assassins l'avaient (la photo) déjà préconstruite et les rédactions ont été finalement que les instruments des meurtriers qui se servent avec brio de la presse pour véhiculer leurs messages de violence. »

Enfin, il est vrai que les États visés par le terrorisme peuvent aussi se servir des médias pour tenter de manipuler « leurs » opinions publiques. Et partant, promouvoir une politique ultrasécuritaire par l'adoption de textes de loi faisant peu de cas de la nécessaire sauvegarde des droits et libertés publics. Le terrorisme a, au moins à l'origine, une dimension politique : celle des vues qu'il prétend imposer, forcément de façon non démocratique, sans compter l'impact des actions violentes sur l'ordre public. Inéluctablement, la lutte antiterroriste comporte elle aussi une dimension politique, au sens noble du terme : comment organiser la société sans porter atteinte aux libertés fondamentales des citoyens, de leurs organisations représentatives, tout en protégeant lesdits citoyens qui, il ne faut jamais l'oublier, ont remis entre les mains de l'État leur « pouvoir » de se faire justice et d'exercer, hors les cas de légitime défense définis par la loi, une violence individuelle.

L'une des dimensions essentielles du terrorisme, sans laquelle, même, il ne pourrait fonctionner, est la propagande. La rhétorique propagandiste des terroristes est toujours, peu ou prou, la même, et se structure par rapport à un adversaire clairement identifié : l'État, qu'il soit « bourgeois », « impérialiste », « colonial », les deux ou les trois à la fois, et même l'État tout court du fait de sa seule existence. À travers l'ennemi ainsi défini, les mouvances terroristes vont s'identifier en factions révolutionnaires, nihilistes, séparatistes ou indépendantistes, et internationalistes. Pour les terroristes fondamentalistes de l'islam, les ennemis sont les régimes islamiques non wahhabites et les sociétés occidentales, « ramassis d'impies et de croisés ». Sans oublier, bien sûr, antisémitisme oblige, les juifs.

Rappelons enfin une autre dimension de la propagande terroriste, celle qui tend à victimiser les auteurs d'attentats et de crimes terroristes : les « martyrs », les kamikazes, mais aussi tous ceux qui se sont fait prendre et qui ont ainsi perdu leur liberté. Les assassins d'Action directe sont aujourd'hui considérés par certains comme des victimes du système, parce qu'ils ont été incarcérés de longues années. On peut discuter de la durée des peines, des conditions de leur exécution, mais peut-on pour autant méconnaître le droit de la société – c'est même un devoir pour elle – de défendre ses membres ? Notamment en éliminant tout risque de récidive. Qui sont d'autant plus patents que bon nombre de terroristes, même détenus de longue date, ne renoncent pas à leur combat, empreint du sceau de l'aveuglement idéologique. Lorsque certains organes de presse qualifient les terroristes corses et basques actuellement en détention de prisonniers politiques, il s'agit là aussi de propagande. En tout cas, d'un abus de langage ; car si ces gens-là sont détenus c'est parce qu'on leur reproche d'avoir commis des actes que le code pénal proscrit, c'est-à-dire des actes que la loi, émanation de la volonté générale, réprouve, et non pas parce qu'ils se seraient simplement prononcés en faveur du séparatisme basque ou de l'autonomie, voire de l'indépendance, de la Corse, ce qui est leur droit le plus strict. Faut-il en outre préciser, concernant les terroristes corses, que bon nombre d'entre eux, les enquêtes semblent le prouver, ont une tendance à pencher davantage du côté d'Al Capone que de celui d'Al Qaïda. La même observation semble pouvoir être faite en Palestine pour quelques éminents responsables du Fath qui ont succombé « aux charmes » de la corruption. Est prisonnier politique celui qui est retenu pour ses idées, pas pour des actes de violence extrême. Il n'y a donc aucun prisonnier politique en France.

Ultime remarque : manipulation et propagande sont également favorisées parce qu'à l'évidence le terrorisme pose, entre autres problèmes, celui de la sécurité des citoyens et celui de la démocratie. Problème éminemment politique s'il en est. Il arrive en effet que les luttes contre des régimes totalitaires aient toutes les apparences du terrorisme : le combat des Tchétchènes face à une Russie dont le régime semble difficilement, même avec la meilleure volonté du monde, pouvoir être qualifié de démocratique, peut sans doute se revendiquer d'une certaine légitimité. En tout cas d'une légitimité bien plus grande, à mon sens, que celle que l'on pourrait accorder au terrorisme corse ou basque. Parce qu'à l'évidence le régime français est une démocratie et que l'Espagne l'est également devenue. Pour autant, les situations ne sont jamais simples à décrypter.

Depuis la conquête de leur territoire par l'empire russe en 1859, les rapports entre Tchétchènes et « Russes » se sont révélés difficiles et conflictuels, les insurrections de 1864 et de 1877-1878 en témoignent. C'est au début de l'année 1944 que Joseph Staline a fait déporter la quasi-totalité de la population tchétchène en Sibérie et au Kazakhstan. La Tchétchénie a été successivement rattachée en 1922 à la Russie puis à l'Ingouchie. Elle est devenue république autonome en 1936, mais cette autonomie était toute relative car elle ne permettait pas à la population d'avoir un mode de vie correspondant à ses aspirations profondes. L'effondrement de l'URSS et la formation d'une nouvelle république avaient engendré chez les Tchétchènes l'espoir de sortir enfin de leur dépendance coloniale vis-à-vis de Moscou. Les espoirs de Grozny furent rapidement déçus. La Tchétchénie s'était proclamée, le 2 novembre 1991, république indépendante, un mois avant la dissolution de l'URSS : une première guerre opposa Russes et Tchétchènes de 1994 à 1996, les Russes prétendant rétablir l'ordre constitutionnel. 50 000 morts plus tard, en 1996, les troupes russes se sont retirées de Tchétchénie pour mieux y revenir le 1er octobre 1999 pour une opération qualifiée « antiterroriste », suite à de multiples attentats meurtriers commis à Moscou et à l'intrusion de combattants islamistes au Daghestan, durant l'été, pour tenter d'y constituer un État théocratique musulman. Les Tchétchènes qui, depuis le début de cette année-là, avaient instauré dans le pays la loi chariatique ont donc vu à compter du mois de septembre 1999 les troupes russes envahir à nouveau leur pays en excipant cette fois de la lutte antiterroriste (de fait, la désintégration en 1991 de l'URSS avait eu pour conséquence une véritable balkanisation du Caucase).

Le 23 novembre 2002, un commando de 50 Tchétchènes armés et munis d'explosif, dirigés par Movsar Baraev, prenait en otage dans un théâtre de Moscou 750 personnes. Le commando exigeait le retrait des troupes russes de Tchétchénie. Après avoir obtenu la libération de 58 otages, les forces spéciales russes ont donné l'assaut le 26 novembre 2002 arguant du fait que les terroristes avaient commencé à exécuter par balle leurs otages. Pour les besoins de cet assaut, les forces spéciales ont fait usage de gaz neutralisant. Il devait bien « neutraliser » puisque après ledit assaut on a découvert 117 otages morts. Dont deux par balle seulement. Tous les membres du commando ont trouvé la mort au moment de l'intervention des forces de sécurité et, le 31 novembre 2002, Chamil Bassaev a revendiqué l'action.

La Tchétchénie, comme toutes les régions déstabilisées du monde, est devenue un terrain pour les djihadistes. Lorsqu'en France on parle de la filière tchétchène, comme on a parlé des filières bosniaques, afghanes, ou pakistanaises, cela signifie clairement qu'il y a dans le Caucase des camps d'entraînement et des écoles d'embrigadement idéologique dirigés par la mouvance Al Qaïda, qui soutient dans ce pays des groupuscules qui se réclament d'elle, afin de former des « troupes » pour mener à travers le monde le djihad. Et la mort de leur chef, Chamil Bassaev, abattu par les Russes le 10 juillet 2006, ne changera en rien la complexité de cette situation qui se décompose. Les mouvements islamistes en Tchétchénie sont, sans surprise, financés par l'Arabie Saoudite mais aussi par quelques autres pays du golfe Persique.

Vous avez évoqué la durée des peines et les conditions de leur exécution concernant les membres d'Action directe (AD) On peut s'étonner de l'acharnement à les maintenir en détention. Cela semble relever d'un traitement de « faveur » : ils sont des prisonniers politiques, effectivement, dans la mesure où, à peines égales, un prisonnier de droit commun aurait bénéficié de plus de « souplesse ». S'ils restent en détention, ce n'est plus à cause de leurs crimes, mais bien de leurs idées ; on a peur qu'ils récidivent, ce sont donc, quel que soit le jugement qu'on porte sur leurs actes, des prisonniers politiques.

Lucien Léger, dit « l'étrangleur », condamné à perpétuité pour l'assassinat du petit Luc Taron, crime perpétré en mai 1964, a purgé une peine de quarante et une années de réclusion. Nathalie Ménigon, condamnée notamment pour deux assassinats, ceux du PDG de la régie Renault, Georges Besse, et du général Audran, bénéficie depuis quelque mois d'un régime de libération conditionnelle après dix-huit années passées en prison. Avant elle, Joëlle Aubron, elle aussi condamnée à deux peines perpétuelles, avait retrouvé le chemin de la liberté. Il faut dire qu'elle était malade. Elle est depuis décédée. Jean-Marc Rouillan, après vingt ans d'emprisonnement, a bénéficié d'une mesure de semi-liberté alors qu'il avait lui aussi été condamné à deux reprises à la réclusion criminelle à perpétuité. Et s'il vient de voir cette mesure d'aménagement de sa peine révoquée, il ne peut s'en prendre qu'à lui-même. Donc, contrairement à ce que vous affirmez, les condamnés d'Action directe n'ont pas bénéficié d'un traitement de « faveur » par rapport à celui réservé à bien des criminels de sang de droit commun. Autre exemple, celui de Joseph Versini, un activiste corse qui a participé à l'attaque de commando contre la gendarmerie de Pietrosella début septembre 1997 et qui, avec les autres membres du groupe des anonymes, s'était prononcé pour la mort du préfet Claude Érignac assassiné à Ajaccio le 6 février 1998.

Certes, il s'est désisté de l'action elle-même. Il a donc pour ce crime uniquement été condamné au titre de la complicité. Manifestement, ce désistement a dû peser lourd dans la décision de la cour d'assises qui ne l'a condamné qu'à une peine de quinze ans de réclusion criminelle. Et en application des lois de la République, Joseph Versini a bénéficié du régime de la libération conditionnelle cet été. Il avait purgé un tout petit peu plus de neuf ans de détention. Six ans de « remise de peine », c'est quand même pas mal, non ?

Quant aux risques de récidive, il me paraît légitime qu'ils soient pris en considération par les juges d'application des peines lorsqu'ils prennent leur décision. C'est le bon sens ! Philippe Bidart dit « Patxi » a été libéré conditionnellement au début de l'année 2007 de la prison de Clairvaux à l'âge de 53 ans. Avant de quitter l'établissement pénitentiaire, il a déployé un drapeau basque, levé le poing et déploré que l'interdiction de séjour qui venait de lui être signifiée l'empêchait de regagner le Pays basque. Ainsi que le garde des Sceaux Pascal Clément l'a fait, à juste titre, remarquer, ce condamné à deux reprises à la réclusion criminelle à perpétuité et une autre fois encore à vingt ans de réclusion n'a pas eu le moindre mot pour les familles des deux CRS tués lors d'un attentat à Saint-Étienne-de-Baïgorry (Pyrénées-Atlantiques) et pour celle du gendarme assassiné à Léon dans les Landes... Il a purgé, le système français ne prévoyant pas « l'addition » des peines successives prononcées, dix-neuf ans de prison. Quant aux familles de toutes ces victimes, est-il besoin d'ajouter que pour elles, c'est la perpétuité réelle de leur peine, de leur chagrin.

Le terrorisme :
un outil de gestion du pouvoir ?

En dehors des questions d'architecture du système que nous venons d'évoquer, un des principaux problèmes posés par la lutte antiterroriste me semble résider dans le fait que ce sont les dérogations accordées un temps à la législation antiterroriste – comme à d'autres, d'ailleurs – qui irriguent le droit commun. Il s'agit plutôt d'un renversement de problématique : la législation antiterroriste n'est pas à proprement parler une législation d'exception, elle est un point de cristallisation dont il peut être tentant de se servir pour faire évoluer le droit commun.

C'est effectivement ce qu'on a vu avec la loi Perben II, à propos de laquelle il y avait de vraies critiques à formuler, notamment sur le concept de bande organisée, qui risque de se révéler par trop général, un peu « large ». À partir de deux on peut former une bande et Brassens disait : « *Sitôt qu'on est plus de quatre on est une bande de cons.* » Sans compter ceux qui font bande à part. Mais si le législateur peut effectivement avoir la tentation d'étendre au droit commun quelques dispositions spécifiques de la législation antiterroriste, c'est contre cette tentation et elle seule qu'il faut lutter. Si un généraliste se met à soigner les rhumes de cerveau par chimiothérapie, il faut l'en empêcher pour maintenir la chimiothérapie dans le champ d'application de la cancérologie.

Au risque de me répéter, l'influence qu'a sur la législation le climat de peur lié au terrorisme n'est pas que directe, elle s'exerce davantage sur les lois du type « sécurité quotidienne ». Ce sont des mesures de droit commun qui peuvent être prises parce que *la menace terroriste peut être agitée... Il ne s'agit donc pas seulement de mesures dérogatoires. Ce n'est donc pas tellement, comme vous semblez le croire, la spécialisation de la lutte antiterroriste qui pose problème, mais bien plus la mutation des rapports société/État, au travers du droit, permise par les lois antiterroristes. Encore une fois, les lois sur la sécurité quotidienne mises en place par le gouvernement Jospin en 2001 en témoignent, ces lois que vous appelez « lois fourre-tout » et qui associent étroitement surveillance publique et justifications liées à la lutte contre le terrorisme, qui font l'amalgame insécurité/terrorisme. Quel est votre point de vue sur cette dérive ?*

Je pense que le gouvernement, lorsqu'il souhaite faire passer des lois de procédure susceptibles d'améliorer l'efficacité policière n'a nul besoin d'agiter l'épouvantail de la lutte contre le terrorisme, car la lutte contre l'insécurité et la montée de la violence sont devenus en eux-mêmes des thèmes de campagne électorale suffisamment porteurs. Je ne vois donc rien qui soit véritablement dérogatoire dans le fonctionnement de la justice antiterroriste en France. Et il me semble qu'il s'agit globalement d'un système à défendre, éventuellement à améliorer, qui propose une alternative solide au système américain, extrêmement monolithique, dans lequel, par exemple, une récidive est une récidive, que la personne incriminée ait volé trois fois des choux de Bruxelles ou commis des actes beaucoup plus graves. Il y a en France bien davantage de considération pour le contexte de la récidive, les termes de celle-ci... Enfin, il y en avait jusqu'à la nouvelle loi que le Parlement a adoptée durant l'été 2007. Et pour adopter ces dispositions nouvelles, il n'a pas été besoin d'agiter l'épouvantail de la lutte antiterroriste.

Je ne crois pas, par ailleurs, que la législation antiterroriste soit une sorte de laboratoire ou de blanc-seing délivré pour le reste du droit commun ; par exemple, on ne peut pas dire que si on n'avait pas prévu quatre-vingt-seize heures de garde à vue pour les terroristes, la durée de garde à vue n'aurait pas augmenté dans les autres secteurs du droit. Il me semble bien plus intéressant de se demander si les quatre-vingt-seize heures (majorées éventuellement de quarante-huit heures dans certaines conditions depuis la loi Perben II) qui ont cours dans les affaires de terrorisme sont réellement efficaces dans ce type d'affaires où, généralement, les personnes auxquelles nous avons affaire ne sont pas très loquaces. La réponse est oui s'agissant là d'une criminalité en réseau qui nécessite souvent de multiples interpellations en cascade... Les atteintes aux libertés organisées par le code de procédure doivent correspondre à une nécessité absolue : il ne faut en aucun cas que l'État se mue en appareil policier mais, corrélativement, il faut veiller à ce que l'appareil répressif ne soit pas démuni face à une menace très singulière. En ce qui concerne le déroulement des gardes à vue, nous les « accompagnons » systématiquement, nous veillons scrupuleusement à ce que le droit y soit respecté. Prétendre que toutes les affaires criminelles peuvent se traiter de la même manière est absolument faux : la difficulté à démonter les réseaux implique par exemple de se doter de quelques outils adaptés, sans lesquels, à l'évidence, aucun réseau criminel ne serait jamais démantelé. Je pense qu'il faut souligner le caractère démocratique du mode de lutte antiterroriste retenu par la France ; la propension à le dénoncer comme une justice d'exception aux ordres du pouvoir d'État me semble être une posture idéologique drapée dans les habits de la défense des droits et libertés individuels.

D'autre part, il semble qu'en matière de terrorisme les modifications que subissent les lois antiterroristes ne soient pas toujours discutées dans la plus grande transparence, et qu'elles émanent essentiellement de l'exécutif, qui fait tout pour court-circuiter le Parlement. On peut penser que cela s'inscrit dans cette mutation plus générale du droit pénal que nous évoquions. En tout cas, on peut douter que ces lois soient l'expression de la volonté générale...

Si vous voulez me faire dire que la perfection dans la pratique de la démocratie est loin d'être acquise, je ne peux bien entendu qu'acquiescer. Mais vous semblez en plus déplorer l'interventionnisme de l'exécutif dans l'initiative des lois. Il est vrai que cette constatation est une vérité d'évidence, que les projets de loi qui viennent en discussion au Parlement sont favorisés par rapport aux propositions de loi d'origine parlementaire. Mais puisque c'est au gouvernement de la France qu'il appartient, au terme de la constitution de 1958 telle qu'elle est à ce jour écrite en dépit d'une pratique nouvelle, de déterminer puis de conduire la politique de la nation, de fait sous les directives du président de la République, encore faut-il lui donner accès aux outils juridiques qui permettent d'élaborer ladite politique. Et ces outils juridiques, ce sont les lois et les textes appartenant au domaine réglementaire (décrets, etc.). Mais en définitive, ce sont les parlementaires, députés et sénateurs, qui votent la loi. Et si l'on peut parfois regretter l'absence de courage politique à l'Assemblée, rien à mon avis ne vous permet d'affirmer comme vous venez de le faire, que les lois consacrées à l'antiterrorisme ne soient pas toujours discutées dans la plus grande transparence. Il est de votre liberté de ne pas les apprécier, mais vous pouvez consulter le journal des débats parlementaires et vous pourrez constater par exemple qu'en la matière le parti socialiste a abandonné l'angélisme qui pendant longtemps lui a tenu lieu de politique. Quant à la droite, bien évidemment, on ne saurait lui faire un quelconque procès en naïveté. Mais je lis aussi les journaux et je sais donc que ces lois ne suscitent aucun enthousiasme chez Olivier Besancenot, Alain Krivine, José Bové et Arlette

Laguillier. Idem chez Jean-Marc Rouillan. Ce n'est pas une surprise. Mais il se trouve que ceux-ci ne sont pas représentés au Parlement. Et je n'oublie pas que les organisations d'extrême gauche ont souvent fait preuve de complaisance à l'égard d'actes de violence extrême dès lors que les organisations qui les promouvaient se revendiquaient du terrorisme révolutionnaire. En tout cas, j'ai l'impression que parmi ceux qui dénoncent avec le plus de virulence les insuffisances, les faiblesses, les imperfections du fonctionnement démocratique, il en est qui finissent par oublier qu'il n'est pas de régime parfait (le mot de Churchill : « La démocratie est le pire de tous les régimes à l'exclusion de tous les autres ») et que c'est ceux-là même qui se font les censeurs les plus impitoyables de notre système imparfait qui finissent par trouver des excuses absolutoires aux partisans et aux acteurs de la violence aveugle.

Vous insistez sur la maîtrise dont font preuve les organisations terroristes dans l'« art » de la propagande. Vous concéderez sûrement qu'elles n'en ont pas le monopole...

Le terrorisme, on l'a vu en effet, n'est pas qu'une arme de destruction ; il est, dans le même mouvement, un « outil » de communication. Mais, effectivement, il est parfois concurrencé, certes à une autre échelle, par la classe politique. On peut par exemple considérer que ce qui se dit dans la bouche des candidats lors des campagnes électorales s'apparente parfois, et sans doute trop souvent, à de la propagande. C'est d'ailleurs le terme employé lors de la mise en place des dispositifs légaux de contrôle des opérations électorales : il existe une « commission de la propagande » chargée de veiller à l'égalité des armes entre les candidats lors des campagnes électorales. Cela est intimement lié au type de démocratie dans lequel s'inscrivent les sociétés occidentales – la démocratie représentative – qui, quels que soient ses défauts et certains errements des hommes qui la servent, demeurent un acquis fondamental. Propagande avant l'élection... Forcément, propagande après. Y compris dans l'exercice du pouvoir. Ainsi, l'État peut-il se révéler prompt à l'utiliser : confronté à une situation difficile, il peut avoir tendance à qualifier rapidement, à travers de petites phrases bien senties, de « terroristes » les fauteurs de trouble, pour mieux les stigmatiser. Lors des émeutes de banlieue au mois de novembre 2005, on a eu le sentiment que l'emploi de ce mot n'était plus très loin des lèvres de certains ; d'ailleurs, selon certains politiciens énervés, c'était déjà la guerre, et en conséquence il convenait d'envoyer l'armée pour rétablir l'ordre. Certes, tant que l'emphase et la surenchère restent circonscrites au discours – non pas que ce soit anodin ou sans conséquence –, cela n'a pas d'impact réel sur le plan judiciaire, et donc sur la manière de travailler des juges. Cependant, c'est éminemment regrettable, quelque part dangereux, et forcément réducteur de la complexité des situations.

Que se passera-t-il en effet le jour où nous serons confrontés à des situations qui seront, elles, bien plus inquiétantes ; par exemple, si la France est à nouveau victime d'une campagne d'attentats ?

Peut-être les politiques manqueront-ils alors de mots pour les définir et les faire comprendre, parce que le mot « terroriste » aura été complètement galvaudé. Mais surtout, on peut toujours craindre que le suremploi de ce genre de mots ne conduise peu ou prou les citoyens à accepter trop facilement des restrictions à leurs libertés, compte tenu de la confusion des idées née de l'utilisation volontairement confuse du sens des mots. Personne n'a encore considéré que le désespoir social était une manifestation de terrorisme lorsqu'il prenait des formes violentes. Mais la vigilance s'impose sur ce point. L'ouvrier qui fait sauter son usine avec de la dynamite, parce qu'elle va se délocaliser, le chômeur qui fait sauter les locaux de l'ANPE, le syndicaliste qui répand quelques milliers de litres d'acide dans les eaux de la rivière proche de son entreprise, se livrent à des agissements à l'évidence pénalement répréhensibles. Pour autant, le désespoir social, même en cas d'emploi de moyens violents, ne saurait être, ne doit pas être assimilé, si peu que ce soit, aux agissements des terroristes, car le désespoir n'a pas pour objet d'imposer des vues, ni de remettre en cause l'ordonnancement politique de la société. Il appartiendra dans les prochains mois aux juges antiterroristes saisis de l'affaire de dire si véritablement le jeune employé du tri postal qui a fait sauter plusieurs radars implantés sur des voies de circulation en région parisienne pour le compte d'une organisation dont il était apparemment le seul membre, la Fraction nationaliste armée révolutionnaire (FNAR), avant de se blesser grièvement lors d'une ultime tentative d'attentat, est justiciable de la justice antiterroriste ou de la justice tout court et si son combat visait à remettre en cause l'ordonnement juridique du pays ou simplement de protester contre la procédure du permis à points.

Il vaudrait donc mieux laisser aux États totalitaires qui, par définition, bâillonnent par tous moyens leurs oppositions – politiques, sociales et médiatiques –, disputer aux organisations terroristes le monopole de l'usage de la propagande politique. Pour finir d'illustrer la manière dont le mot « terrorisme » se prête aux manipulations – puisque étant chargé de fortes connotations subjectives –, j'aimerais dire un mot du « terrorisme intellectuel », exemple d'amalgame lui aussi couramment employé. Cette expression se réfère, me semble-t-il, à l'aveuglement idéologique du terroriste, à l'irréductibilité de ses positions, à son imperméabilité face aux arguments d'autrui dans le cadre d'un dialogue raisonnable, en d'autres termes à la haine de tout ce qui ne lui ressemble pas, au mépris de l'altérité. C'est cette position d'aveuglement souvent mâtinée de mauvaise foi que stigmatise l'expression « terrorisme intellectuel ».

Quel regard portez-vous sur la spectaculaire inflation des textes répressifs visant à contrecarrer la menace terroriste ?

L'inflation législative que vous dénoncez n'est pas spécifique à la lutte antiterroriste. Elle touche tous les domaines d'activité. À côté des raisons objectives tenant notamment au développement du droit communautaire, avec la transposition dans le droit national des directives européennes, et à l'apparition de nouveaux centres d'intérêt du législateur (environnement, économie numérique, bioéthique et biotechnologie), la « frénésie textuelle » est aussi et indiscutablement favorisée par l'attitude de la classe politique, pour qui le projet ou la proposition de loi devient un moyen d'exister médiatiquement. C'est ce qu'il est convenu d'appeler les lois incantatoires, qui ne constituent pas une trouvaille récente puisque sur les mille textes législatifs promulgués en 1981, année de grand changement, deux cent vingt-deux n'avaient pas reçu une entière application à la fin de l'année 2005 ! En l'an 2000, on recensait neuf mille lois, cent vingt mille décrets, cinquante-neuf codes. Depuis, chaque année, sont venus s'ajouter soixante-dix lois, cinq cents ordonnances et mille cinq cent décrets, selon le rapport publié le 15 mars 2003 par le Conseil d'État, qui n'est peut-être pas loin de penser comme beaucoup que « trop de lois tue la loi ». Surtout quand le système social, et plus encore le système répressif reposent sur l'adage selon lequel « nul n'est censé ignorer la loi ». On a un peu l'impression et même la quasi certitude, ces derniers temps, que le législateur se laisse aller à légiférer sous l'empire de l'émotion. Dans les années 1980, le *Journal officiel* comptait chaque année quinze mille pages. Celui de l'année 2005 en comptait vingt-trois mille… L'empilage des textes risque de se révéler un remède susceptible de tuer le malade.

Mais on sait aussi le retard et les réticences avec lesquels l'Angleterre a fini, quelques semaines avant le 11 septembre

2001, par incriminer l'apologie du crime qui faisait singulièrement défaut à son arsenal répressif et qui permettait aux prêches les plus enflammés de rester impunis outre-Manche. Compte tenu du principe démocratique de non-rétroactivité des lois, la loi nouvelle ne peut embrasser les situations qu'elle pénalise qui seraient antérieures à sa publication au *Journal officiel*. Il n'est pas inutile de le rappeler aujourd'hui ! En mars 2005 Dennis Richardson, le responsable des services secrets australiens, a estimé à moins de 10 % des personnes vivant sur le territoire australien et effectivement liées à Al Qaïda ou à la Jamaah Islamiyah qui pouvaient être traduites devant une juridiction pour y répondre de leurs activités subversives. Car le lien avec une entreprise terroriste n'a été incriminé dans son pays qu'à compter du mois de juillet 2002. Sur un plan légal, le temps perdu ne se rattrape pas non plus. En termes d'opportunité politique, ce qui a été fait en Grande-Bretagne ces dernières années peut être considéré comme une énorme maladresse. Ce que les Anglais paient aujourd'hui, c'est la possibilité qu'ils ont accordée aux djihadistes pendant plus de dix ans de créer des appareils, faute de textes répressifs adaptés. Et comme dans le domaine du trafic de stupéfiants, l'action la plus difficile à mener, mais la plus performante, c'est de démanteler, de déstructurer les réseaux ; lesquels ont d'autant plus de mal à se constituer qu'ils doivent être clandestins. Quand les réseaux vivent officiellement, avec la bénédiction des pouvoirs publics locaux, leurs contacts sont plus facilement établis, leurs structures plus facilement créées. Et l'avantage retiré de cette stratégie-là par les pouvoirs publics, à savoir pouvoir mieux observer ce qui se passe, paraît bien mièvre en regard des inconvénients.

Cette inflation législative consacrée à la lutte antiterroriste n'est-elle pas de nature à menacer les libertés individuelles et publiques ?

Je me répète : la première des libertés, dans un État de droit, c'est la garantie qu'a tout homme d'avoir une espérance de vie normale. On ne peut pas évacuer à bon compte cette problématique : le risque de mourir dans un attentat terroriste est certes marginal mais il existe bel et bien, et rien ne pourrait justifier que cela soit accepté même s'il est statistiquement résiduel. En disant cela, il me semble que je pense d'abord aux personnes les plus faibles, c'est-à-dire les plus pauvres, de notre société. Ce sont elles, en effet, qui prennent le RER, qui, d'une manière générale, sont le plus souvent confrontées aux attentats terroristes. Il me semble que nous vivons, sur le plan des risques liés au terrorisme, un moment de grande tension, avec la circulation de matériaux sales, un extrémisme religieux particulièrement virulent, les réactions de certains États qui ne font que mettre de l'huile sur le feu... Il est donc indispensable de disposer, face au péril qui nous menace, d'un système équilibré et, comme je pense que ce système existe, à quelques détails près, en France, de le conserver face à des alternatives beaucoup plus destructrices sur le plan des libertés. La vraie problématique qui se pose à nous consiste en l'évaluation précise de l'ampleur du péril, de sa nature, de la manière de le combattre... Comme le terrorisme est aussi par essence une menace avant d'être un acte, les interprétations possibles de la problématique que je viens d'évoquer sont nombreuses ; et les tentations de manipulation existent indiscutablement. Tentations qui peuvent, dans le cadre d'un environnement idéologique tel qu'il existe aux États-Unis, prendre la forme d'actions militaires, de discriminations et de dispositifs attentatoires aux libertés. En France, depuis la guerre d'Algérie, les militaires ne sont pas intervenus – en dehors des patrouilles affectées au plan Vigipirate. Je pense que cela caractérise la fidélité à une certaine conception de la démocratie.

Vous déniez donc toute tentation des États, face au terrorisme, d'étendre un contrôle, ou en tout cas des dispositifs de contrôle, sur la société.

Non, je ne dénie pas l'existence de cette tentation, de ce risque. Pour autant, je ne partage pas en premier lieu cette vision orwellienne. Je ne crois pas que l'État soit mauvais par essence et qu'il ne serve qu'à protéger les pouvoirs d'une petite faction dominante. Je crois au contraire qu'il appartient au citoyen de veiller à une juste adéquation entre le péril et les moyens pour le contrer en allant voter pour ceux de ses représentants qui lui sembleront les mieux à même de défendre son point de vue. La vision d'un État aux mains d'une classe dirigeante et qui ne servirait que ses intérêts propres et la préservation de sa domination est largement partagée, mais je pense que les mécanismes de pouvoir se jouent en grande partie ailleurs. Ils se jouent notamment au sein d'une économie dominée par le capitalisme boursier et mondialisé, qui favorise l'accroissement des inégalités, des différences entre les riches et les pauvres. Et c'est sans doute pire ! L'État n'est pas responsable de tout, et je dirais même que les moyens de contrôler l'action de ses représentants existent bien davantage aujourd'hui qu'il y a seulement quelques années. Jusque dans les années 1980, il n'y avait par exemple jamais eu aucune véritable volonté de poursuivre la délinquance économico-politico-financière. Ce n'est désormais plus le cas même si cette volonté-là semble marquer un vrai fléchissement. Les contre-pouvoirs existent donc, à chacun d'entre nous de les faire fonctionner autant que faire se peut ; même si dans ce domaine c'est véritablement David contre Goliath…

Bentham avait inventé un système carcéral appelé le « panopticon », dont Michel Foucault a plus tard fait le paradigme d'une société qui assurerait le contrôle des individus qui la composent : il s'agit d'un bâtiment circulaire où, de la tour centrale, on peut observer chacun sans jamais être vu ;

cette place centrale n'a d'ailleurs pas besoin d'être occupée, puisque le pouvoir y fonctionne grâce à l'impossibilité qu'ont les « surveillés » de savoir s'ils sont observés ou non. La simple idée qu'ils puissent l'être devant suffire à garantir leur docilité. Les possibilités techniques existent aujourd'hui qui permettent de savoir précisément où sont les gens, ce qu'ils font, comment ils se comportent ; bref, d'avoir un regard précis sur leur vie privée grâce aux traces qu'ils laissent partout et tout le temps. Et cela, seule la puissance d'un État permet de le concrétiser. N'y a-t-il pas un lien à établir entre cette tentation de contrôle, qui n'est pas l'apanage exclusif des États, mais qu'ils sont les seuls à pouvoir réaliser, et la menace terroriste ? Autrement dit, la menace terroriste ne fournit-elle pas la justification de la mise en place de cette société de contrôle, comme l'a montré par exemple en 2004 la carte d'identité biométrique nécessaire à tout étranger souhaitant entrer aux États-Unis ?

Je crois effectivement que les outils existent désormais qui permettent un contrôle accru des populations et que le terrorisme, comme bien d'autres phénomènes, exerce une influence sur ces lois-là. Mais je serais tenté de justifier celle-ci, au moins en partie, par la difficulté extrême qu'il y a à cerner, à identifier la menace. Certes, cette difficulté augmente la tentation d'utiliser des outils qui, dans d'autres circonstances, ne seraient pas envisagés. Donc oui, le péril existe et doit inciter à la vigilance politique des citoyens. Mais on n'empêchera pas la justice et son bras armé, la police judiciaire, d'adapter leur quête de vérité aux évolutions technologiques ; la problématique reste la même : on s'aide des évolutions technologiques pour rechercher des traces. Aujourd'hui, je peux faire écouter une ligne téléphonique, mais quand il n'y avait pas de téléphone le problème ne se posait pas. Avec l'utilisation du téléphone portable, on peut aussi calculer les vitesses de déplacement, par exemple d'une borne à l'autre. Pareil lors des paiements par carte bancaire à un péage d'autoroute. Personne n'a encore jugé utile de faire passer une loi qui pénaliserait effectivement les excès de vitesse à partir de ce type de preuves. Mais cela peut bien évidemment venir. Autre exemple, celui de la génétique, domaine dans lequel les applications potentielles ne sont certainement pas encore pleinement circonscrites. Il est évident que la tentation d'utiliser les segments codants de l'ADN pour établir des fichiers de police sera grande. À l'heure actuelle, ce fichier est établi d'après les segments non codants, ce qui permet seulement une comparaison de fichier à fichier pour identifier le titulaire d'une trace biologique et de savoir si la personne recherchée est un homme ou une femme. Mais pas si cette personne-là est blanche, noire, verte, jaune ou bleue, ni si son patrimoine génétique indique qu'elle est porteuse d'une maladie héréditaire. Ce choix a été fait pour protéger les libertés individuelles. Je crois donc qu'un certain nombre de contre-pouvoirs existent, institutionnalisés, comme la CNIL, ou non, et que la démocratie, sur ce point, fonctionne globalement mieux aujourd'hui que dans les décennies précédentes. Le rôle des médias, par exemple, a singulièrement évolué. C'est un contre-pouvoir par excellence. Pour autant, l'ampleur de la menace de voir se mettre en place un ensemble de bases de données est effectivement préoccupante, la question des fichiers récemment remise sous les feux de l'actualité en témoigne. Il appartient donc à la classe politique de définir clairement à travers ses choix législatifs ce qui est compatible avec une société de liberté, et ce qui l'est moins et ce qui ne l'est point. En ne mélangeant pas, par exemple, pour le recours à la génétique le voleur de pommes et le terroriste. Et en mettant en place des garde-fous institutionnels. Et surtout en ne se réfugiant pas derrière le principe de précaution qui souvent est la porte ouverte à la lâcheté politique et qui potentiellement, par un effet pervers, pourrait conduire à une société complètement cadenassée. Un mot encore sur la biométrie. En Allemagne, certaines grandes surfaces proposent à leurs clients le relevé de leurs empreintes digitales afin qu'ils puissent régler leurs achats par simple application de leur index sur un capteur. Ce système est pernicieux en terme de liberté individuelle. Pourtant, il connaît un vif engouement outre-Rhin. Cette évolution des techniques est à l'évidence préoccupante. Mais on est bien obligé de constater que bien souvent, comme dans ce cas, ce sont des considérations mercantiles qui poussent à ces « avancées », que je me refuse à appeler « progrès », et non des impératifs sécuritaires. Quant à la protection de la vie privée, on voit d'ores et déjà combien le concept même est menacé par la conjonction des téléphones portables qui prennent des photos et permettent de tourner des vidéos qui sont ensuite diffusées hors tout contrôle sur le net. Je n'évoque même pas les officines privées qui, tout aussi bien que l'État, disposent des moyens de capter les échanges téléphoniques ou électroniques. Client et consommateur et ensuite seulement citoyen, le choix est devant nous. Je préférerais que la citoyenneté l'emporte sur le mercantilisme, mais je n'en suis pas si sûr.

Le président Sarkozy a demandé à son gouvernement au début de l'été 2007 de mener une réflexion sur la mise en place d'un plan de grande ampleur d'implantations de caméras dans les lieux publics pour lutter contre le terrorisme. Croyez-vous ce dispositif indispensable ? Et que pensez-vous dans cette même perspective du développement technologique de la géolocalisation et de la biométrie ?

C'est en effet quelques jours après les attentats terroristes déjoués à Londres et celui manqué de Glasgow au tout début de l'été 2007 que le président de la République a formulé cette adresse à son gouvernement. La Commission nationale informatique et libertés (CNIL) a fait savoir qu'elle ne s'opposait pas au développement en France de la vidéo-surveillance mais que par contre elle était bien obligée de constater que les technologies mises en œuvre se développaient bien plus vite que les moyens de contrôle mis en place. À cet égard, la CNIL dispose de deux fois moins de personnel que son homologue britannique. Et le fond du problème, terrorisme ou pas, c'est que les nouvelles techniques tendent à dessiner les contours d'une société de surveillance qui serait forcément antidémocratique. Avec les nanotechnologies et la miniaturisation qu'elles impliquent, le problème se révélera chaque jour plus complexe dès lors que l'on voudra continuer à protéger effectivement et efficacement les libertés individuelles. On voit bien aujourd'hui quel usage peut être fait de la géolocalisation qui permet, *via* un système GPS ou un téléphone cellulaire, de suivre les déplacements d'un individu. C'est le rêve d'un certain nombre de chefs d'entreprise que de savoir, en permanence, où se trouvent ses salariés en déplacement professionnel. La même préoccupation s'attache au développement de la biométrie. Le Comité consultatif national d'éthique s'est inquiété en mai 2007 de cette dérive : « Chacun accepte finalement et même avec quelque indifférence d'être fiché, observé, repéré, tracé sans souvent en avoir conscience. » En définitive, c'est probablement cette absence de vigilance citoyenne qui doit être dénoncée car cette passivité-là n'a rien à voir avec le caractère prégnant de la menace terroriste. Elle est simplement, me semble-t-il, le résultat des mauvaises habitudes contractées dans le cadre d'une société où prédominent désormais les intérêts individuels et catégoriels et la satisfaction immédiate de besoins naturels dont certains n'ont de besoin que le nom sur la dimension collective des enjeux. Un mot encore. Il y a peu, on appelait les caméras installées sur le domaine public un système de vidéosurveillance. Maintenant, il est convenu de dire « vidéoprotection ». Je crois qu'il faut saluer le talent sémantique de nos gouvernants.

Que dites-vous à ceux qui avancent que les effets du terrorisme sont en définitive dérisoires si on les mesure froidement en termes de nombre de victimes par rapport à la reconfiguration, juridique, policière et militaire notamment, qu'entraîne la lutte antiterroriste ? C'est-à-dire à ceux qui pensent que le terrorisme est un bon outil de gestion des populations ?

Une analyse du phénomène terroriste qui s'appuierait sur cette comparaison, et donc sur une vision purement comptable, serait forcément exécrable. Car elle aboutirait à créer un seuil d'intervention en deçà duquel les États resteraient passifs, eu égard au faible nombre de victimes, et feraient *de facto* abstraction des menées subversives sous-jacentes. On ferait ainsi du terrorisme une maladie orpheline de la lutte contre la violence. À titre informatif, le rapport sur le terrorisme mondial en 2005 rendu public par le département d'État américain le 28 avril 2006 recense 11 111 attaques terroristes perpétrées dans le monde cette seule année 2005. En 2004, le même rapport ne comptabilisait que 3 592 actes de terrorisme, mais il ne prenait en compte que les attentats relevant du terrorisme international. En 2005, les 3 500 attaques commises en Irak et les 8 300 morts qu'elles ont occasionnées ont été prises en compte dans ce rapport. Au total, en 2005, 14 600 personnes ont péri dans le monde à l'occasion d'actes de terrorisme, sans oublier plusieurs dizaines de milliers de blessés. Moins que les accidents de la route en France au début des années 1970.

Il est donc évident que le plus modeste des conflits armés traditionnels tue bien plus de gens que le terrorisme considéré globalement. Le terrorisme est donc une stratégie du faible à l'égard du fort, dont le principal ressort, la propagande par l'action, s'appuie pour l'essentiel sur les dommages psychologiques infligés à l'adversaire. Raymond Aron le disait d'ailleurs excellemment : « Une action est dénommée terroriste lorsque ses effets psychologiques sont hors de proportion avec ses résultats purement physiques. »

Quant au bilan des guerres, je précise qu'il est effectué selon des extrapolations conduites sur la base d'enquêtes réalisées à la manière des sondages auprès de quelques centaines ou de milliers de foyers qui sont interrogés sur le nombre de personnes décédées dans leur entourage. En outre, les chiffres, c'est bien connu, ne signifient que ce qu'on veut bien leur faire dire. En 1972, on a dénombré en France 18 000 morts sur les routes. En réalité, il devait y en avoir sensiblement plus. En effet, la convention de Vienne de 1968 avait adopté la définition du « tué à trente jours ». En d'autres termes, toute personne victime d'un accident de la circulation qui décédait dans les trente jours était comptabilisée dans la rubrique « personne décédée ». À cette époque-là, la France ne comptabilisait dans la rubrique « décès » que les victimes décédées dans les six jours de l'accident. Il a fallu attendre l'année 2005 pour que la France adopte la définition de la convention de Vienne.

Dans son ouvrage *L'Empire de la honte*, le député helvétique Jean Ziegler, après avoir rappelé qu'en 2007 856 millions d'hommes étaient sous-alimentés, a indiqué que dans le monde 100 000 personnes mouraient chaque jour de faim ou des suites immédiates de malnutrition. Il a été calculé, pour frapper les esprits, s'il en était besoin, que dans ce monde-là, le nôtre, un enfant de moins de dix ans mourait toutes les cinq secondes. Un, deux, trois, quatre, cinq... Signe extérieur de tristesse. Ce bilan-là conduira-t-il ceux qui considèrent comme dérisoire le bilan du terrorisme par rapport à celui des guerres à considérer que ce dernier bilan étant lui aussi dérisoire par rapport à la mortalité due à la faim dans le monde, il n'y a plus lieu de se préoccuper de la défense de la paix dans le monde ?

En tout état de cause, examiner le terrorisme à la seule aune du bilan chiffré des victimes d'actes de terrorisme est particulièrement absurde dès lors que l'action terroriste a précisément pour objet de terroriser ou à tout le moins d'intimider les populations. Tout autant que les morts et les blessés, il faut prendre en compte le climat qui naît dans les pays victimes du terrorisme. L'Italie des « années de plomb » en offre une éclatante et cruelle démonstration.

Peut-on aujourd'hui déterminer qui de l'extrême droite ou de l'extrême gauche a le plus plongé l'Italie des « années de plomb » dans un chaos qui a failli la faire basculer vers un régime autoritaire ?

Lorsque le 12 décembre 1969, dix-huit morts et quatre-vingt-dix blessés sont dénombrés à la suite de l'attentat à la bombe perpétré contre la banque de l'agriculture à Milan, les autorités italiennes attribuent de suite cette action criminelle à la mouvance anarchiste transalpine. L'anarchiste Pietro Valpreda, d'abord inculpé dans cette affaire, va laisser son nom dans une procédure fertile en rebondissements puisqu'en 1972 l'enquête s'orientera vers l'extrême droite italienne. Pendant cette période, la crise politique italienne dont le caractère endémique n'est plus à souligner devait permettre aux extrémistes des deux bords de rivaliser de violence. Pour la seule année 1969, 145 attentats ont été recensés. Certains se sont sans doute crus en Corse. Encore que le ratio d'attentat par habitant, si l'on veut bien se donner la peine d'y réfléchir un peu, est nettement « favorable » aux insulaires. Dans la deuxième partie de la décennie 1970, j'ai même connu une année où, dans l'île de beauté, il y avait eu environ 600 attentats. Pour 250 000 habitants, c'est pas mal. Enfin, c'est une façon de parler. Si en Corse, la police et la justice n'ont pas toujours été aussi performantes qu'on aurait pu le souhaiter, dans un climat à l'évidence beaucoup plus dramatique et avec des conséquences nettement plus sanglantes, les autorités répressives italiennes ne se sont pas non plus toujours montrées à la hauteur des enjeux et du défi qu'elles devaient relever : dans la plupart des cas, la justice et la police italienne se sont révélées à la toute fin des années 1960 et au tout début des années 1970 dans l'incapacité de déterminer quel extrémisme était à l'origine de tel attentat ou de tel autre.

L'extrême gauche italienne était à l'époque numériquement riche. Dans cette mouvance étaient recensés Le Pouvoir ouvrier, La Lutte continue, le Mouvement étudiant, le Parti marxiste léniniste, les Brigades rouges et les Groupes d'action des partisans. Ce sont ces deux derniers mouvements qui étaient des adeptes inconditionnels de la violence politique, convaincus que « le pouvoir est au bout du fusil ». Le théoricien des Brigades rouges Toni Négri s'était attaché à organiser son mouvement en véritable « contre-société » dans laquelle toute vie privée était interdite. Il voulait, selon son expression, s'attaquer au « cœur de l'État ». Ces extrémistes de gauche voulaient déclencher, ce faisant, la révolution en servant de « détonateur », le mot me paraît convenir, à l'agitation sociale de la classe ouvrière et des étudiants. Il leur fallait donc, selon cette idéologie-là, commettre des hold-up présentés comme des appropriations prolétariennes, des prises d'otages et séquestrations de personnes pour obtenir des rançons et bien sûr des attentats et autres assassinats. À l'époque, le service de contre-espionnage italien (SID) estimait à quelques centaines de militants la force de ces deux groupuscules. Ce que l'on sait aujourd'hui, c'est qu'ils étaient bien moins nombreux que les extrémistes de droite qui pouvaient de surcroît, contrairement à leurs « homologues » de l'extrême gauche, s'appuyer sur un parti politique structuré, le Mouvement social italien (MSI) représentatif du mouvement néofasciste italien dont le conservatisme effréné l'avait rendu rétif à la moindre évolution sociale. Ce parti-là avait troqué au fil des années son incontestable force électorale contre la respectabilité politique. Cette légitimation obtenue avait eu pour conséquence la prolifération de nombreux groupuscules d'extrême droite, et parmi eux le Front national, Ordre nouveau, Jeune Italie, « Avant-Garde nationale », Front de la jeunesse. Pour compléter le tableau, on retrouvait dans ce paysage « politique » là des groupuscules anarcho-fascistes et même un mouvement qui s'affirmait nazi-maoïste, le groupuscule Lutte du peuple.

L'année 1971 qui avait vu comme la précédente la commission de multiples attentats s'était achevée par un attentat contre le domicile du procureur général de Milan dont le parquet était en charge d'une enquête relative à la reconstitution du parti fasciste. Le 11 mars 1972, de violents heurts opposaient la police et les groupes gauchistes. Un homme était tué et une centaine d'autres blessés. Dans les jours suivants, le corps déchiqueté de l'éditeur Giangiacomo Feltrinelli, ami de l'éditeur français François Maspero, de l'Allemand Rudy Dutschke dit Rudy le rouge et de Régis Debray, était découvert au pied d'un pylone électrique saboté. L'éditeur italien avait rejoint la clandestinité en 1970 et il était soupçonné d'être un des idéologues de la mouvance anarchiste et le financier d'attentats perpétrés par la mouvance nihiliste. Cette découverte macabre donnait lieu à une très violente polémique en Italie : suicide ou victime de son propre attentat ? Cette polémique se traduisait par de nouvelles violences urbaines et, le 16 mars 1972, le commissaire de police Calabresi, chargé de la lutte contre l'extrême gauche, était abattu. À cette époque-là, les néofascistes ne dissimulaient pas qu'ils étaient favorables à l'instauration en Italie d'un régime identique à celui établi en 1967 en Grèce, le régime des colonels. Pour eux, il fallait créer une sorte de cordon sanitaire anticommuniste sur les côtes septentrionales de la Méditerranée. Les élections législatives de mai 1972 venaient tempérer leurs espoirs car en dépit d'un glissement à droite de l'électorat, le « grand soir » électoral des néofascistes n'était pas au rendez-vous. Les ardeurs de l'extrême droite n'étaient pas tempérées par l'échec électoral. Elles étaient au contraire favorisées par la situation politique du pays, l'instabilité chronique des gouvernements successifs de M. Andreotti n'ayant à l'évidence nullement contribué à faire diminuer la violence politique en 1972 puis en 1973. Le 28 mai 1974, un attentat par explosif était perpétré à Brescia à l'occasion d'une manifestation antifasciste. Huit morts et quatre-vingt-quinze blessés étaient dénombrés. Le gouvernement ne pouvait qu'en appeler à la résistance antifasciste et à la vigilance. Il était entendu et 500 000 Italiens assistaient alors aux obsèques des victimes de cette tuerie. Le 4 août 1974, douze personnes trouvaient la mort et quarante huit autres étaient blessées dans l'explosion d'un engin infernal déposé dans le train express « Italicus » assurant la liaison entre Rome et Munich. Cet attentat sanglant était revendiqué par le mouvement néofasciste Ordre noir (*Ordine Nero*). Cette année 1974 verra la commission d'une quarantaine d'attentats, chiffre à comparer avec les dix-sept commis en 1973. L'Italie est alors au bord du gouffre : outre les trois crises gouvernementales devenues presque classiques, la floraison de scandales financiers, la chute de la lire, l'inflation, le déficit quasi abyssal des finances publiques, les enlèvements se multiplient. Les rançons exigées deviennent considérables et l'extrême droite persiste dans sa stratégie de tension et de terreur pour promouvoir l'avènement dans ce pays aux structures disloquées d'un régime totalitaire. Au cours de ces six années-là, sur fond de malaise social récurrent, plusieurs centaines d'attentats ont été commis.

Pas plus que l'extrême droite, l'extrême gauche ne parviendra à faire basculer pendant ces « années de plomb » l'Italie dans l'option totalitaire. Le 16 mars 1978, l'ancien président du Conseil et président de la Démocratie chrétienne en exercice, Aldo Moro, est enlevé par un commando des Brigades rouges qui tue ses quatre gardes du corps. Après avoir revendiqué l'action, les Brigades rouges demandent la libération de leurs camarades qui sont en procès à Turin et notamment celle de leur leader Renato Curcio. Cet enlèvement suscite un vaste mouvement de grève générale à l'appel des trois principales centrales syndicales italiennes. Le 18 mars 1978, le journal *Il Messagero* est rendu destinataire d'une photo qui devait faire le tour du monde, celle d'Aldo Moro sur fond de l'étoile des Brigades rouges (*Brigate Rosse*). Tout aussi inquiétant était le message accompagnant la photographie de l'ancien président du Conseil puisqu'il annonçait qu'Aldo Moro serait jugé par un tribunal du peuple. On sait par expérience que ce genre de juridiction-là, à l'indépendance affirmée, statue en premier et en dernier ressort... La démocratie chrétienne, le parti communiste italien et le gouvernement italien faisaient savoir leur refus de négocier. Le 7 mai 1978, dans une lettre d'adieu à sa femme, Aldo Moro écrivait : « Ils m'ont dit qu'ils vont me tuer sous peu. Je t'embrasse pour la dernière fois. » Deux jours plus tard, le corps d'Aldo Moro dont la poitrine était criblée de onze balles était découvert en début d'après-midi dans une voiture stationnée à Rome, près du siège du parti communiste. Le 10 mai 1978, le brigadiste Renato Curcio dont le procès se déroulait à Turin s'écriait au sujet de cet assassinat, en pleine audience : « C'est un acte de justice révolutionnaire, le plus humain possible. » Il était bien sûr expulsé du prétoire. Sans doute pour « excès d'humanité » !

Au mois de mai 2008, à l'occasion de brèves vacances en Toscane, j'ai vu dans les rues de San Gimignano des affiches de confection artisanale commémorant le trentième anniversaire de l'assassinat d'Aldo Moro avec l'invitation à ne pas oublier. Et je me suis dit que parfois les défenseurs de la noble cause des droits de l'homme faisaient preuve, en France, d'une certaine forme d'amnésie, forcément sélective. Cet épisode tragique de la vie politique italienne n'a donné lieu, on l'oublie trop souvent, à l'adoption d'aucune mesure répressive spéciale, ce qui a sans doute contribué à l'échec des brigadistes qui spéculaient exclusivement sur l'enclenchement aveugle de la spirale terrorisme-répression-mesures d'exception. Ce n'est en effet que le 2 février 1980 que la représentation italienne a fait œuvre législative à partir des décrets antiterroristes mis en application en décembre 1979. Ce vote de dispositions antiterroristes est intervenu après que le 6 janvier 1980, à Palerme, le président de la région sicilienne Piersanti Mattarella ait été assassiné, que le 8 janvier trois policiers milanais aient été abattus et que le 25 janvier deux carabiniers génois aient trouvé la mort. Suite au vote de cette loi, les terroristes faisaient preuve de célérité puisque le 12 février 1980 ils assassinaient à Rome, dans les locaux même de la faculté des sciences politiques, le professeur Vittorio Bachelet, vice-président du Conseil de la magistrature italien. On peut également noter que le Parti communiste italien, partisan du compromis historique avec la démocratie chrétienne, allait également au cours de cette période payer le prix du sang puisque le 30 janvier 1979, Guido Rossa était assassiné par les Brigades rouges à Gênes. Ce syndicaliste, membre du PCI, était le premier militant communiste à être assassiné par cette organisation.

Le 2 août 1980, ce fut le tragique attentat de la gare de Bologne qui a fait 84 morts et 150 blessés. Cet attentat qui a été réalisé six ans presque jour pour jour après celui perpétré par les néofascistes d'Ordre noir contre le train *Italicus* était revendiqué par un autre groupuscule néofasciste les Noyaux armés révolutionnaires (NAR). Mais surtout, il a été commis au lendemain de la décision d'ouvrir le procès d'un militant d'extrême droite, Mario Tuti, poursuivi dans l'affaire du train *Italicus*. Ce qui démontre que les États en ont rarement fini avec les affaires de terrorisme dès lors qu'ils leur réservent un traitement judiciaire. C'est sans doute le prix à payer en démocratie.

Le 12 décembre 1980, les Brigades rouges enlevèrent le conseiller à la Cour de cassation Giovanni D'Urso qui était également membre de l'institut de prévention et des peines du ministère de la Justice italien. Dans cette dernière fonction, le magistrat était plus spécialement chargé de veiller aux transferts des prisonniers politiques dans les prisons de haute sécurité. Le lendemain, les Brigades rouges adressèrent à la presse une photo du juge sequestré, annoncèrent l'ouverture imminente de son procès prolétarien et exigèrent la fermeture des quartiers de haute sécurité dans les prisons de la péninsule. Le 26 décembre, le ministère de la Justice céda à ce chantage, mais pour une seule prison en Sardaigne. Le 15 janvier 1981, le juge fut libéré. Entre-temps, le dernier jour de l'année 1980, le général des Carabiniers, Enrico Calvaligi, avait été assassiné. C'était l'un des principaux responsables de la lutte antiterroriste en Italie. Le 6 juillet 1981, c'est l'un des directeurs de la société Montedison qui fut exécuté par les Brigades rouges. Moins d'un mois plus tard, le 3 août 1981 fut découvert le corps criblé de balles de Roberto Peci dans une décharge publique de la banlieue romaine. Enlevé le 11 juin 1981, il était « coupable » d'être le frère d'un ancien responsable repenti des Brigades rouges qui, arrêté l'année précédente, avait fait des révélations sur ses anciens camarades. Enlevé le 17 décembre 1981 à Vérone par les Brigades rouges, le général américain James Lee Dozier eut la chance d'être libéré le 28 janvier 1982 par un commando de la police italienne lors de l'investissement par les forces de l'ordre d'un appartement à Padoue. À l'occasion de cette opération policière ayant abouti à la libération de ce commandant en chef de l'état-major de l'OTAN en Italie, cinq terroristes furent arrêtés. Le 29 août de cette année-là, l'ancien dirigeant de l'Autonomie italienne, Oreste Scalzone, fut arrêté à Paris à la demande des autorités italiennes qui le soupçonnaient d'être impliqué dans des activités terroristes. Ce faisant, par la demande d'extradition qui suivit cette arrestation, l'État italien cherchait à ébranler la politique de droit d'asile de Paris, politique quand même mise à mal par la multiplication des attentats et autres assassinats.

Le 15 janvier 1983, un des hommes les plus recherchés d'Italie, soupçonné d'être directement impliqué dans la commission d'une dizaine d'assassinats, Sergio Segio, fondateur du groupe Prima Linea fut arrêté à Milan. Neuf jours plus tard, le 24 janvier 1983 s'acheva le procès des ravisseurs et des assassins d'Aldo Moro. Il avait commencé en avril 1982. Trente-deux peines de réclusion perpétuelle furent prononcées. Vingt autres condamnations à des peines forcément moins lourdes furent également ordonnées. Trois jours après la fin du procès, la presse italienne publia deux documents sortis de la prison de Palmi où étaient emprisonnés les chefs historiques des « Brigate Rosse », et parmi eux Renato Curcio. Dans ces documents, les brigadistes reconnaissaient l'échec de leur action et admettaient que toute forme de terrorisme était vouée à l'échec. Manifestement, ce *mea culpa* ne convainquit pas tout le monde car dès le lendemain une gardienne de la prison de Rebbibia fut assassinée par un commando qui indiqua appartenir au Mouvement pour le pouvoir prolétarien armé.

Le 23 décembre 1984, les hostilités reprirent : une bombe explosa dans un train assurant la liaison entre Naples et Milan alors que le convoi se trouvait dans un tunnel au nord de Florence. Quinze morts et cent seize blessés furent dénombrés. Le président de la République italienne, Sandro Pertini, déclara que « le peuple italien a le droit d'être défendu ». Quant au président du Conseil, Bettino Craxi, il s'empressa d'indiquer qu'il ne fallait pas exclure que l'attentat ait été perpétré par le terrorisme international et mit en garde l'opinion contre des rapprochements hâtifs avec d'autres attentats perpétrés dans les trains en Italie par l'extrême droite et notamment ceux commis le 4 août 1974 dans le train *Italicus* et le 2 août 1981 à la gare de Bologne.

Le 27 mai 1993, à une heure du matin, l'explosion d'une voiture piégée abandonnée dans le centre de Florence tua cinq personnes et endommagea des collections de la galerie des Offices. Manifestement cet attentat avait pour objet de frapper l'Italie au cœur même de son identité culturelle. Des actions visant aux mêmes fins ont déjà été entreprises sur le territoire français par le mouvement séparatiste breton FLB-

ARB qui, le 26 juillet 1978, fit exploser aux environs de deux heures du matin une bombe de forte puissance qui a dévasté deux salles de l'aile du Midi du château de Versailles. C'est la partie du musée consacrée au Consulat et à l'Empire qui avait été inaugurée un peu plus de deux mois plus tôt par le président de la République Valéry Giscard d'Estaing qui était manifestement visée par cette action terroriste.

Le 20 mai 1999, un haut fonctionnaire du ministère du Travail, proche du parti démocratique de la gauche, Massimo D'Antona était assassiné à Rome. L'attentat fut revendiqué par les Brigades rouges-Parti communiste combattant » (BRPCC) qui en la circonstance ont présenté la victime qui intervenait au nom du gouvernement italien dans les négociations sociales « comme le représentant de pointe de l'équilibre politique dominant » et dénoncé « la folle agression du gouvernement contre le peuple yougoslave ». Et le 19 mars 2002, à Bologne, ce fut le tour d'un autre haut fonctionnaire, Marco Biaggi, d'être assassiné par ce même groupe terroriste qui manifestement s'efforçait de prendre la sanglante succession des « Brigate Rosse » des années 1970.

Le 25 août 2002, l'ancien membre de l'Union des communistes combattants, héritière elle aussi des Brigades rouges, Paolo Persichetti, condamné par la justice italienne à une peine de vingt-deux ans de prison pour complicité dans l'assassinat perpétré à Rome en mars 1997 contre le général Licio Giorgieri, a été extradé vers l'Italie. Réfugié en France depuis 1991, il était sous le coup d'un décret d'extradition du gouvernement Balladur signé en septembre 1994. Il aura donc fallu huit ans à l'autorité politique pour mettre à exécution ledit décret. Persichetti était en séjour régulier sur le territoire français. Mieux, il était chargé de cours à l'université de Paris-VIII. J'espère que ce n'était pas des cours de criminologie... Cette extradition-là donnera lieu à polémique ainsi que celle ordonnée plus tard de Cesare Battisti et celle actuellement en cours de Marina Petrella. Je ne reviens pas sur les ambiguïtés de la doctrine Mitterrand pour m'être déjà exprimé sur ce point dans mon précédent ouvrage *Magistrales Insomnies.*

À propos de ces soi-disant Nouvelles Brigades rouges italiennes, il est tout de même curieux que les deux assassins de Biaggi et d'Antona soient parfaitement inconnus des milieux « gauchistes » italiens ; ce sont des gens qui semblent sortis de nulle part. Cette singularité se mêle à l'absurdité symbolique de leurs cibles ; ce qui laisse à penser que ce n'est peut-être pas une affaire de « terrorisme »...

Je ne suis pas au cœur des procédures instruites en Italie et ne puis donc vous apporter une réponse catégorique sur l'imputabilité des deux assassinats que vous évoquez. Pour autant, je ne vois pas en vertu de quel postulat l'absurdité bien présente dans la quasi-totalité des activités humaines épargnerait l'une d'elles, le terrorisme. Ensuite, votre remarque semble présupposer que les services de renseignements en amont et les services de police judiciaire en aval sont à tout coup capables d'établir ou de reconstituer ce qu'il est désormais convenu d'appeler la traçabilité d'un individu. Ils y parviennent parfois, et même assez souvent, mais le 100 % n'existe pas. L'enquête judiciaire, les instructions judiciaires, on ne le répétera jamais assez, constituent des exercices éminemment aléatoires. Les tentatives d'attentats par explosif perpétrées à Londres et à Glasgow au début de l'été 2007 sont venues renforcer ma conviction : le médecin irakien Bilal Abdulla, qui exerçait son activité professionnelle depuis trois ans dans un hôpital de Glasgow, le médecin jordanien d'origine palestinienne Mohammed Aska, qui se spécialisait en neurologie dans les hôpitaux britanniques, présentaient tous deux la particularité de n'en présenter aucune. C'est ce qu'on appelle dans le jargon avoir un « profil lisse ». Eux aussi étaient sortis de nulle part, pour reprendre votre expression. Et pourtant...

Internet est aujourd'hui considéré comme un outil privilégié pour les terroristes ; on dit même que sans son existence il serait impossible à une organisation comme Al Qaïda d'exister. Bref, on semble attribuer à ce média un pouvoir sans bornes, susceptible de manipuler les consciences les plus fragiles, ou de donner à quiconque se donne la peine de les chercher les moyens de concevoir des explosifs – ce qui, après de longues recherches sur Internet, semble loin d'être exact... Quel est votre avis sur cette question ?

Continuez de chercher. Je vous assure qu'avec un peu de persévérance vous allez trouver au moins dix sites permettant de devenir un artificier amateur. Internet offre aujourd'hui, à n'importe qui, la possibilité d'avoir accès aux idées les plus extrémistes comme aux techniques de fabrication de tous types d'explosifs. C'est une dimension qui est à l'évidence à prendre en considération ; d'une part, parce qu'elle permet aux terroristes de ne plus avoir recours systématiquement à des lieux de rencontre, d'autre part, parce qu'elle multiplie les potentialités pour un certain nombre de jeunes gens de tomber sur cette propagande et d'avoir le sentiment qu'elle s'adresse directement à eux. Le Web a parfois été comparé au Panopticon, la prison modèle imaginée à la fin du XVIIIe siècle par Jeremy Bentham, que nous avons déjà évoquée. Selon le modèle carcéral ainsi conçu, un seul gardien pouvait observer tous les détenus sans exception, sans lui-même être vu par eux. Internet, c'est un peu cela, sauf que la technique permet de brouiller la vue de celui qui observe. Mais tous les appels Internet qui transitent par les fournisseurs d'accès peuvent être retracés et datés grâce aux numéros d'identification du poste qui a été utilisé pour s'y connecter. Et ils sont conservés à des fins commerciales pour déterminer le profil de l'utilisateur : qui consulte quoi, qui télécharge quoi... L'un des rôles de la police judiciaire dans sa quête des preuves dans la traque des criminels est de collecter les traces laissées par l'activité humaine : traces de pas, empreintes digitales, substances humaines dont sera extrait l'ADN afin d'établir un profil génétique, connexions téléphoniques à partir de l'exploitation des facturations détaillées de téléphone, connexions au réseau Internet, voire collecte des odeurs prélevées sur une scène de crime, puis « comparaison » desdites odeurs avec celles d'un suspect grâce au flair de chiens spécialisés. Dès lors, on ne voit pas pour quel motif la police de la justice ferait l'impasse sur les connexions Internet. Le vrai problème est de faire en sorte que cette collecte des éléments de preuve ou de conviction se fasse dans le respect des lois de procédure chargées de garantir d'une part le respect des libertés et des droits individuels, au cas d'espèce le secret des correspondances, et d'autre part d'assurer l'efficacité de la démarche policière dans sa lutte contre le crime.

Justement, sur ce point précis, les lois Sarkozy ont modifié structurellement les rapports de la police à l'institution judiciaire : la police a désormais la possibilité d'exiger des fournisseurs d'accès les données concernant les traces laissées par leurs clients, sans passer par l'autorité d'un juge...

La loi sur la sécurité quotidienne, votée au cours de l'automne 2001 à l'approche de l'échéance présidentielle de 2002, a prescrit la conservation de ces traces de connexion, appelées *logs*, pendant une période d'un an. Moins d'une année plus tard, en 2002, la loi sur la sécurité de l'information a prévu le même dispositif. Aucune de ces deux dispositions législatives n'a été suivie des décrets d'application nécessaires à leur mise en œuvre. C'est dire qu'il y a parfois, singulièrement dans les périodes difficiles, des effets d'annonce manifestement destinés à rassurer l'opinion publique. En 2005, dans le cadre de l'amélioration du dispositif de lutte antiterroriste, le ministre de l'Intérieur Nicolas Sarkozy a élargi ce dispositif aux cybercafés. Ce n'est pas anormal, compte tenu de l'utilisation qui peut être faite depuis ces endroits des matériels informatiques qui y sont implantés. Les procédures en cours permettent même d'affirmer que c'est nécessaire. Par contre, et cela est plus préoccupant, le judiciaire a effectivement été exclu du contrôle qui doit d'une façon générale être exercé sur toutes les dispositions attentatoires aux libertés individuelles. Le Conseil constitutionnel a été saisi et cette juridiction a considéré que le dispositif ainsi arrêté était constitutionnel... C'est l'autorité judiciaire qui, à travers l'application de la loi, est la gardienne desdites libertés. On ne peut dès lors que constater qu'il y a là, sinon une dérive, du moins un risque de voir l'administration porter atteinte à ces libertés. Cette tendance est par définition critiquable, et l'avenir nous dira s'il s'agit là, ou non, d'une tendance lourde. On peut aujourd'hui le craindre...

Plus généralement, vous sentez-vous mis en cause, en tant que juge, par l'évolution du droit lié au terrorisme ? Est-ce que vous n'avez pas le sentiment que la lutte antiterroriste pourrait, à plus ou moins long terme, être intégralement mise entre les mains de la police ? C'est en effet une tendance qui ne demande qu'à s'épanouir...

Non, je n'ai pas ce sentiment de péril imminent. Il est simplement diffus. Car au terme du processus policier, en démocratie, il faut à un moment ou à un autre « trouver » un juge pour qu'il prenne une décision. Par contre, il est vrai que les dernières évolutions judiciaires démontrent que le parquet retarde de plus en plus le moment où il ouvre des informations judiciaires. Ce faisant, il retarde l'intervention du juge. Outre cette préoccupation, je suis persuadé que les incessants changements procéduraux nuisent à la qualité de notre travail : ils multiplient les risques d'erreur. D'autre part, la procédure est de moins en moins inquisitoire, car de nouveaux pouvoirs ont été ouverts à la défense ; la procédure est désormais fortement mâtinée de contradictoire. La loi de procédure est devenue un enjeu politique important, car elle doit garantir les libertés individuelles et prévoir les atteintes qui peuvent y être portées dans l'intérêt général, celui de la lutte contre le crime. Comme aux cartes, si on change sans arrêt la règle du jeu, les joueurs se trompent et seuls les tricheurs finissent par en tirer des avantages. On parle aussi de « procéduralisation » du droit pour stigmatiser le fait que la forme prend le pas sur le fond. Comme le disent justement les avocats, la forme est la sœur jumelle de la liberté : il faut que la forme soit respectée. Mais le code de procédure pénale est désormais frappé d'obésité : son format a doublé, le faisant devenir aussi volumineux que le code pénal. La règle procédurale n'a aujourd'hui plus du tout la même stabilité, pourtant nécessaire. Cela insécurise le fonctionnement de la vie judiciaire. Un juge ne peut pas passer son temps à lire les circulaires et espérer faire correctement son travail. Cela ne veut pas dire pour autant que le système est bon une fois pour toutes et qu'il doit rester intangible, mais l'inflation dans le domaine procédural est en passe de devenir un problème majeur. La procédure pourra être annulée parce que l'on se trompera de plus en plus souvent, faute de pouvoir prendre parfaitement connaissance de chacune des évolutions de ce code. Il vaudrait mieux avoir un code plus petit, et plus contraignant dans ses dispositions maintenues, quitte à créer à côté un code de déontologie plutôt que cette accumulation frénétique de réformes.

Revenons à la problématique posée par Internet : ce média aurait donc, selon vous, tout comme le téléphone portable, un impact important sur les possibilités de développement d'un terrorisme comme celui d'Al Qaïda. Ce point de vue, largement partagé, a été remis en cause par François Burgat, qui estime que les organisations terroristes utilisent aujourd'hui effectivement les moyens mis à leur disposition, mais qu'en aucun cas Internet ne les favorise directement.

D'autant que, contrairement à ce qui est souvent dit, Internet oblige à plus de transparence qu'il n'y paraît.

Il est pourtant certain qu'Internet est pour les groupes terroristes un puissant vecteur de propagande. Je dirais même qu'il permet d'homogénéiser, d'unifier les discours là où, jusqu'alors, ceux-ci passaient par de multiples filtres, jusqu'à en être déformés. Par exemple, dans les années 1990, les prescriptions des chefs de guerre du FIS ou des GIA pouvaient être interprétées très diversement selon la sensibilité des différents imams qui les rapportaient. De plus, Internet touche le monde entier et il accompagne effectivement, assez logiquement, l'évolution d'un type de terrorisme islamiste qui se veut mondial. Je crois qu'il a un impact de propagande et d'embrigadement réel et assez dévastateur, notamment parce que les discours les plus extrémistes ne peuvent plus être réellement tempérés. Ils sont livrés sans médiation, bruts, alors qu'ils étaient il y a quelques années encore débattus dans les mosquées. À l'heure actuelle, il n'y a aucun contrôle possible véritablement efficace de la propagande islamiste électronique.

Pour quelles raisons, selon vous ?

Parce que la lutte contre le « cyberterrorisme » est d'une complexité redoutable. L'histoire retiendra sans doute qu'Al Qaïda fut la première organisation ayant migré de sa base territoriale initiale, l'Afghanistan, à un espace virtuel permettant à l'organisation terroriste de faire dans bien des cas l'économie des passages aux frontières, toujours risqués pour les terroristes, de maintenir un contact permanent avec les « sympathisants », de développer leur endoctrinement puis leur recrutement et, d'une manière générale, de favoriser la propagande, arme essentielle de la guerre psychologique. Sans oublier bien sûr la planification des campagnes d'attentats. Ni la possibilité offerte par le Net de se documenter sur les moyens à mettre en œuvre pour fabriquer des explosifs ou des armes biologiques. Cette simplicité pour se documenter est, croyez-moi, redoutable.

Il y a à l'heure actuelle dans le monde des milliers et des milliers de sites et de forums par lesquels transite la propagande fondamentaliste islamiste, et c'est contre ce véritable labyrinthe que les services secrets occidentaux s'efforcent de lutter dans une partie de cache-cache très inégale, les sites traqués se réfugiant sur un autre serveur, puis sur un autre, les « cyberterroristes » n'ignorant plus rien des techniques de cryptage ou de sténographie – qui permettent la dissimulation d'un message dans un fichier anodin –, ni l'intérêt des boîtes aux lettres mortes, qui sont en quelque sorte la poste restante de la Toile. Sachant qu'il existe des milliers et des milliers de serveurs dans le monde, dont la plupart sont très insuffisamment sécurisés, on peut imaginer les moyens que nécessite cette traque et on perçoit son caractère aléatoire car les sites détruits par les services spécialisés renaissent de leurs cendres ailleurs. Al Qaïda maîtrise à la perfection cet outil et n'hésite pas à « squatter » des sites, dont un certain nombre se trouvent aux États-Unis, pour y diffuser des séquences de décapitation d'otages ou les attentats les plus meurtriers commis en Irak ou ailleurs. Al Qaïda a parfaitement compris l'impact de ces images diffusées en temps (presque) réel. C'est ainsi que Moussab Al-Zarkaoui a frappé les imaginations en brandissant le 11 mai 2004 la tête du journaliste américain Nicolas Berg, qu'il venait de décapiter. Ce même Al-Zarkaoui qui déclarait : « Les batailles remportées sur le terrain ne servent à rien si elles ne sont pas magnifiées sur le Web... »

La lutte antiterroriste aussi oblige les terroristes à s'adapter, à inventer de nouvelles méthodes de communication, d'organisation. Est-ce que ce ne sont pas paradoxalement les succès de l'antiterrorisme qui les poussent ainsi à mieux se structurer ?

C'est un peu l'histoire de l'œuf et de la poule. Il est certain par exemple que l'utilisation du téléphone a bouleversé l'organisation des bandes criminelles il y a bien des décennies. Puis, les premières écoutes téléphoniques ont rendu prudents les malfaiteurs ; ensuite est arrivé le téléphone cellulaire et, quand nous avons pu identifier le lieu, en tout cas la zone, d'où les coups de fil étaient passés grâce au bornage des relais téléphoniques activés, les délinquants ont trouvé la parade en demandant à un complice se trouvant hors la zone de couverture du lieu du crime ou du délit d'utiliser leur téléphone pendant qu'ils faisaient leur coup ; et ainsi de suite...

Donc, dès qu'une nouvelle technique utilisée par les terroristes est découverte par les services de police, ils le savent aussitôt par l'intermédiaire de leurs avocats, ce qui les contraint à faire évoluer leurs modes opératoires. On peut se demander pourquoi, dans le contexte législatif actuel, il n'existe pas concernant ces domaines très particuliers de mesure spécifique interdisant leur divulgation.

L'administration de la preuve exige que l'on dévoile les méthodes utilisées, en public, lors de l'audience. Cela implique inéluctablement que les différents intervenants, comme la presse, soient mis au courant du moindre détail des enquêtes. Je pense que c'est le prix à payer pour avoir une vraie liberté de la presse et partant un vrai régime démocratique même si parfois nous regrettons amèrement dans notre petite boutique la célérité avec laquelle nos savants calculs et nos petites stratégies sont dévoilés... Ce que l'on peut en tout cas déplorer, c'est l'extrême rapidité avec laquelle, en dépit du secret de l'instruction qui a quand même pour premier objectif de protéger les investigations en cours, une grande publicité est faite de l'utilisation de telle ou telle technique qui a permis de confondre un malfaiteur ou une bande de malfaiteurs. Ce qui ne peut qu'inciter ceux qui ont échappé à la poursuite judiciaire de faire preuve d'une prudence redoublée. Lorsque les auteurs de l'assassinat du préfet Claude Érignac, abattu de trois balles dans le dos le 6 février 1998 à Ajaccio, ont été interpellés à la fin du mois de mai 1999, ils ont pu être confondus grâce à l'exploitation des facturations détaillées de leurs téléphones cellulaires, et singulièrement celle des bornes qu'ils avaient activées le soir des faits, ce qui a démontré que, contrairement à leurs affirmations, ils se trouvaient bien à ce moment-là sur les lieux du crime. Les aveux ont été la conséquence de ces constatations qui leur ont été soumises durant leur garde à vue. Et dans les jours qui ont suivi, il n'est pas un quotidien, pas un journal parlé ou télévisé qui, commentaires et schémas à l'appui, n'ait consacré plusieurs pages à un « discours de la méthode » policière employée. Tous les malfaiteurs, tous les terroristes ne sont pas des illettrés ni des sots. Ils apprennent donc ainsi les erreurs à ne plus commettre, et ce sans délai. Et pour les cours de rattrapage, ils peuvent s'abonner à l'hebdomadaire de leur choix. Bref, les terroristes, mais aussi les malfaiteurs de droit commun, savent d'une manière générale utiliser à leur profit les évolutions technologiques, mais nous savons nous y adapter, rendant incessant le cycle évolution/adaptation. De part et d'autre. C'est ainsi.

Le secret de l'instruction est chaque jour davantage un secret de polichinelle, toutes affaires confondues. Considérez-vous cette dérive comme dangereuse en matière de lutte antiterroriste ?

Effectivement. Et pas seulement dans ce domaine dès lors que ce ne sont pas seulement les acquis de l'enquête en cours qui sont ainsi dévoilés, mais aussi les perspectives des investigations à intervenir. Il faudra bien qu'un jour en France on « resserre les boulons » après avoir sans doute redéfini ce qui au stade de l'instruction préparatoire doit impérativement rester secret. Cela peut paraître un vœu pieux.

Pourtant, les Britanniques parviennent à faire preuve de toute la discrétion nécessaire et indispensable aux enquêtes en cours. En témoigne le procès qui a vu Dhiren Barot, un Indien âgé de trente-cinq ans, être condamné par un tribunal londonien le 7 novembre 2006 à la réclusion perpétuelle assortie d'une peine incompressible de quarante années. Ce n'est en effet qu'à l'occasion de ce procès que l'opinion publique a appris, alors même que Dhiren Barot avait été arrêté à Londres le 4 août 2004, que celui-ci, qui avait effectué au cours de la décennie précédente des stages de « formation terroriste » au Pakistan dans des camps de rebelles cachemiris, puis aux Philippines auprès de la Jamaah Islamiyah et des repérages sur des cibles potentielles aux États-Unis en 2001, avait envisagé de commettre dans la capitale du Royaume-Uni des attentats dans des parkings souterrains (les plans de ces actions ayant été découverts en 2004 à Gujarat au Pakistan), contre trois gares londoniennes, contre un train desservant l'aéroport d'Heathrow, et ce avec du gaz, et encore de faire exploser un métro sous la Tamise, avec « l'espoir » de voir ainsi noyées les infrastructures du *Tube*. Et sans doute quelques milliers de gens par la même occasion. Mais il y a bien plus inquiétant encore que l'incapacité des systèmes judiciaires et policiers en France à conserver secrètes les interpellations qui se font parfois sous l'œil des caméras, ainsi que les avancées des enquêtes. La note de la DGSE évoquant la certitude qu'auraient acquise les services secrets saoudiens de la mort au Pakistan d'Oussama Ben Laden le 23 août 2006 est datée du 21 septembre 2006. Ce document est estampillé « confidentiel défense ». Ce qui ne l'empêche pas d'être publié par le quotidien régional *L'Est républicain* dans son édition du 23 septembre 2006. Le « secret » a donc tenu deux jours, et sans doute moins compte tenu des délais nécessaires à la confection du journal. Ça laisse rêveur, non ? En tout cas, cette propension à la « transparence » démontre que, d'une certaine façon, il y a le feu dans la maison et que de très mauvaises habitudes ont été prises.

Vous avez dit que pour connaître l'évolution des « mentalités » d'un pays, il fallait étudier le droit et son histoire. De quoi les lois antiterroristes vous semblent-elles symptomatiques dans l'évolution des rapports entre société civile et État ? On pourrait penser en effet que ces rapports se sont inversés : alors que dans une démocratie la société est censée fonder l'État et irriguer ses institutions, il semble que l'on soit entré dans une configuration historique où l'État cherche à s'imposer comme le « bon pasteur » sachant ce qui est bon pour son cheptel, et mettant en place les dispositifs lui permettant de le contrôler et de le mener là où il pense qu'il est « bon » qu'il aille. La souveraineté du peuple ressemble de plus en plus à une fiction pourtant pensée autrefois comme la seule forme de société juste...

Nous sommes dans une démocratie représentative et la souveraineté du peuple continue de s'exprimer au travers du vote. Quand les députés ont été élus, c'est qu'un choix a été fait : on leur a confié le soin de nous représenter. Si ce travail ne se fait pas dans le sens souhaité, les citoyens ont la possibilité de manifester leur mécontentement et de les sanctionner en votant pour quelqu'un d'autre lors des élections suivantes. Je ne vois donc pas comme possible, ni même souhaitable, l'organisation d'un référendum pour légiférer sur la garde à vue ou la centralisation des poursuites. Il faut s'en remettre sur ce point au législateur démocratiquement élu. Je ne suis pas partisan des mandats impératifs ni de la démocratie dite « directe », porte ouverte à toutes les formes de démagogie. Mais bien sûr la démocratie représentative n'en est pas exempte.

Je pensais davantage aux mesures qui visent à étendre les lois sur le contrôle des populations... Et quand je dis populations, je pense principalement à certaines catégories : les immigrés, les étrangers, les « indésirables » en général...

Elles concernent pour l'essentiel la police administrative, pas la justice judiciaire. La justice ne se sert que de ce qui existe et le juge ne peut pas être comptable de toutes les interrogations qui tiennent à l'organisation politique de la société. Par exemple, personne à ce jour n'a dit vouloir supprimer les fichiers des opérateurs de téléphonie mobile ni les banques de données des établissements financiers qui comptent sans doute parmi les plus importants. Quant aux données personnelles spontanément « livrées en pâture » sur Facebook, qui est responsable, l'État ou l'individu ? Le juge n'est pas chargé d'organiser la société. Ce rôle-là, c'est celui du politique. Le juge est chargé d'appliquer la loi. Et dans le domaine pénal, dans le cadre de la quête de la vérité et pour les besoins de l'administration de la preuve, le juge recherche des indices, des traces, y compris bien évidemment dans les banques de données et dans les fichiers. Bien sûr la police et la justice ont leur propre mémoire et leurs propres fichiers. La justice a son casier judiciaire, la police un fichier « cible » pour les empreintes balistiques, un fichier génétique est désormais opérationnel... Je ne pense pas qu'il faille diaboliser les fichiers, c'est une nécessité opérationnelle. Il y en a bien d'autre part exemple dans les hôpitaux, ce qui garantit avant tout un meilleur suivi des patients et des maladies ; la sécurité sociale dispose d'un énorme fichier informatisé... La problématique bien réelle, compte tenu de la puissance de l'informatique, dépasse en tout état de cause largement la lutte antiterroriste. Ce que le législateur doit veiller à faire, dans le but de sauvegarder les libertés, c'est de réglementer leurs accès, leurs interconnexions, leurs contenus et de finir strictement des modalités et des outils de contrôle. On a vu avec Edvige à quel point un travail, manifestement écrit « avec les pieds », pouvait être bâclé. Mais si on le dit, on risque d'être taxé de « légèreté », forcément blâmable !

La question reste entière : il ne s'agit évidemment pas de remettre en cause l'évolution technologique, mais bien l'utilisation qui en est faite dans un cadre légal. J'aimerais que vous répondiez à ma question : y a-t-il un déplacement des rapports entre l'État et la société civile, la seconde devenant objet de suspicion généralisée, dont la lutte antiterroriste serait un « révélateur », voire un « acteur » ?

Je ne suis pas compétent pour faire de la philosophie politique. Que les rapports société/État évoluent, cela me paraît être une évidence. Dans le bon sens ? Je n'en suis pas sûr. Mais je ne vois pas en quoi la lutte antiterroriste serait l'actrice ou le révélateur de ce mouvement. La question que vous posez est éminemment politique au sens le plus noble du terme. Et sa réponse relève de la philosophie politique.

Je voudrais revenir sur la notion de manipulation et sur les relations que vous entretenez, en tant que juge antiterroriste, aux pouvoirs d'État. Vous avez écrit un jour que le ministère de l'Intérieur méritait le nom de « ministère de la Manipulation ». Avez-vous le sentiment que l'on a cherché, en certaines occasions, à vous manipuler ; à faire en sorte que vous preniez telle décision plutôt qu'une autre ? Et sinon, pensez-vous que vous puissiez l'être, que votre fonction soit « stratégique » au point qu'elle pourrait faire l'objet de telles tentatives de la part d'un ministre, par exemple ?

Le ministère de l'Intérieur dispose d'un outil d'une efficacité qui peut se révéler redoutable : la police. Il est vrai que la lutte antiterroriste offre un terrain propice aux manipulations dans la mesure où elle est devenue un argument politique, tout comme le sont devenues, de manière plus générale, les questions de sécurité. L'actualité nous rappelle régulièrement à quel point les problèmes de sécurité font l'objet d'une récupération politique. Bien sûr, il convient de prendre en considération les attentes des gens en ce domaine forcément particulièrement sensible. Pour autant, le législateur devrait se garder de céder à la tentation de légiférer sous l'empire de l'émotion. Il n'y parvient pas toujours. Dans le domaine du terrorisme, on assiste de surcroît parfois à un double discours de l'État, lequel a été particulièrement mis en relief ces dernières années à l'occasion de la gestion de la situation en Corse : des négociations clandestines y ont souvent eu lieu avec les activistes. Dans de telles situations, le pouvoir oscille entre dénégations, fausses déclarations et formules à l'emporte-pièce, dont l'une des plus célèbres en France reste le « terroriser les terroristes » de Charles Pasqua. Cette phrase dont le caractère réducteur est consternant témoigne de la tentation qu'offre le terrorisme à investir les zones marécageuses du pouvoir médiatique en « roulant des mécaniques ». On ne doit évidemment, en démocratie, terroriser personne, la seule lutte ayant droit de cité étant celle qui se conduit avec les moyens du droit et eux seuls ; de toute façon jamais aucun « vrai » terroriste ne sera « terrorisé » par ce type de discours creux et belliqueux. Surtout que lorsque les hommes politiques tiennent un double langage démenti par les faits, c'est absolument contre-productif. J'essaie donc de ne pas être manipulé en restant vigilant. Mais celui qui est « bien manipulé » ne s'en rend pas compte par définition. Sinon, de manipulé il devient complice ! C'est pour cette raison que le juge a tout intérêt à se tenir à distance des discours politiques, qui peuvent parfois être considérés comme une forme indirecte de manipulation, en tout cas de pression. Et ce, que le discours soit ultra-sécuritaire ou au contraire empreint de « rousseauisme » judiciaire.

Vous plaidez pour une compréhension contextualisante du terrorisme ; vous n'êtes donc pas d'accord avec ce qu'a pu en dire, par exemple, Jacques Derrida, à savoir que « Les définitions légales du terrorisme sont généralement assez lâches pour couvrir tout crime, tout assassinat et n'ont presque aucune rigueur ; on ne voit plus la différence entre un crime non terroriste et un crime terroriste, un terrorisme national et international, un acte de guerre et un acte de terrorisme, le militaire et le civil... » Qu'en pensez-vous ? Qu'en est-il dans le code pénal français ?

C'est vrai que c'est un concept difficile à manipuler, qui est galvaudé, et dont certains politiques, des journalistes et peut-être aussi, pourquoi pas, quelques philosophes, se servent pour frapper les esprits. Mais lorsqu'on évoque la définition légale du terrorisme, il faut bien entendu, c'est une effroyable tautologie, se référer à la loi et à elle seule. L'article 421-1 du code pénal définit les actes de terrorisme : « Constituent des actes de terrorisme, lorsqu'ils sont intentionnellement en relation avec une entreprise individuelle ou collective ayant pour but de troubler gravement l'ordre public par l'intimidation ou la terreur », un certain nombre d'infractions qui sont ensuite listées. Ces crimes et délits, pour être qualifiés de terroristes, doivent avoir été commis intentionnellement, c'est-à-dire en connaissance de cause, au nom ou pour le compte d'une organisation terroriste. Au bénéfice de mes précédentes explications et, contrairement à ce que soutient Derrida, je soutiens toujours que la loi antiterroriste n'est pas la porte ouverte à l'arbitraire. Certes, en l'interprétant mal, on pourrait arriver à considérer que des ouvriers, animés par le désespoir social, qui versent de l'acide sulfurique dans le cours d'eau près de leur usine en voie de délocalisation, sont des terroristes. Or il n'est venu à l'esprit d'aucun juge, même le plus délirant – et on sait que la corporation en compte quelques-uns –, de dire que c'est le cas. Mais il est vrai que la tentation peut exister pour le pouvoir, surtout dans les périodes de crise, de procéder à ce genre d'interprétations abusives. Et l'on connaît le nom de l'institution qui peut relayer les desiderata du pouvoir : il s'agit du parquet qui est organisé de manière hiérarchique et qui dépend statutairement du garde des sceaux, ministre de la Justice, lequel peut lui donner des instructions de poursuite. Pour autant, le procureur, tout magistrat qu'il est, n'est pas un juge. Et c'est au juge seul d'appliquer la loi. Et ce travail-là se fait forcément à partir de l'interprétation qu'il en donne. Et dans les situations difficiles, le juge qui est donc le seul décideur doit impérativement suivre les conseils qui nous ont été donnés par France Gall : « *Résiste, prouve que tu existes.* » J'ajoute aussi qu'il y a fort à parier que s'il y avait une interprétation trop extensive de la loi pénale en matière terroriste, la Cour de cassation y mettrait bon ordre.

En d'autres termes, je ne crois pas qu'il soit possible de définir le terrorisme en termes aussi tranchés que semble le souhaiter Derrida. Certains s'y sont essayés mais leurs entreprises se sont révélées être un échec. Décider que tel assassinat relève du terrorisme et que tel autre n'en relève pas appartient au juge dans la limite que la loi impose. Les assassinats de nombreux leaders nationalistes corses au début des années 2000 posent de tels problèmes. Sont-ils en lien avec la mouvance terroriste ou non ? Si au terme de l'instruction, le juge parvient à une conclusion négative, les auteurs présumés, s'ils sont découverts et confondus, seront renvoyés devant une juridiction de droit commun pour répondre de la « simple » qualification d'assassinat. Par contre, si le crime s'avère être le résultat d'une lutte à l'intérieur des mouvances nationalistes – qui font régulièrement leurs œuvres de basse police à l'intérieur, comme elles le font à l'extérieur, du mouvement – il sera qualifié de terroriste et passible de la Cour d'Assises de Paris spécialement composée. Mais, encore une fois, il est illusoire de croire que l'on pourrait faire un long catalogue des actes terroristes, la loi ne peut donner qu'un cadre général, les contextes eux sont à chaque fois spécifiques. En réalité, il faut bien constater que les contempteurs de l'actuel système ne proposent pas d'alternative.

Nous avons déjà vu quel outil précieux constituait selon vous l'association de malfaiteurs, mais il me semble que ce que suggère également la phrase de Derrida, c'est que la qualification de terrorisme exclut généralement la possibilité que des États puissent directement mener des actions terroristes. Or, je crois juste de douter qu'un État, paré de la légitimité qu'est censée lui conférer la représentation du peuple, ne puisse être taxé de pratiquer le terrorisme. Les bombardements massifs qui touchent les populations civiles, l'envahissement de certains territoires me semblent pouvoir tomber sous le coup de cette qualification, de même que des actes d'assassinat qui relèvent d'un terrorisme plus « artisanal »… Et, disant cela, je ne pense pas qu'aux pays généralement montrés du doigt dans ce type d'affaires – la Libye, l'Iran… – mais aussi aux États-Unis, par exemple, grands pourvoyeurs de l'hyperviolence dans le monde. Cela pose effectivement, à nouveau, le problème de la difficulté à manier ce terme et son utilisation dominante dans les médias et la classe politique. Est-ce que vous-même qualifieriez le type d'interventions que je viens de décrire de terroriste, et est-ce que le code pénal français autorise un juge d'instruction à instruire contre un État ?

Avant de répondre à votre question, je crois utile de préciser la signification du concept de légitimité. La légitimité, c'est le fait pour les institutions politiques d'être acceptées par la majorité des citoyens. Le terrorisme a une conception fanatique de la légitimité, qu'elle soit politique, religieuse ou politico-religieuse. Pour les terroristes, le libéralisme et les principes de la démocratie sont parfaitement illégitimes. Longtemps, la légitimité politique a été en France fondée sur la tradition religieuse. C'est Talleyrand qui le 24 juin 1815 a brossé devant Louis XVIII le tableau de la « nouvelle » légitimité : « autrefois l'autorité de la religion pouvait prêter son appui à l'autorité de la puissance souveraine, elle ne le peut plus aujourd'hui... la puissance souveraine ne peut trouver appui que dans l'opinion et pour cela il faut qu'elle marche d'accord avec cette opinion... l'opinion générale est que les gouvernements existent uniquement pour les peuples. On veut avoir des garanties. On en veut pour le souverain mais on en veut aussi pour les sujets... » Dans une société qui s'est laïcisée, la légitimité revêt une forme de dimension contractuelle ainsi que l'indique Talleyrand lorsqu'il évoque le concept de garanties : c'est la bonne opinion qu'on a des garanties que le souverain offre à ses sujets et dont, par une sorte de réciprocité, les sujets font retour au souverain.

L'incrimination des personnes morales ne permet pas de mettre en cause un État ès qualités. On n'instruit donc pas directement contre un État, mais on peut demander à entendre des représentants politiques d'un pays. Quand Jean-Louis Bruguière a instruit sur l'affaire du DC 10 d'UTA et qu'il a voulu entendre un certain nombre de dignitaires libyens, il mettait, de fait, en cause l'État libyen, dont on savait qu'il commanditait des actes de terrorisme. L'implication d'un État dans une campagne d'actes terroristes génère ensuite de la part du pays victime et de la communauté internationale des répercussions diplomatiques. Sur le plan judiciaire, les décisions sont rendues à l'encontre des hommes. La cour d'assises de Paris spécialement composée a condamné le 10 mars 1999 par contumace à la réclusion perpétuelle six Libyens membres des services spéciaux de Tripoli et parmi eux le beau-frère du président Muammar Khadafi pour être les auteurs de l'attentat perpétré au-dessus du désert du Ténéré contre le DC 10 de la compagnie UTA, action au cours de laquelle 170 personnes ont trouvé la mort en septembre 1989. La Libye aurait commandité et réalisé cet attentat par le biais de ses services secrets pour « punir la France » de sa politique étrangère en Afrique.

Autre exemple des « limites » de la démarche judiciaire : le 21 décembre 1988, un Boeing 747 de la compagnie Pan Am assurant la liaison Francfort-New York avec une escale à Londres s'est écrasé sur un village écossais, Lockerbie. Les 259 passagers et membres de l'équipage trouvèrent la mort dans cette « catastrophe ». La plupart étaient des militaires et des étudiants américains regagnant leur pays pour les fêtes de Noël. En outre, 11 habitants de Lockerbie furent eux aussi tués lors du crash. L'enquête a rapidement révélé qu'il s'agissait d'une action terroriste. La première piste qui fut retenue était palestinienne, celle d'une organisation non identifiée cherchant à s'opposer à la solution négociée recherchée par Arafat. Pourtant, le gouvernement libyen a reconnu il y a quelques années sa responsabilité dans cette affaire... Sa responsabilité civile. Il a commencé à indemniser, à compter du 13 août 2003, les victimes de l'attentat de Lockerbie. Pour autant, on ignore encore si c'est véritablement l'État libyen qui a commandité cet attentat ou s'il accepte d'en supporter les conséquences financières par ce que d'autres intérêts le conduisent à ne pas dévoiler « l'identité » du commanditaire.

On sait aussi que Khadafi a apporté son aide à Abou Nidal et Septembre noir. À l'occasion de l'enquête sur le massacre des Jeux olympiques de Munich en septembre 1972, il a pu être établi que les armes utilisées par les terroristes pour abattre les athlètes et membres de la délégation israélienne avaient été transportées par la valise diplomatique libyenne. Et d'après l'Institut d'analyse des conflits de Londres, l'IRA, la Rote Armee Fraktion et de nombreux groupes séparatistes mais aussi l'Armée rouge japonaise et le FPLP ont bénéficié de la philantropie libyenne, tant en argent qu'en armes.

Il est donc clair que le terrorisme est aussi pratiqué par des États que l'on peut qualifier de despotiques et de totalitaires. Parmi eux, la configuration la plus fréquente par le passé a consisté à faire appel à des mercenaires tels que Carlos ou le groupe Abou Nidal par exemple. Abou Nidal a participé à la création du Fath et a été un temps le représentant de l'OLP à Bagdad. Il a été exclu de l'organisation palestinienne par Yasser Arafat et condamné à mort par contumace. Abou Nidal considérait que la destruction d'Israël était inséparable de l'élimination physique des juifs. En outre, s'inspirant peut-être des méthodes de la mafia italienne ou américaine, il considérait les actes de terrorisme comme des contrats à exécuter. Il est le responsable de l'assassinat dans différentes capitales européennes de proches de Yasser Arafat. Ce dernier a été à de multiples reprises menacé de mort par Abou Nidal, notamment en 1981, alors que ce dernier était passé sous contrôle syrien. Après une rencontre entre le ministre français des Relations extérieures, Claude Cheysson et Yasser Arafat en 1981, Abou Nidal a déclaré : « Nous commettrons des attentats contre tous ceux qui tenteront une médiation entre les sionistes et l'OLP. » Et de fait, peu de temps après, l'ambassadeur de France au Liban, Louis Delamarre fut assassiné. Ses assassins ont été « homicidés » par les services secrets français. C'est paraît-il le terme consacré. Le 8 février 1984, Khalifa Ahmed Abdul Aziz Al Moubarak, ambassadeur des Émirats arabes unis en France, fut assassiné à Paris. Cette action a été revendiquée par les Brigades révolutionnaires arabes, un groupe évoluant dans la mouvance du groupe Abou Nidal.

La Syrie a toujours eu une politique étrangère à géométrie variable, traitant avec ses ennemis d'hier et combattant ses anciens alliés au gré de ses intérêts immédiats. Les attentats meurtriers commis à Paris en 1985 perpétrés par le CSPA au nom des FARL, groupe chrétien de culture française mais d'obédience syrienne formé au terrorisme au contact du FPLP ainsi que les assassinats de diplomates israéliens et américains perpétrés dans la capitale française dans les années 1980 étaient un moyen pour la Syrie de faire pression sur le seul acteur européen qui prétendait encore avoir une politique proche-orientale au Liban. Les rafales de mitraillette d'Abou Nidal sont venues, quant à elles, fort opportunément discréditer la cause palestinienne dès lors qu'un compromis israélo-arabe se dessinait mais que la Syrie estimait ne pas y trouver son compte. Le président Hafez el-Assad, à la tête de l'État syrien depuis son coup d'État de novembre 1970, est mort le 10 juin 2000. Son fils a pris sa succession. Je mentionne cela car, dans ce livre, il faut bien une mort naturelle. C'est donc lui. Le président syrien est décédé en effet d'une crise cardiaque.

Né à Caracas, formé dans les camps d'entraînement cubains, étudiant à l'université Patrice Lumumba à Moscou, Ilich Ramirez Sanchez alias « Carlos » est l'incarnation même du terroriste transnational. Il a pris une part active aux actions de Septembre noir en Jordanie avant de participer à de nombreuses actions terroristes internationales ainsi qu'à la prise d'otage de ministre de l'OPEP en 1975 à Vienne. Souvenons-nous. Le 29 mars 1982, une bombe déflagrait dans le train *Le Capitole* Paris-Toulouse à hauteur de Limoges faisant cinq morts et vingt-sept blessés. Cet attentat est intervenu précisément le lendemain de l'ultimatum que Carlos avait lancé au début du mois au gouvernement français afin d'obtenir la libération de deux terroristes arrêtés dans le courant du mois de février à Paris, Bruno Béguet et Magdalena Kopp. Et le 31 décembre 1983, deux bombes explosaient, la première à 19 h 40 dans le TGV assurant la liaison Marseille-Paris alors que le convoi circulait à hauteur de Tain-l'Hermitage, et vingt minutes plus tard, la seconde dans la salle des consignes manuelles de la gare Saint-Charles à Marseille. Au total, ce double attentat a fait cinq morts et cinquante blessés. Il sera lui aussi revendiqué par une organisation de la lutte armée arabe qui critiquait la politique française au Proche-Orient.

Le 15 août 1994, le ministre de l'Intérieur Charles Pasqua

devait annoncer que Carlos avait été arrêté au Soudan à Khartoum la veille et qu'il avait été remis à la police française. Le lendemain, celui-ci a comparu devant Jean-Louis Bruguière qui l'a mis en examen pour l'attentat de la rue Marbeuf. Le 3 mai 2007, il a fait l'objet d'une ordonnance de mise en accusation (c'est-à-dire d'un renvoi devant la cour d'assises) pour son implication au titre de la complicité dans l'attentat perpétré contre le train *Le Capitole* le 29 mars 1982 (cinq morts), pour l'attentat par explosif de la rue Marbeuf le 22 avril 1982 (un mort et de multiples blessés), toujours au titre de la complicité, ainsi que pour s'être rendu complice de l'attentat perpétré contre le TGV « le Valenciennes » à Tain-l'Hermitage le 31 décembre 1983 (trois morts) et contre la gare Saint-Charles de Marseille le 31 décembre 1983 (deux morts) et pour être membre du groupe terroriste Organisation des révolutionnaires internationaux. Les faits ainsi reprochés à Carlos concernent son action sur le territoire français, sur celui de l'ex-RDA et ceux de Hongrie, Roumanie, Yougoslavie, Syrie, Liban, Yémen et Libye. Un véritable atlas du terrorisme des années 1980. Le 24 décembre 1997, Carlos a déja été condamné par la cour d'assises de Paris spécialement composée à la réclusion criminelle à perpétuité pour le meurtre perpétré au mois de juin 1975 sur deux fonctionnaires de la DST, Raymond Dous et Jean Donatini, et sur l'un de ses amis libanais qui l'aurait trahi, Michel Moukharbal. Carlos avait été condamné à cette même peine en 1992 mais par contumace. À l'occasion de son procès, il a revendiqué ses actes accomplis « au nom de la cause palestinienne ». Et il a dénoncé le « procès stalinien » qui lui était fait ! Il faut bien entendu le croire car c'est un spécialiste de la question.

L'utilisation de mercenaires obéit généralement à la nécessité de mettre un peu de distance entre l'acte commis et ses commanditaires, mais c'est évidemment un simple écran de fumée. Certains États peuvent aussi – c'était par exemple le cas de l'Union soviétique – financer directement ou soutenir logistiquement des groupes terroristes. À l'époque de la guerre froide, les dirigeants de l'URSS ont mis en œuvre une stratégie de contournement du face-à-face est-ouest par des guerres limitées aux zones de glacis, mais aussi, en collaboration avec les pays de l'Est, et notamment la RDA, par le recours au terrorisme « sous-traité » à des organisations.

Pour ce qui concerne les États démocratiques, il y a effectivement quelques ambiguïtés. Prenons d'abord l'exemple du *Rainbow Warrior*, bateau de Greenpeace coulé sur ordre du gouvernement français en Nouvelle-Zélande, splendide opération ! Si je m'en tiens à la définition du code pénal, on ne peut pas considérer qu'il s'agissait de terrorisme, puisque le gouvernement français ne tentait pas « d'imposer ses vues », au moins en cette circonstance. Par contre, que de tels agissement soient criminels et la responsabilité du gouvernement français engagée, c'est tout à fait évident. Quant aux actes du gouvernement américain que vous évoquez, il faudrait presque les étudier point par point. Certains, dont on a beaucoup entendu parler depuis plusieurs années, ne relèvent pas du terrorisme, selon l'acception du code pénal français : je pense aux enlèvements de présumés terroristes remis aux autorités de différents pays : à l'Égypte pour l'élimination définitive, à la Jordanie pour le caractère très « performant » de leurs interrogatoires… Mais, bien évidemment, il s'agit là de « comportements » éminemment criminels. Vous savez, on peut être criminel sans être terroriste. Et le fait de ne pas être considéré comme terroriste n'aboutit pas inéluctablement à être dédouané de toute responsabilité. Par contre, on peut légitimement admettre que les États-Unis sont impliqués dans le terrorisme pour l'aide qu'ils ont apportée à certains mouvements, notamment en Amérique latine.

Référons-nous à quelques exemples, qui résonnent encore fortement, de l'autoritarisme impérialiste des États-Unis : au Vietnam par exemple, les bombardements de populations civiles peuvent-ils être considérés comme des actes de terrorisme ?

Non, ce n'est pas du terrorisme, c'est de la terreur d'État. De toute façon, pour celui qui reçoit les bombes sur la tête, le résultat objectivement est du pareil au même. Le bombardement de Tokyo, qui a fait quatre-vingt-dix mille morts, ceux, nucléaires, d'Hiroshima et de Nagasaki, relèvent de la terreur d'État en temps de guerre. Des populations sont effectivement prises en otage et laminées, mais il y a une différence notable qui tient au fait que de telles actions s'inscrivent dans le cadre d'une belligérance déclarée. Tel fut aussi le cas du bombardement de la ville de Dresde en Allemagne durant le second conflit mondial. À cette époque, le régime nazi était opposé sur le front est aux Soviétiques et sur le front ouest aux États-Unis, à la Grande-Bretagne et aux mouvements de résistance de la France occupée. Après le débarquement, de la même façon que les Allemands ont essayé de terroriser la Grande-Bretagne avec des bombardements de V1 et V2 sur Londres, les alliés ont voulu briser la résistance nazie en bombardant Dresde avec des bombes incendiaires et en rasant la ville. C'est de la terreur, mais elle ne sert pas à imposer ses vues, elle sert à gagner la guerre. Et que celle-ci soit juste ou injuste, les populations civiles en sont les principales victimes. Il y a d'ailleurs eu une évolution de la conception de la guerre, en Irak en 1991, puis en 2003, avec les frappes dites « chirurgicales ». Les communiqués de l'armée américaine annonçaient sans cesse la frappe d'installations industrielles, de nids d'ennemis... sans risque pour les populations civiles d'être touchées. Et le lendemain on apprenait qu'un missile était parti à côté et l'armée s'excusait en disant « on n'a pas fait exprès... » ou en prétendant que dans telle école qui avait été détruite s'étaient dissimulés des soldats ennemis. C'est un peu, et même beaucoup, la même situation qui, à l'été 2006, a caractérisé les frappes israéliennes au Liban.

Il me semble difficile de soutenir que les nouvelles formes de guerre s'inscrivent dans une sorte d'ancestral droit de la guerre et qu'elles opposent deux ou plusieurs armées sur un terrain déterminé dans le cadre d'une belligérance déclarée ; c'est un autre type de rapports, de violence qui se joue dans les guerres actuelles. De plus, vous parlez de situation de belligérance pour « justifier » le contexte spécifique de la guerre, mais on sait comment les États-Unis sont entrés en guerre au Vietnam ou en Irak, en 1991 et 2003 : en mentant à leur opinion publique et au monde. Enfin, je trouve étrange l'argument selon lequel chercher à gagner une guerre n'est pas chercher à imposer ses vues, même s'il existe une différence légale.

Le monde « réel » est toujours beaucoup plus complexe que les classifications qui cherchent à l'appréhender. Vous pouvez trouver étrange ce qui ne vous convient pas et confondre mes tentatives d'explication avec des justifications. Le terme « terrorisme », on l'a déjà souligné, comporte une charge émotionnelle très négative qui fait obstacle à une analyse « froide » du phénomène. Et d'ailleurs, on peut certainement trouver dans cet obstacle majeur l'explication de l'absence à ce jour de définition universelle du terrorisme. Trois exemples viennent illustrer mon propos. Une définition de 1986 utilisée aux États-Unis considère comme action terroriste « l'utilisation illégale de la violence ou la menace de violence contre des personnes ou des biens pour servir des objectifs politiques et sociaux. Le but en est généralement d'intimider ou de contraindre un gouvernement, des individus ou des groupes à modifier leur comportement ou leur politique ». La définition allemande arrêtée par le bureau de protection de la Constitution est quant à elle ainsi libellée : « Le terrorisme est la lutte menée sur la durée pour atteindre des objectifs politiques qui utilisent des moyens comme des attentats contre la vie et les biens des gens en perpétrant tout particulièrement des crimes graves [...] ou au moyen d'autres actes de violence qui servent à perpétrer de tels actes criminels. » Enfin, les Britanniques s'expriment ainsi : « Le terrorisme est l'usage de la violence à des fins politiques et inclut n'importe quel usage de la violence dans le but de provoquer la peur dans le public ou une fraction quelconque du public. » D'une manière générale, dans les définitions occidentales du terrorisme, on retrouve trois éléments communs : l'usage de la violence, les objectifs politiques et l'intention de semer la peur au sein de la population. À l'évidence, ce consensus n'est pas partagé par tous les pays de la terre. Et qui plus est, ces trois critères, même non universels, ne permettent pas à tout coup de distinguer le terrorisme d'autres formes de violence collective telles que la guerre et la guérilla qui elles aussi se servent de la violence à des fins politiques (la guerre : continuation de la politique par d'autres moyens) dans le but de terroriser les populations civiles. Les bombardements massifs déjà évoqués en sont l'illustration. En temps de guerre, la doctrine militaire peut donc s'apparenter à du terrorisme d'État : les bombardements massifs de populations civiles à Dresde ou à Tokyo, les bombardements atomiques d'Hiroshima et de Nagasaki visaient à faire plier les gouvernements allemands et japonais en terrorisant leurs populations.

Résumons-nous : il n'y aurait donc pas vraiment, par-delà les implications morales de la lutte armée, violente, de critères objectifs qui permettent de dire : ceci est du terrorisme, ceci n'en est pas ; ceci se rapprocherait plutôt de la guérilla, forme de résistance que l'on peut considérer comme légitime, ceci est une forme d'action violente totalement illégitime...

Tout un chacun, homme politique, journaliste, citoyen, peut se permettre de dire « ceci est du terrorisme », « ceci est une guérilla », « ceci est de la légitime défense », « ceci est de la résistance ». Mais le juge, lui, est tenu aux définitions du législateur. En droit français, la guérilla n'est pas une notion juridique. En conséquence, on ne peut être poursuivi de ce chef. De la même façon, il n'y a aucune définition d'un acte de résistance. Pourtant, à l'évidence, la guérilla peut exister et des résistants peuvent méconnaître les lois de la République. En conséquence, les auteurs d'actes violents non assimilables aux termes de la loi à une action terroriste seraient dès lors poursuivis et jugés sur la base du dispositif législatif de droit commun, assassinat, coups et blessures volontaires avec arme, destruction, dégradation de biens mobiliers et immobiliers, par l'effet d'une substance explosive ou incendiaire, par exemple. Mais il y a fort à parier que dans une situation de troubles, la qualification terroriste finirait par s'imposer. Comme le magistrat chargé d'appliquer la loi, s'il advient que cela heurte sa conscience, il n'a d'autre choix, dans de telles circonstances exceptionnelles, qu'entre se soumettre au mépris de son serment ou se démettre. Il peut théoriquement, bien sûr, pratiquer du sabotage interne, mais à mon avis, compte tenu de l'ordonnancement juridique, il a peu de chances de le faire longtemps, et avec une quelconque efficacité, puisque le double degré de juridiction permet de mettre à néant ses décisions. L'histoire nous apprend que la totalité des magistrats a prêté serment, au début des années 1940, au maréchal Pétain. Sauf un. Il ne me reste plus à espérer qu'il a fait des petits. Ou qu'on parviendra, en cas de difficultés de cet ordre, à le cloner. Il va sans dire, aussi, que les lois applicables sur le territoire de la république française, y compris celles qui définissent le terrorisme et visent à le réprimer, sont des lois applicables en temps de paix. En temps de guerre, forcément, la donne change. En tout cas, elle est susceptible de le faire. Il n'y a donc pas, en conclusion, pour reprendre le sens de votre interrogation, de critère purement « objectif » permettant de cerner une fois pour toutes l'acte de terrorisme.

La loi doit toujours s'efforcer de concilier deux impératifs antagonistes : elle doit faire la preuve d'un minimum de stabilité, car une règle qui change par trop fréquemment devient rapidement inapplicable, faute d'être connue par les citoyens, mais elle doit aussi épouser les évolutions de la société, sinon elle devient désuète, obsolète, et tout aussi inapplicable. La loi est toujours le reflet d'une société, plus ou moins démocratique ; elle est plus ou moins de bonne qualité, correspond plus ou moins à son époque, peut parfois être en retard par rapport à l'évolution des mentalités de la société, ou au contraire s'efforcer de « violenter » quelque peu les électeurs afin de faire avancer les mentalités du corps social. Tel fut le cas en 1974 de la loi Veil sur l'interruption volontaire de grossesse, et en 1981 de la loi sur l'abolition de la peine de mort. La loi antiterroriste n'échappe pas à ces contingences.

À partir du moment où l'on admet qu'une loi est le reflet des valeurs que s'efforce de protéger la société, ainsi que le miroir des perspectives d'évolution de celle-ci, on peut dire que, même lorsqu'elle comporte des dispositions répressives, elle s'inscrit dans cette problématique. Par exemple, la société patriarcale faisait du mari le chef de la famille : le père avait le droit de vie et de mort sur ses enfants, il décidait de leur mariage... Cela signifie qu'une société organisée sur ce mode s'est posée la question, et l'a résolue comme l'on sait, de la conception de la famille, mais aussi du droit à la vie et, partant, du droit de vie et de mort sur ses semblables ; elle pose également et forcément la question de l'égalité entre les hommes et entre les hommes et les femmes. Cette conception de l'égalité est donc une construction socio-historique, directement dépendante de l'évolution des mœurs. Autre exemple : le viol. Jusqu'à la fin des années 1970, le viol était défini par la loi pénale comme l'introduction d'un sexe masculin dans un sexe féminin, hors le consentement de la femme. Cette définition a été acceptée pendant des siècles. Ensuite, la loi a évolué. Désormais, tout le monde considère, et le législateur le premier, que l'introduction de tout objet, ou d'un doigt, dans un sexe, que le fait d'imposer une fellation ou un acte de sodomie à un homme ou une femme non consentants, est un viol. Donc, un homme peut lui aussi être violé. Il y a fort à parier que bien des hommes ont été violés avant que le législateur n'admette qu'ils pouvaient l'être. C'est bien la preuve que la définition posée par la loi, même lorsqu'elle entend préserver la même valeur au gré de ses évolutions – ici le respect dû à l'intégrité physique et psychologique de l'individu dans le domaine de la sexualité –, peut être plus ou moins restrictive ou extensive pour l'unique raison que la conception même de la valeur érigée en norme n'est pas intangible, et dépend de l'évolution des mentalités. Et de la conception qu'on se fait de l'égalité. On semble là bien loin du terrorisme, mais les questions fondamentales sont pourtant les mêmes : qu'est-ce que la loi ? Quelle conception des valeurs humaines révèlent-elles ? Quelle conception de l'ordonnancement social contient-elle ? Qu'est-ce que le droit à la vie, à l'intégrité physique ? Et forcément, qu'est-ce que la liberté, quelles sont ses limites ?

Alors faisons un peu d'histoire : quels sont les exemples historiques qui permettent d'éclaircir cette contingence normative que vous évoquez pour ce qui est censé relever du « terrorisme » ?

L'histoire peut en effet apporter quelques éclaircissements sur ce débat sémantique mais aussi et surtout philosophique. Terroriste ou résistant ? Pendant des années, les gouvernements de la IVe République, comme ceux du début de la Ve République, parlaient des « événements » d'Algérie. Cette terminologie était d'ailleurs reprise sans coup férir, à l'époque, par les médias. Et donc par la majeure partie de l'opinion publique française. Alors qu'en réalité il s'agissait de refuser de reconnaître que l'on était arrivé au bout de la logique de l'expansionnisme colonial. Mais les mots, surtout en démocratie, ont leur importance, et quand on parlait des « événements », on ne disait pas « guerre » ; on ne faisait donc pas la guerre, mais des « opérations de police », de maintien de l'ordre. Or il s'agissait bien d'une guerre, et même d'une sale guerre, pendant laquelle la torture, niée elle aussi pendant des années par les plus hauts dignitaires de l'armée française et de l'État, a été utilisée à grande échelle et de plus en plus fréquemment au fur et à mesure de l'enlisement du conflit. Face à l'armée française, mais aussi face aux forces de police déployées dans ce pays, les combattants algériens qui inscrivaient leurs actions dans le cadre de la lutte de libération nationale, même lorsqu'ils commettaient les pires exactions – et il y en a eu tout autant d'un côté que de l'autre – n'étaient pas davantage des terroristes que ne l'étaient les quelques résistants français sous l'Occupation dans les années 1940. À une nuance près, et elle me paraît d'importance : les combattants des maquis algériens n'étaient pas des terroristes lorsqu'ils se « contentaient » de combattre l'armée, la police et les représentations de l'État français. Par contre, si on évoque les attentats commis à l'encontre des populations civiles, la question mérite d'être posée. Et une réponse affirmative peut y être apportée : il convient de se souvenir que si le FLN, ou les groupes armés concurrents, ont frappé aveuglément, afin de les terroriser, les pieds-noirs, ils ont commencé par terroriser les populations algériennes en commettant certaines atrocités, principalement dans les villages, afin de les inciter à prêter leur concours à ceux qui luttaient pour l'indépendance ; ou en tout cas, à cesser de le prêter aux Français. Et lorsque ces populations civiles étaient kabyles, la violence aveugle était décuplée... Et cela constitue, je le crois, du terrorisme. Le Front de libération nationale (FLN) a assassiné pendant la guerre d'indépendance 16 000 musulmans et en a enlevé environ 50 000 autres dont on n'a jamais plus entendu parler. Et à l'occasion de ses purges internes, il a éliminé plusieurs milliers de ses membres. Le Viêt-cong, au début des années 1960, et le Sentier lumineux péruvien, ce dernier ayant forgé sa réputation en assassinant et en mutilant les paysans qui avaient eu le front d'aller voter, sont deux autres exemples qui démontrent la difficulté de distinguer clairement ce qui relève de la guerre, de la guérilla et du terrorisme.

Ce bref recours à l'histoire démontre en tout cas la difficulté à ramasser sous un seul vocable un certain nombre d'actions violentes perpétrées à un moment déterminé dans un espace géographique précis. Et ce n'est pas parce qu'éventuellement on est amené à constater, en raison de la légitimité du but poursuivi et de la « qualité » militaire ou assimilée de la cible frappée, que le vocable terroriste ne s'applique pas à la situation examinée, que pour autant il y a quelque indulgence à avoir dans l'examen des crimes perpétrés. Des crimes odieux ont bien été commis lors de la guerre d'Algérie. Certains relevaient des crimes de guerre et d'autres, plus probablement, d'actes de terrorisme. Mais quoi qu'il en soit, on sait très bien que le vainqueur d'un conflit légitimera toujours tous les actes de violence qu'il a été amené à perpétrer par la noblesse, réelle ou supposée, de son combat. Et si on pose aujourd'hui la question de savoir si les résistants en 1942 étaient des terroristes – dénomination qu'utilisaient alors les Allemands, mais aussi les Vichystes, pour qualifier les auteurs d'actes de résistance –, l'ensemble des Français diront à juste titre que non. L'occupation allemande était liée à un fait de guerre, elle avait été « obtenue » par le rapport de force militaire favorable aux nazis, mais elle avait aussi reçu la bénédiction *a posteriori* de la représentation nationale *via* le maréchal Pétain. Car le régime de Vichy avait obtenu les pleins pouvoirs de l'Assemblée nationale française, incontestablement démocratiquement élue – en tout cas selon les critères de l'époque puisque les femmes n'avaient alors pas le droit de vote. C'est bien la démonstration qu'un régime parfaitement légal, celui de Vichy, peut être parfaitement illégitime. Et un régime illégitime peut, et même doit, être combattu. Avec cette même grille de lecture, l'Organisation de l'armée secrète, qui a perpétré des attentats à Paris ou à Alger pendant la guerre d'Algérie, doit donc être considérée comme une organisation terroriste. Parce que l'OAS s'opposait par la commission d'attentats et d'assassinats aux décisions, certes douloureuses pour une partie de la communauté française, d'un régime démocratiquement élu et légitime. Tout cela pour dire que s'il ne suffit pas d'être démocratiquement élu pour être légitime, par contre, en l'absence de processus démocratique, la légitimité dont se revendique un pouvoir est forcément plus que douteuse. Mais personne n'est en mesure, par une sorte d'équation ou de formulation algébrique, d'expliquer mécaniquement ce qu'est la légitimité d'un pouvoir. Sur ce point, je m'en réfère simplement à la définition de Talleyrand déjà évoquée. On touche là du doigt, y compris au sein d'un même conflit, l'immense difficulté qu'il y a à parvenir à une acception claire du terrorisme : des gens qui agissent peu ou prou de la même façon, ayant recours à une violence extrême, qui posent des bombes et tuent des gens, essayant en cela d'imposer leurs vues par la terreur, sont, ou ne sont pas, considérés, en fonction du contexte dans lequel ils s'inscrivent, des terroristes. Cela pose en amont le problème de la loi, de sa légitimité ou de sa non-légitimité, et donc de la balance entre légalité et légitimité.

Si la définition du terrorisme est affaire de contexte, on peut donc considérer qu'il existe un « terrorisme » moralement acceptable. On peut en déduire, tout aussi bien, ce sont les tenants de l'ordre qui se sont arrogé le droit d'utiliser ce terme, pour stigmatiser, pour disqualifier des actions, certes violentes, qui s'en prennent à leur conception du monde... Quand le peuple irakien ou le peuple vietnamien fait usage de ce mot pour désigner, par exemple, les massacres de population et faire état de la terreur dans laquelle il se trouve plongé, on peut calmement lui répondre : « mais non, vous n'avez pas compris, il s'agit d'une guerre. Personne ne cherche à vous terroriser, ou, en tout cas, si par hasard c'était le cas, non seulement nous en serions désolés, mais en plus nous vous assurerions que ce n'est pas parce que nous cherchons à imposer nos vues... »

Il est toujours extrêmement périlleux de porter sur le terrorisme un jugement d'ordre moral. Il faut bien s'entendre sur la définition de terrorisme (ne pas confondre par exemple émeute et terrorisme) et prendre en compte le cadre politique dans lequel il s'inscrit (dans une démocratie ou un régime totalitaire). Mais il faut absolument éviter de dire qu'il y a un « bon terrorisme » qui serait guidé par une noble morale. On a souvent tendance à juger les actes terroristes en fonction de sympathies politiques, mais cela est absurde. Par exemple, qu'attend-on aujourd'hui des musulmans : qu'ils désapprouvent les attentats du bout des lèvres ou qu'ils les admettent, compte tenu des difficultés matérielles et morales qui sont souvent les leurs dans les pays d'Europe occidentale ? On ne saurait évidemment pas tolérer cela. On attend d'eux qu'ils les condamnent ! De la même façon, il faudra peut-être qu'un jour une certaine gauche fasse son *mea culpa* sur ce point ou, à défaut, se repositionne quelque peu. Ce n'est pas parce que les terroristes d'Action directe assassinaient en mettant en avant des idées généreuses sur l'égalité entre les hommes que leurs actes pouvaient se justifier. Non seulement ils étaient coupés de toute base sociale, ce qui est généralement un trait constitutif du terrorisme révolutionnaire bien que ces groupes agissent toujours au nom d'une entité fantasmée, mais en plus la plupart des membres d'Action directe ont sombré dans l'antisémitisme pur et simple. Quand ils ne brûlaient pas leurs compagnes avec des cigarettes ou qu'ils enfermaient un de leurs « camarades » dans une geôle construite par leurs soins dans leur refuge, la prison du peuple ! Alors les idées généreuses de la propagande, vous savez...

Modestement, il vaut mieux rappeler que l'histoire nous enseigne que, dès l'origine, les sociétés organisées ont eu recours à la violence politique, à la terreur comme méthode de gouvernement, pour dissuader les « sujets » de se rebeller ou pour les punir d'avoir tenté de le faire. Cette méthode a fait successivement la fortune des régimes despotiques puis des systèmes totalitaires. Le terrorisme n'est qu'un mode d'expression de la violence des hommes parmi d'autres. Et il ne peut être analysé qu'en prenant en considération les contextes politiques, sociaux et culturels dans lesquels il s'inscrit. C'est ainsi que les groupes terroristes se réclamant de l'idéologie marxiste-léniniste ont tenu le « haut du pavé » pendant les années 1970 et 1980, avant de devenir minoritaires et de laisser la place aux mouvements subversifs et violents d'inspiration religieuse. Le terrorisme d'État, lui, correspond à deux choses : en premier lieu, au soutien que certains États, à travers leur régime politique, apportent à des organisations terroristes ; en second lieu, il est la méthode de gouvernement mise en œuvre par les régimes totalitaires pour briser toute résistance intérieure par l'emploi de la terreur. À côté de ce terrorisme d'État coexiste la violence préméditée perpétrée en temps de paix par des individus ou des groupes d'individus ayant des motivations politiques contre des cibles non combattantes et dont le but est de peser sur le libre arbitre des populations et de briser leur résistance.

Plus que les autres formes de guerre, le terrorisme fait litière de manière quasi systématique des lois de la guerre. Il ne fait pas de distinction entre combattants et non-combattants. Et lorsqu'il s'inscrit dans une dimension internationale, il n'y a pas de zone de belligérance. Contrairement à la guérilla qui va s'efforcer de contrôler tout ou partie d'un territoire qui lui servira de base logistique et de vivier pour son recrutement d'une mini-armée afin de mener de véritables actions militaires, le terrorisme ne vise pas à libérer une zone ; les terroristes se fondent dans la population, ils ne portent pas, contrairement aux guérilléros, d'uniforme. Terrorisme et guérilla sont deux stratégies de lutte prolongée, d'usure, la première utilisant essentiellement l'impact psychologique de ses actions alors que la seconde est plus directement tournée vers la confrontation physique avec l'adversaire et ses forces de sécurité.

Propagande par l'action visant à intimider et, mieux, à terroriser, le terrorisme s'efforce de provoquer son adversaire afin que ce dernier commette des erreurs dans sa politique répressive, erreurs susceptibles de provoquer l'adhésion à la cause de nouveaux « militants ». Mais il arrive aussi que certaines organisations terroristes, notamment celles d'extrême droite, préfèrent la stratégie du chaos destinée à démontrer l'incapacité du gouvernement visé à assurer l'ordre et la sécurité et à promouvoir ainsi à terme l'émergence d'un régime fort, c'est-à-dire autoritaire. Cette stratégie des attentats aveugles a été celle du groupe néofasciste italien Ordre noir (Ordine Nero) qui, en 1974, a tué 12 personnes en déposant une bombe dans un train, et celle des Noyaux révolutionnaires armés, mouvement lui aussi d'extrême droite qui est à l'origine du sanglant attentat à la bombe qui, en août 1980, a tué 84 personnes à la gare de Bologne. Dans le même registre, l'extrême droite allemande a commis un attentat le 26 septembre 1980, pendant l'Oktober Fest à Munich, qui a fait 13 morts et 215 blessés. Quant aux tueurs du Brabant Wallon, ces « gangsteroterroristes » tiraient sur la foule à l'occasion des braquages qu'ils commettaient dans des supermarchés. Bilan : 30 morts entre 1982 et 1985.

Mais quelle que soit l'atrocité des crimes commis dans le cadre de cette stratégie d'usure psychologique de l'adversaire que constitue le terrorisme, l'histoire nous l'apprend, la Communauté internationale peut être prompte à considérer les activistes de la veille comme des interlocuteurs parfaitement acceptables le lendemain. Les attentats terroristes perpétrés en Europe à compter de 1968 et dont l'apogée intervient en 1973 (dont celui des JO de Munich en 1972) ont été pour la plupart commis par le Fatah, principale organisation de l'OLP de Yasser Arafat, sous couvert de l'organisation Septembre noir. Ils ont été bien sûr fermement condamnés par la Communauté internationale et particulièrement par la Communauté européenne. Ce qui n'empêcha ensuite nullement l'OLP d'ouvrir des bureaux dans la plupart des pays d'Europe occidentale et, dès 1974, Yasser Arafat de prendre la parole devant l'Assemblée générale des Nations unies, où il avait été invité. Realpolitik mais aussi nécessité eu égard à la situation faite aux Palestiniens.

Une lutte antiterroriste « universelle » est-elle possible ? Vers la multiplicité ou l'harmonisation ?

Avant d'aborder les dispositifs de lutte antiterroriste mis en place dans un certain nombre de pays, j'aimerais que vous évoquiez l'état de la coopération internationale dans ce domaine, tant au niveau des services de renseignements qu'au niveau judiciaire ?

En ce qui concerne la coopération européenne et celle des services de renseignements, la création d'une sorte de superstructure me semble, pour plusieurs raisons, bien peu judicieuse. D'abord, les services de renseignements des vingt-sept pays européens sont de qualité très inégale ; et puis, surtout, ce serait signer l'arrêt de mort du renseignement comme outil contre le terrorisme. En effet, le renseignement fonctionne de manière unilatérale : il est par définition confidentiel, impliquant une protection des sources et des individus infiltrés. On s'oriente donc plus probablement, si l'on veut faire quelque progrès, vers une bi- ou une trilatéralisation des échanges, en mettant sur pied, sur le plan judiciaire, des équipes communes d'enquête. Par exemple, sur la filière marocaine, les juges français travaillent avec les juges espagnols sans que les renseignements soient donnés aux Italiens tant que nous n'avons pas les éléments qui laisseraient à penser qu'ils sont en danger ou qu'ils ont eux-mêmes des renseignements à communiquer sur ce point. Les équipes communes d'enquête, comme cela existe dans le domaine du terrorisme basque, travaillent ensemble sur les mêmes dossiers et échangent leurs renseignements en direct pour faire progresser conjointement les choses. Et cela marche bien.

Après le 11 septembre 2001, on a dit dans la semaine qui a suivi que le mandat d'arrêt européen serait mis en place et que les procédures d'extradition ne seraient plus nécessaires. Mais en 2005, la cour constitutionnelle de Karlsruhe a porté un coup sérieux à cette procédure, en tout cas, à la célérité qu'on pouvait en attendre. Le mandat d'arrêt européen évite d'avoir recours à l'extradition : de même qu'une personne arrêtée à Lille sur mandat d'arrêt d'un juge parisien sera amenée à Paris, une personne arrêtée à Karlsruhe ou à Londres sur demande d'une juridiction parisienne devait être amenée directement, en tout cas rapidement, devant les juges parisiens. Cela implique bien sûr, pour que cela fonctionne vite et bien, ce qui est le but poursuivi, qu'il y ait une harmonisation des législations européennes d'une manière générale, et singulièrement dans le domaine du terrorisme. Et là, force est de constater, et de déplorer, que nous sommes loin du compte. On pouvait pourtant penser qu'il serait aisé de s'entendre sur les incriminations, globalement identiques même si la France a la spécificité de faire référence à l'association de malfaiteurs. Cela implique aussi que les États acceptent d'extrader leurs propres ressortissants, à la seule condition que la peine de mort ne soit pas encourue dans le pays demandeur. Cela veut dire qu'un Allemand peut être jugé en Espagne, même s'il est arrêté en Allemagne. Mais, comme je le disais, pour un homme d'origine syrienne ayant obtenu la nationalité allemande, la cour constitutionnelle de Karlsruhe a refusé son application, prétendant que le mandat d'arrêt européen avait été mis en place sans que soient garantis les droits fondamentaux des ressortissants allemands. Évidemment, ce type de décisions déclenche toujours un engrenage néfaste : la demande d'extradition émanait des Espagnols, qui, en représailles, ont déclaré qu'ils n'accepteraient plus d'extrader les ressortissants allemands en vertu du principe de réciprocité. Ce qui avait été présenté comme une urgence, une nécessité absolue dans les dix jours qui ont suivi le 11 Septembre, n'a donc pas avancé avec suffisamment de célérité. Il a été dit que les législations devaient être harmonisées, tant sur le plan des infractions que sur celui de la procédure. Or pour un simple mandat d'arrêt européen dans le domaine du terrorisme, il a fallu quatre ans pour que cela commence à fonctionner mais aussi pour que les premiers dysfonctionnements notoires apparaissent. La vulnérabilité, la fragilité des démocraties tiennent à la nature même de leur mode d'organisation – celui précisément qu'il faut sauvegarder dans la lutte contre le terrorisme – et entraînent inévitablement des pesanteurs législatives, judiciaires, organisationnelles... Associées à la persistance des égoïsmes nationaux, ces pesanteurs ont conduit à l'échec relatif du mandat d'arrêt européen, dont les implications en termes de libertés fondamentales avaient pourtant fait l'objet d'une grande attention. Il s'agit peut-être d'une crise passagère, mais cela montre au minimum la lenteur des délais de réponse dans ce type d'affaires.

Quelles sont les différences les plus notables entre la lutte antiterroriste telle qu'elle a été mise en place en France et les systèmes existant en Grande-Bretagne et aux États-Unis ?

Contrairement à bien d'autres pays, la France a fait le choix de lutter contre le terrorisme par des moyens légaux et par le biais de l'institution judiciaire. Et c'est un choix qui, me semble-t-il, honore nos gouvernements successifs, car il est indéniablement beaucoup plus difficile de travailler dans une relative clarté, c'est-à-dire avec des dossiers qui, à un moment ou à un autre sont ouverts à l'évaluation privée des auxiliaires de justice – les avocats – et à l'évaluation publique représentée par l'audience. Et nous n'avons jamais dérogé à ces règles, contrairement au système accusatoire des États-Unis et de la Grande-Bretagne. Les États-Unis ont été confrontés aux limites de leur propre système procédural en créant un îlot de non-droit, Guantanamo, et la Grande-Bretagne a complété par la voie administrative, après 2001, son dispositif antiterroriste. Ces deux pays ont d'ailleurs été sanctionnés par leurs plus hautes autorités judiciaires, la Cour suprême aux États-Unis, la Law Lords en Angleterre. Les États-Unis avaient créé l'« ordre militaire » le 13 novembre 2001, dispositif relatif à la détention et au jugement d'étrangers dans le cadre de la lutte antiterroriste – c'est-à-dire qu'il distinguait les terroristes américains des autres –, et le Patriot Act en octobre 2001, quant à lui sanctionné par les autorités judiciaires fédérales, en janvier et septembre 2004. Le texte sanctionnant ces dispositifs précise : « L'état de guerre n'est pas un chèque en blanc pour le Président en ce qui concerne le droit des citoyens, et les combattants ennemis de nationalité américaine, ou non, ont droit à la protection de l'Habeas Corpus. » Quant à l'Angleterre, elle a complété l'Antiterrorism Act de 2000 par une disposition, appelée la section 23, qui permet d'incarcérer de façon illimitée, sans acte d'accusation ni procès, tout citoyen « étranger » soupçonné de terrorisme. Si en France le législateur s'était permis cela, ou même le tiers de cela, il se serait fait lyncher par la Ligue des droits de l'homme, et à juste titre.

Je rappelle qu'en Angleterre la législation réprimant l'apologie de crimes n'a été mise en place que trois mois avant le 11 septembre 2001, alors même que ce pays était une terre d'asile, au nom d'une conception noble – celle de la liberté d'expression – pour les imams les plus extrémistes et les publications les plus incendiaires. En 1995, *Al Ansar*, l'un des brûlots de la propagande pour le conflit algérien, était publié à Londres. Le rousseauisme judiciaire n'a jamais contribué à prémunir la société et pas davantage les individus des risques les plus patents qu'ils encourent. On peut légitimement se demander si les sanctions juridiques qui touchent les États-Unis et la Grande-Bretagne ne sont pas la conséquence d'une absence de flexibilité de leur système judiciaire respectif, qui n'est autre que le système accusatoire. En France, on ne peut plus dire que nous sommes dans un système inquisitoire, ce qui était le cas lorsque j'ai commencé à exercer, il y a trente ans, mes fonctions. À cette époque, l'avocat prenait la parole quand on la lui donnait, il n'assistait pas à la mise en examen, n'était pas là quand on mettait l'inculpé en prison, il ne pouvait pas demander les actes de l'instruction, et s'il estimait que la procédure était nulle, seul le juge d'instruction ou le procureur de la République pouvait faire sanctionner sa nullité par la chambre de l'instruction, alors appelée chambre d'accusation. Aujourd'hui, le juge d'instruction est toujours un juge qui va à la recherche de la preuve, ne se contentant pas d'être le « suprême arbitre » entre les prétentions de l'accusation apportant ses éléments de preuve et disposant d'un outil considérable, la police, et celles de la défense apportant elle aussi, dans cette configuration virtuelle, ses éléments de preuves, avec ses propres pouvoirs et moyens de contre-enquête. Car on sait objectivement que seuls ceux qui sont soutenus financièrement par une organisation ou qui sont riches pourront le faire. Il ne s'agit pas de refuser toute évolution. Il faut simplement constater que nous sommes désormais dans un système procédural très largement mâtiné de contradictoire, où l'avocat a des droits, des pouvoirs, et peut contraindre de fait le juge à effectuer un certain nombre d'actes ; si le juge persiste à s'obstiner, les chambres de l'instruction peuvent arbitrer... Et elles le font, dans la mesure de leurs moyens, de leurs moyens déficients. Mais ça, c'est un autre problème. Malheureusement il paraît éternel.

Lorsque les contempteurs de l'institution de l'instruction

« à la française » s'efforcent de dépeindre le juge d'instruction comme un inquisiteur, réveillant au besoin dans l'inconscient collectif le souvenir des procès de l'Inquisition, avec ses « ordalies » et autres « jugements de Dieu », ils font preuve de caricature. Bien sûr, il y a eu les cent soixante-dix et quelques mis en examen dans la procédure Chalabi. Mais pour autant, peut-on assimiler ce système à celui qui a abouti à l'inculpation de cinq mille templiers, ou présumés tels ? En fait, le juge d'instruction demeure à l'heure actuelle un juge en charge de mettre en état un dossier afin de permettre de faire juger les gens qui y sont impliqués dans les meilleures conditions possibles, en complétant les éléments de preuve recueillis lors de l'enquête initiale. Soit encore en prenant le contre-pied de cette dernière en constatant l'insuffisance des charges réunies au cours des investigations ordonnées et en prononçant un non-lieu.

Comment « fonctionne » la lutte antiterroriste dans les autres pays européens ?

Commençons par l'Allemagne, qui a fait un choix quelque peu différent de celui adopté par le législateur français : le droit pénal allemand n'a pas posé de définition des infractions terroristes et s'est contenté d'incriminer spécifiquement la création ou la participation à une organisation ayant pour but de commettre un certain nombre d'infractions graves, parmi lesquelles on peut citer le génocide, l'assassinat, le meurtre, les prises d'otages et enlèvements, ainsi que les destructions par incendie, explosif, ou explosion nucléaire, les atteintes à l'intégrité physique par irradiation, les actes de nature à mettre en péril la sécurité des transports ferroviaires, aériens et maritimes, ainsi que les attaques et détournements d'avions ou de bateaux. En 2003, à la suite des attentats du 11 septembre 2001, le champ d'application de ces dispositions a été étendu aux organisations situées à l'étranger, ainsi qu'à tous les cas dans lesquels l'auteur des faits, soit encore la victime, est un ressortissant allemand ou réside en Allemagne. De longue date, il convient aussi de le préciser, le code pénal allemand a incriminé la constitution de groupes armés et s'est doté lui aussi d'une incrimination voisine de l'association de malfaiteurs à la française. Enfin, toute une série d'autres infractions susceptibles d'être rattachées à une entreprise terroriste sont désormais énumérées par la loi pénale allemande, et parmi elles le fait de préparer une guerre d'agression contre un autre pays, l'attentat et le complot contre les institutions de la république, la trahison, l'espionnage, les attaques contre les missions diplomatiques ou contre les représentants d'États étrangers, ainsi que les menaces contre les représentants des pouvoirs publics.

Toutes ces dernières infractions relèvent de la compétence exclusive du parquet général fédéral (Bundesgeneralstaatanweltschaft), qui est le ministère public de la Cour fédérale de justice (Bundesgerichtshof) de Karlsruhe. Le parquet général fédéral est également le ministère public auprès des tribunaux supérieurs des Länder. C'est ce parquet général qui conduit les enquêtes et sollicite le juge des enquêtes, dès lors que les investigations conduites portent atteinte aux droits et libertés individuels. L'Allemagne de l'Ouest a en effet abandonné le système du juge d'instruction en 1975. En conséquence, les perquisitions, les saisies, les écoutes téléphoniques et, bien évidemment, le placement en détention provisoire, en Allemagne, sont autorisées ou ordonnées par ce « super-juge des libertés et de la détention », système que d'aucuns souhaitent voir étendu à la France. Versant policier, c'est l'Office fédéral de police criminelle, appelé Bundeskriminalamt (BKA), qui est compétent pour intervenir sur l'ensemble du territoire germanique, et plus précisément sa direction de la sécurité de l'État, qui est implantée à Meckenheim, près de Bonn. Procéduralement, toute personne interpellée dans le cadre d'une enquête portant sur des faits de terrorisme doit être présentée, comme en droit commun, devant le juge de l'enquête, au plus tard le jour suivant son interpellation. Enfin, contrairement au système français, l'organisation judiciaire allemande, qui s'appuie sur le système fédéral, ne permet pas de centraliser le jugement des affaires de terrorisme, puisque les poursuites engagées par le parquet fédéral trouvent leur aboutissement devant les tribunaux supérieurs régionaux (Oberlandgericht), qui sont les juridictions supérieures de droit commun des Länder. Les décisions ainsi rendues ne connaissent qu'une voie de recours : le pourvoi en cassation devant la Cour fédérale de justice.

L'Espagne connaît quant à elle un système judiciaire de lutte antiterroriste qui n'est pas très éloigné du nôtre. Il y a en Espagne, comme en France, des juges d'instruction. Mais pour toutes les affaires importantes, qu'il s'agisse de celles relevant du crime organisé, de la délinquance économique ou financière ou encore du terrorisme, celles-ci sont traitées par l'Audience nationale, qui est une collégialité de juges d'instruction. On peut simplement noter que le juge d'instruction espagnol délègue beaucoup plus ses pouvoirs à la police que ne le fait son homologue français. Et que certaines particularités procédurales de la législation espagnole permettent au juge espagnol, en matière de terrorisme, de décréter que la procédure sera, au moins un temps, secrète.

L'organisation judiciaire italienne est, elle aussi, proche, en termes de statut, de l'organisation française puisque les magistrats, juges et parquetiers forment un corps unique. Jusqu'en 1989 l'Italie était dotée d'un juge d'instruction. Cette année-là, le parlement italien a réformé le code de procédure pénale et abandonné la procédure inquisitoire au profit de la procédure accusatoire, ce qui a entraîné *de facto* l'abandon de la fonction de juge d'instruction. Désormais, il existe en Italie un juge de l'enquête préliminaire qui accomplit des actes d'enquête à la demande du parquet mais aussi des parties. Ce juge est aussi le juge des libertés. En conséquence, l'enquête et l'instruction sont menées par le parquet sous le contrôle du juge de l'enquête préliminaire. Ce système théoriquement séduisant (c'est un système de ce type que certains voudraient instaurer en France) est loin, en termes d'efficacité mais aussi de délais, d'avoir fait ses preuves. De surcroît, il a accru l'inégalité procédurale entre les prévenus selon leurs moyens financiers, qui leur permettent ou non de financer des contre-enquêtes. En matière de lutte antiterroriste, la suppression du juge d'instruction a conduit les Italiens à confier leurs enquêtes aux procureurs antimafia.

Changeons de continent. La loi canadienne définit quant à elle l'infraction de terrorisme comme un acte criminel commis au profit ou sous la direction d'un groupe terroriste ou en association avec lui, dont l'élément matériel constitue également une activité terroriste, ainsi que le complot (ou tentative) de commettre une de ces infractions (encouragement ou complicité après les faits). L'acte ou l'omission incriminés doivent être commis, exclusivement ou non, au nom d'un objectif ou d'une cause de nature politique, religieuse ou idéologique, en vue d'intimider tout ou partie de la population, ou de contraindre une personne, un gouvernement, ou une organisation nationale ou internationale, à accomplir un acte ou à s'en abstenir, que la personne, la population, le gouvernement soient ou non canadiens. Suit une liste d'infractions : celles ayant entraîné la mort ou occasionné des blessures, mise en danger, compromission de la santé ou de la sécurité de la population, dommages considérables (sauf ceux occasionnés à l'occasion des manifestations, arrêts de travail, revendications, protestations), paralysie des services ou de l'économie du pays. La participation à l'activité d'un groupe terroriste est punie d'une peine de dix ans, que les faits aient consisté à dispenser ou à acquérir une formation, à recruter de nouveaux membres ou à mettre ses connaissances à la disposition de l'organisation. Idem pour le financement. Le Canada ne connaît pas non plus de centralisation des poursuites et du jugement des infractions à caractère terroriste, les poursuites pouvant être engagées dans n'importe quelle circonscription judiciaire du Canada.

Revenons à la Grande-Bretagne, dont on sait que sa stratégie en matière de lutte antiterroriste est passée en quelques années d'une position en apparence très « libérale » à un dispositif parmi les plus répressifs au monde, suivant en cela l'exemple des États-Unis... auxquels elle fait désormais concurrence. Quelles leçons peut-on tirer de l'exemple britannique ?

La Grande-Bretagne est un exemple particulièrement intéressant à étudier en matière de dispositif de lutte antiterroriste. C'est la loi adoptée le 20 juillet 2000 par le parlement de Westminster, et qui est entrée en application le 19 février 2001, qui constitue la pièce maîtresse de la législation antiterroriste britannique actuelle. Le législateur anglais a ainsi tenté de prendre en compte la nouvelle dimension et les nouvelles formes internationales du terrorisme, le dispositif antérieur qui avait servi à Londres étant pour l'essentiel conçu pour s'appliquer en Irlande du Nord, pour combattre l'IRA. Il était manifestement devenu obsolète. Cette nouvelle loi, le Terrorism Act 2000, a permis de proscrire un certain nombre de groupes terroristes en interdisant leurs activités au Royaume-Uni et de poursuivre certains actes, tels l'appartenance à une organisation terroriste, la mise à disposition de moyens ou d'une logistique, mais aussi d'incriminer les opérations de blanchiment des fonds destinés à ou provenant d'une entreprise terroriste. Le Terrorim Act 2000 permettait à la police britannique de retenir les suspects interpellés pendant une période de sept jours. Cela étant, il convient de préciser que cette période de rétention ne saurait être comparée à la garde à vue française, dès lors que l'interpellé en Grande-Bretagne a droit, dès la première heure, à l'intervention d'un avocat.

Après le 11 Septembre, le législateur britannique a complété ce dispositif par l'Anti-terrorism Crime and Security Act 2001, qui a permis la saisie des avoirs des terroristes présumés et qui comporte bon nombre de dispositions diverses relatives tant au partage des renseignements qu'aux armes de destruction massive, que celles-ci soient chimiques, biologiques ou nucléaires. Mais ce sont les dispositions de la loi de 2001 qui avaient offert au ministre de l'Intérieur (Home Secretary) la possibilité d'autoriser la détention illimitée, sans aucun jugement, de tout étranger susceptible d'appartenir à un réseau terroriste international – dès lors qu'il était considéré comme pouvant compromettre la sécurité nationale mais qu'il n'était pas susceptible d'être expulsé –, qui ont contraint les autorités britanniques dans le courant de l'année 2005 à modifier cette disposition, censurée le 16 décembre 2004 par la chambre des Lords. Les pouvoirs exceptionnels conférés en 2001 au ministre de l'Intérieur britannique avaient nécessité la suspension temporaire, jusqu'au 10 novembre 2006, de l'article 5 de la Convention européenne des droits de l'homme (CEDH). Le but du législateur anglais était d'éviter un détournement des règles sur le droit d'asile et sur l'immigration. Mais la patrie des libertés n'y avait pas été de main morte, puisque la procédure d'appel qui était aménagée pour connaître des recours des étrangers ainsi administrativement détenus était... secrète.

C'est sur la base de l'article 5 de la CEDH que les neuf Law Lords ont censuré le dispositif gouvernemental en constatant qu'il contrevenait au principe selon lequel « toute personne a droit à ce que sa cause soit entendue équitablement, publiquement et dans un délai raisonnable, par un tribunal indépendant et impartial ». Finalement, Charles Clarke, le successeur de David Blunkett au ministère de l'Intérieur, a réussi à obtenir du Parlement les pouvoirs qu'il revendiquait pour les besoins de la conduite de la lutte antiterroriste, mais, pour ce faire, il a dû accepter de

« judiciariser » quelque peu la procédure initialement envisagée : les nouvelles mesures applicables à un suspect doivent désormais être ordonnées par un juge de la High Court, sauf urgence, cas dans lequel le ministère de l'Intérieur peut prendre lesdites mesures, qui doivent alors être confirmées par le juge dans les sept jours de leur application. Il s'agit là de la détention à domicile, du placement sous bracelet électronique, du couvre-feu, de l'interdiction de rencontrer des tiers ou d'utiliser des portables, soit encore d'accéder à Internet ou d'ouvrir un compte bancaire, ainsi que du droit pour la police de perquisitionner. Enfin et surtout, les mesures de contrôle individuel ainsi mises en place sont désormais applicables, non plus seulement aux étrangers, mais aussi aux nationaux. À la fin de l'année 2006, le Home Secretary a fait incriminer le fait d'inciter à commettre des actes de terrorisme ou d'en faire l'apologie – ce qui pourrait signer la fin, ou plus probablement le début de la fin, du Londonistan –, le fait de s'entraîner à la commission d'actes de terrorisme, et celui de programmer des actes de terrorisme. Force est de constater que ces trois infractions s'inspirent du dispositif législatif français actuel, qui incrimine la provocation aux actes de terrorisme, l'apologie du terrorisme et bien sûr l'association de malfaiteurs, c'est-à-dire « la participation à un groupement formé ou à une entente établie en vue de la préparation caractérisée par un ou plusieurs faits matériels, d'un acte de terrorisme ». En d'autres termes, la Grande-Bretagne s'est à son tour résolue à incriminer les actes préparatoires à une action terroriste. Tout comme elle s'était résolue en 2003 à porter à quatorze jours (puis à vingt-huit jours ultérieurement) la garde à vue, sous le contrôle d'un juge qui doit vérifier si ce délai est nécessaire à la collecte des preuves. Sans omettre des projets encore plus « ambitieux », et plus récents, qui visaient à la porter à environ trois mois... qui ont été censurés. De mon point de vue, la véritable faille qui subsiste dans ce système, à beaucoup d'égards bien plus rude que le système français tant décrié, est que le législateur britannique n'a toujours pas prévu de juridiction spécialisée pour connaître des procédures relatives au terrorisme.

Il ne leur a finalement pas été si compliqué de « judiciariser » un dispositif extrêmement discriminatoire et brutal. La judiciarisation n'est donc pas la garantie d'un système respectueux des libertés...

La judiciarisation implique quand même le contrôle d'un juge. Excusez du peu. Le contrôle d'un juge indépendant, même s'il n'empêche pas tout, offre quand même des garanties supérieures à celles d'un simple contrôle administratif. Et les actes judiciaires sont plus que tout autre susceptibles d'être contestés par l'exercice de voies de recours selon le principe du double degré de juridiction. Sans oublier la possibilité de se pourvoir en cassation lorsqu'on estime que la règle de droit, notamment celle de procédure, a été violée.

Et qu'en est-il des États-Unis qui donnent le « la » en matière de lutte antiterroriste ? Si ce à quoi on a assisté après le 11 Septembre est bien un bouleversement de la géopolitique internationale, avec une étrange et pour le moins hétéroclite coalition antiterroriste, il est évident que les projets de loi étaient déjà dans les cartons. Le gouvernement américain a mis à profit la situation pour asseoir une politique internationale toujours plus impérialiste.

Aux États-Unis, la donne en matière de lutte antiterroriste a été à l'évidence complètement modifiée par les attentats du 11 Septembre. Le 11 Septembre, c'est la fin du sentiment d'invulnérabilité caractéristique de la mentalité américaine. C'est la première fois que le territoire américain est attaqué par des « étrangers » depuis 1814 et la fin de la guerre qui les a opposés aux Anglais, si l'on excepte le « petit » attentat de 1993 contre le World Trade Center. Les

Américains découvrent la peur, et celle-ci peut être mauvaise conseillère, car elle pousse à moins d'autocritique. En tout cas, il est frappant de constater que la politique américaine en matière de lutte antiterroriste a été en quelque sorte élaborée dans la précipitation, dans les semaines qui ont suivi le 11 Septembre : l'« US Patriot Act 2001 » a été voté en catastrophe en octobre 2001 à l'initiative de la Maison-Blanche ; le caractère fourre-tout de cette loi en témoigne. Ce dispositif législatif a permis d'attribuer aux autorités fédérales de nouvelles prérogatives en matière d'investigation, de détention, mais aussi de surveillance. Ainsi la suppression du cloisonnement entre les services secrets et la police judiciaire, ce qui représente toujours un vrai péril dans une démocratie, a-t-elle été acquise. Ainsi ont été autorisés les perquisitions hors la présence des intéressés et l'accès presque généralisé aux dossiers médicaux. Qui plus est, la collecte du renseignement sur le territoire national américain n'est plus demeurée comme auparavant un monopole du seul FBI, puisque de fait, chaque agence a monté ses réseaux, et ce en dehors de tout contrôle judiciaire. Il y a toujours dans les cartons de tous les gouvernements de la terre des projets législatifs. Vous semblez persuadé que le gouvernement américain n'attendait que l'occasion pour sortir les siens. Je suis pour ma part convaincu que le dispositif antiterroriste post-11 Septembre a été élaboré dans la précipitation, sous l'empire de l'émotion et même de la panique.

Selon vous, qu'est-ce qui explique la mise en place, aux États-Unis, après le 11 septembre 2001, d'outils de lutte antiterroriste fortement attentatoires aux libertés, et pour tout dire largement indignes d'une démocratie ? Est-ce, globalement, du côté des limites du système accusatoire, ou bien de l'incapacité à se doter de lois efficaces et respectueuses des individus, voire d'une volonté idéologique de mettre en place des outils de contrôle sur une société perçue comme dangereuse par les possédants... ?

D'abord, je crois qu'il ne faut pas mésestimer l'ampleur du choc lié aux attentats du 11 Septembre. La surprise, l'horreur ont été considérables et expliquent sûrement, en partie, la violence des réactions. Cet effet de sidération s'explique notamment par la sous-estimation de l'importance du premier attentat du World Trade Center en 1993 et par la conviction longtemps partagée que le territoire américain était un sanctuaire inviolable, la mise en place de technologies de pointe devant leur épargner les attentats sur leur sol. Le réveil a donc été cruel et on peut comprendre que cela ait à ce point marqué les imaginations. Cela étant, il est bien évident que le système judiciaire anglo-saxon, jusque-là largement loué pour ses qualités, a montré de sérieuses limites. Il a même purement et simplement été mis entre parenthèses avec la création de Guantanamo, zone de non-droit qui – ironie de l'histoire ? – est une partie de l'île de Cuba louée par les Américains à Fidel Castro. Cela a permis aux Américains de détenir de présumés terroristes sans les autoriser à avoir quelque lien que ce soit avec la justice américaine ; c'est-à-dire sans contact avec les juges et sans que les prisonniers puissent voir un avocat, ou alors au compte-gouttes selon la volonté du pouvoir exécutif. C'est donc une zone militaire où des gens qui n'avaient ni le statut de prisonniers de guerre, ni celui de détenus dans le cadre d'une procédure judiciaire, sont pourtant enfermés depuis plusieurs années. Mais encore faut-il savoir que ces aberrations juridiques ont été désavouées par la plus haute instance juridique des États-Unis, qui a spécifié que les détenus de Guantanamo avaient droit, comme tout détenu de droit commun, à un procès.

Vous semblez postuler un lien de causalité entre le 11 Septembre et la création de telles dispositions juridiques aux États-Unis, mais on sait qu'un certain nombre de ces lois étaient déjà en préparation. De plus, on a récemment appris que c'est pendant la présidence de Bill Clinton que la CIA a commencé à enlever illégalement de présumés terroristes à travers le monde... Est-ce que cela n'était pas plutôt, au moment du 11 Septembre, une évolution déjà largement entamée ?

Les États-Unis ont toujours été tentés de se préserver des îlots de non-droit dans le cadre de leur politique étrangère. C'est même une constante de leur politique qui les fait se considérer, mais aussi se comporter, comme les gendarmes du monde... Et il faut aussi admettre qu'en un certain nombre de circonstances les démocraties occidentales, incapables de peser sur l'ordonnancement du monde, les ont invités à se comporter ainsi. Rappelez-vous la crise du Kosovo. La chaîne de télévision ABC a révélé en 2008 que dès la capture, au printemps 2002, d'un certain nombre de membres d'Al Qaïda en Afghanistan, une cellule placée sous l'autorité de Condoleezza Rice, alors conseillère à la sécurité nationale du président Georges Bush, avait été mise en place. Elle réunissait le secrétaire d'État à la défense Donald Rumsfeld, le secrétaire d'État Colin Powell, le ministre de la Justice John Ashcroft et le patron de la CIA. Cette structure était chargée de déterminer les moyens qui pouvaient être mis en œuvre lors des interrogatoires des terroristes présumés : coups, privations de sommeil, « *waterboarding* », c'est-à-dire simulacre de noyade. Tout cela n'est pas sans rappeler ce qui s'est passé dans les prisons britanniques dans les années 1970 au moment du conflit irlandais. Pourtant, l'idée fondamentale de la constitution américaine est que le pouvoir, en toutes circonstances, doit être gouverné par la loi. La présidence de George W. Bush s'est largement affranchie de cette contrainte. Mais la Cour suprême des États-Unis est venue fort opportunément rappeler au sujet du régime des prisonniers détenus à Guantanamo que « les lois et la Constitution sont conçues pour rester en vigueur même dans des circonstances extraordinaires ».

Le 12 septembre 2001, le président Bush avait déclaré à l'issue de la réunion du Conseil de sécurité : « des attaques délibérées et meurtrières qui ont été perpétrées mardi contre notre pays étaient plus que des actes de terrorisme, c'était des actes de guerre ». C'est à compter du 10 janvier 2002 que des talibans et des membres d'Al Qaïda capturés en Afghanistan ont commencé à être transférés sur la base US de Guantanamo à Cuba. D'emblée, les États-Unis leur ont refusé le statut de prisonniers de guerre, ce qui paraît pour le moins contradictoire avec l'affirmation du président Bush dès après le 11 Septembre selon laquelle son pays n'était pas victime du terrorisme mais d'un véritable acte de guerre. Lors de son discours sur l'état de l'Union le 29 janvier 2002, le président américain avait désigné « l'axe du mal », Iran, Irak et Corée du Nord et ses « alliés terroristes » contre lesquels il convenait de lutter. Cette déclaration avait conduit les pays européens mais aussi l'OTAN à mettre en garde les États-Unis contre la tentation de vouloir assurer seul le maintien de l'ordre mondial. Ce qui leur avait valu la réplique cinglante de George W. Bush : il n'avait « besoin d'aucune résolution des Nations unies pour cette affaire d'autodéfense ».

N'avez-vous pas le sentiment que cette « tentation » américaine est aussi bien susceptible de toucher d'autres systèmes juridiques et que, finalement, cela n'a que peu à voir avec la « nature » des systèmes ?

Effectivement, tout peut arriver : le droit n'est pas une sphère isolée, autonome, inscrite dans une bulle. Il doit se penser dans son articulation avec l'histoire des sociétés. L'évolution du droit des femmes, de celui du mariage, de l'avortement, et des régimes matrimoniaux témoigne de l'histoire des systèmes, des mentalités et s'est traduite par la production de normes. Le système de répression pénale évolue lui aussi : par exemple, on ne poursuit plus l'adultère, alors qu'il s'agissait d'un délit pénal, qui d'ailleurs était davantage réprimé quand il était le fait d'une femme. La même observation peut donc être faite pour toutes les lois pénales ; lesquelles évoluent en fonction de l'ampleur des périls qu'il faut combattre. Aucun système n'est donc plus à même d'être préservé davantage qu'un autre puisque les évolutions politiques, idéologiques, morales pèsent sur lui. J'aimerais donc que les laudateurs inconditionnels du système accusatoire regardent ce qui se passe hors de nos frontières et qu'ils comprennent que la France n'est pas plus qu'un autre pays à l'abri de la transformation de son système procédural. Lorsque la société évolue, en bien ou en mal, l'État, qui en est l'un des miroirs, évolue lui aussi. Raison de plus pour ne pas lâcher la proie pour l'ombre.

Diriez-vous donc que la lutte contre le terrorisme permet de faire passer des lois qui ne seraient pas votées dans d'autres circonstances ; lois qui font de l'État l'instance de contrôle « légitimée » de la société là où il est censé, dans une démocratie, en être l'émanation...

Si la grippe aviaire se déclenche à grande échelle, il y a fort à parier que des réglementations de circonstance seront prises. Nécessité fait parfois loi. Les lois dites de circonstance n'ont pas bonne presse. À juste titre. Mais la loi conçue comme un outil de gouvernance se doit aussi d'évoluer en fonction des défis à relever. C'est une évidence. Alors autant que faire se peut, il est sans doute préférable de légiférer dans le calme et non dans la précipitation, sous la pression des événements.

Quel constat peut-on faire de la « guerre » contre le terrorisme menée par les États-Unis ? Est-ce un succès ou un échec en termes d'efficacité militaire et policière ? Que peut-on en dire sur les plans moral et politique ?

D'abord, il y a un préalable, qui consiste à prendre la mesure politique de l'impérialisme américain. Leur politique étrangère est fortement liée à leur propension à aller mettre leur nez là où ils décident qu'ils ont de véritables intérêts stratégiques ; là où il y a du pétrole par exemple. Leur « guerre au terrorisme », dont le bilan global est loin d'être brillant et qui invalide leur choix de ne pas traiter le terrorisme de manière judiciaire, ni même toujours légale, ne fait finalement que se greffer sur une histoire politique largement interventionniste. La « guerre », telle qu'entendue quand on parle de « guerre contre le terrorisme » est de peu d'efficacité. Il faut bien comprendre que la lutte antiterroriste consiste en priorité à démanteler des réseaux, c'est-à-dire à anticiper l'acte terroriste, à faire en sorte qu'il ne puisse avoir lieu. Démanteler un réseau, c'est mettre au jour toute une logistique : nous devons être capable de comprendre comment le réseau fonctionne, de le « reconstituer » en somme. C'est une tâche extrêmement complexe dans la mesure où la plupart de ces réseaux sont « dormants », c'est-à-dire composés de personnes qui attendent dans l'ombre le feu vert pour passer à l'action. Les dérives de la guerre menée par les États-Unis commencent à peine à être révélées, mais nous ne sommes sans doute pas au bout de nos surprises : outre l'aporie juridique que représente Guantanamo, ce que nous découvrons depuis quelques mois au travers des actions illégales menées par la CIA n'est pas de bonne augure. Mais lorsqu'on connaît un peu l'histoire de cet État dans l'État, il n'y a pas vraiment lieu d'être surpris. Tout le monde se souvient qu'au mois de mai 1973 le président Richard Nixon avait soutenu que s'il avait mis en place secrètement de 1969 à 1971 un système d'écoutes téléphoniques, c'était pour identifier les auteurs de certaines fuites préjudiciables à la sécurité nationale. Il avait été amené à reconnaître aussi avoir également créé en 1971 une unité de recherches spéciales qui opérait à l'insu de la justice américaine. Des « plombiers », quoi. Le scandale du Watergate fut le révélateur d'une série de problèmes auxquels la démocratie américaine est confrontée : les poids respectifs de l'exécutif et du Congrès, le mode de financement des campagnes électorales, la corruption, le poids de la CIA et des officines, l'indépendance de la justice et enfin les menaces pesant sur les droits civiques des citoyens mis à mal pour des considérations tenant à la sécurité du pays.

Ce sont là effectivement les dérives les plus flagrantes, mais, sur le plan du droit, sur le plan des bouleversements juridiques qui ont accompagné la lutte antiterroriste ces dernières années, que faut-il penser ? Il y a manifestement, présente dans les plus hautes sphères de l'État américain, la représentation d'une école de pensée, très idéologique, que l'on désigne généralement sous le terme de néo-conservatrice, et qui semble animée par la ferme volonté d'étendre un contrôle sur la société en brandissant la menace terroriste. Il y a eu aussi quelques symptômes très forts d'un dérèglement démocratique, comme cette loi qui consistait à juger différemment les étrangers...

Cette loi que vous mentionnez a été sanctionnée, et à juste titre. L'assimilation étranger/terroriste, également retenue un temps par les Britanniques, est profondément scandaleuse et honteusement discriminatoire. Il s'agit, pour le coup, d'une atteinte réelle aux droits et libertés individuels. Je dois me répéter : le risque existe effectivement de voir ce mode de réaction s'étendre, c'est pourquoi, face à un péril terroriste qui n'est pas imaginaire, il faut concevoir les outils les mieux adaptés. Il ne faut pas majorer le danger, ni le minorer, et donc ne pas se faire le partisan d'une seule branche alternative qui consisterait, d'un côté, à ne jamais adopter une loi dès lors que celle-ci organise dans l'intérêt général des atteintes aux libertés et les réglemente, et de l'autre à mettre l'ensemble de la société sous contrôle, faisant de chaque citoyen à la fois un suspect et un flic en puissance. Et par-delà la sévérité justifiée du jugement porté à l'égard des États-Unis, il convient également, là aussi, de rester juste en mentionnant que le 7 juillet 2006 marquera sans nul doute une victoire des démocrates de tous les pays face aux faucons de l'administration américaine. Depuis cette date, suite à l'arrêt rendu le 23 juin 2006 par la Cour suprême des États-Unis qui a déclaré illégales les juridictions d'exception de Guantanamo, lesquelles admettaient la possibilité de juger un accusé hors sa présence et sans rendre publiques les preuves recueillies contre lui, les prisonniers détenus dans les geôles de l'armée américaine bénéficient désormais de la protection des conventions de Genève de 1949. Les prisonniers de Guantanamo, ceux détenus par la coalition en Afghanistan ou en Irak, ont donc enfin changé de statut. C'est la fin de la catégorie spéciale des « espions combattants », création prétorienne de la Maison-Blanche datant de 2001, le président américain n'ayant pas jugé utile à l'époque d'en référer au Congrès.

Les « créatures prétoriennes » du président des États-Unis ne se sont pas limitées à cela. La NSA appelée par dérision No Such Agency (Agence inexistante), a été autorisée dans le secret par George W. Bush, après les attentats du 11 septembre 2001, à développer un vaste programme d'écoutes téléphoniques sans autorisation judiciaire. Idem pour le trafic Internet. Et ce à l'intérieur des États-Unis, sans mandat judiciaire pour détecter d'éventuelles activités terroristes. Or, une loi de 1978, celle-là même qui a mis fin aux écoutes téléphoniques sauvages de Richard Nixon, avait précisé que la NSA ne pouvait pratiquer de la sorte sur le sol américain qu'avec l'assentiment d'une cour de justice spéciale. Le président George W. Bush a soutenu au sujet desdites écoutes que le Congrès l'avait autorisé après le 11 Septembre à faire usage « de toute la force nécessaire » et il a affirmé qu'en temps de guerre, le président disposait de pouvoirs spéciaux. Quid dans ces conditions des opposants politiques, des journalistes, des avocats, dès lors que toute activité manifestant une opposition aux pouvoirs en place est susceptible, sous couvert de lutte antiterroriste, de faire l'objet de surveillances policières les plus diverses, hors le contrôle de l'autorité judiciaire ? Et ce, de surcroît, dans un pays où le système procédural accusatoire est fortement déséquilibré, singulièrement en défaveur de ceux qui n'ont pas les moyens de se payer les coûts exorbitants d'une contre-enquête... Ce programme d'« espionnage intérieur » ainsi mis en place est sans équivalent depuis la guerre contre le Vietnam. Concrètement, pour se faire une idée de ce que cela représente, il faut savoir qu'environ trente-cinq millions de courriers électroniques sont échangés chaque heure dans le monde, et que les citoyens américains échangent chaque jour des centaines de millions d'appels téléphoniques. Cherchez une tête d'épingle dans des millions de bottes de foin... Aussi perfectionnés soient-ils, les systèmes informatiques de la NSA ne sont pas infaillibles : ils n'ont pas signalé deux appels adressés aux États-Unis depuis l'Afghanistan le 10 septembre 2001. Le premier disait : « Demain est le jour J ». Et le second : « La grande partie est commencée. »

Le système Échelon de la National Security Administration, conçu pour écouter ou enregistrer tous les flux téléphoniques, mais aussi ceux des fax, des mails et des émissions satellitaires, traite environ un milliard de communications par jour. Et en 2006, Donald Rumsfeld a reconnu que la NSA écoutait des Américains, et non plus seulement des « ennemis » potentiels vivant sur des terres éloignées. De surcroît, la base de données du centre américain de l'antiterrorisme, le National Counterterrorism Center (NCTC), créée en 2004, compte 300 000 noms susceptibles de correspondre à 200 000 personnes. Sous l'autorité directe du directeur national du renseignement américain, elle est alimentée par la CIA, le FBI, la Defense Intelligence Agency (le service de renseignements de l'armée) et par la NSA chargée des écoutes téléphoniques. Les listes ainsi établies sont transmises sous forme allégée à l'autorité des transports, la Transportation Security Agency, pour alimenter son fichier d'interdiction des vols.

Quel bilan général peut-on tirer de ces analyses comparatives ?

Ce rapide survol des différents systèmes mis en place par les démocraties occidentales pour lutter contre le péril terroriste permet de constater qu'aucun d'entre eux n'est véritablement parvenu à poser une définition incontestable de l'acte de terrorisme. Mais que la France, en définissant ce type d'infractions par le mobile, ne porte pas aux individus qui sont suspectés d'avoir commis de tels faits un préjudice supérieur à celui résultant de l'application des autres législations qui viennent d'être examinées. Car les pays qui ont listé les infractions susceptibles d'être incriminées comme relevant du terrorisme se sont peu ou prou bornés à affirmer qu'il s'agissait d'actes de terrorisme, dès lors qu'elles avaient été commises dans le cadre, ou pour le compte, d'une organisation terroriste, dont les contours législatifs demeurent particulièrement flous. C'est un peu le serpent qui se mord la queue.

La deuxième constatation qui peut être faite, c'est que, contrairement aux exemples étrangers qui viennent d'être cités, la France a traversé, sans modification fondamentale de son système procédural mis en place en 1986, les épreuves qui ont été les siennes lors des nombreuses actions terroristes qui l'ont frappée. Tel ne fut pas le cas, on l'a vu, des législations allemandes, britannique et *a fortiori* américaine. L'exemple des pays anglo-saxons, réputés pour le caractère libéral de leurs institutions, permet à l'inverse de constater que dans la précipitation, et sous l'empire de l'émotion, ils ont dû adapter leur système de lutte antiterroriste pour tenter de mieux combattre la menace. Mais ils l'ont fait en développant un dispositif dont l'essentiel s'est déployé hors le champ de contrôle de l'institution judiciaire, ce qui n'est pas sans risque, ni au regard des exigences démocratiques, ni au regard de considérations plus politiques, les difficultés rencontrées par Tony Blair devant le Parlement britannique illustrant parfaitement la situation. Et point n'est besoin d'évoquer la stratégie américaine qui a trouvé son apogée très rapidement après l'intervention en Afghanistan par la création de la base de Guantanamo... par la création d'une zone de non-droit.

Il est difficile, sauf sans doute pour les donneurs de leçons, de tirer des conclusions définitives de cette période particulièrement délicate. Mais on peut peut-être admettre que, faute de se doter d'un outil procédural efficace pour lutter contre le terrorisme, et la France l'a fait avant les autres, les démocraties sont condamnées à prendre de manière précipitée et sans grande réflexion, dans l'urgence, des mesures souvent excessives et bien moins protectrices des droits et libertés individuels que celles résultant d'un système construit calmement. Mais, paradoxalement, certains défenseurs patentés des droits de l'homme, en France, passent une bonne partie de leur temps à stigmatiser notre système. En oubliant de préciser, car manifestement ils ne peuvent pas l'ignorer, que leur référence, la Grande-Bretagne, a dû considérablement modifier son système, et que les États-Unis ont carrément mis le leur entre parenthèses.

La lutte antiterroriste au secret ?

Pensez-vous que la « menace terroriste » doive amener la presse à davantage de réflexion sur sa manière d'informer, par exemple dans le domaine de sa gestion de l'information sur l'islam ? Je pense par exemple à l'affaire danoise, dite des « caricatures » de Mahomet...

L'affaire des caricatures de Mahomet publiées au Danemark puis dans d'autres pays d'Europe, dont la France, est symptomatique d'un monde dans lequel se conjuguent le fondamentalisme religieux et la radicalisation des dictatures arabes qui, par cette radicalité nouvelle, essaient de ne pas être emportées. Et pour ces dernières, il y a belle lurette qu'elles ont fait la démonstration que la liberté de la presse n'était pas leur préoccupation première. Suite à la publication de ces caricatures dans la presse occidentale, le débat en France a surtout porté sur la responsabilité ou sur l'irresponsabilité dont avaient fait preuve ceux qui avaient franchi ce pas et provoqué la colère du monde musulman. Et ce débat pas forcément illégitime était forcément conditionné en partie par le souvenir tout proche des émeutes qui avaient enflammé de nombreuses banlieues. Mais peut-on dire que l'interdiction par la charia des représentations du prophète, sous quelque forme que ce soit, empêche toute forme d'idolâtrie ? Pour être bien souvent critique vis-à-vis de l'attitude des médias, je crois pouvoir rappeler sans être suspect de complaisance que la liberté de la presse ne se discute pas. On ne saurait transiger avec ce « pilier » démocratique, qui est toujours le premier abattu par les régimes totalitaires. Le souci premier des organisations terroristes est la propagande, pas l'information. Et dans les pays tombés sous leur coupe, les éventuels excès médiatiques ne se règlent pas à l'aide de la loi de 1881 sur la liberté de la presse, devant les tribunaux... De récentes opérations de démantèlement de cellules islamistes conduites en Italie en 2006 ont permis d'apprendre que la basilique San Petronio à Bologne était l'objet de toutes les attentions terroristes : une de ses fresques représente le prophète peu à son avantage... en enfer. C'est cette fresque inspirée de la *Divine Comédie* de Dante qui a fait de cette basilique une cible obsédante pour les islamistes italiens. Tout commentaire à ce stade paraît superflu.

Vous avez d'étranges associations d'idées. En quoi les émeutes de 2005 seraient-elles des manifestations de fondamentalisme religieux ? C'est typiquement le problème en France aujourd'hui, et que nous évoquions plus haut, de la manière qu'ont les médias et les hommes politiques de « mélanger » islam, banlieue, terrorisme et sécurité. Cela débouche sur les « lois fourre-tout » également évoquées dans ce livre, cela permet à certains manipulateurs expérimentés de surfer sur les peurs du « Grand Méchant Autre »...

Pour ma part, ce que je trouve étrange, c'est l'interprétation que vous donnez à mes propos. Je pense que ce n'est pas procéder à un quelconque amalgame entre islam, banlieue et terrorisme que de rappeler que si certains, tel le président Jacques Chirac, ont cru devoir stigmatiser ceux qui avaient pris l'initiative de publier en France ces caricatures, c'était parce qu'ils craignaient que chez une partie de la population musulmane de notre pays, qui pour l'essentiel habite dans les banlieues, cette publication fasse office de détonateur. On peut juger cette crainte fondée ou non sans pour autant être suspecté de participer au complot des grands manipulateurs forcément expérimentés qui surfent sur les peurs du bon peuple. Par moments, j'ai la réelle impression d'être interrogé par Maspero. Et sans avocat de surcroît.

Le financement du terrorisme

Le terrorisme actuel nécessite manifestement des moyens importants ; par exemple, l'incontournable adaptation aux évolutions technologiques a forcément un coût élevé. Comment tout cela est-il financé ?

Les sources de financement sont variées. On connaît bien sûr les collectes de fonds plus ou moins spontanées, tel le détournement de la Zakat, la dîme perçue à la sortie des mosquées. Ces contributions généreuses sont, selon les cas, plus ou moins spontanées, tout dépend des talents de persuasion du quêteur qui, à défaut d'en posséder beaucoup, peut utiliser d'autres armes... Il y a aussi l'impôt révolutionnaire exigé par la minorité extrémiste sur la population au sein de laquelle elle vit. En Corse et au Pays basque, espagnol mais aussi français, c'est la règle. Il s'agit en fait ni plus ni moins que de racket. Certaines entreprises peuvent aussi, sous peine de représailles, être contraintes de fournir en nature des moyens de transport ou de communication aux terroristes. Presque une variante des emplois fictifs, me direz-vous. Oui, mais la violence en sus. L'enlèvement puis la séquestration de personnes, préalables à l'exigence d'une rançon, très prisée des GRAPO en Espagne ou de certains groupes terroristes sud-américains, sont des procédures particulièrement rentables. Le trafic de drogue, le trafic d'armes procurent eux aussi une véritable manne financière. Tout comme le trafic de faux documents administratifs, les escroqueries à la carte bancaire et autres malversations à plus ou moins grande échelle. Sans oublier les braquages, dont le mouvement Action directe s'était fait une spécialité. On est quand même bien loin de l'époque révolutionnaire qui a valu au département des Vosges d'avoir donné son nom à une place de Paris parce qu'il avait honoré, avec une grande célérité – il fut le premier –, en 1792, l'appel à la collecte de fonds lancé par les révolutionnaires.

Et comme certains terroristes sont d'anciens délinquants et que d'autres deviennent de vrais voyous, qu'ils agissent sous couvert de revendications politiques pour s'enrichir personnellement – l'exemple corse et ceux d'anciens de l'IRA en Irlande en apportent la démonstration –, il n'est pas aisé, voire souvent impossible, d'établir, comme le font certains médias, de splendides schémas chargés d'illustrer les flux financiers du terrorisme. Certains États de la péninsule Arabique apportent leur écot au financement, mais la traçabilité de ces mouvements de fonds est rendue aléatoire en raison de la persistance du secret bancaire, même si après le 11 Septembre les institutions financières ont été sensibilisées et se sont vu imposer certaines obligations. Mais pour l'essentiel, encore à ce jour, le terrorisme au niveau de ses cellules pourvoit à son intendance par des microfinancements, car acheter de la poudre noire, deux bouteilles de Camping-gaz et quelques clous n'est pas particulièrement onéreux. C'est ainsi qu'ont été conçus les engins explosifs improvisés utilisés à Paris en 1995. Par contre, financer les dépenses d'habitation, de téléphone, de personnes qui s'immergent dans une société étrangère, prendre des cours de pilotage ou acheter des armes en grandes quantités coûte cher. Enfin, une source du financement du terrorisme international est moins connue. Des ONG financent dans des régions très déstabilisées du monde des œuvres caritatives sans pouvoir toujours véritablement contrôler l'utilisation qui est faite des fonds donnés dans ce but.

On imagine qu'il s'agit là d'un levier d'une importance extrême pour combattre le terrorisme. La lutte contre le blanchiment d'argent connaît-elle quelque succès ?

Oui et non. Le Groupe d'action financière internationale est un organisme intergouvernemental créé en 1989. À l'occasion du sommet de l'Arche, en 1990, la France s'est dotée d'une législation destinée à lutter contre cette forme de criminalité. C'est ainsi qu'a été créée la cellule TRACFIN (Traitement du renseignement et d'action contre les circuits financiers clandestins), qui est un organisme de coordination rattaché au ministère de l'Économie, des Finances et de l'Industrie, et qui a pour mission de recevoir les déclarations de transactions suspectes, appelées déclarations de soupçon, voire de certitude, auxquelles certaines professions sont assujetties au titre de la vigilance. Ces déclarations sont analysées puis transmises, dès lors qu'elles semblent révéler une opération de blanchiment, au procureur de la République. Cette même année 1990 a été créé au sein de la Direction centrale de la police judiciaire un service à vocation transversale, l'Office central de la répression de la grande délinquance financière (OCRGDF), qui prend en charge la délinquance et la criminalité économique, commerciale et financière liée à des structures criminelles professionnelles ou organisées, relevant du domaine du grand banditisme, du trafic de stupéfiant et du terrorisme.

Sur le plan répressif a été créée en 1996 l'incrimination délictuelle de blanchiment, avec son corollaire, le renversement de la charge de la preuve en matière d'association de malfaiteurs dès lors qu'il parvient à être établi que le train de vie des mis en cause n'est pas conforme à leurs revenus déclarés. Le 15 novembre 2001 a été introduit à l'occasion de la loi relative à la sécurité quotidienne un nouvel article référencé 421-2-2 du code pénal qui dispose que constitue un acte de terrorisme le fait de financer une entreprise terroriste en fournissant, en réunissant ou en gérant des fonds, des valeurs ou des biens quelconques, ou en donnant des conseils à cette fin, dans l'intention de voir ces fonds, valeurs ou biens utilisés, ou en sachant qu'ils sont destinés à être utilisés, en tout ou partie, en vue de commettre l'un quelconque des actes de terrorisme prévus par la loi, indépendamment de la survenance éventuelle d'un tel acte. Par ailleurs, d'autres dispositions législatives permettent désormais de saisir les avoirs des criminels sous forme de mesures conservatoires, c'est-à-dire avant tout jugement. Après le 11 septembre 2001, les 29 et 30 octobre 2001, le GAFI, qui est rattaché à l'OCDE, a vu son mandat étendu au financement du terrorisme, étant précisé que dès le 28 janvier 2001, le comité contre le terrorisme des Nations unies avait prévu le gel des avoirs financiers des personnes impliquées dans des actes terroristes.

Voilà globalement exposés les points positifs des efforts entrepris. Pour le versant négatif, l'opacité du système bancaire, basé sur le secret, l'existence des « paradis fiscaux », les sociétés off-shore rendent, sans qu'il soit besoin d'insister lourdement, particulièrement aléatoire la traque de ces réseaux de financement. Par ailleurs, la transposition des directives européennes dans la législation financière ne va pas toujours sans poser de problèmes. Car s'il est communément admis que les banques, institutions financières, commissaires aux comptes, experts comptables, conseils fiscaux, agents immobiliers et casinos, ainsi que les marchands de biens sont désormais assujettis au régime de la déclaration de soupçon, il est plus délicat d'y inclure la profession d'avocat. Certes, le juridictionnel a été exclu en France du champ d'application de la directive, contrairement au secteur des affaires – sinon aucun proxénète, trafiquant de stupéfiants, ou autres ne pourrait plus avoir recours à un avocat –, mais il n'en demeure pas moins vrai que la frontière entre les deux activités peut s'avérer délicate à définir. Une fois encore, la confrontation entre deux impératifs légitimes oblige le législateur à effectuer des choix délicats, des choix politiques. Au cas d'espèce, éviter de « sanctuariser » les cabinets d'avocats, dont certains – rares – peuvent être tentés de se transformer en officines de sales affaires, et, d'autre part, faire le plus grand cas du droit de la défense, du droit d'être assisté par un conseil qui ne va pas vous dénoncer dès que vous aurez franchi le seuil de son cabinet. Le 10 avril 2008, le Conseil d'État a partiellement annulé la deuxième directive européenne contre le blanchiment de capitaux en rappelant que le secret professionnel des avocats devait prévaloir sur toute autre considération, non seulement dans le cadre de l'activité de défense mais aussi dans celui de ses fonctions de conseil juridique sauf dans le cas où l'avocat « prend part à des opérations de blanchiment de capitaux » (encore heureux !) ou quand « il sait que son client souhaite obtenir des conseils à cette fin ». Le bâtonnier de l'ordre des avocats est un intermédiaire obligé pour toute demande d'information de TRACFIN.

Pour conclure ces entretiens, je serais tenté de vous demander quelle serait selon vous l'arme la plus efficace pour lutter contre le terrorisme, et de me donner votre avis sur les suggestions de François Burgat :
– ne pas considérer l'islamisme (non le terrorisme) comme un mal absolu, mais le prendre plutôt comme un moyen de résistance politique à une double oppression : intérieure, celle des dictatures arabes notamment, et extérieure, celle des Occidentaux sur les richesses matérielles et les registres d'expression symboliques des pays non-occidentaux. Il existe un islamisme modéré.
– partager les ressources économiques et financières, pétrolières et industrielles à l'échelle de la planète et à celle de chacune de ses nations ; partager le pouvoir politique toujours accaparé par les mêmes ; partager en acceptant les autres discours, croyances...

J'aimerais moi aussi, comme vous et comme François Burgat, que le monde soit parsemé de petites fleurs, que l'air soit pur et la couche d'ozone intacte. Et que les hommes qui habitent la planète soient paisibles, fraternels, généreux, solidaires et bien sûr tous libres. Mais comme je ne suis pas sûr que cela soit le cas demain ou après-demain, et qu'aujourd'hui la situation demeure à l'évidence préoccupante, je veux simplement rappeler qu'il est du devoir de nos gouvernements de ne pas baisser la garde face aux périls qui nous menacent. Et parmi ceux-ci figure en bonne place le terrorisme. Je sais quel est mon modeste rôle dans le dispositif mis en place : celui d'appliquer la loi à l'occasion des enquêtes qui me sont confiées. Quant à l'ordonnancement d'un monde meilleur ou au meilleur ordonnancement du monde actuel, il appartient à nos représentants d'en dessiner les contours. La lutte contre le terrorisme comporte deux volets : le premier est l'organisation d'un système de sécurité vigilant qui doit être en mesure de déjouer et à défaut de réprimer les agressions dont nous pourrions être l'objet tout en sauvegardant nos valeurs au premier rang desquelles se trouvent les libertés des citoyens, qu'elles soient individuelles ou collectives ; le second est de faire disparaître les causes politiques, économiques et sociales qui peuvent inciter des individus à avoir recours à l'hyperviolence. Ce sont deux registres différents, mais complémentaires. Nier la nécessité du volet répressif, c'est s'exposer à tout coup et se transformer en victime expiatoire. Ne pas prendre en considération l'indispensable rééquilibrage des rapports internationaux aboutira à ce que le problème majeur que représente aujourd'hui le terrorisme perdure pendant très longtemps. Il y a tout à gagner aussi à ne pas procéder à des amalgames réducteurs et à confondre islam, islamisme, fondamentalisme et terrorisme. Il y a 1,2 milliard de musulmans de par le monde. Et très nombreux sont ceux qui combattent l'intégrisme radical violent et son obscurantisme, dont ils sont les premières victimes. Enfin, il ne faut pas oublier que lorsque le 26 avril 1986 un accident est intervenu dans la centrale nucléaire de Tchernobyl implantée à la limite de l'Ukraine et de la Biélorussie, le nuage radioactif porté par les vents s'est déplacé d'est en ouest et qu'il ne s'est pas arrêté, contrairement à ce qu'avaient sous-entendu à l'époque les autorités françaises, à nos frontières. Le terrorisme non plus ne se laisse pas arrêter par les lignes invisibles délimitant la souveraineté des États.

Bibliographie

Antonel, David, Jaubert, Alain et Kovalson, Lucien, dir., *Les Complots de la CIA*, Stock, 1976.

Aoun, Michel, *Une certaine vision du Liban,* Fayard, 2007.

Arendt, Hannah, *Le Système totalitaire*, Seuil, coll. « Points », 1972.

Arpaillange, Pierre, *La Simple Justice*, Julliard, 1980.

Aydalot, Maurice, *Magistrat, un homme et son métier*, Robert Laffont, 1976.

Balta, Paul, *L'Islam dans le monde*, La Découverte, 1986.

Barberi F., *Procès en procès*, Milan, 1972.

Bernard, Michel, *GIGN. Le temps d'un secret*, Bibliophane – Daniel Radford, 2003.

Boucher, Philippe, *Le Ghetto judiciaire*, Grasset, 1978.

Bouvier, Jean, *Les Deux Scandales de Panama*, Julliard, 1964.

Aimé-Blanc, Lucien, *L'Indic et le Commissaire,* Plon, 2006.

Carré, Olivier, *1970, Septembre noir*, Éditions Complexe, 1980.

Carrère d'Encausse, Hélène, *L'Empire éclaté : la révolte des nations en URSS*, Flammarion, 1978.

Casamayor, Louis, *Questions à la justice*, Stock, 1974.

Casamayor, Louis, *Et pour finir, le terrorisme,* Gallimard, coll. « Problèmes et documents », 1983.

Chalandon, Sorj, *Mon traître*, Grasset, 2007.

Chaliand, Gérard et Blin, Arnaud, dir., *Histoire du terrorisme : de l'Antiquité à Al Qaida*, Bayard, coll. « Essais », 2004.

Chaliand, Gérard, *Les Kurdes et le Kurdistan*, Maspero, coll. « Petite collection Maspéro », 1978.

Chaliand, Gérard, *Terrorismes et guérillas*, Flammarion, 1985.

Chaliand, Gérard, dir., *Les Stratégies du terrorisme*, Desclée de Brouwer, coll. « Culture de paix », 1999.

Charnay, Jean-Paul, *Sociologie religieuse de l'islam*, Sindbad, 1978.

Charon, Jean-Marie et Furet, Claude, *Un secret si bien violé : la loi, le juge et le journaliste*, Seuil, coll. « L'Épreuve des faits », 2000.

Colonna d'Istria, Robert et Stefanovitch, Yvan, *Le Sénat : Enquête sur les superprivilégiés de la République*, Le Rocher, coll. « Document », 2008.

Deloire, Christophe et Dubois, Christophe, *Les islamistes sont déjà là : enquête sur une guerre secrète*, Albin Michel, 2004.

Dugain, Marc, *La Malédiction d'Edgar*, Gallimard, 2005.

Enderlin, Charles, *Par le feu et par le sang*, Albin Michel, coll. « Essais », 2008.

Foucault, Michel, *Surveiller et punir*, Gallimard, coll. « Bibliothèque des histoires », 1975.

Furet, François, Liniers, Antoine et Raynaud, Philippe, *Terrorisme et démocratie*, Fayard, 1985.

Gaetner, Gilles et Pontaut, Jean-Marie, *L'Homme qui en sait trop*, Grasset, 2000.

Greilsamer, Laurent, *La Nouvelle Histoire d'Israël. Essai sur l'identité nationale*, Gallimard, coll. « NRF essais », 1998.

Greilsamer, Laurent et Schneidermann, Daniel, *Les juges parlent*, Fayard, 1992.

Greilsamer, Laurent et Schneidermann, Daniel, *Où vont les juges ?*, Fayard, 2002.

Halimi, Gisèle, *Le Procès de Burgos*, Gallimard, 1971.

Halphen, Éric, *Sept ans de solitude*, Denoël, coll. « Impacts », 2002.

Hamon, Alain et Marchand, Jean-Charles, *Action Directe. Du terrorisme français à l'euroterrorisme*, Seuil, coll. « L'Épreuve des faits », 1986.

Jeanneney, Jean-Noël, *L'Argent caché : milieux d'affaires et pouvoir politique dans la France du XXe siècle*, Fayard, 1981.

Joannon, Pierre, *Histoire de l'Irlande*, Plon, 1973.

Laoust, Henri, *Les Schismes dans l'islam*, Payot, 1977.

Laqueur Walter, *Le Terrorisme*, PUF, coll. « XXe siècle », 1979.

Léauté, Jacques, *Notre violence*, Denoël, coll. « Regards sur le monde », 1977.

Lebranchu, Marylise, *Être juste, justement*, Albin Michel, coll. « essais », 2001.

Lhomme, Fabrice, *Renaud Van Ruymbeke, Le Juge*, Éditions Privé, 2007.

Marsaud, Alain, *Face à la terreur*, Fayard, 2007.

Marx, Roland, *Mort d'un amiral, l'IRA contre Mountbatten*, Calmann-Lévy, 1985.

Matekalo, Ivan, *Les Dessous du terrorisme international*, Julliard, coll. « Copyright », 1973.

Nallet, Henri, *Tempête sur la justice*, Plon, 1992.

Padovani, Marcelle, *Vivre avec le terrorisme. Le Modèle italien*, Calmann-Lévy, coll. « Raisons de plus », 1992.

Perrault, Gilles, *Le Pull-over rouge*, Ramsay, 1978, Fayard, 2007.

Peyrefitte, Alain, *Les Chevaux du lac Ladoga*, Plon, 1981.

Picard, Elizabeth, *Liban, État de discorde*, Flammarion, coll « histoire », 1988.

Ponfilly, Christophe de, *Vies clandestines*, Flammarion, 1984.

Ponfilly, Christophe de, *Massoud l'Afghan*, Éditions du Félin, 2001.

Ponfilly, Christophe de, *Lettre ouverte à Joseph Kessel sur l'Afghanistan*, Bibliophane – Daniel Radford, 2002.

Raufer, Xavier, *Terrorisme : maintenant la France ?*, Garnier, 1982.

Robert, Denis, *La Justice ou le Chaos*, Stock, coll. « Essais », 1996.

Rony, Jean, *La Lente rupture. L'Espagne entre le franquisme et la démocratie*, Éditions sociales, 1977.

Roy, Olivier, *L'Échec de l'islam politique*, Seuil, coll. « Esprit », 1992.

Roy, Olivier, *Généalogie de l'islamisme*, Hachette, coll. « Questions de société », 1995.

Roy, Olivier, *La Nouvelle Asie centrale ou la fabrication des nations*, Seuil, 1997.

Sablier, Édouard, *Le Fil rouge*, Plon, 1983.

Sarkozy, Nicolas, *Libre*, Robert Laffont, 2001.

Sarkozy, Nicolas, *Témoignage*, XO éditions, 2006.

Solé, Robert, *Le Défi terroriste : leçons italiennes à l'usage de l'Europe*, Seuil, 1979.

Souaïda, Habib, *La Sale Guerre*, La Découverte, 2001.
Syndicat de la Magistrature, *Au nom du peuple français*, Stock, coll. « Lutter », 1974.
Vallini, André, *Justice pour la République*, Archipel, 2008.
Varaut, Jean-Marc, *La prison pour quoi faire ?*, Table Ronde, 1972.

Table

BRAVITUDE, SOLITUDE ET TURPITUDES
(grandeur et servitudes judiciaires)

Les rêveries du promeneur insulaire 13
Les premiers pas 23
Changer la mort 31
On leur cache tout et on ne nous dit rien 35
Un train peut en cacher un autre 45
Gouverner les juges ? 49
Les affaires sont les affaires 61
« Erreurs d'appréciation » 77
« C'est un véritâble scandâle ! » (Georges Marchais) 81
« Écoute, écoute, écoute » 87
Mal fichu ou mal fichés ? 93
« Septembre noirs » 101
« Erreurs » d'aiguillage 105
Outreau ou trop peu ? 111
Overdose 119
« Je t'aime, moi non plus » 123
Trop, c'est trop ! ou les intrépides du nouveau millénaire 125
Aversion et sursis à statuer 131
« Water frégates » : condensé, à l'usage des Nuls, de l'affaire des frégates de Taïwan et de l'affaire Clearstream 139
La ruine de l'État impartial 143

Réhabilitation du jugement de Salomon
et « Noël en juillet » 155
L'opinion contre les juges ? 159
Les rêveries du promeneur péninsulaire transalpin 169

LE JUGE ANTITERRORISTE : JUGE OU PARTIE ?

PREMIÈRE PARTIE
TERRORISME : UN NOUVEAU PARADIGME ?

La question des fondements 181
L'invention du terrorisme « mondialisé » 205
Les modèles d'intégration mis en cause...
ou les catégorisations du terrorisme islamiste 271
Le terrorisme : un « objet » géopolitique ? 293
Le cas des séparatismes nationaux 341
Vers de nouvelles formes de terrorisme ? 385

SECONDE PARTIE
DE LA LUTTE À LA GUERRE ANTITERRORISTE

La mise en place, en France,
d'un système de lutte antiterroriste centralisé 395
Justice et législation antiterroristes : des armes de poids ? 419
Le terrorisme : un outil de gestion du pouvoir ? 443
Une lutte antiterroriste « universelle » est-elle possible ?
Vers la multiplicité ou l'harmonisation ? 505
La lutte antiterroriste au secret ? 529
Le financement du terrorisme 533

Bibliographie 541

Composé par Nord Compo Multimédia
7, rue de Fives, 59650 Villeneuve-d'Ascq

Pour l'éditeur, le principe est d'utiliser des papiers composés de fibres naturelles, renouvelables, recyclables et fabriquées à partir de bois issus de forêts qui adoptent un système d'aménagement durable.
En outre, l'éditeur attend de ses fournisseurs de papier qu'ils s'inscrivent dans une démarche de certification environnementale reconnue.

Impression réalisée par
CPI BRODARD ET TAUPIN
La Flèche

pour le compte des Éditions Fayard
en octobre 2008